Universitätskirche St. Pauli

Peter Zimmerling (Hrsg.)

Universitätskirche St. Pauli

Vergangenheit, Gegenwart, Zukunft

Festschrift zur Wiedereinweihung der
Universitätskirche St. Pauli zu Leipzig

Mit Grußworten von Ministerpräsident Stanislaw Tillich,
Rektorin Beate Schücking, Landesbischof Carsten Rentzing,
Oberbürgermeister Burkhard Jung, Matthias Schwarz,
Pater Josef kleine Bornhorst, Probst Gregor Giele und
Superintendent Martin Henker

Bibliographische Information der Deutschen Nationalbibliothek
Die Deutsche Nationalbibliothek verzeichnet diese Publikation in der
Deutschen Nationalbibliographie; detaillierte bibliographische Daten
sind im Internet über http://dnb.dnb.de abrufbar.

© 2017 by Evangelische Verlagsanstalt GmbH · Leipzig
Printed in Germany · H 7862

Das Werk einschließlich aller seiner Teile ist urheberrechtlich geschützt.
Jede Verwertung außerhalb der Grenzen des Urheberrechtsgesetzes ist ohne
Zustimmung des Verlags unzulässig und strafbar. Das gilt insbesondere für
Vervielfältigungen, Übersetzungen, Mikroverfilmungen und die Einspeicherung
und Verarbeitung in elektronischen Systemen.

Das Buch wurde auf alterungsbeständigem Papier gedruckt.

Cover: Kai-Michael Gustmann, Leipzig
Satz: makena plangrafik, Leipzig
Druck und Binden: BELTZ Bad Langensalza GmbH

ISBN 978-3-374-04034-6
www.eva-leipzig.de

Der Druck dieses Buches wurde
dankenswerterweise unterstützt von

Herrn Roger Wolf, London,
Herrn Dr. Christian Olearius, Hamburg,

der Stiftung »Universitätskirche St. Pauli zu Leipzig«,

der LKG Sachsen, Bank für Kirche und Diakonie.

VORWORT

Die Einweihung der neuen Universitätskirche St. Pauli zu Leipzig ist für die Universitätsgemeinde Anlass zu großer Freude. Wer hätte nach der bösartigen Sprengung der alten Universitätskirche durch das SED-Regime am 30. Mai 1968 zu träumen gewagt, dass an ihrer Stelle einmal eine neue Kirche gebaut werden würde? Nach bald 50 Jahren hat der Universitätsgottesdienst wieder einen eigenen Versammlungsraum! Indem er in die Mitte der Universität zurückkehrt, wird deutlicher als zuvor, dass er eine Veranstaltung für die ganze Universität darstellt – und nicht etwa auf die Mitglieder der Theologischen Fakultät beschränkt werden darf. Genauso wie für den Universitätsgottesdienst eröffnen sich auch für die Universitätsmusik mit der neuen Universitätskirche St. Pauli fantastische neue Möglichkeiten. Mit ihren nunmehr wieder zwei Orgeln stellt die Universitätskirche ein Zentrum der Musik in Mitteldeutschland dar.

Wie schon vor der Sprengung, so dient die Universitätskirche auch heute zusätzlich als Aula der Alma Mater Lipsiensis. Dieser »Mehrzweck« muss kein Nachteil sein. Im Gegenteil: Der neu geschaffene Raum bietet als Aula wie auch für den Gottesdienst neue und ungeahnte Chancen und Herausforderungen. Wie wird das zusammengehen: Aula als Kirche und Kirche als Aula?

Als Erinnerungsort gestaltet, besitzt der Raum eine ganz eigene Sprache, die den darin stattfindenden Veranstaltungen Tiefgang und Bedeutung zu geben vermag. Indem die historischen Ausstattungsstücke – Altar, Epitaphien und hoffentlich auch Kanzel – zur Geltung kommen, erscheint hier nicht nur das Motto der Universität Leipzig »Aus Tradition Grenzen überschreiten«, sondern auch der Genius Loci der Stadt Leipzig insgesamt. Der gemeinsame Raum von Aula und Universitätskirche St. Pauli ermöglicht, »Tradition und Moderne in Freiheit zusammenzubringen«, wie Ministerpräsident Stanislaw Tillich in seinem Grußwort zu dieser Festschrift schreibt.

Die Indienstnahme der neuen Universitätskirche ist auch Grund zu großer Dankbarkeit: gegenüber dem Freistaat Sachsen, der Universität, der Stadt und den bürgerschaftlichen Initiativen wie der Stiftung »Universitätskirche St. Pauli« und dem Paulinerverein, die sich alle viele Jahre lang für die Entstehung eines neuen geistig-geistlichen Zentrums der Universität Leipzig eingesetzt haben. Der Architekt Erick van Egeraat vermochte durch seinen zwar nicht unumstrittenen, aber genialen Entwurf, die unterschiedlichen Interessengruppen zu vereinen. Auch ihm und nicht zuletzt den vielen Mitarbeitenden in Universität und Landesbehörden, die durch ihre Arbeit die Ausführung des Baus ermöglicht haben, gilt unser besonderer Dank.

Die Festschrift »Universitätskirche St. Pauli. Vergangenheit, Gegenwart, Zukunft« erscheint anlässlich der Einweihung der neuen Leipziger Universitätskirche. Sie will dabei an die alte Paulinerkirche und das furchtbare Unrecht ihrer Zerstörung sowie die schwierige Zeit danach erinnern. Vor allem möchte die Festschrift eine Tür in die Zukunft öffnen und die unterschiedlichen Facetten der zukünftigen Nutzung des neu gewonnenen Raumes aufzeigen: für Universitätsgottesdienste, Universitätsvespern, Kirchenmusiken, Konzerte, Vortragsreihen und als Erinnerungsraum. In einem ersten Teil der Festschrift werden – wie kann es bei einer evangelischen Kirche, die sich als »Kirche des Wortes« versteht, anders sein – Predigten abgedruckt und erläutert, die an Wendepunkten in der Geschichte der Universitätskirche gehalten wurden. Dazu gehört die Predigt Martin Luthers anlässlich der Indienstnahme der Paulinerkirche als evangelische Universitätskirche 1545, die Predigt von Gottfried Olearius anlässlich der Einrichtung eines regelmäßigen Universitätsgottesdienstes an allen Sonn- und Feiertagen 1710, die Predigt Georg Rietschels bei der Wiedereröffnung der umgebauten Kirche 1899 und die Predigten von Rüdiger Lux und mir auf der Baustelle der neuen Universitätskirche 2009 bzw. 2010. Nicht ohne innere Bewegung lässt sich die Predigt von Heinz Wagner im letzten Universitätsgottesdienst vor der Sprengung am 23. Mai 1968 lesen. Der zweite Teil des vorliegenden Buches spannt einen weiten Bogen von den Anfängen der Paulinerkirche über ihre innere Ausgestaltung im 18. Jahrhundert, die vielfältigen Bemühungen, die Sprengung zu verhindern, bis zur Neukonstituierung des Universitätsgottesdienstes im Herbst 1968 als »akademischen Gottesdienst« in der benachbarten Nikolaikirche. Der dritte Teil der Festschrift versammelt Beiträge, die den langen Weg zur neuen »Aula/Universitätskirche St. Pauli« nachzeichnen. Hier werden zunächst die geistigen Voraussetzungen der Nutzung als Simultaneum sowohl aus der Perspektive der Wissenschaft als auch aus der Sicht des Architekten Erick van Egeraat diskutiert. Die Hoffnung ist, dass die gemeinsame Nutzung als Aula und Universitätskirche den Dialog zwischen Wissenschaft und Glauben voranbringt. Sodann werden Gestalt, Bedeutung und Funktion von Altar, Kanzel, Epitaphien und den beiden Orgeln in der neuen Aula/Universitätskirche St. Pauli in separaten Artikeln thematisiert. Im abschließenden Teil der Festschrift geht es speziell um die besondere Form des Universitätsgottesdienstes und die mit ihm verbundene Kirchenmusik. Die verschiedenen Artikel zeigen: Der Leipziger Universitätsgottesdienst ist in Deutschland (und weltweit) keineswegs eine Einzelerscheinung. Die meisten deutschen Universitäten haben Universitätsgottesdienste und Universitätsprediger, wobei nicht alle eine eigene Universitätskirche besitzen. Außer in Kiel wurde nur in Leipzig in der Zeit nach dem Zweiten Weltkrieg eine neue Universitätskirche erbaut. Eine Besonderheit des Leipziger Universitätsgottesdienstes besteht in der Länge und Ungebrochenheit seiner Tradition. Die spannende Frage ist, wie sich die Tatsache, dass der Leipziger Universitätsgottesdienst fortan wieder in einem universitätseigenen Kirchenraum stattfindet, auf das Selbstverständnis der am Gottesdienst Beteiligten und auf seine Resonanz in der Universitätsöffentlichkeit auswirken wird.

An dieser Stelle möchte ich herzlich für die Grußworte danken. In ihnen bekunden Ministerpräsident Stanislaw Tillich, Rektorin Beate Schücking, Landesbischof Carsten Rentzing, Oberbürgermeister Burkhard Jung und der Vorstandsvorsitzende der »Stiftung Universitätskirche St. Pauli zu Leipzig« Matthias Schwarz allesamt, dass sie die Rückkehr des Universitätsgottesdienstes in die neue Universitätskirche St. Pauli wärmstens begrüßen. Last but not least danke ich allen von Herzen, die durch ihre Artikel und großzügigen Druckkostenzuschüsse das Erscheinen der Festschrift ermöglicht haben. Ohne die Ideen des inzwischen heimgegangenen Martin Petzoldt und von Rüdiger Lux, meinen beiden Vorgängern im Amt des Ersten Universitätspredigers, wäre das Buch wohl kaum entstanden. Predigerkonvent und Theologische Fakultät standen von Anfang an hinter dem Projekt der Festschrift. Zu danken habe ich auch für das unermüdliche, stets zuverlässige Engagement meines Doktoranden Johannes Schütt (Leipzig) und von Frau Annekathrin Böhner (Leipzig) und Herrn Immanuel Buchholtz (Halle), die Erstellung und Endkorrektur des Manuskripts übernahmen. Frau Annette Weidhas war nicht nur sofort bereit, das Buch in das Verlagsprogramm der Evangelischen Verlagsanstalt aufzunehmen, sondern hat bei Hindernissen auf dem Weg zum Buch immer wieder überzeugende Lösungsvorschläge gemacht.

Leipzig, im Frühjahr 2017
Peter Zimmerling, Erster Universitätsprediger

INHALT

GRUSSWORTE

Stanislaw Tillich, Ministerpräsident des Freistaates Sachsen 14
Beate Schücking, Rektorin der Universität Leipzig 16
Carsten Rentzing, Landesbischof der Ev.-Luth. Landeskirche Sachsens 18
Burkhard Jung, Oberbürgermeister der Stadt Leipzig 20
Matthias Schwarz, Vorstandsvorsitzender der Stiftung »Universitätskirche St. Pauli zu Leipzig« 22
Pater Josef kleine Bornhorst & Pfarrer Gregor Giele, Probst 24
Martin Henker, Superintendent im Ev.-Luth. Kirchenbezirk Leipzig 26

PREDIGTEN

Martin Luther: Predigt vom 12. August 1545
    Die gnädige Heimsuchung Christi 30
Gottfried Olearius: Predigt zur Eröffnung des regelmäßigen Universitätsgottesdienstes am 31. August 1710
    Die wahre Herrlichkeit eines wohleingerichteten Gottesdienstes 46
Georg Rietschel: Predigt bei der Wiedereröffnung der Paulinerkirche am 11. Juni 1899
    Wir können nichts wider die Wahrheit, sondern für die Wahrheit. 54
Heinz Wagner: Letzte evangelische Predigt in der Universitätskirche St. Pauli am 23. Mai 1968
    Abschied, Auftrag, Aufbruch 66
Peter Zimmerling: »Baustellenpredigt« am 6. Dezember 2009 in der neuen Aula/Universitätskirche St. Pauli
    Gott kommt 71
Rüdiger Lux: »Baustellenpredigt« am 31. Oktober 2010 in der neuen Aula/Universitätskirche St. Pauli
    Damit die Stadt Gottes fein lustig bleibe 82

WANDLUNGEN

Hartmut Mai: Daten zur Geschichte der Paulinerkirche/Universitätskirche St. Pauli 90
Michael Lippky: Ein Rundgang durch die Universitätskirche St. Pauli im Jahr 1675 100
Christian Winter: Der Weg zur Sprengung der Universitätskirche St. Pauli zu Leipzig
    Vorgeschichte und Hintergründe 113
Heinrich Magirius: Bemühungen des Instituts für Denkmalpflege um die Erhaltung der
    Universitätskirche in Leipzig 1960–1968 121
Stefan Welzk: Sprengung und Protest 136

Nikolaus Krause: »Das geistige Schlupfloch am Karl-Marx-Platz« 144

Martin Petzoldt: Der Universitätsgottesdienst als akademischer Gottesdienst – 1968 und die Folgen 150

NEUBAU

Wolfgang Ratzmann: Faszinierend und heftig umstritten
    Stationen und Positionen beim Bau des neuen symbolischen Zentrums der Leipziger Universität 162

Matthias Petzoldt: Zum Verhältnis von Glaube und Wissenschaft – ein Beitrag aus theologischer Sicht 175

Erick van Egeraat: Erinnerungen für die Zukunft 185

Martin Petzoldt: Der spätgotische Pauliner-Altar der Universitätskirche St. Pauli 195

Ulrich Stötzner: Die Kanzel der Universitätskirche 217

Rudolf Hiller von Gaertringen: Die Epitaphien der Universitätskirche St. Pauli zu Leipzig 223

Horst Hodick: Die neuen Orgeln in der Aula/Universitätskirche St. Pauli der Universität Leipzig 237

GOTTESDIENST INMITTEN DER UNIVERSITÄT

Reinhard Schmidt-Rost: Über die Rolle und Bedeutung von Universitätsgottesdiensten 248

Christoph Krummacher: Kirchenmusik in der Universitätskirche St. Pauli 256

Daniel Beilschmidt: Laus Deo! Ein Ausblick auf die Kirchenmusik an der neuen Universitätskirche St. Pauli 266

Alexander Deeg: Zwischen Aula und Kirche
    Kulturwissenschaftliche und theologische Perspektiven zum neu entstandenen
    Bindestrich-Gebäude und Konsequenzen für die Nutzung 275

Peter Zimmerling: Der Leipziger Universitätsgottesdienst in Geschichte, Gegenwart und Zukunft
    Homiletische und liturgische Erwägungen 283

URKUNDEN ZUR ALTARGRUNDSTEINLEGUNG 293

ABBILDUNGSVERZEICHNIS 296

VERZEICHNIS DER BEITRÄGERINNEN UND BEITRÄGER 297

GRUSSWORTE

Stanislaw Tillich · Beate Schücking
Carsten Rentzing · Burkhard Jung
Matthias Schwarz · Josef kleine
Bornhorst & Gregor Giele
Martin Henker

Stanislaw Tillich
Ministerpräsident des Freistaates Sachsen

GRUSSWORT

Über Jahrhunderte prägte die Universitätskirche St. Pauli das Leipziger Stadtbild. Und nicht nur das: sie prägte auch die Lernenden und Lehrenden der Universität. Die Kirche gab dem, was jenseits des Fassbaren der Wissenschaften lag, Raum.

Die Kirche gehörte selbstverständlich dazu, als die Universität im Zeitalter von Reformation und Humanismus ihre erste Blüte erlebte, genauso wie im 19. und frühen 20. Jahrhundert, als ihr modernes wissenschaftliches Profil entstand. Die Zeitläufte und zwei Weltkriege konnten der Universitätskirche St. Pauli nichts anhaben – bis die SED-Machthaber 1968 ihre Zerstörung beschlossen und damit das geistliche Zentrum der Universität sprengten.

Mit diesem Akt der Willkür und Barbarei wollten sich die Leipziger und Alumni der Universität zu Recht nicht abfinden. Sie nutzten die neugewonnene Freiheit, die maßgeblich auch von den Leipzigern im Oktober 1989 erstritten worden war, um die Verbindung von Wissen und Glauben wiederherzustellen und der Universität den verloren geglaubten geistlichen Mittelpunkt zurückzugeben. Es war von Beginn an der Wille aller Beteiligten, für die Universität Leipzig ein Stück Identität zurückzugewinnen. Natürlich kann der

Wiederaufbau den Schmerz des Verlustes nicht vergessen machen. Aber er kann ihn lindern. So wird eine schmerzliche Lücke im Stadtbild geschlossen und gleichzeitig die Erinnerung an das, was war, für die Zukunft erhalten. Und das auf eine Art und Weise, die dem Gedenken an die Barbarei der Machthaber gerecht wird: so gelingt es, dass St. Pauli nicht dem Vergessen anheimfällt. Nicht diejenigen, die die Kirche rücksichtslos zerstörten, prägen die Erinnerung, sondern die, die sich bemühen, Tradition und Moderne in Freiheit zusammenzubringen.

Es war kein einfacher, unbestrittener Weg bis zur Vollendung der neuen Aula und Universitätskirche St. Pauli. Leipzig mit seiner Universität hat sich immer wieder als aktive Bürgerstadt verstanden und deshalb hat diese vielfältige Diskussion auch ihre Berechtigung. Aber davon werden die steinernen Wände der Kirche nichts erzählen. Die Geschichte der vergangenen Jahrhunderte dieses Ortes und das, was kommt, was hier passieren wird, wird am Ende diese Episode überlagern.

So hoffe ich, dass am Ende die Aula und Universitätskirche St. Pauli ein geistig-geistliches Zentrum ist, mit der Stadt und Universität ihren Frieden finden und Wunden geschlossen werden.

Aus dem Vergessen und den Trümmern der Zerstörung ist die Aula und Universitätskirche St. Pauli zurückgekehrt in das Herz der Stadt.

Zum Lobe Gottes und Wohle der Universität und der Stadt Leipzig.

Stanislaw Tillich

Beate A. Schücking
Rektorin der Universität Leipzig

GRUSSWORT

Wir stehen heute am glücklichen Abschluss eines langen Weges. Er begann mit der Zerstörung der Universitätskirche St. Pauli durch Sprengladungen im Auftrag der SED am 30. Mai 1968. Vergessen wir nicht, dass in diesen Tagen auch das benachbarte Augusteum mit zerstört wurde. Die Universität Leipzig verlor damit ihre über viele Jahrhunderte in diesen Gebäuden verankerte geistige und geistliche Mitte. Die Zerstörung der Kirche und des wilhelminischen Prachtbaus sollte Platz schaffen für die sozialistische »Karl-Marx-Universität« als Symbol der vermeintlichen Überlegenheit der sozialistischen Gesellschaftsform.

Kurz vor der Sprengung gelang es engagierten Mitgliedern der Universität und Leipziger Bürgern, Kunstwerke und steinerne Zeitzeugen der vergangenen Jahrhunderte unter schwierigsten Bedingungen zu bergen, getragen von der Hoffnung, dass dieses gerettete Gut für spätere Generationen wertvolles Material der eigenen Geschichte und Ausgangspunkt für einen Neuanfang sein möge. Die prominentesten Objekte dieser Rettungsaktion sind zweifellos die zahlreichen Epitaphien und Grabsteine von Gelehrten sowie die Kanzel und der Paulineraltar. Viele wertvolle Zeugnisse der Vergangenheit sind jedoch unwiederbringlich zerstört worden, denken wir dabei an die große Orgel und die zahlreichen Grabstellen in den Katakomben der ehemaligen Paulinerkirche.

Für jedermann sichtbar entstand im neuen Stile sozialistischer Prägung ab 1968 das Gesicht der »Karl-Marx-Universität« am Karl-Marx-Platz. An genau jener Stelle, an der bis zum 30. Mai 1968 die Paulinerkirche stand, wurde das monumentale sogenannte »Marxrelief« installiert. Schon bald nach der friedlichen Revolution regte sich in der Universität, bei vielen Leipziger Bürgern und unterstützt von der Kommunal-, Landes- und Bundespolitik der Wille für einen erneuten Anfang am wieder umbenannten Augustusplatz. Erste Ideen für einen Neubau entstanden und wurden wieder verworfen. Wie könnte eine Symbiose aus den Anforderungen einer modernen Universität mit dem Wunsch nach Wiedergutmachung erlebten Unrechts und hohem städtebaulichen Anspruch erreicht werden? Wie könnte der funktionale Studienbetrieb mit der gewünschten Erinnerung an die historischen Gebäude vereint werden? Sollte man die Paulinerkirche nach historischem Vorbild rekonstruieren oder gibt es andere Wege?

All diese Themen erzeugten sehr komplexe Aufgabenstellungen, die nach Überzeugung der damals Verantwortlichen nur auf dem Wege eines breiten Konsenses beantwortet werden konnten. Um ein solches Ergebnis zu erzielen, verabredete man einen internationalen Architektenwettbewerb. Der Wettbewerb wurde in den Jahren 2001 und 2002 mit folgendem Ziel durchgeführt: »Der Universitätskomplex am Augustusplatz als Zentrum der Leipziger Universität soll in dem historisch bedeutsamen Areal bis zum 600-jährigen Gründungsjubiläum im Jahre 2009 seine Bedeutung als Stätte der Begegnung, Kultur und Wissenschaften im Herzen der Stadt wiedererlangen«[1]. Die Resultate der eingereichten Arbeiten konnten jedoch nicht endgültig überzeugen, so dass im Anschluss ein weiteres ergänzendes Wettbewerbsverfahren durchgeführt wurde. Inhalt der Wettbewerbsaufgabe war nun unter anderem: »Wesentlich bei allen Lösungsvorschlägen ist die Nutzung als Aula für die Universität wie auch als Kirche.« Und weiter: » Wesentlicher Aspekt bei der Bearbeitung der Aufgabe ist, dass mit der Aula für die Universität tatsächlich auch ein Raum entsteht, der als Kirchenraum angemessen erscheint und gleichberechtigt zur Aula genutzt werden kann [...] Entsprechend des ursprünglichen Raumprogramms soll die Aula/Kirche 600 Plätze bieten und so angelegt sein, dass sie für akademische Festakte, Gottesdienste, Konzerte, wissenschaftliche Tagungen und Ausstellungen genutzt werden kann [...]«[2].

Heute stehen wir staunend vor den neuen Gebäuden am Augustusplatz und im großen Aula-/Kirchenraum. Das Paulinum erinnert mit seiner geglückten Architektur und seinem grandiosen Innenraum für jedermann erlebbar an die gesprengte Paulinerkirche. Wir sehen einen sakral anmutenden, jedoch modernen Raum, der sofort einen ganz besonderen Eindruck vermittelt. Es ist ein Unikat, ein Raum mit Atmosphäre, ein Raum mit Altar und Orgel, den die Universität für vielfältigste Veranstaltungen, als Kirchenraum und für unsere Universitätsmusik nutzen wird. Das gewünschte Gleichgewicht zwischen einer universitären Aula für Lehre und Forschung und einer kirchlichen Nutzung ist in der Architektur des Erick van Egeraat geglückt. Die Anforderungen aus den Architektenwettbewerben vor über zehn Jahren haben sich eindrucksvoll verwirklicht, auch wenn der Weg hierhin nicht immer einfach war. Die Universität hat die einmalige Chance genutzt, die vor der Sprengung der Kirche geretteten Kunstwerke zu integrieren und bietet künftigen Generationen die Möglichkeit, Fragen zu stellen und die Erinnerungen wach zu halten.

In der Zukunft wird es darauf ankommen, das Gebäude verschiedenen Nutzungsinteressen angemessen zu öffnen. Das stark vernehmbare Interesse unserer Studierenden am Paulinum muss ebenso Berücksichtigung finden wie der Wunsch von Theologischer Fakultät und Universitätsprediger nach kirchlicher Nutzung. Besonders wichtig wird die Nutzung des Raumes für den Studien- und Wissenschaftsbetrieb sein, und unsere Universitätsmusik kann sich auf einen für ihre Zwecke hervorragenden Raum stützen. Alle diese Interessen spiegeln die gelebte Vielfalt einer großen und jahrhundertealten Universität wider. Wir wollen ausdrücklich eine breite Öffentlichkeit ansprechen, um die Möglichkeit zu nutzen, mit dieser Öffentlichkeit in intensive Kontakte und Diskussionen zu treten. Wir freuen uns darauf.

Prof. Dr. med. Beate A. Schücking

---

[1] Dokumentation zum Qualifizierungsverfahren zum Bereich ehemaliger Standort Paulinerkirche zur Neubebauung mit einer Aula/Kirche; Pkt. 1. Seite 9.

[2] Dokumentation zum Qualifizierungsverfahren zum Bereich ehemaliger Standort Paulinerkirche zur Neubebauung mit einer Aula/Kirche; Pkt. 3.2.1. Seite 9 und 10.

Carsten Rentzing
Landesbischof der Ev.-Luth. Landeskirche Sachsens

GRUSSWORT FÜR DIE FESTSCHRIFT ZUR WIEDEREINWEIHUNG DER UNIVERSITÄTSKIRCHE ST. PAULI, LEIPZIG

Psalm 71,20 »Du lässest mich erfahren viele und große Angst und machst mich wieder lebendig und holst mich wieder herauf aus den Tiefen der Erde.« (Losung der Herrnhuter Brüdergemeine vom 30. Mai 1968)

Die Sprengung der Universitätskirche St. Pauli am 30. Mai 1968 war ein Ereignis von großer Bedeutung weit über den Tag hinaus. Die SED und jene Funktionsträger, die der Partei ihre Ämter verdankten, begründeten sie mit ihrer religions- und kirchenfeindlichen Ideologie, die davon ausging, dass die Sphäre der Wissenschaft mit der des Glaubens unvereinbar sei. Es sollte eine geistige Tradition abgeschnitten werden, die unser Land und seine Kultur bis in die Tiefe geprägt hat.

Für alle, die auf der anderen Seite das Handeln der Mächtigen kritisierten, war es nicht nur ein Angriff gegen den christlichen Glauben, sondern auch gegen eine jahrhundertealte Wissenschaftstradition. Die Doppelnutzung der Kirche als Gottesdienstraum und Aula veranschaulichte die fruchtbaren Wechselwirkungen sowohl für den Glauben als auch für die Wissenschaft, die aus dem gemeinsamen Bemühen um wertgebundene Erkenntnis erwachsen waren.

Mit der Einweihung von Aula und Universitätskirche liegt eine Geschichte von Verblendung, maßloser Hybris und böser Tat hinter uns. Die Zeiten sind über die Ideologie hinweggegangen; und im Rückblick auf die annähernd fünf Jahrzehnte, die seit der Sprengung vergangen sind, darin der Herbst des Jahres 1989, erinnern wir uns dankbar an die Losung vom 30. Mai 1968. Damals wie heute verkündigt die Kirche das Evangelium von Jesus Christus, durch das Menschen zur Wahrheit finden und getröstet werden angesichts der Wirrsal der Zeiten. Dass Universitätskirche und Aula nun wieder ein gemeinsames Gebäude haben, macht das Unrecht nicht rückgängig, heilt aber Wunden und erfüllt in einem gewissen Sinn das Vermächtnis derer, die gegen den Abriss kämpften und dafür mit dem Verlust der Freiheit, ihrer Gesundheit oder der Aussicht auf den gewählten Beruf bezahlten. Gott holt die Bedrängten herauf aus der Tiefe. Das ist ein Grund, sich an dem Segen, der auf hoffnungsvollem Widerstehen lag, zu freuen und Gott zu loben, der Aufbruch und neuen Anfang geschenkt hat.

Das Gebäude, das in seiner Formensprache bewusst an den gesprengten Vorgängerbau erinnert und sie in unsere Zeit übersetzt, wird nun erneut für die Begegnung von Wissenschaft und Glaube zur Verfügung stehen. – Die Aula wird dem wissenschaftlichen Diskurs dienen. Die Kirche braucht dieses Gespräch, um vor der Gefahr bewahrt zu werden, die Offenheit für das Weltwissen und die geistige Situation der Zeit zu verlieren. – Die Universitätskirche St. Pauli wird Raum bieten für die Verkündigung des Evangeliums von der Befreiung des Menschen aus selbstgeschaffenen Zwängen. Die Wissenschaft braucht die Dimension der Transzendenz, um vor der Gefahr bewahrt zu werden, ihre Erkenntnisse zu überhöhen und den Menschen für ihre Zwecke zu instrumentalisieren.

Der Neubau steht insofern in der langen und fruchtbaren Tradition der Leipziger Universität, in der Glaube und Wissenschaft sich gegenseitig befruchtet haben. So steht zu hoffen, dass Aula und Universitätskirche wechselseitig zum Besten der Universität wie der Kirche dienen werden.

Dr. Carsten Rentzing
Landesbischof der Ev.-Luth. Landeskirche Sachsens

Burkhard Jung

Oberbürgermeister der Stadt Leipzig

GRUSSWORT ZUR EINWEIHUNG DER UNIVERSITÄTSKIRCHE ST. PAULI

Ich bin außerordentlich froh über den heutigen Tag. Die Einweihung der Universitätskirche St. Pauli beendet eines der traurigsten Kapitel der Leipziger Stadtgeschichte. Die Zerstörung der Universitätskirche am 30. Mai 1968 hat sich wie kein zweites Ereignis jener Jahre in das Gedächtnis der Leipziger eingebrannt.

Die Sprengung war mehr als die Zerstörung eines jahrhundertealten ehrwürdigen Gebäudes. Die Sprengung war mehr als ein aggressiver Eingriff in das Erscheinungsbild unserer Stadt. Sie war ein politisches Signal an alle, die sich nicht verbiegen lassen wollten, an alle, die eine eigene Vorstellung von der Entwicklung ihrer Stadt und der Freiheit ihrer Bürger hatten. Das Datum des 30. Mai 1968 steht für eine brutale Machtdemonstration, in der sich der Staat zum Zuchtmeister seiner Bürger aufschwang.

Viele Zeitgenossen sahen, was geschah. Aber niemand durfte es aussprechen. Als man in den Tagen danach einen Blick auf den Ort des Geschehens richten konnte, sah man, dass die Bodenplatten in der Innenstadt dem Explosionsdruck nicht standgehalten hatten. Wie eine anonyme Anklage waren sie himmelwärts gerichtet. Hier war etwas aufgebrochen, das sich zwei Jahrzehnte später in der Friedlichen Revolution zu Wort melden sollte.

Nur ganz wenige haben in jenen Tagen ihre Stimme erhoben. Sie mussten es im Verborgenen tun und einige haben einen hohen Preis dafür gezahlt. Die Neueinweihung zollt diesen widerständigen Menschen ihre verdiente Anerkennung. Ihr Mut und ihre Unbeugsamkeit sind in die Annalen unserer Stadt eingeschrieben. Zu loben sind auch die Mitglieder der Universitätsgemeinde, die vieles vor der Vernichtung bewahrt haben: die Epitaphien, die Kanzel und den Altar. Sie taten es im Vertrauen und im Vorgriff auf Zeiten, in denen diese Gegenstände ihren gesellschaftlichen Wert und ihren angemessenen Ort wiedergewinnen sollten.

Der Rat der Stadt Leipzig hat in jenem Frühling 1968 eine unrühmliche Rolle gespielt. Er degradierte sich mit einer untertänigen Akklamation am 23. Mai 1968 zum Erfüllungsgehilfen von Entscheidungen, die anderen Ortes längst gefällt waren. Mit Demokratie hatte dies nichts zu tun. Es war die Simulation eines Bürgerwillens, der gar nicht gefragt war.

Die heutigen Vertreter der Leipziger Bürgerschaft haben sich von dieser Entscheidung distanziert. Wir haben alle Bestrebungen unterstützt, die der Restaurierung, der Sicherung und dem Erhalt der kunsthistorisch bedeutsamen Objekte dienten, die vor der Sprengung der Universitätskirche geborgen werden konnten. Uns war es außerordentlich wichtig, eine klare Stellung zu diesem dunklen Kapitel unserer Stadtgeschichte zu beziehen.

Der Zerstörung der Paulinerkirche folgte das verordnete Schweigen. Bis zum Ende der DDR durfte nirgendwo öffentlich über die Ereignisse gesprochen werden. Die heutige Einweihung macht diese Geschichte nicht ungeschehen. Was geschehen ist, kann nicht rückgängig gemacht werden. Aber eine Erinnerung, die nicht vergehen darf, kann versöhnen. Sie kann alle verbinden, die diesem Ort eine besondere Bedeutung zugestehen.

Denn seit der Friedlichen Revolution suchte die zweitälteste Universität Deutschlands, die Alma Mater Lipsiensis, einen Raum, der den Stellenwert der Universitätskirche übernehmen könnte: eine Stätte der Diskussion und des öffentlichen Meinungsstreits, auch eine Stätte der Besinnung und der spirituellen Sammlung. Intensive und leidenschaftliche Diskussion, in welcher architektonischen Sprache und institutionellen Form an die Universitätskirche zu erinnern ist, haben diese Suche geprägt.

Nicht wenige fragen weiter danach. Ich persönlich stehe ohne Wenn und Aber hinter dem kühnen Entwurf, der nun endlich verwirklicht ist. Jeder Blick auf das bisher Geschaffene verdeutlicht: Hier wird in einer Weise an das alte Gotteshaus erinnert, die ihresgleichen sucht. Der Tag der Wiedereinweihung sollte daher ein Datum sein, die Kriegsbeile zu begraben und freimütig im Interesse unserer Universität und unserer Stadt alle noch offenen Fragen einer einvernehmlichen Lösung zuzuführen.

Ich bin fest überzeugt: Der Geist eines Ortes wird von den Menschen erzeugt, die ihn beleben. Niemand von uns kann sagen, wie das neue Zentrum unserer Universität von den Menschen angenommen wird. Wir können nicht wissen und keine architektonische Lösung gibt uns eine letzte Gewähr, welcher Geist in diesem Ort Raum greifen wird. Seine Vielgestaltigkeit – als Aula und Universitätskirche, als Gottesdienst- und Versammlungsraum, als Ort von Debatte und Besinnung – wird eine ganz eigene Atmosphäre entfalten.

Aus Reflexion und Spiritualität, aus kritischer Unruhe und geistlicher Besinnung wird sich eine Stimmung ergeben, die uns in seinen Bann ziehen wird. Zumindest ist dies mein Wunsch und meine feste Überzeugung.

Ich jedenfalls werde mich für eine solche Lösung stark machen. Ich wünsche mir viele Mitstreiter für diese Aufgabe. So dass wir vielleicht bald sagen können: Das neue Zentrum unserer Universität inmitten unserer Stadt ist ein Ort, an dem die Zuversicht in die Menschen und das Vertrauen in Gott ungezwungen zueinander gefunden haben.

Burkhard Jung

Matthias Schwarz
Vorstandsvorsitzender der Stiftung »Universitätskirche St. Pauli zu Leipzig«

GRUSSWORT ZUR EINWEIHUNG DER UNIVERSITÄTSKIRCHE ST. PAULI ZU LEIPZIG

Mit einem Festgottesdienst kann nach langen Jahren des Wartens der große neue Raum, der sich in seiner Innengestaltung unübersehbar an der früheren Universitätskirche orientiert, in dem nunmehr »Paulinum« genannten Universitätsgebäude am Leipziger Augustusplatz als neue Universitätskirche St. Pauli zu Leipzig seiner sakralen Bestimmung übergeben werden. Dieser Festgottesdienst schließt sich dem Festakt an, mit dem die Universität die Wiedergewinnung einer Aula feiert. Festakt und Festgottesdienst markieren die beiden Funktionen, die der neue Raum erfüllen soll: Er wird als Aula akademischen Festlichkeiten sowie wissenschaftlichen Veranstaltungen und als Universitätskirche vor allem den Universitätsgottesdiensten dienen, die hier nach der barbarischen Zerstörung der alten Universitätskirche im Jahre 1968 eine neue Heimstätte finden werden. Festakt und Festgottesdienst im selben Raum bringen zum Ausdruck, dass er künftig beides zugleich sein soll: Aula und Kirche, jeweils nach Anlass akademisch oder gottesdienstlich genutzt.

Die Wiedergewinnung einer Universitätskirche ist für Predigerkonvent und Universitätsgemeinde, aber auch für die Theologische Fakultät und die Leipziger Universität insgesamt Anlass zu Dankbarkeit und Freude. Endlich haben Universitätsgemeinde, Fakultät und Universität wieder einen Ort, an dem sich Sakrales mit Weltlichem verbinden kann. Sie können damit an eine Tradition anknüpfen, die bestand, seit Martin Luther 1545 die alte Paulinerkirche des früheren Dominikanerklosters zur Universitätskirche weihte. Immer wieder in ihrer Geschichte war die alte Universitätskirche nicht nur die Heimstatt der Universitätsgottesdienste, sondern zugleich auch Ort akademischen und musikalischen Geschehens.

Die Einweihung der neuen Universitätskirche ist nicht nur Anlass ungeteilter Freude, sondern gibt zugleich auch ein Signal zum Aufbruch in ein Gefilde neuer Aufgaben und neuer Erwartungen. Ehrgeiziges Ziel muss es sein, die Kirche – auch in ihrer Funktion als Aula – für Universität und Stadt zu einem Zentrum geistlicher, akademischer und musikalischer Kultur werden zu lassen. Das ist eine Herausforderung, die zuvörderst der Universitätsgemeinde, der Universitätsmusik und der Theologischen Fakultät gilt. Diese drei universitären Institutionen haben die Herausforderung aufgegriffen und Programme erstellt, mit denen sie der Öffentlichkeit kundtun, wie sie die neue Universitätskirche als einen Ort ihres Wirkens verstehen und gestalten wollen. Diskursive Veranstaltungen zum Spannungsfeld von Glaube und Wissenschaft, zur Rolle von Glaube und Kirche in der heutigen Gesellschaft und zum Verhältnis christlichen Bekenntnisses zu anderen Religionen und Glaubensrichtungen werden das Interesse einer breiten Öffentlichkeit wecken. Inhaltsreiche und musikalisch attraktiv umrahmte Predigten werden so Manchen zu einem Besuch des Universitätsgottesdienstes animieren. Und die Universitätsmusik wird hier künftig eine feste Spielstätte finden und nachhaltig das Leipziger musikalische Geschehen prägen und ergänzen.

Auch für die Stiftung »Universitätskirche St. Pauli zu Leipzig« ist die Fertigstellung der neuen Universitätskirche neben Anlass zur Freude ebenfalls eine Herausforderung. Bei ihrer Gründung 2008 war mit der Errichtung des Paulinums schon begonnen worden; mit seiner Fertigstellung und der Indienstnahme von Aula und Kirche wurde bereits für das Universitätsjubiläum im Jahre 2009 gerechnet. Diese Erwartung blieb indes unerfüllt, und so verharrte die Stiftung über die Jahre hinweg in einem Wartestand. Das hieß nicht Untätigkeit. Wenn nunmehr in der neuen Kirche neben der Hauptorgel auch eine kleinere, durch ihre Renaissance-Stimmung ausgezeichnete Schwalbennest-Orgel erklingt, ist dies nicht zuletzt ein Verdienst der Stiftung, auf deren Initiative der Bau dieser Orgel zurückzuführen ist und an deren Finanzierung sie einen maßgeblichen Anteil hat. Doch nun erst kommen die eigentlichen Aufgaben auf die Stiftung zu. Ihrer Satzung zufolge will sie die Nutzung der Universitätskirche als Ort geistig-akademischen, kirchlich-gottesdienstlichen und musikalischen Geschehens finanziell unterstützen. Der Förderbedarf ist jetzt schon erkennbar; nun wird es die Aufgabe der Stiftung sein, genügend Spenden zu akquirieren, um ihrem Auftrag gerecht werden zu können. Den bisherigen Spendern sei an dieser Stelle damit auch noch einmal ein tiefer Dank ausgesprochen!

Kraft dieses Auftrages bietet sich die Stiftung den universitären Institutionen der Universitätsgemeinde, der Universitätsmusik und der Theologischen Fakultät als Begleiterin auf deren künftigen Wegen an und hofft auf eine freundschaftliche und nachhaltige Zusammenarbeit mit der Universität. Und sie erbittet für die neue Kirche und alle, die sie nutzen, Gottes Segen!

Prof. Dr. Matthias Schwarz

Pater Josef kleine Bornhorst & Propst Gregor Giele

Prior des Dominikanerklosters St. Albert, Leipzig &
Pfarrer der Propsteigemeinde St. Trinitatis Leipzig

GRUSSWORT ZUR EINWEIHUNG DER UNIVERSITÄTSKIRCHE ST. PAULI ZU LEIPZIG

Das geistliche und das universitäre Leben der Stadt Leipzig sind eng mit dem Dominikanerorden verknüpft. Als dieser im Jahre 1216 gegründet wurde, entstand ein neuer Typus von Ordensleben: Klösterliches Leben nicht mehr außerhalb der Stadt, nicht mehr in der Einsamkeit und Stille, sondern inmitten der Stadt, unter den Menschen, wo die Dominikaner leben, studieren und predigen sollten; »Ordinis Praedicatorem«, Predigerbrüder, wurden sie genannt. Schnell breitete sich der Orden aus. Leipzig gehört mit dem Gründungsdatum 1229 zu dessen frühen Gründungen und unterstreicht die Bedeutung der Stadt auch als einen wichtigen Ort der Wissenschaft und Lehre. »Semper studere«, lebenslanges Studieren, war damals wie heute ein Leitwort des Ordens. Der Heilige Dominikus wird vielfach mit dem Buch in der Hand dargestellt, wie er Gottes Wort liest, studiert und verkündet. Große Dominikaner, große Theologen und Philosophen waren in der Anfangsphase der Heilige Albert der Große und sein Schüler, der Heilige Thomas von Aquin. Viele weitere bedeutende Theologen und Heilige sollten folgen, auch Dominikanerinnen, wie Katharina von Siena oder die großen Mystiker, Meister Eckhart, Heinrich Seuse, Johannes Tauler.

Der Patron der späteren Universitätskirche, der Heilige Paulus, ist für viele Dominikaner ein wichtiges Vorbild. Vom Heiligen Dominikus wird berichtet, dass er die Paulusbriefe stets bei sich trug und sie fast auswendig kannte und rezitierte. Viele Klöster, so auch das Leipziger Kloster, wählten deshalb den Namen Paulus zum Patrozinium. Deshalb wurde auch die Leipziger Ordensniederlassung Paulinerkloster und Paulinerkirche genannt. Den Stellenwert des Studiums für die Dominikaner unterstreicht, dass zu jedem Dominikanerkloster eine Bibliothek gehört. Und so hängen die Anfänge der Leipziger Universität und die Universitätsbibliothek mit dem Dominikanerorden zusammen.

Infolge der Reformation verließen die Ordensbrüder 1539 Leipzig und die Paulinerkirche wurde Universitätskirche und evangelische Kirche. Doch die Verbindung zu den katholischen Geschwistern und zu den Dominikanern riss nie ganz ab.

Die Beziehung der katholischen Christen zu der Universitätskirche nahm durch die Folgen des Zweiten Weltkrieges eine ganz neue Wendung. Beim Bombenangriff auf Leipzig in der Nacht vom 3. zum 4. Dezember 1943 durch die Zerstörung ihrer Kirche heimatlos geworden, durfte die Propsteigemeinde ab dem ersten Maisonntag 1946 in der Universitätskirche ihre Sonntagsgottesdienste feiern – in der Regel waren das fünf und mehr Heilige Messen pro Sonntag. Schnell wurde der Raum aufgrund der gemeinsamen Nutzung durch evangelische und katholische Christen auch für die Propsteigemeindemitglieder zu »ihrer Kirche«. Über die Jahre wuchs darüber hinaus das Bewusstsein, dass die Bereitstellung der Universitätskirche nicht nur ein gastfreundschaftlicher Akt war, sondern dass auf diese Weise ein frühes Zeichen wachsender Ökumene gelebt und praktiziert wurde. Starken Ausdruck fand diese Tatsache in einer Predigt des Dominikanerpaters Gordian Landwehr, der selbst viele Gottesdienste in der Universitätskirche gefeiert und dort auch seine berühmten »Jugendpredigten« gehalten hat. Im Jahre 1964, angesichts der sich verdichtenden Anzeichen eines geplanten Abrisses des Kirchenbaus, predigte er: »Dass gerade dieses Gotteshaus hier in Leipzig zu einer Stätte der Begegnung, zu einer Stätte der Einheit für uns alle werden möge! Für katholische und nichtkatholische Christen, für Gläubige und Nichtgläubige. 300 Jahre gehörte die Universitätskirche der katholischen Kirche und mehr als 400 Jahre gehörte sie der Leipziger Universität und stand in besonderer Weise unter dem Einfluss der evangelischen Kirche. Und jetzt im Augenblick ist es so, dass sie irgendwie der evangelischen und auch der katholischen Kirche gehört, […] den evangelischen und katholischen Gläubigen. In ihr feiern sie ihre Gottesdienste, in ihr hören sie das Wort Gottes, in ihr beten sie. Ich frage mich immer wieder: Warum beten sie nicht zusammen, warum feiern sie ihre Gottesdienste nicht gemeinsam? Die Universitätskirche sagt den katholischen und den nichtkatholischen Gläubigen: Warum schließt ihr euch nicht zusammen? Ihr habt so viel Gemeinsames, warum kann euch nicht alles gemeinsam sein? […] Erkennt doch endlich, dass ihr alles gemeinsam habt!«

Die Zerstörung der Universitätskirche am 30. Mai 1968 war und ist bis heute ein tief sitzender Schmerz für evangelische und katholische Christen, ebenso für viele Leipziger Bürger, die keiner Kirche angehören.

Nach dem Wendejahr 1989, nach einer langen Zeit des Diskutierens, des Planens und Wartens heißt es jetzt, für das neue Paulinum mit Aula/Universitätskirche St. Pauli zu danken. Wir, die Leipziger Dominikaner und die Propsteigemeinde, wünschen, dass es in seiner vielgestaltigen Bestimmung auch wieder ein geistiger und geistlicher Ort im Herzen der Stadt wird und ein Ort und ein Zeichen für eine gute Ökumene.

Pater Josef kleine Bornhorst,
Prior des Dominikanerklosters St. Albert, Leipzig

Propst Gregor Giele,
Pfarrer der Propsteigemeinde St. Trinitatis Leipzig

Martin Henker
Superintendent im Ev.-Luth. Kirchenbezirk Leipzig

GRUSSWORT

Nun ist es also (fast) geschafft. Der Neubau des als »Paulinum – Aula/Universitätskirche St. Pauli« offiziell bezeichneten Gebäudes wird nicht mehr nur durch seine äußere Gestalt die Blicke und das Interesse aller, die über den Augustplatz gehen, auf sich ziehen, sondern auch der Innenraum wird der Öffentlichkeit zugänglich. Das Gebäude wird durch die Universität feierlich eröffnet und die neue Universitätskirche St. Pauli durch den Landesbischof geweiht. Dieser nun unmittelbar bevorstehende Festtag wurde von vielen Leipziger Bürgerinnen und Bürgern lange herbeigesehnt. Für manche wird der Tag dazu beitragen, dass eine tiefe, schmerzliche Wunde in ihrem persönlichen Leben weiter heilt.

Die Genialität der äußeren Gestaltung, die alle Gäste, die über den Augustusplatz gehen, fragen lässt: »Was ist denn das für ein Gebäude, eine Kirche?«, wird durch den Innenraum aufgegriffen und vertieft. Ein Riss geht durch das ganze Haus und erinnert an die Sprengung der mittelalterlichen Universitätskirche. Der Paulineraltar steht im Chorraum, als wäre der Gesamtraum für ihn konzipiert, die Westempore füllt eine prächtige Orgel, die kleine Schwalbennestorgel schwebt in der Höhe des Chorraumes über den altehrwürdigen Epitaphien. Für mich gibt es keine Frage, wie dieses faszinierende Haus bei Gästen wie Einheimischen genannt werden wird. So, wie es aussieht: eine Kirche, die Leipziger Universitätskirche.

Möge die neue Universitätskirche in neuer Weise zu einem Ort werden, der aus den Quellen lebt, welche dem zerstörten Vorgängerbau seine Einmaligkeit verliehen: Heimat des Universitätsgottesdienstes und der Gemeinde, die sich Sonntag für Sonntag um Wort und Sakrament versammelt, Zentrum der Universitätsmusik mit ihrer großen Tradition und weiten Ausstrahlung sowie Ort für universitäre Festveranstaltungen. Möge die dreifache Nutzung der Universitätskirche – gottesdienstlich, musikalisch und akademisch – diesen Ort im Zentrum unserer Stadt erneut zu einer Mitte werden lassen, in der im Diskurs, in der Feier und im Gebet Orientierung und Halt gefunden werden.

Martin Henker
Leipzig, am 2. Mai 2017

PREDIGTEN

Martin Luther · Gottfried Olearius
Georg Rietschel · Heinz Wagner
Peter Zimmerling · Rüdiger Lux

Martin Luther

DIE GNÄDIGE HEIMSUCHUNG CHRISTI

Predigt vom 12. August 1545 | Mittwoch nach dem 10. Sonntag nach Trinitatis
Bearbeitet und kommentiert von Michael Beyer

VORBEMERKUNG

Luther predigte zwar am 12. August 1545 in der Universitätskirche, allerdings wohl nicht im Rahmen einer besonderen Weihehandlung im Sinne einer Einführung des evangelischen Gottesdienstes, was landläufig betont wird,[1] sich aber nicht sicher nachweisen lässt. Auch der Bezug, den die Predigt erst ganz am Ende zur Universität herstellt, bleibt eher allgemein und ist zu schmal für eine spezielle Einweihungspredigt, wie sie Luther etwa 1544 in der Torgauer Schlosskirche gehalten hatte. Man darf aber davon ausgehen, dass der Aufenthalt des alten Luther in Leipzig und seine Predigt in der ehemaligen Dominikanerkirche für die Zeitgenossen besondere Ereignisse darstellten. St. Pauli war eine Klosterkirche gewesen und wurde nach der reformatorischen Neugestaltung des Innenraumes 1543 unter Leitung Caspar Borners zum besonderen geistlichen Ort der Universität, auch wenn kein regelmäßiger Predigtgottesdienst gehalten wurde. Die jahrhundertelange Nutzung als Aula stand immer unter geistlichem Vorzeichen. Hier fanden die akademischen Festakte zu Weihnachten, Ostern, Pfingsten und dem Reformationsfest sowie vierteljährlich ein öffentlicher geistlicher Konvent (publicus conventus sacer) mit einer gelehrten theologischen Rede statt, außerdem Promotionen und Leichenbegängnisse für die Professoren sowie besondere akademische Feiern zu öffentlichen Ereignissen und Jubiläen, die immer gottesdienstlichen Charakter trugen.[2]

Luther hatte für seine Predigt keine besondere Perikope benutzt, sondern ihr das altkirchliche Evangelium des vorangegangenen zehnten Sonntags nach Trinitatis zugrunde gelegt, also über Jesu Klage und Unheilsprophetie über Jerusalem sowie die Tempelreinigung gepredigt. Diese Perikope eignete sich jedoch sehr gut für eine Gegenüberstellung von falschem und rechtem Gottesdienst und zur Warnung davor, das Evangelium, in dem Christus selbst zu seinen Gläubigen kommt, gering zu achten. Insofern ist die Überlieferung von der Einführung des evangelischen Gottesdienstes in die Leipziger Universitätskirche durch Luther durchaus nachvollziehbar.

Luthers Predigt ist für die Druckausgabe überarbeitet worden. Das ist schon an ihrem Textumfang erkennbar. Luther predigte in der Regel frei und relativ kurz nach Stichpunkten. Weil außer den beiden Drucken auch eine Mitschrift der Predigt (ihr Umfang entspricht einem reichlichen Drittel des gedruckten Textes) überliefert ist, muss davon ausgegangen werden, dass die Leipziger Predigt, wie bei Predigten Luthers sonst auch üblich, unmittelbar von Zuhörern mitgeschrieben und für den Druck überarbeitet und aufgefüllt wurde. Ob Luther die Bearbeitung korrigiert und den Druck kontrolliert hat, lässt sich nicht sagen.

Textgrundlage der neuhochdeutschen Bearbeitung ist der Wittenberger Druck von 1545, der mit dem im gleichen Jahr erschienenen Nürnberger Druck sowie der Edition von Mitschrift und Wittenberger Druck im 51. Band der Weimarer Lutherausgabe verglichen wurde.[3] Die eckigen Klammern im Text bezeichnen die Bogenangaben.

DIE PREDIGT

Liebe Freunde, wir haben im Evangelium des vergangenen Sonntags[4] gehört, wie Christus vor seinem Einzug in Jerusalem über die Stadt geweint und ihre endgültige Zerstörung verkündet hat. Er tat das deshalb, weil Jerusalem den Zeitpunkt seiner Heimsuchung[5] nicht erkannte. Wir haben auch gehört, wie Christus danach in den Tempel ging, die Händler und Käufer hinaustrieb und sagte: *Mein Haus soll ein Bethaus genannt werden, ihr aber habt es zu einer Mördergrube gemacht usw.*[6]

Beides sind zutreffende, sehr harte Worte, insbesondere weil der liebe [Aij^v] Herr sagt, die heilige Stadt Jerusalem und der herrliche Tempel sollten vollkommen zerstört werden, und zwar deshalb, weil Jerusalem und seine Bewohner den Zeitpunkt nicht erkannten, an dem sie heimgesucht worden sind. Das wäre wohl ein Wort, das von Rechts wegen jedermann mit Furcht und Zittern annehmen und im Gedächtnis behalten sollte. Denn es ist mit großem Ernst gesprochen und – wie ihr gehört habt – mit von Herzen kommenden Tränen: Du, Jerusalem, hast den Zeitpunkt deiner Heimsuchung nicht erkennen wollen.

Denn »Heimsuchung« meint im Hebräischen: Gott kommt zu uns, klopft bei uns an und hat seine himmlischen Güter dabei. Das entspricht der Redeweise, die Zacharias, der Vater Johannes des Täufers, in seinem Gesang benutzt: *Gelobt sei der HERR, der Gott Israels, denn er hat sein Volk heimgesucht und große Erlösung bewirkt.*[7] Also meint der Ausdruck: Gott habe uns »visitiert« oder »heimgesucht«, dass er zu uns kommt, nicht um etwas von uns zu empfangen oder zu nehmen, sondern um uns etwas zu bringen und zu geben. Genau betrachtet meint das Wort [Aiij^r], einen armen Menschen zu besuchen, der ein Bettler ist, heimatlos und verloren und den der Teufel im tiefsten, schwersten Kerker der Sünden, des Todes und der Hölle gefangengesetzt hat. Zu solchen Menschen kommt der liebe Sohn Gottes vom Himmel herab. Kommt in unser Elend, Jammer, Tod und Grab, entbietet uns einen guten Morgen und seligen Gruß und sagt, dass wir fröhlich sein sollen: Er wolle uns aus aller Not erlösen und alles Gute geben. Das ist seine »Visitation« oder »Heimsuchung«. Was geben aber die so Heimgesuchten dazu?

Hier ist nun die Klage (spricht er) und wirklich ein sehr jammervolles Klagen, dass man über dieses unaussprechlich Gute, das er bringt, weder froh wäre noch es dankbar annehmen würde, sondern es über die große Undankbarkeit hinaus auch verfolgen und verjagen helfe. Ja, auch noch den lieben Gast und Herrn, der uns heimsucht, ermorde und sein Heimsuchen verwerfe. Dieses Wort ist jedenfalls schrecklich zu hören, und grauenhaft scheußlich ist die Farbe, mit der die Welt abgemalt wird, weil [A iij^v] die blinde, undankbare Welt ihren Herrn weder kennen noch von seinem Heimsuchen etwas wissen will.

Keinen Menschen hielte man für verständig und klug, der in höchster Qual und Leiden liegt, unter Pest und Seuche leidet, aber einen rechtschaffenen, treuen Arzt ablehnt, wenn der zu ihm kommt und seinem Leiden abhelfen könnte und wollte. Wenn es aber einen solchen Menschen gäbe, würde jedermann sagen müssen, er wäre über die Krankheit seines Körpers hinaus toll, seiner Sinne beraubt und besessen und müsste deshalb mit Ketten gefesselt werden. Wie viel mehr müssen diejenigen toll und töricht, rasend und besessen sein, die in der grausamen Krankheit und Not der Sünde und des Todes liegen und ewiges Verlorensein vor sich haben? Und zu ihnen kommt dieser Arzt, der rechte, einzige Heiland und Hirte ihrer Seelen und spricht: Ich will dir helfen und dich erlösen von Sünde und Todesnot, Teufel und allem [Aiiij^r] Unglück und in das Himmelreich setzen, wo du mit mir ein Erbe sein sollst des ewigen Lebens. Sollten sie so blind und böse geworden sein, dass sie so einen lieben Mann nicht nur undankbar verachten, sondern ihn zur Stadt hinaus jagen und ans Kreuz schlagen, wie es sein eigenes Volk in Jerusalem tat und wir jetzt auch sehen vor unseren Augen?

Denn siehe, was wir selbst tun, die wir »Christen« heißen, die großen Könige und Herren und besonders Bischöfe und Kardinäle usw., alles, was klug und heilig sein will und das Beste auf Erden. Siehe, sind sie nicht toll und töricht? Sie schreiten daher in großer Ehre und Pracht, mit goldenen Ketten, in Samt und Seide, heißen große, kluge Leute, weise Fürsten und Regenten der Welt, die überaus gut regieren können, was sie auch unterlassen. Sie sind geschickt in mancher Hinsicht, so dass, was sie reden und tun, als etwas Besonderes angesehen wird. Sie werden für diejenigen gehalten, die Gott besonders [Aiiij^v] erwählt und die ihm die Liebsten sind, der Welt zu Trost und Heil gegeben.

Aber man achte darauf, wie sie sich verhalten, wenn es diese göttliche Visitation oder Heimsuchung zu betreffen beginnt. Da ist niemand rasender und tollwütiger als eben diese Allerweisesten und Klügsten: Papst, Kardinäle, Bischöfe, Fürsten, große Herren von Adel und andere. Ja, wenn dieser Artikel von der gnädigen und frohmachenden Heimsuchung zur Sprache kommt, da stößt man auf so großen Undank und solche Verachtung, dass einem gläubigen Christen das Herz brechen könnte. Ja, auch der Herr selbst kann nicht an sich halten: Als er die Stadt ansieht, muss er weinen und diese jammervolle Klage führen.

Denn ist es nicht eine jammervolle Klage? Die Hohenpriester, die ansehnlichsten und vornehmsten Leute, die Herren Ananias und Kaiphas, und das ganze Geschlecht der Priester und Leviten, dazu die 72 [B'] Fürsten im Rat zu Jerusalem, sie regieren so weise und halten so schönen Gottesdienst; unter ihnen lebte das Volk in schönem Regiment, Zucht und Gehorsam, und alles war ganz großartig anzusehen. Weder sehen wir heute so ein Regiment wie bei den Juden unter Mose noch ist ein solches unter den Heiden gesehen worden. Aber siehe, was machen sie, dass man sagen muss, sie seien blind, toll und töricht? Ihren lieben Heiland, der ihnen aus allen Nöten helfen will, den hängen sie ans Kreuz!

So ist es gegangen und so geht noch überall in der Welt. Man muss nur die Augen aufmachen! Da gibt es viele weise, kluge und vernünftige Leute (das müssen wir zugeben), auch gelehrt, ehrbar, rechtschaffen. Aber wenn sie das Wort oder die Predigt des Evangeliums von Christus hören, das ihnen die Erlösung vom Tod verkündigt und das ewige Leben, dann schreien sie: Nur hinweg mit ihnen und ganz schnell alle tot-, ja totgeschlagen, die das predigen. [B^v]

Ist aber das Folgende nicht eine jammervolle Sache: Käme das Evangelium als ein grausamer Tyrann oder Türke und erschreckte und plagte die Leute, nehme ihnen ihr Gut und schlüge sie dazu tot, wäre es nicht verwunderlich, dass man zum Feind des Evangeliums würde? Nun kann aber keiner dem Evangelium solcherlei Schuld zumessen. Es schadet niemandem, lässt dir und jedermann, was er hat: Frau, Mann, Kind, Haus, Hof, Güter, Land und Leute. Es beansprucht weder Krone, Regiment und Gewalt des Kaisers und der Könige (wie es der Papst getan hat). Sondern spricht zu allen Menschen: Behaltet, was ihr habt. Ich will und begehre nichts davon. Allein das tue: Glaube an den Sohn Gottes, damit du selig seiest, wenn dieses Leben aufhört. Denn du wirst diese königliche Krone nicht ewig tragen, noch wirst du Ehre, Gewalt und Gut ewig bewahren. Sondern dahin musst du, wo deine Krone, Ehre, Macht, Geld und Gut nichts mehr sein werden. Was wird dir dann helfen können? Nichts! Ich aber will dir helfen. Mich allein nimm dankbar an. [Bij'] Ich begehre nicht mehr, als dass du nur glaubst und diese Heimsuchung erkennst.

Nun siehe, was sollte Christus denn mehr tun, außer aller Welt das anzubieten? Ihre zeitlichen Güter lässt er in Ruhe und lässt sie behalten, was sie haben. Dazu bringt er ihnen die ewigen Güter und trägt sie ihnen nach Hause. Aber Christus sollte bei ihnen nicht einmal erreichen, wenigstens das von ihm anzunehmen. Verdient hat er damit nur so viel, dass sie gegen nichts auf Erden größere Feindschaft empfanden als gegen den, der ihnen das verkündigte.

Das läuft jedenfalls weder menschlich noch natürlich ab. Sondern es müsste gehen, wie es die Natur alle Menschen lehrt: Wer mir Gutes tut und Güter bringt, dem bin ich dankbar und habe ihn lieb. Wenn einer denjenigen weder annehmen noch ihm dankbar sein will, der zeitliche Güter und dieses Leben gegeben hat und dazu noch das ewige Leben schenkt, dann ist das weder natürlich noch menschlich. Denn es richtet sich gegen die Vernunft und das Empfinden aller Menschen, so wie der widerwärtige [Bij^v] Teufel aus der Hölle, der die Leute mit Leib und Seele in Besitz genommen hat.

Wer aber will hier so mutig sein, zu Papst, Kardinälen, Bischöfen, Königen und reichen Junkern von Adel so zu sprechen (Ihr seid voller Teufel!), wenn es auch die bittere Wahrheit ist. Aber wer so zu ihnen sprechen will, muss damit rechnen, seinen Kopf hinzuhalten und sich sagen zu lassen, er sei ein Aufrührer und beschädige die Ehre der besten, weisesten, heiligsten Leute. So reden sie jetzt, wenn man ihre öffentlichen Laster benennt. Was aber können wir anderes tun? Deine eigene Vernunft muss dir sagen (wenn sie es sagen will), dass dich der Teufel in Besitz genommen hat, wenn du das Evangelium wissentlich verfolgst. Die Begründung ist folgende: Gott bringt und trägt zu dir alles zeitliche und ewige Gut, kann aber bei dir nicht erreichen, es dankbar anzunehmen. Im Gegenteil: Du verfolgst es; es ist reines Gift für dich.

Ja, sagst du: Dass er uns genügend zeitliches Gut gibt und ewiges dazu, [Biij^r] können wir ertragen. Aber das Evangelium straft und verbietet uns zugleich unseren Gottesdienst, die Messen, das monastische Leben usw. – Ich antworte: Ja, es zerreißt dich! Ich höre es wohl: Du hast nicht darüber zu klagen, dass man dir etwas an Leib und Seele wegnimmt oder nichts Gutes gibt. Aber es geht dir darum, deinen Willen nicht durchsetzen zu können. Das ist nicht die Schuld Gottes oder des Evangeliums, sondern dein eigener böser Wille. Mehr nicht! (Denn du könntest andernfalls gut besitzen und behalten, was du hast). Du weißt doch selbst, dass du Unrecht hast und ein sündliches, zur Verdammnis bestimmtes Leben führst. Die Sache ist die: Du willst deinen kleinen Willen durchsetzen, aber Gottes Wille soll sich zurückhalten. Dass du dich selbst und andere mit dir verführst und verdirbst, soll Gott dir durchgehen lassen und es dir nicht sagen. Dass er dir zeitliches und ewiges Leben geben will, genügt dir nicht. Du willst darüber hinaus erreichen, dass Gott dich und andere Leute in euerm sündlichen Wesen verharren lässt. [Biij^v].

Das soll und kann er nicht gestatten, denn es ist geradewegs gegen die Heimsuchung. Er sucht dich ja darum heim, weil dich der Teufel und seine Apostel von der Wahrheit zur Lüge geführt und dich gelehrt haben, auf deine Spielereien und deinen Götzendienst zu vertrauen. Gott will dir davon weghelfen, damit du, geschmückt mit der reinen Wahrheit, von den Lügen loskommst und so von der Gewalt des Teufels und der Hölle befreit wirst. – Dagegen schreist du an: Nein! Nein! Das will ich nicht. Ich muss nicht ertragen, meine Sache als Lüge und Unrecht bezeichnen zu lassen. Jedermann soll meine Sache für die göttliche, christliche Wahrheit halten oder (wie sie es jetzt nennen und bekräftigen) für die zu lobende, althergebrachte Religion.

Ja, hörst du aber nicht, dass dieser Text eine andere Geschichte erzählt: Jesus geht in den Tempel Gottes und dort stößt er um und wirft hinaus. Dass dies ein Visitiertwerden oder gnädiges Heimgesuchtsein war, verstanden die Hohenpriester auch nicht. [Biiij^r] Sie hielten es für einen großen Ehrverlust und eine Schmähung ihrer zu lobenden Religion und des heiligen Tempels Gottes. – Nein! (sagt Jesus). Das gehört auch zur Heimsuchung. Wollt ihr die Wahrheit haben, so muss ich die Lüge strafen und euch fortschicken, damit ihr nicht eure Religion und Gottesdienst auf den Kramladen aufbaut, den ihr hier betreibt usw.

Hier hätten sie auch sagen können – wie jetzt der Papst und die Seinen: Ja, das ist unsere althergebrachte Religion und unser christlicher Glaube. Darum wollen wir weder davon ablassen noch dulden, dass dagegen geredet wird usw. Aber Christus sagt dazu: Gerade weil ihr den Gottesdienst schändlich umgekehrt habt, komme ich, damit ich euch lehre, was richtiger alter oder falscher neuer Glaube bzw. Gottesdienst ist.

Denn (um von unserer Zeit zu sprechen) es kann nicht als »alter christlicher Glaube« bezeichnet werden, dass ein Pfaffe vor dem Altar steht und eine Messe hält, die er für Tote und Lebende opfern will. Denn wo steht das geschrieben [Biiij^v] außer in den Unsinnigkeiten des Papstes und im »Markolf« der Mönche,[8] und ist ein neues Fündlein, das sie sich selbst ausgedacht haben. Deshalb soll man diese Neuerung weder für den »alten Glauben« halten noch es so bezeichnen. Sondern man soll den dafür halten, den wir von Christus durch die Apostel empfangen: Er hat seinen Jüngern über Tisch im Abendmahl seinen Leib und sein Blut gegeben, nicht damit sie es opferten, sondern – nach seinen eigenen Worten – um es zu essen und zu trinken und damit den Glauben an die Vergebung der Sünden zu stärken. Das ist die erste alte Ordnung Christi, die man zurecht als den »christlichen althergebrachten Glauben« bezeichnet. Aber unsere Papisten ziehen die schönen und guten Worte »christlich«, »althergebracht« usw. in ihre Lügen, die sie viel später in die Kirche eingeführt haben.

So machten es auch die Pfaffen der Juden: Für sie stand ihr »althergebrachter christlicher Glaube« für das Kaufen und Verkaufen vor dem Tempel. Da hatten sie Gehege und Ställe für Schafe und Kälber, für Hühner und Tauben usw. All das war für den ordentlichen Gottesdienst bestimmt, damit die [C^r] Leute, die von überallher aus dem Land nach Jerusalem kamen, dort ihre Opfergaben kaufen konnten, um sie dem rechten Gott zu opfern. Denn damals gab es im Tempel kein Götzenbild. Der Tempel war rein von allem Götzendienst. Und das Opfer richtete sich allein an den rechten, wahrhaftigen Gott, der Himmel und Erde geschaffen und dieses Volk erlöst hatte.

Deshalb bestanden sie auch auf dem Opfern und sagten: »Wer das verhindern will, der widersetzt sich unserem alten Glauben und Gottesdienst.«

Was konnten die einfachen Leute dagegen sagen? Es war ja die Wahrheit. Alles geschah um Gottes Willen: Gott selbst hatte in diesem Volk angeordnet, ihm zu opfern. Das mussten alle als Recht anerkennen; es war der rechte Gottesdienst, den die Hohenpriester abzusichern hatten. Und da kommt dieser Jesus von Nazareth, will im Tempel Visitation halten und wirft alles über den Haufen. Sollte man einen solchen Ketzer, der den rechten Gottesdienst so schmachvoll behandelt, nicht töten und verdammen? [C^v] Einen, der unter sie tritt, um sich schlägt und sie zum Tempel hinaus wirft wie tollwütige Hunde?

Kurz und bündig: So gegen den ordentlichen Gottesdienst vorzugehen, muss als ärgerliches und ganz übles Handeln bezeichnet werden. Hätte Jesus etwas anderes aus dem Tempel geworfen, etwas, das nicht zum Gottesdienst gehört, das hätten sie wohl hinnehmen können. Aber die Dinge zunichte zu machen, die insbesondere zum Opfern verordnet waren und von jedermann gern gegeben und unterstützt werden sollten, und den Tempel »Mördergrube« zu nennen, das war eine zu große Lästerung und nicht zu ertragen.

Es hörte sich genauso lästerlich an, wie wenn ich jetzt sagte, dass die Kirchen, Stifte und Klöster des Papstes, der Kardinäle, Bischöfe, Pfaffen und Mönche mit ihren Gottesdiensten – gerade wo es ganz besonders heilig zugeht – nichts als Mördergruben sind. Genauso hat es in den Ohren der Hohenpriester Hannas und Kaiphas und der anderen geklungen, und so hielten sie es für Recht und billig, ihm zu ant[Cij^r]worten: »Ha, der böse Teufel lässt dich so reden, dass du Bösewicht dich unterstehst, den althergebrachten Gottesdienst zu vernichten und die Leute daran zu hindern, Gott in seinem Haus zu dienen und Opfer zu bringen.« Diesen Vorwurf konnten sie dann ganz groß aufblasen.

Aber davon lässt sich Jesus weder beirren noch anfechten. »Liebe Herren«, sagt er, »die Visitation kann damit nicht anders umgehen; ich bin gekommen, um Visitator zu sein, euch heimzusuchen und alles Gute zu bringen, euch das Leibliche zu lassen und dazu das Geistliche zu schenken. Aber ich kann nicht einfach so kommen. Ich muss Unruhe machen und das Geschmeiß (die Ursache von Gottes Zorn über euch und der Grund eures Verderbens) ausfegen.« Wie ich schon gesagt habe: Diesen Leuten geht es nicht einfach um zeitliches Gut. Sie wollen ihren bösen, falschen Willen durchsetzen und vom Unrecht nicht ablassen. Aber zugleich wollen sie kein Unrecht getan haben und auch nicht hören, dass sie ihrem Wesen nach Betrüger sind, ihre Messe Götzendienst und ihr Leben als Mönche Teufels[Cij^v]werk. Im Gegenteil: Sie bleiben stur, wollen nicht nachgeben und mit den Hörnern gegen diesen Herrn anlaufen, so wie es die unseren auch tun.

Jesus hätte es wohl zulassen können, dass sie schlachteten und opferten, so viel sie wollten. Denn Moses hatte es bei ihnen so angeordnet. Aber die ganze Sache war verdorben, weil sie damit nichts als den eigenen Nutzen suchten und den Leuten die Überzeugung eingaben, durch solcherlei Werke Gottes Gnade und das ewige Leben zu verdienen. Das richtet sich geradewegs gegen die göttliche Heimsuchung. Denn die Propheten hatten schon vorher klar gesagt, dass ihr Heiland kommen sollte, sie zu erlösen von Sünde, Tod und allem Übel. Auf ihn sollten sie hoffen, ihn sollten sie erwarten und ihre Seligkeit allein auf ihn stellen. Unterdessen sollten sie in diesem Tempel opfern und den äußerlichen Gottesdienst halten, damit sie einerseits das Herkommen und andererseits die Hoffnung auf Christus lebendig erhielten. Aber legen es darauf an, Glauben und Hoffnung ganz auszutilgen und dieses [Ciij r] Haus, das ein Bethaus sein sollte (wie Christus aus Jesaja 56 sagt)[9] zu einem schändlichen Kaufhaus und zur Mördergrube der Seelen zu machen.

Dieser Tempel war nämlich zuerst nicht vornehmlich wegen des Opferns und Schlachtens gebaut worden. Im ersten Königebuch steht es klar geschrieben: König Salomo selbst, der den Tempel gebaut hatte, kniete nieder und betete, weihte ihn und bestimmte ihn zum Gebet. Dabei sprach er: »Sollte einmal Hunger, Pest oder anderes Unglück über dein Volk kommen, und die Leute kommen hierher und breiten hier oder wo immer die Hände aus und beten zu diesem Haus und rufen deinen Namen an usw., so wolltest du ihr Gebet und Flehen im Himmel hören.«[10] Er sprach nicht: »Du wollest ihre Werke und Opfer ansehen«, damit sie viele Kälber und Schafe oder Räucherwerk in diesen Tempel brächten, sondern sprach: »Ihr Beten und Flehen wollest du hören.« Also hat er selbst den Tempel in erster Linie zum Gebet gestiftet, besonders [Ciij v] zum Gebet in der Not, wenn sie um ihrer Sünden willen gestraft würden. Davon redet er durch das ganze achte Kapitel hindurch. Hier ging es also nicht um das Verdienst wegen ihrer guten Werke oder um Opfer.

Darum ist es richtig und wahr, was der Prophet Jesaja sagt und Christus hier auch: »Mein Haus soll ein Bethaus genannt werden« usw. Der Name des Tempels soll »Bethaus« sein. Dazu hat es Salomo gebaut (obwohl er darin auch geopfert hat). Salomos Worte richten sich allein auf das Beten und Gottes gnädiges Erhören. Das sollte sein endgültiger Gebrauch und seine Ordnung sein. Und gemäß seiner ersten Stiftung sollte es »Bethaus« heißen.

Jetzt aber unterlassen sie diesen Gebrauch, lehren das Volk nicht, wie es beten soll, sondern machen aus dem Tempel nur eine Räucherkammer und ein Schlachthaus. Gott hätte auch das zulassen können, hätten sie außerdem gebetet oder das Volk zum Gebet angeleitet. Aber sie drängten allein auf das Opfern ohne Lehre und Gebet. Dadurch wurde das Haus zu nichts anderem als [Ciiij r] einer Mördergrube. Denn damit verdarben sie die armen Seelen. Sie lehrten nicht das Beten, wie sie es hätten tun müssen und sagten nicht wie die lieben Propheten, wie David und Salomo selbst: »Lasst das Opfern sein! Es geht Gott nicht um das Opfern!« Wie Psalm 5 sagt: »Ich will nicht um deines Opfers willen mit dir hadern, sondern darum sollt ihr hierher kommen, dass ihr Gottes Wort hört und lernt, recht zu glauben, zu danken und zu bitten usw.«[11] Das taten sie nicht, pochten jedoch feindlich auf ihren Tempel und ihr Opfern usw. Sich darauf – ohne Glauben an Gott und das Beten zu ihm – zu verlassen, lehrten sie die Leute, um sie sich zu ihrem eigenen Nutzen dienstbar machen zu können.

Deshalb kommt nun Christus und will diesen Schutt aus dem Tempel räumen und fegen. »Dieses Haus«, sagt er, »ist nicht dazu gebaut, um euch als Kuhstall und Taubenhaus zu dienen. Es ist von Gott zu seinem Bethaus geordnet und angenommen worden, um in ihm zu Gott zu beten; [Ciiij^v] und Gott will da sein und hören.« Deshalb mussten zu dieser Zeit das jüdische Volk und überhaupt die Juden überall auf der ganzen Welt, wenn sie beten wollten, das Gesicht in die Richtung des Tempels zu Jerusalem wenden. Das galt auch in der babylonischen Gefangenschaft, während der Tempel zerstört war. Zu jeder Zeit sollten sie ihr Gebet um der von ihnen angenommenen göttlichen Ordnung willen mit dieser Stätte verbinden: Da sollten sie beten, und er wollte sie hören.

Aber weil sie diese Stiftung und Ordnung vergaßen, sie ins Gegenteil verkehrten und aus Gottes Bethaus ihr eigenes Kaufhaus machten, kann Jesus nicht umhin, mit seiner Heimsuchung zu kommen; er muss den Tempel von dieser Mordgruberei reinigen, um den armen Seelen zu helfen und sie von den Lügen und der Verführung zur Erkenntnis der Wahrheit und dem richtigen Gottesdienst zu bringen. Das muss zu Recht eine gnädige, heilsame Heimsuchung der Seelen genannt werden, auch wenn er den Verführern mit Zorn begegnet [D^r] und sie züchtigt, damit sie sich von ihrem Handel zurückziehen. Diese Heimsuchung geschieht jetzt (Gottlob!) auch unter uns. Denn durch Gottes Gnade wird ja rein und unverfälscht gepredigt: über rechte Gotteserkenntnis, richtigen Gottesdienst, auf welche Weise wir Christen sein und durch den Glauben unseren Heiland im Herzen haben sollen. Und dann sollen wir mit diesem herzlichen Vertrauen mit allen Anliegen und in allen Nöten Gott anrufen. Und obwohl wir jetzt keinen Ort oder Tempel haben, an den er sich gebunden hätte – denn sein Tempel oder seine Wohnung füllt die ganze Welt aus, so gibt es doch noch den Brauch, dass man Orte oder Häuser hat, wo die Christen zusammenkommen, um mit Gottes Wort umzugehen und miteinander zu beten usw.

> **»Dieses Haus«, sagt er, »ist nicht dazu gebaut, um euch als Kuhstall und Taubenhaus zu dienen. Es ist von Gott zu seinem Bethaus geordnet und angenommen worden, um in ihm zu Gott zu beten; und Gott will da sein und hören.«**

Das tut unser päpstisches Pfaffen- und Mönchsvolk nicht. Beides, Lehre und Gebet, verkehren sie ins Gegenteil, zerstören sie und machen aus ihren Kirchen und Klöstern nichts als Mördergruben. Ja, ich weiß, Mönche oder Pfaffen können nichts anderes tun [D^v], denn ich habe es selbst erfahren, bin auch 15 Jahre lang Mönch gewesen, habe täglich Messe gelesen und den Psalter gebetet, dass ich ihn auswendig konnte. Aber ich habe bei all dem niemals ein solches, von Herzen kommendes, gedankenreiches Gebet sprechen können: »Lieber Gott, ich weiß, dass dir mein Gebet wohl gefällt und dass es gewiss erhört ist.« Um meine Gedanken war es so bestellt: Ich war gegenüber meinem Orden und der Kirche gehorsam, habe meine Messe gelesen, meine Gebetszeiten eingehalten und wusste nicht, wie ich mit Gott dran war und ob ihm meine Werke angenehm wären.

Und ich bin einer der besten gewesen, habe es ernsthaft und mit Andacht getan und doch niemals richtig beten können, habe täglich mit meinen Messen Gott gelästert, weil ich den Gottessohn Gott opfern und so durch mein Werk Gnade verdienen wollte usw. Aber unsere Papisten treiben es noch viel schlimmer, weil sie ihre Messen auch verkaufen und alle [Dij^r] Kirchen mit solchem Handel angefüllt haben. Sie sagen, dieses Werk sei Gott angenehm. Für den, der es tut, sei es verdienstlich (auch wenn er es ohne jede Andacht und guten Vorsatz tut und darüber hinaus in Todsünden lebt). Verdienstlich sei dieses Werk auch für andere Menschen, für die es getan oder erstrebt wird, seien sie am Leben oder tot, obwohl er selbst wie die anderen nicht daran glaubt.

Jetzt aber, während Christus diesen Gräuel angreift und mit der Tempelreinigung beginnt, ereilt auch sie die Visitation. Er sagt: »Weder kann man es rechte Lehre, noch Opfer, noch richtig Messe halten nennen, wenn du dich hinstellst und nicht weißt, was du tust, obwohl du doch (wie du sagst) den Gottessohn Gott für Lebende und Tote opfern willst und das auch noch verkaufst.« Denn das ist nicht der Einsetzung und Ordnung des Sakraments gemäß. Ja es ist grauenhafte Gotteslästerung, Christi Leib und Blut opfern zu wollen. Er gibt es uns zu essen und zu trinken, um den Glauben zu stärken, damit uns durch sein Blut und Tod, ohne unser Werk und Verdienst, die Sünden vergeben werden.

[Dij^v] Hier kratzen sie wie jene Hohenpriester auf ihren alten Geigen: »Ja, es ist unser althergebrachter Glaube, und die Kirche hat es lange so gehalten.« Das ist ein glückloses Unterfangen! Weißt du nicht, dass Christus (wie du es selbst in der Messe liest und sie auf diese Worte gründest) sagt: »Der Herr Jesus, in der Nacht, da er verraten ward, nahm das Brot, dankte und brach es und gab es ihnen und spracht: Nehmet hin und esset, das ist mein Leib, der für euch gegeben wird. Ebenso nahm er den Kelch, gab ihnen den und sprach: Trinkt alle daraus, das ist der Kelch des neuen Testaments in meinem Blut, das für euch vergossen ist« usw.

Da steht der rechte alte Glaube, da hörst du nichts von deinem Opfern. Sondern Christus befiehlt dir, zu essen und zu trinken, diese Worte mit dem Glauben zu erfassen und Gott dafür zu danken. So kannst du das Vaterunser mit Recht darauf sprechen und sagen: »Ich habe gebetet und weiß, dass du mich erhörst.« Das vermag gewiss [Diij^r] kein Papst, Kardinal, Bischof, Pfaffe oder seine Geistlichen. Sie reden gewaltig daher und kratzen vom alten Glauben oder alter Religion und wissen doch gar nicht, was Religion, Glaube oder Gottesdienst ist. Mit ihrem öffentlichen Handeln bezeugen sie, dass sie nicht anderes sind als Seelenmörder (weil sie nichts richtig lehren: wie man glauben und beten soll), die ihren Bauch nähren mit Pfründen und Zins, um derentwillen sie ihre Messen und Möncherei verkaufen. Da ist weder Glaube im Spiel, noch Beten, noch irgendein Gedanke an den richtigen christlichen Gottesdienst.

Siehe, das bewirkt die Visitation des Herrn Christus: Wenn er kommt und alles Gute bringt, erträgt er die Widerwärtigkeit (die der Teufel in die Kirche geschmissen hat) nicht. Er muss die Lügen wegfegen, die die Seelenmörderei verursacht haben. Denn nebeneinander kann nicht bestehen, dass ich Mönch bleibe und doch Christus (wie jetzt) predige. Eins muss dem anderen weichen. »Das Bett ist hier zu eng (sagt Jesaja, Kapitel 28) und die [Diij^v] Decke zu schmal, als dass beieinander liegen könnten«[12] Wahrheit und Lügen: Christus mit seinem Glauben und der Teufel mit seinem Unglauben.

Deshalb muss diese gnädige Visitation die Folge sein (wenn Christus die Oberhand behalten soll über den Teufel), und Christus das Kaufen und Verkaufen abstellen. Weil aber der Teufel seine Lügen nicht aufdecken und die Welt ihren Willen haben will, erhebt sich (wie gesagt) darüber der Streit, an dem wir teilhaben. Wir predigen einzig, wie man recht glauben und zu Gott beten soll. Wir predigen so, wie es Christus in seiner Kirche haben will. Weil sie selbst es nicht tun wollen, tun wir es anstelle unserer Bischöfe und Pfaffen. Das können sie nicht ertragen, verdammen es als Ketzerei und verfolgen und ermorden deshalb so viele rechte Christen (und sind dabei viel schlimmer als die Pfaffen und Pharisäer zu Jerusalem).

Fragst du, warum sie das tun, dann antworten sie, es sei gegen [Diiij^r] den althergebrachten Glauben. Was ist das für ein Glaube? Das, was der Papst mit seinen Pfaffen und Mönchen glaubt! Wie alt ist dieser Glaube? Zwei- oder dreihundert Jahre alt, seit sie ihre eigenen Konzilien zu Rom hielten und zu Glaubensartikeln erklärten, was sie wollten. Hier frage ich: Ist denn dieser Glaube älter und besser geworden, dass man ihn zu Recht als althergebrachten Glauben und alte Religion bezeichnen könnte, als derjenige Glaube, den Christus gestiftet hat und der von ihm selbst her kommt? Wir alle datieren doch nicht »seit dem Papsttum zu Rom«, sondern »seit der Geburt unseres Herrn Christus«, was jetzt mehr als 1500 Jahre zurückliegt. Sieh dazu deine eigenen Briefe an! Soll man denn das als »Artikel unseres christlichen Glaubens« bezeichnen, was nicht

→ Der predigende Martin Luther. Predella des Cranach-Altars in der Stadtkirche Wittenberg

einmal über 200 Jahre alt ist, ja in vielen Fällen nicht 100 Jahre? So sind, seit ich mich erinnern kann, viele neue päpstliche Artikel aufgekommen und eingerissen. Denn ich erinnere mich noch, dass in dieser Kirche und in diesem Land die heilige Anna (die man für die Mutter der Jungfrau Maria und Großmutter des Herrn Christus hält) nicht bekannt war [Diiij^v] und die Stadt St. Annaberg noch nicht diesen Namen trug,[13] abgesehen davon, dass danach St. Joachim, St. Joseph, Unserer Frauen Psalter, Kronen- und Rosenkranz sowie unzählig viele närrische Betbüchlein aufgekommen sind, die sich Mönche ausgedacht hatten. Das alles heißt bei ihnen heute »althergebrachter Glaube«. Ein schöner Glaube ist das! Nicht einmal so alt wie ein Mann von 60 Jahren! Von diesem Glauben soll man nicht sagen, er sei der »rechte, alte, christliche Glaube«, der klar in der Heiligen Schrift gegründet ist. Sondern man muss ihn auf ewig »Ketzerei« nennen und bei Leib und Leben verbieten, ihn anzunehmen oder zu bekennen.

Ist es aber nicht ärgerlich, dass bei denjenigen, die sich etwas darauf zu Gute halten, Christen zu sein, das Wort des Herrn Christus, ja der heiligen Propheten und Väter von Anbeginn der Welt als »neuer Glaube« gelten soll? Denn wir predigen nichts anderes und wollen auch nichts anderes predigen als das, was du selbst in der Schrift der Propheten und Apostel liest. Doch soll man keinesfalls dasjenige annehmen und für Artikel des Glaubens halten, was sich irgendwelche unver[E^r]schämte Mönche tagtäglich ausdenken und wovon ehedem kein Mensch wusste, auch die Bischöfe nicht: den Goldenen Psalter, die Sieben goldenen Messen und unzählige Wallfahrten wie zur Eiche, zum Birnbaum[14] usw. Dagegen soll die Lehre des Evangeliums als ganz neue Lehre gelten! Warum? Einfach darum, weil sie es vor 20 oder 30 Jahren nicht gepredigt haben, ja gar nichts davon wussten. Sie wollen nichts davon wissen (was sie doch als Lehrer der Christenheit die Leute lehren sollten), dass es sich dabei um die Lehre und den Glauben handelt, die vor 1500 Jahren seit Christi Geburt und vorher seit dem Anfang der Welt vor 5000 Jahren durch die Väter und Propheten verkündigt worden ist, und klar in der Heiligen Schrift gegründet ist. Von der wollen sie nichts wissen, sondern haben sie unter die Bank gesteckt, genauso wie jene Pharisäer und Pfaffen die alte Lehre und den Gottesdienst verdunkelten, obwohl sie doch das Gesetz des Mose kannten.

Darum (sagen wir) geht es jetzt um diese Heimsuchung: die Predigt des Evangeliums. Sie kann die früheren Lügen [E^v] und den Teufelsbetrug nicht ertragen, sondern legt sie offen und stellt sie ans Licht. Dass sich dem jene widersetzen, die ihren neuen Irrtum und neuen Götzendienst schützen und nicht schänden lassen wollen und uns deshalb verfolgen, müssen wir Gott anbefehlen. Aber wir wollen auch etwas tun, nämlich die gnädige Heimsuchung durch unseren lieben Herrn erkennen und die Predigt zu Herzen nehmen, die Christus hier hält.

Ihr habt (will er sagen) die Wunderwerke gesehen, die ich und meine Apostel getan haben. Die haben, selbst von Furcht ergriffen, geschrien, dass Gott sein Volk heimgesucht hat (wie sie in Lukas 7 sagen).[15] Doch ihr habt es nicht erkannt, d.h. ihr habt es nicht annehmen wollen (Denn »Erkennen« bedeutet nicht nur, etwas mit den Augen wahrnehmen – so wie die Kuh das neue Tor ansieht, sondern eine Sache mit dem Herzen annehmen. So wie die Heilige Schrift z.B. im 1. Buch Mose, Kapitel 4, zu reden pflegt: »Adam erkannte sein Weib Eva.«[16] Das bedeutet mehr als ein schlichtes Wahrnehmen oder auch das Kinderzeugen. Es bedeutet, sich eine Sache von Herzen zu Eigen machen). So habt ihr [Eij^r] mich sehr wohl gesehen und von mir erfahren und wisst, dass ich gekommen bin, um euch heimzusuchen. Aber ihr habt euch davon nichts zu Eigen gemacht und nichts davon wissen wollen. Ihr tut das Gegenteil davon, stellt euch mit wütendem Toben dagegen und könnt damit nicht aufhören, bis ihr mich, der ich euch heimsuche, ans Kreuz gebracht habt. So kann ich bei euch auch nichts mehr tun, als drüber zu weinen, dass ihr so verblendet und halsstarrig seid, euer eigenes Heil von euch stoßt und letzten Zorn und ewiges Verderben über euch kommen lasst. Und niemand soll dagegen raten und mahnen oder warnen und widerstehen helfen.

Genauso klagen wir jetzt auch gegen den Papst, die Kardinäle und Bischöfe. Aber wir sehen: Unser Reden, Mahnen und Strafen, gleich ob wir süß oder sauer singen, hilft bei ihnen nichts. Aber wie gesagt, lasst uns das erkennen und dankbar sein und festhalten an Gottes Wort. Denn wir dürfen auch nicht daran zweifeln, was geschehen wird: Dem Papst [Eij^v] und allen, die ihm anhängen, muss es zuletzt so ergehen wie jenen Leuten zu Jerusalem. Besorgt es nicht der Türke oder ein anderer Herrscher, dann wird es in Kürze der Jüngste Tag tun, auch wenn das der Papst jetzt missachtet und nicht glauben will, sondern die Christen, die ihn nicht anbeten, weiter verfolgt und ermordet und seine tyrannische Herrschaft mit Gewalt zu erhalten sucht. Ja, dieses Toben und Wüten ist gerade ein untrügliches Zeichen (wie bei jenen Leuten in Jerusalem) dafür, dass es bald so kommen wird mit der Zerstörung, und dass, wie Christus hier sagt, kein Stein auf dem andern bleibt. Das heißt: Sie werden samt ihrer Sache vollkommen ausgerottet werden.

Allerdings wird Gott wohl zunächst sorgfältig und leise handeln. Er wird noch nicht mit dem Schwert Krieg und Blutvergießen anrichten, sondern wird die Leute durch sein Wort anlocken, wird Klöster und Stifte ausfegen und die Seinen von den anderen trennen, so wie er es zu Jerusalem auch tat: Als er das gute Korn ausgedroschen und in seinen Scheunen gesammelt hatte, wollte er nicht länger leeres Stroh [Eiij^r] dreschen. Als nur noch reine Spreu vorhanden war, zündete er den ganzen Haufen an und machte alles zu Asche.

So drischt er auch jetzt, sammelt seine Körnchen aus dem verdammten Haufen der anderen, sammelt in Klöstern und überall in der Welt. Wenn das geschehen ist, wenn die Zerstreuten seines Volkes zusammengebracht sein werden (sagt der Engel im Danielbuch, Kapitel 12)[17], wenn er das Korn eingebracht hat und im Papsttum nichts als Spreu und leeres Stroh findet, dann wird es damit auch zu Ende sein, dann wird es durch den Türken oder das höllische Feuer angezündet und verbrannt werden. Denn es ist beschlossen: der Papst muss es entgelten, so wie es die Heilige Schrift verkündet hat.

Deshalb, liebe Freunde, wollen wir jetzt, in der Zeit der gnädigen Heimsuchung, Gottes Wort gern hören und es lieb haben. Besonders ihr jungen Leute! Ihr werdet es erleben, dass Gott mit einer anderen Heimsuchung kommen wird: so, wie er über Jerusalem kommen musste, nachdem sie die erste [Eiij^v] Gnadenzeit nicht erkennen wollten. Ihr müsst durch die Heilige Schrift gerüstet sein, damit ihr euch trösten und euch auch gegen künftigen Zorn und künftiges Unglück wehren könnt.[18]

Denn um dem zu entkommen, wird uns nur eines helfen: Gottes Wort ernstnehmen und es mit allem Fleiß uns und unseren Nachkommen erhalten. Das geschieht vor allem durch gute Schulen, in denen die Jugend gebildet wird. Denn das sind die Pflänzchen, mit denen die Kirche Gottes wie ein schöner Garten angelegt und gepflegt wird. Alle, die wir Christen sein wollen, stehen in der Pflicht, hierbei treu mitzuhelfen und nach unseren Möglichkeiten das Werk zu fördern.

Auch wenn wir, die wir im Amt Christi stehen und darin seiner Kirche dienen, nicht so reich sind wie etwa Juristen und Mediziner oder Leute, die in anderen Berufen tätig sind, so wollen wir uns mit dem begnügen, was uns Gott gibt und ihm danken, dass [Eiiij^r] wir Kirchen und Schulen haben. In ihnen können es unsere Kinder, überhaupt die jungen Leute und die armen ungelehrten Menschen hören und sollen dazu kommen. Du bist überaus reich, wenn du ein rechtschaffener, treuer Seelsorger oder Prediger wirst, denn du hast schon einen Stuhl im Himmel vorbestellt. Und der ist besonders verziert und viel herrlicher als die Throne aller Kaiser und Könige. Du wirst hoch über

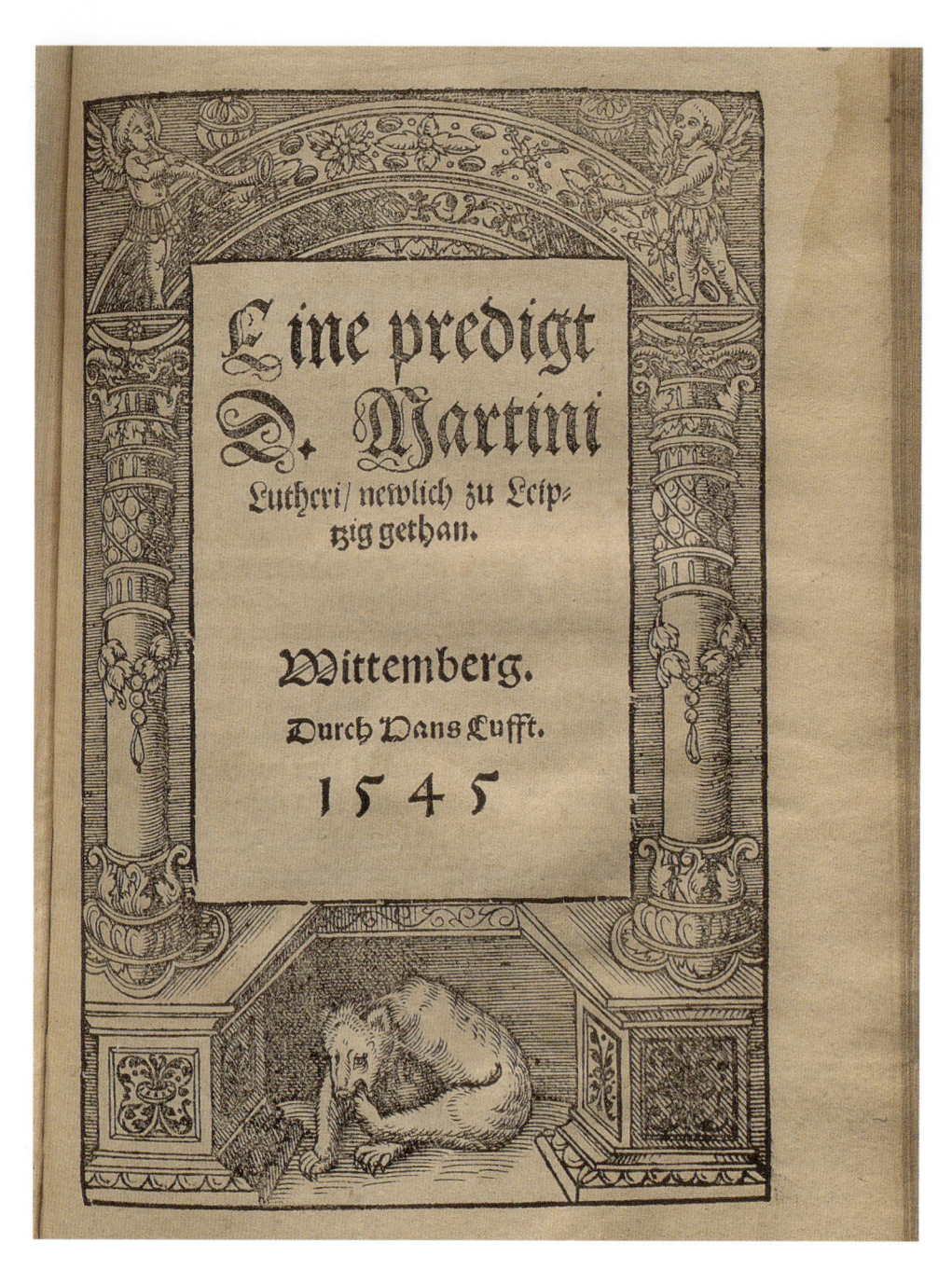

→ Titelblatt des Predigtdruckes (VD 16 L 5697)

ihnen sitzen, erhaben und geehrt über aller Welt. Und du wirst Teufel, Papst und alle Feinde zu deinen Füßen in die Hölle verstoßen sehen. Denn dazu haben wir zureichend gewisse Verheißungen und wissen, dass wir damit nicht fehlgehen können. Deshalb wollen wir jetzt, zur Zeit der Heimsuchung, auch alle gemeinsam, Lehrer wie Schüler, Gott dabei helfen, seine Körnchen zusammen zu bringen, bevor der göttliche Zorn anhebt, der die Spreu anzünden und im ewigen Feuer verbrennen wird.

1 So z. B. bei Hans Hofmann: Gottesdienst und Kirchenmusik in der Universitätskirche zu St. Pauli-Leipzig seit der Reformation (1543–1918). Beiträge zur sächsischen Kirchengeschichte 32 (1918), 121. Vgl. auch Elisabeth Hütter; Heinrich Magirius; Winfried Werner: Universitätskirche St. Pauli ... In: Stadt Leipzig: die Sakralbauten/hrsg. vom Landesamt für Denkmalpflege Sachsen; bearb. von Heinrich Magirius ... Bd. 1. München/Berlin 1995, 497.
2 Vgl. Hofmann: Gottesdienst und Kirchenmusik in der Universitätskirche zu St. Pauli-Leipzig seit der Reformation (1543–1918). Beiträge zur sächsischen Kirchengeschichte 32 (1918), 121f.
3 WA 51, (VIII) 22–41.
4 Das Evangelium des 10. Sonntags nach Trinitatis (Gedächtnis an die Zerstörung Jerusalems) steht bei Lukas im 19. Kapitel, 41–48.
5 Lukas 19,44; »Heimsuchung« meint den heilsamen Zeitpunkt von Jesu Gegenwart, siehe unten Absatz 2.
6 Lukas 19,46; vgl. Matthäus 21,12f.
7 Lukas 1,68.
8 Dummdreister, lügnerischer Widerpart des weisen König Salomo im Volksbuch »Salomon und Markolf«. Markolf steht hier für die in Luthers Augen durch die monastische Tradition vorgenommene Verfälschung der ursprünglichen christlichen Überlieferung.
9 Jesaja 56,7.
10 Vgl. 1 Könige 8,12–64, bes. 37–40.
11 Paraphrase aus Ps 50,8. 14f.
12 Jesaja 28,20.
13 St. Anna war Luther seit seiner Kindheit bekannt, da sie im Bergbaumilieu besondere Verehrung genoss. Sie war allerdings zugleich zu einer der Modeheiligen des Spätmittelalters avanciert. Mit der dann folgenden Erwähnung von St. Joachim und St. Joseph (Ehemann bzw. Schwiegersohn von St. Anna) weist Luther auf die sog. »Heiligen Sippe« hin, die in dieser Zeit ebenso Konjunktur hatte. Die Stadt am Schreckenberg im Erzgebirge war eine Gründung unter Herzog Georg von Sachsen (1496), die in ihrer Frühzeit unter verschiedenen Namen bekannt war (Schreckenberg, St. Annaberg). Luther stellt hier die besondere Verehrung von Heiligen mit der stark mit der Mutter Maria verbundenen spätmittelalterlichen Frömmigkeitsliteratur zusammen. Was er kritisiert, wird heute als Vermassung im Bereich der Frömmigkeit beschrieben.
14 Zwei südöstlich bzw. südlich von Leipzig gelegene, relativ junge Marienwallfahrtsorte: zur Eiche in Eicha (1454, aufgewertet im Zusammenhang mit dem Antoniterkloster 1497) und zum Birnbaum bei Rötha (1502).
15 Vgl. Lukas 7, 16: *Und Furcht ergriff sie alle, und sie priesen Gott und sprachen: Es ist ein großer Prophet unter uns aufgestanden, und: Gott hat sein Volk besucht.*
16 1. Mose 4,1.
17 Vgl. Daniel 12,1f. 7.
18 Die Predigtnachschrift enthält außer diesem Absatz nur noch einen weiteren, bietet jedoch grundsätzlich den gleichen Inhalt. Sowohl die Nachschrift wie die hier wiedergegebene Predigtbearbeitung erwecken den Eindruck, dass sich Luther besonders an Theologiestudenten bzw. Theologen wendet, was aber nicht heißen muss, dass der Hörerkreis auf die theologische Fakultät beschränkt war. Die Theologen sind wohl deshalb am Ende hervorgehoben, weil ihnen ganz im Kontext der Predigt die besondere Verantwortung des Ermahnens zukommt.

Gottfried Olearius

DIE WAHRE HERRLICHKEIT EINES WOHLEINGERICHTETEN GOTTESDIENSTES

Predigt zur Eröffnung des regelmäßigen Universitätsgottesdienstes am 31. August 1710
11. Sonntag nach Trinitatis | Bearbeitet und kommentiert von Klaus Fitschen

Am 11. Sonntag nach Trinitatis im Jahre 1710 (dies war der 31. August) hielt Gottfried Olearius die Predigt »bei der Eröffnung des ordentlichen Gottesdienstes in der Akademischen Kirche zu St. Paul in Leipzig«. Der Text wurde im gleichen Jahr unter dem Titel »Die wahre Herrligkeit eines wohleingerichteten Gottesdienstes« von dem Leipziger Verleger Thomas Fritsch zusammen mit Luthers Predigt von 1545 veröffentlicht.

Gottfried Olearius (1672–1715) stammte aus einer weit verzweigten sächsischen Gelehrtenfamilie. Der Urgroßvater Johannes Olearius (1546–1623) war der Sohn eines am Niederrhein ansässigen Ölmüllers mit Namen Coppermann und hatte, wie es in dieser Zeit unter Gelehrten beliebt war, sich einen latinisierten Nachnamen zugelegt, indem er auf die Berufsbezeichnung seines Vaters zurückgriff. Studium und berufliche Karriere führten Johannes Olearius über die Universitäten Marburg, Jena, Königsberg und die damals sehr renommierte Universität Helmstedt nach Halle, wo er Superintendent wurde. Einer seiner Söhne aus zweiter Ehe war Gottfried Olearius (1604–1685), der wie der Vater Superintendent in Halle wurde. Der Sohn dieses Gottfried Olearius hieß wiederum Johannes Olearius (1639–1713). Er wurde 1677 Professor an der Theologischen Fakultät der Universität Leipzig und gehörte zu den bekanntesten deutschen Theologen dieser Zeit. Sein weitgehend erhaltenes Epitaph ziert ein auf den Namen verweisender Ölbaum. Sein Sohn, der wie der Großvater Gottfried hieß, ist der Autor der Eröffnungspredigt.

Gottfried Olearius gehörte wie schon sein Vater in eine Umbruchsphase der evangelischen, genauer gesagt lutherischen Theologie. Seit 1708 lehrte er als Professor an der Theologischen Fakultät, nachdem er zuvor Professor für Latein und Griechisch gewesen war – er rückte wie schon sein Vater in die Theologie auf, wie es damals möglich war, nachdem dort eine Professur frei geworden war. Außerdem war er zuständig für die kirchlichen Dinge an der Universität und somit auch für die Universitätskirche, an der er mit seiner Predigt 1710 einen regelmäßigen Universitätsgottesdienst einrichtete. Schon 1709 hatte Olearius eine universitätsgeschichtlich bedeutende Predigt gehalten, die zum 300. Jubiläumsjahr der Universität nämlich. Der Gottesdienst hatte in der Nikolaikirche stattgefunden. Im heutigen Sinne würde man ihn als Neutestamentler bezeichnen, wobei es zur damaligen Zeit die theologischen Fachgrenzen noch nicht gab und Olearius ebenso im Bereich der Philosophie, der Systematischen Theologie und der Praktischen Theologie publizierte.

Die angesprochene Umbruchsphase in der evangelischen Theologie wurde letztlich durch den Pietismus provoziert, jene Bewegung also, die auf die Intensivierung der Frömmigkeit durch Innerlichkeit und eine nach außen hin oft sektiererisch anmutende Vergemeinschaftung in Konventikeln zielte. Wenige Jahre zuvor war August Hermann Francke, eine der Gründergestalten des deutschen Pietismus, von der Universität Leipzig nach Halle vertrieben worden; das Anliegen der Pietisten (»Frömmler«) blieb aber erhalten. Der Verleger Thomas Fritsch, der die Predigt von 1710 herausbrachte, druckte auch die Werke des Pietisten Gottfried Arnold, der den Zeitgenossen deutlich machen wollte, dass nicht die etablierte Kirche die einzig wahre sei, sondern die Wahrheit in kleinen, oft von Staat und Kirche bekämpften Gruppen bewahrt worden sei – zu denen aktuell die Pietisten gehörten.

Freilich war der Pietismus nicht die einzige Anfrage an die Theologie und das religiöse Leben in der Kirche. Hinzu trat die inzwischen aufgekommene Religionskritik: Gottfried Olearius veröffentlichte 1709 eine Abhandlung gegen die Sozinianer, eine vor allem in Polen-Litauen und den Niederlanden, aber auch gesamteuropäisch wahrnehmbare Gruppierung, die die traditionellen christlichen Dogmen ablehnte und sich der frühen Aufklärung zuordnen lässt. Dass Olearius sich intensiv mit den englischen Deisten und Freidenkern wie John Toland und dem Toleranztheoretiker John Locke befasste, zeigen seine Rezensionen und Übersetzungen englischer Werke. Von 1693 bis 1698 hatte er sich in den Niederlanden und England aufgehalten und auch einen Studienaufenthalt in Oxford und Cambridge absolviert. Olearius gehörte also zu denen, die sich der Aufklärung öffneten. Davon profitierte an der Universität nicht nur die Theologie.

Was den Pietismus angeht, sind deutliche Sympathien schon bei Gottfried Olearius' Vater Johannes zu verzeichnen, der persönliche Beziehungen zu dem anderen Gründervater des deutschen Pietismus pflegte, zu Philipp Jakob Spener nämlich. Gottfried Olearius nahm wie sein Vater eine moderate Haltung ein, die sich nicht eindeutig als pietistisch bezeichnen lässt, sondern zugleich offen war für die Frühaufklärung und

→ Gottfried Olearius, Porträtbild 1711

die Tradition der lutherischen »Orthodoxie«. Beide, Vater und Sohn, sind Beispiele dafür, dass kluge Theologen die Selbstinszenierung des Pietismus als Rebellion gegen das scheinbar Äußerliche und »bloß« Vernünftige nicht allzu ernst nahmen. Die von Gottfried Olearius betriebene Institutionalisierung des Universitätsgottesdienstes, die zeitgleich auch an anderen Universitäten zu beobachten ist, lässt sich verstehen als Institutionalisierung eines pietistischen wie aufklärerischen Anliegens, das zugleich genuin reformatorisch ist, nämlich der individuellen Verantwortung des Glaubenden und der Pflege der Frömmigkeit in der Gemeinschaft. Letztlich steht im Zentrum der Predigt aber die lutherische Lehre von der Rechtfertigung des Sünders allein aus Gnade, aus der dann die Heiligung, also ein guter Lebenswandel, hervorgeht.

Dass der schon im 43. Lebensjahr verstorbene Gottfried Olearius in aller Stille und ohne Leichenpredigt beerdigt werden wollte, wird man für sympathisch halten dürfen. Sein Epitaph ist bei der Vernichtung der Universitätskirche verloren gegangen.

Die hier abgedruckte Predigt ist gekürzt und in der Rechtschreibung und sprachlichen Eigenheiten heutigen Bedürfnissen nach Lesbarkeit angepasst worden. Da sie viele inhaltliche Doppelungen und Verstärkungen enthält, betrifft die Kürzung letztlich kaum den Inhalt. Auslassungen sind mit [...] kenntlich gemacht. Bibelstellen sind nur da angegeben, wo sie im Druck auch vermerkt sind, wobei fehlerhafte Angaben im Druck korrigiert sind. Der Predigttext stammt aus dem Lukasevangelium (Lk 18,9–14). In der Predigt spiegelt sich wider, dass die Etablierung des »ordentlichen« Universitätsgottesdienstes in der Universitätskirche auf Widerstände – nicht in der Universität, wohl aber in der Stadt – gestoßen war und dass die Kirche von einer Begräbnis- und Feierkirche erst einmal zu einem geeigneten Raum für den evangelischen Predigtgottesdienst umgebaut werden musste. Wer es damals wollte und auch heute will, mag im Pharisäer die »Orthodoxen« und im Zöllner die Pietisten und Frühaufklärer wiedererkennen.

Olearius beginnt mit einer Reflexion auf den Wiederaufbau des Jerusalemer Tempels nach dem Babylonischen Exil, der für ihn eine Vorabbildung der Universitätskirche ist:

[...] Eben dieses Haus, in welchem wir in der Furcht des Herrn (ach Gott lasse es eine heilige und ihm wohlgefällige Furcht sein) uns versammelt haben, hat vormals, wie etwa der Tempel zu Jerusalem, seit unserer Rückkehr aus dem geistlichen Babel, der verunreinigten Römischen Kirche, wüst gelegen, indem es zum ordentlichen Dienste Gottes und Verkündigung seines Namens in der Gemeinde nicht gebraucht worden ist. [...] Das teure Rüstzeug Gottes, Luther selbst, hat an dieser heiligen Stätte das reine Evangelium verkündigt und also dieses Haus und dessen Gottesdienst zu bauen angefangen. [...] Aber ach! Die Schwierigkeiten der folgenden Zeiten haben die Fortsetzung dieses heiligen Werkes unterbrochen! Daher ist es geschehen, dass wir und unsere Väter den Mut haben sinken lassen. [...]

Nun aber muss ich zu eurem Ruhm gedenken, ihr wertesten Väter und Brüder, dass ihr der Stimme des Herrn gehorcht und euch vor dem Herrn gefürchtet habt. Der Herr hat euren Geist [...] erweckt, dass ihr angefangen habt zu arbeiten an dem Hause des Herrn, eures Gottes. Gott hat auch eure Arbeit bereits gesegnet, er hat die Ohren und Herzen unserer hohen Obrigkeit zu uns gelenkt, die allergnädigsten Befehle zu diesem Werk sind ergangen: Lasst sie arbeiten am Haus Gottes, dass sie das Haus Gottes bauen an seiner Stätte, wie einmal der Befehl des frommen Königs Darius zu dergleichen Werke lautete (Esra 6,7)! Ach, so rufe ich euch denn mit dem Propheten zu: Seid getrost, seid getrost, seid getrost und arbeitet! [...]

Soll aber nun unsere Zuversicht und Stärke in Gott bei diesem Hause fest bestehen? Wollt ihr in Gottes Kraft beständig getrost bleiben und mit Segen arbeiten? Ei, so muss der Grund eures Getrostseins und der Zweck eurer Arbeit ein rechter reiner und unbefleckter Gottesdienst bleiben. Desselben wahre Abbildung aber, als eines Hauptstückes, auf welches wir bei dem Aufbau dieses unseres Gotteshauses zu sehen haben, wird uns unser heutiges Evangelium im Satz und Gegensatz lebhaft vorstellen können. [...]

Es folgt die Verlesung des Evangeliums aus Lk 18,9-14:

»Er sagte aber zu etlichen, die sich selbst vermaßen, dass sie fromm wären, und verachteten die anderen, ein solches Gleichnis: Es gingen zwei Menschen hinauf in den Tempel, um zu beten, einer ein Pharisäer, der andere ein Zöllner. Der Pharisäer stand und betete bei sich selbst also: Ich danke dir Gott, dass ich nicht bin wie andere Leute, Räuber, Ungerechte, Ehebrecher oder auch wie dieser Zöllner. Ich faste zwei Mal in der Woche und gebe den Zehnten von allem, das ich habe. Und der Zöllner stand von ferne, wollte auch seine Augen nicht aufheben gen Himmel, sondern schlug an seine Brust, und sprach: Gott sei mir Sünder gnädig. Ich sage euch: Dieser ging hinab gerechtfertigt in sein Haus vor jenem. Denn wer sich selbst erhöht, der wird erniedrigt werden, und wer sich selbst erniedrigt, der wird erhöht werden.« [...]

Wie seht ihr dieses Haus nun an? Ist es nicht so: Es dünkt euch nichts zu sein? Genau so, Geliebte und Andächtige, mag ich wohl an diesem Tage und an dieser heiligen Stätte fragen, und die Frage aus dem Munde des Propheten Haggai nehmen (Haggai 2,3). [...]

Wenn nun aber mir, Geliebte, die gleiche Frage mit dem heiligen Propheten zu stellen erlaubt sein sollte, so würde ich solche teils an die splitterrichtende (überkritische) Welt, welcher die Niedrigkeit und der unansehnliche Anfang unseres jetzt eröffneten Gottesdienstes freilich nicht gefallen kann, zu richten haben: Ist es nicht so, ihr spöttischen Weltkinder, es dünkt euch nichts zu sein? Teils aber (würde ich diese Frage auch) an fromme Herzen (zu richten haben), welche die Förderung dieses unseres Gottesdienstes zwar vom Grund der Seelen wünschen, aber bei dem unansehnlichen Anfang desselben den Mut fast fallen lassen wollen. Ist es nicht so: Auch ihr, ihr wertesten, aber kleingläubigen Kinder Gottes, es dünkt euch bei euren Anfechtungen hierüber nichts zu sein, und ihr möchtet in Betrachtung der vielen Ursachen, welche diesen Anfang so schwer und niedrig machen, lieber ein Geschrei des Weinens als ein Getöne der Freuden anstellen? Aber vergönnt mir, nach beiden Seiten gemäß dem Exempel des Propheten euch mit einer einfachen Antwort genug zu tun, welche nach herzlicher Erwägung sowohl zu des einen Teils gründlicher Bestrafung als des anderen nachdrücklichen Trostes gereichen kann: Ist nicht des Herrn Zebaoth beides, Silber und Gold? Ist nicht in seiner Hand alle Herrlichkeit? Wie leicht würde es ihm also gewesen sein, auch unserem Gottesdienst solches zu gewähren?

Aber worin besteht die wahre Vortrefflichkeit eines Tempels? Worin besteht die Herrlichkeit seines Gottesdienstes? Ist es nicht so: Wenn der Herr in selbigem wohnt, wenn aller Heiden Trost zu selbigem durch die Predigt des Evangeliums kommt, so wird das Haus voll Herrlichkeit gemacht, wie unser Prophet redet? Nun aber ist der Herr nahe bei denen, die zerbrochenen Herzens sind (Ps 34,19). Und wo die Sünde mächtig worden ist, da ist Gott mit seiner Gnade, da ist aller Heiden Trost – Christus –, ja da ist er noch viel mächtiger (Röm 5).

Sehen wir solches nicht deutlich in unserem heutigen Sonntagsevangelium an dem Exempel des armen Zöllners? Gewisslich gab seinem Gottesdienst das Gold und Silber des Tempels nichts, sondern sein niedergeschlagenes, aber gläubiges Herz, welches der dunklen Halle, in welcher er entfernt gestanden, mehr Herrlichkeit gegeben hat, als in allem Gold und Silber des prächtigen Herodianischen Tempels hervorglänzte.

Wohlan, so lasst uns denn aus diesem Beispiel und dem ihm entgegen gesetzten Exempel des Pharisäers in der Furcht des Herrn in aller Kürze betrachten:

Die wahre Herrlichkeit eines wohleingerichteten Gottesdienstes [...]

Betrachten wir denn nun zur genaueren Erkenntnis der Herrlichkeit eines wohleingerichteten Gottesdienstes

I. den bloßen Schein, welcher desselben Wesen nicht ausmacht,

so finden wir denselben in unserem Evangelium an dem Exempel des Pharisäers in unterschiedenen Stücken erklärt. Denn das äußerliche Bekenntnis zu der wahren Religion, die bloße Wissenschaft des göttlichen Willens, der Besuch des Ortes, da der Herr seines Namens Gedächtnis gestiftet, wie herrlich derselbe auch sei, die äußerliche Andacht in demselben, die Abscheu vor groben äußerlichen Sünden, einiger Eifer für Gott und dessen Wahrheit und die Ausübung verschiedener äußerlicher Werke der Gerechtigkeit sind zwar Sachen, die in sich selbst unverwerflich (untadelig) sind, gleichwohl bei weitem das Wesen des rechten Gottesdienstes nicht ausmachen, sondern wenn sie alleine bleiben, den armen Menschen in seinem natürlichen Elend und dem Stand der Verdammnis stecken lassen.

Der Pharisäer, den uns der Heiland vorstellt, lehrt uns solches gar deutlich mit seinem Beispiel. [...] Es mag also das Wesen eines recht herrlichen Gottesdienstes nicht ausmachen das äußerliche Bekenntnis zu der wahren Kirche, denn an derselben fehlte es unserem Pharisäer nicht: Er hieß ein Jude und verließ sich aufs Gesetz und rühmte sich Gottes (Röm 2,17). Er war aus Abrahams Samen nach dem Fleische geboren, er bekannte sich zu dem mit Abraham gemachten Bunde. So war er der äußerlichen Gnadenmittel bei dieser Kirche teilhaftig; er trug das Zeichen des Bundes in der Beschneidung an seinem Fleische. Er hatte das Gesetz, er hatte Teil an den Opfern.

Aber macht ihn alles dieses vor Gott gerecht? Ach, keineswegs! [...] Also ist auch das nicht ein rechter Christ, der äußerlich und dem Namen nach ein Christ ist, und das wird keine heilsame Taufe sein, die ihm zur Gerechtigkeit vor Gott und zur Seligkeit nützt, die, so viel an uns ist, nur äußerlich am Fleisch geschähe. [...] So wird das kein heilsamer Genuss des Abendmahls des Herrn sein, welches nur in Essen und Trinken besteht, denn Essen und Trinken tut's freilich nicht, sondern die Worte »Für euch gegeben etc.« und der Glaube an dieselben, wie der selige Luther redet. [...]

So mag denn ferner die Sache auch nicht ausmachen eine bloße Wissenschaft von dem geoffenbarten Willen Gottes, und wenn dieselbe auch noch so groß und vortrefflich wäre. Denn auch hieran fehlte es unserem Pharisäer nicht und wird er in selbiger ohne Zweifel dem ungelehrten und einfältigen Zöllner weit vorangegangen sein. [...] Der bloße äußerliche Besuch des Ortes, wo der Herr seines Namens Gedächtnis gestiftet, will die Sache auch nicht ausmachen, es sei derselbe so groß und herrlich als er wolle. Denn wo ist ein Ort, welcher Jerusalem und dem Berge Zion diesbezüglich vorzuziehen wäre?

Alleine lasst uns von dem falschen Schein nunmehr

II. zu der wesentlichen Vortrefflichkeit des rechten Gottesdienstes an dem Exempel des bußfertigen Zöllners fortschreiten.

Dieselbe nun zeigt sich teils in einer wahren Niedrigkeit des reuigen Herzens, teils aber in einer zuversichtlichen Ergebung des Glaubens in göttliche Gnade.

Anfangs in einer wahren Niedrigkeit des reuigen Herzens. Diese erweist sich zuerst vornehmlich in einer rechtschaffenen Erkenntnis seiner Sünden: Denn eben diese schlägt sein Herz darnieder, dass er von ferne stehend auch seine Augen nicht aufheben wollte gen Himmel. [...] Er lässt es aber hierbei nicht bewenden, sondern kehrt sich nunmehr auch im Glauben zu Gott. Nicht auf seine Gerechtigkeit, sondern allein auf Gottes Barmherzigkeit (Dan 9,18)! Er weiß an sich nichts Verdienstliches, nichts als Elend und Sünde erkennt er um und an sich, welches Gottes erbarmendes Herz zur Gnade bewegen möchte. Er weiß in seinem sündlichen Unvermögen keine Kraft, sich selbst zu helfen, sich aus den Stricken des Todes und den Banden der Hölle heraus zu reißen, aber er kennt Gott in Christus, der solches zu tun vermag, er spricht daher: Gott sei mir Sünder gnädig. Wenige Worte, aber von einem großen Nachdruck und welche das rechte Wesen eines herrlichen Gottesdienstes hauptsächlich in sich begreifen. Er [...] richtet also Augen und Herz auf [...] den Gnadenstuhl, welchen Gott im Alten Testament in das Allerheiligste gestellt hatte. [...] Dieser Gnadenstuhl aber deutete nach der apostolischen Auslegung auf Christus hin, welchen Gott hat hingestellt zu einem Gnadenstuhl durch den Glauben in seinem Blut. [...]

O, welch ein herrlicher Gottesdienst, in welchem wir zu Christus dem Gnadenstuhl gelangen, mit Gott versöhnt, auch seiner Gnaden und aller derer Güter teilhaftig werden mögen. Vernehmt, wie der Heiland selbst die Herrlichkeit dieses Gottesdienstes erhebt: Dieser ging hinab gerechtfertigt in sein Haus etc. [...] Und also wird der niedergeschlagene Zöllner in solchen herrlichen Schmuck seines Gottesdienstes erhöht und ungeachtet aller seiner Niedrigkeit dem hochmütigen Pharisäer, alles äußerlichen Ansehens seines Gottesdienstes ungeachtet, vorgezogen.

Ach, meine Geliebten, prüft euch doch einmal, ob ihr einen solchen Gottesdient in diesem Haus angefangen habt und in demselben beständig fortzufahren gedenkt? Es kann euch zu solcher Prüfung an genügsamen Mitteln nicht fehlen: Alle diejenigen Stücke, welche ihr an der Buße und dem Glauben des frommen Zöllners wahrgenommen habt – die herzliche Erkenntnis der Sünden, die rechtschaffene Reue und wahre Abscheu vor Sünden, welche ohne einen inbrünstigen Vorsatz, dieselbe zu meiden, nicht sein kann, das demütige und aufrichtige Bekenntnis derselben vor Gott, der lebendige Glaube, der Christus nicht mit einer leeren Einbildung, sondern göttlichen Gewissheit, mit Hintansetzung alles eigenen Verdienstes ergreift und kräftig zueignet, danach aber in der täglichen Buße zu immer größerer Reinigung der Seelen in der Heiligung sich kräftig erweist – geben euch Kennzeichen genug der Art eures Gottesdienstes und ob er sich einer wahren Herrlichkeit rühmen könne.

Fänden sich nun in unserer Seele bei unserer genauen Untersuchung dergleichen Kennzeichen nicht, ach, so lasst uns doch von heute an mit äußersten Kräften nach einem solchen Gottesdienst streben! [...]

Ist denn unser Gottesdienst so beschaffen, oder stehen wir wenigstens in dem festen Vorsatz, denselben so einzurichten, nun so ist er ein herrlicher und Gott wohlgefälliger Dienst. So wird denn Gott auch in diesem Hause unter uns wohnen wollen und wie zu Zion bei uns ewiglich ruhen, ja er wird es sich bei uns wohlgefallen lassen (Ps 132,14).

GEBET NACH DER PREDIGT

Du aber, du heiliger Gott, der du deinen Namen unter uns willst geheiligt haben, schaue doch herab von deinem Himmel und von dem Thron deiner Herrlichkeit auf dieses dein Heiligtum. Und wie du nunmehr vor 166 Jahren dich über dasselbe aufgemacht und die Greuel, welche an dieser heiligen und zu deinem Dienst gewidmeten Stätte gestanden haben, hinweg getan hast: Ach, so wollest du dich doch auch nun aufmachen und über Zion erbarmen, denn es ist Zeit, dass du ihr gnädig seist, und die Stunde ist gekommen. Denn deine Knechte wollten gerne, dass sie gebaut würde, und sähen gerne, dass ihr Steine und Kalk zugerichtet würden, damit dein Volk deinen Namen fürchte. Du hast uns bereits hierzu den Anfang gezeigt, o du gnädiger und barmherziger Herr, indem du den Geist deines Gesalbten in seinen Gewaltigen erweckt hast, dass sie anbefohlen haben, dir dies Haus zu bauen. Dafür sei dir ewiges Lob und Dank gesagt: Wir wollen deinen Namen predigen, wir wollen dich in der Gemeinde rühmen. Rühmt den Herrn, die ihr ihn fürchtet, es ehre ihn aller Same Jakobs und vor ihm scheue sich aller Same Israels, denn er hat nicht verachtet noch verschmäht das Elend der Armen und sein Antlitz nicht verborgen, und da wir zu ihm schreien, hört er es. Dich wollen wir preisen in der großen Gemeinde, wir wollen unsere Gelübde bezahlen vor denen, die dich fürchten. Fahre aber auch fort, liebster Vater, erhalte unsere Oberen bei ihren rühmlichen Gedanken und gib uns Gnade und Kraft, damit wir getrost sind und arbeiten. Mäßige die Hinderungen, welche du zu unserer Prüfung verhängen möchtest, und lass uns dieselben durch deine Kraft mit Freudigkeit überwinden.

Sei du unsere Zuversicht und Stärke und lass uns in Einigkeit des Geistes, in reiner Absicht auf deine Ehre, dein Werk ausführen. Erhalte uns aber dein reines und seligmachendes Wort an diesem Orte. Ach stoße deinen Leuchter an selbigem nimmermehr um, wie wir es wohl verdient hätten. Ach Herr, um aller Gerechtigkeit Christi willen wende ab deinen Zorn und Grimm von deiner Stadt Jerusalem und deinem heiligen Berg, von dieser Akademie und diesem Hause. Lass aber auch uns an diesem Ort unsererseits in deinem Lichte wandeln und dein Wort unseres Herzens Freude und Trost sein. Lass uns allezeit in wahrer und dir wohlgefälliger Furcht vor dir zusammen kommen, lasse uns mit Lippen und Herzen zu dir nahen: Und so nahe denn auch du dich wieder zu uns und sei uns an diesem Orte, an welchem du deines Namens Gedächtnis gestiftet hast, gnädig, denn du bist ja nahe allen, die dich anrufen. Segne unseren allergnädigsten König und baue ihm hinwiederum sein Haus, befestige seinen Thron im Segen, damit dein Land sich des Segens seiner Regierung erfreuen könne. Segne das hohe Ministerium und lass es Rat und Tat, Verstand und Kraft allezeit bei dir finden. Segne diese Akademie und lass die Schätze der Weisheit und Erkenntnis, vornehmlich aber die, die in Jesus Christus verborgen liegen, immer mehr in derselben aufgeschlossen werden. Segne diese Stadt, lass Gerechtigkeit in ihren Mauern wohnen und Friede in ihren Palästen und erfülle sie mit deiner Erkenntnis und mit deiner Furcht. Segne dieses ganze Land, dass es im Geistlichen und Leiblichen immer mehr Frucht bringe und sich bessere. Lass Güte und Treue einander in demselben begegnen und Gerechtigkeit und Friede sich küssen. Nun, so sei uns denn Gott gnädig und segne uns, er lasse uns sein Antlitz leuchten, dass wir auf Erden erkennen seine Wege, es segne uns Gott, unser Gott, es segne uns Gott und gebe uns seinen Frieden. [...]. Amen, Amen.

Georg Rietschel

WIR KÖNNEN NICHTS WIDER DIE WAHRHEIT, SONDERN FÜR DIE WAHRHEIT

Predigt bei der Wiedereröffnung der Paulinerkirche am 11. Juni 1899
2. Sonntag nach Trinitatis[1] | Eingeleitet von Rochus Leonhardt

Der Leipziger Liturgiewissenschaftler Georg Rietschel (1842-1914)[2] beginnt seine Predigt mit einem Hinweis auf den Anlass: Die Wiedereröffnung der Paulinerkirche zwei Jahre nach der Einweihung des unter Federführung des Architekten Arwed Rossbach (1844-1902) neugestalteten Universitätscampus. Rossbach war es auch, der architektonisch für den Neubau der Paulinerkirche in ihrer 1899 eingeweihten und bis 1968 bestehenden Gestalt verantwortlich war.

Den Dank an Gott sowie an die Akteure, die für die Fertigstellung des nun in Gebrauch zu nehmenden Neubaus verantwortlich waren, verbindet Rietschel mit einem Hinweis auf das spezifisch protestantische Profil der Kirchweihe: »Nicht durch Rauchfaß und Weihwasser, [...] nein, nur durch Gottes Wort und Gebet haben wir es in den Dienst Gottes gestellt«. Bekräftigt wird diese Feststellung durch ein Zitat, das aus der Predigt stammt, die Martin Luther (1483-1546) bei der Einweihung der Schlosskirche zu Torgau (am 5. Oktober 1544) gehalten hat.[3]

Im Anschluss an das Luther-Zitat leitet Rietschel über zu dem Bibelvers, der seiner Predigt zugrunde liegt. In der Revision der Luther-Bibel von 1984 lautet der Text: »Denn wir vermögen nichts wider die Wahrheit, sondern nur etwas für die Wahrheit« (2. Kor 13,8).

Durch die damit vollzogene Einführung des, wie sich noch zeigen wird, mehrdeutigen Wahrheitsbegriffs gelingt es Rietschel, das Thema aufzurufen, um das es in seiner Predigt gehen soll: »Die Universität ist eine Stätte der Wissenschaft, die Kirche eine Stätte des christlichen Glaubens und Bekenntnisses. Wissenschaft und christlicher Glaube – [...] Gehören sie denn zusammen?«

Das spannungsvolle Verhältnis von Wissenschaft und Glaube ist durchaus auch ein Thema unserer Tage. So stand es im Hintergrund der vielfach ideologisch und kulturkämpferisch aufgeladenen Auseinandersetzungen um den Bau, die Gestaltung und die Nutzung des nach Plänen des niederländischen Architekten Erick van Egeraat erbauten Paulinums, das ursprünglich bereits zur Sechshundertjahrfeier der Universität (2009) eröffnet werden sollte – Auseinandersetzungen, die teilweise bis heute weitergeführt werden. Es ist allerdings alles andere als ein Zufall, dass Rietschel diese Problematik bereits in seiner Predigt von 1899 aufgenommen hat. Denn gerade in den Jahren um die vorletzte Jahrhundertwende wurden lebhafte Debatten über die Legitimität und Bedeutung kirchlich verwurzelter theologischer Fakultäten an staatlichen Universitäten geführt. Namhafte Vertreter des protestantischen Denkens haben sich daran beteiligt; zu nennen sind hier etwa Ernst Troeltsch (1865–1923), Adolf von Harnack (1851–1930) und Hans von Schubert (1859–1931)[4].

Wie geht Rietschel nun auf das so profilierte Wahrheitsthema zu? Der Hauptteil der Predigt besteht aus zwei Abschnitten, einem kürzeren ersten und einem längeren zweiten. Dabei wird je ein spezifischer Aspekt des Wahrheitsbegriffs hervorgehoben und auf das Verhältnis zwischen Wissenschaft und christlichem Glauben bezogen.

Im ersten Abschnitt werden vor allem drei Punkte benannt. Zunächst schärft Rietschel – hier in Anknüpfung an ein Zitat des Theologen Georg Benedikt Winer (1789–1858), der in den Jahren 1841/42 als Rektor der Alma Mater Lipsiensis amtiert hatte – die Wissenschaftsaffinität des Protestantismus ein. Das Gewissens- und Freiheitspathos des protestantischen Glaubens habe die für wissenschaftliches Forschen essentielle unbeirrbare Wahrheitssuche befördert. Damit hängt nach Rietschel, zweitens, die Unmöglichkeit einer autoritativen Festlegung der Wahrheit zusammen: »keine Macht der Welt, weder Staat noch Kirche, darf ihre Autorität in die Wagschale werfen, um zu entscheiden, was Wahrheit, was Irrtum ist«. Als Grundlage der damit erhobenen Forderung nach einer Offenhaltung der Wahrheitsfrage im akademischen Diskurs fungiert nun nach Rietschel, so sein dritter Punkt, der »Vorzug der akademischen Freiheit«. Diese schließt nicht nur die Lehrfreiheit der Lehrenden, sondern auch die Ermöglichung eines freien Studiums (anstelle einer »Dressur«) für die Studierenden ein. – Die in den letzten 15 Jahren den deutschen Universitäten angenötigte Abstandnahme von diesen Grundsätzen ist zu evident, als dass sie hier genauer erläutert werden müsste[5].

Rietschel hat somit dargetan, dass gerade auch die (evangelisch-)christlich Glaubenden als »Jünger der Wissenschaft« gelten können, die von unbestechlicher Suche nach der Wahrheit geleitet sind und deshalb, im Sinne des Bibelverses 2. Kor 13,8 »nichts wider die Wahrheit, sondern nur etwas für die Wahrheit« vermögen. Der zweite (längere) Hauptabschnitt seiner Predigt nimmt dann einen anderen Aspekt des mehrdeutigen Wahrheitsbegriffs auf. Den Ausgangspunkt bilden ein Zitat von Gotthold Ephraim Lessing (1729–1781) aus dessen kleinem Text »Über die Wahrheit« von 1777 sowie ein Hinweis auf den berühmten Leipziger Vortrag des Physiologen Emil Heinrich Du Bois-Reymond (1818–1896) »Über die Grenzen des Naturerkennens« von 1872[6]. In den hier aufgerufenen Zusammenhängen wird die Unabschließbarkeit der Wahrheitssuche betont (Du Bois-Reymond) bzw. ausdrücklich begrüßt (Lessing). Diese im *wissenschaftlichen* Bereich nicht zu überwindende Unabschließbarkeit aber vermag, so Rietschel, die zutiefst menschliche Suche nach einer *definitiven* Wahrheit, nach »Wahrheit in ihrer höchsten Fülle«, nicht zu befriedigen. Daher bedarf das »Menschenherz« immer auch so etwas wie einer ›transwissenschaftlichen‹ Wahrheitsgewissheit, die seine im engeren Sinne wissenschaftliche Wahrheitssuche trägt.

Damit ist zunächst klargestellt, dass Wissenschaft und christlicher Glaube, anders als bis heute gelegentlich kolportiert, einander schon deshalb nicht widersprechen können, weil sie auf unterschiedlichen Ebenen liegen bzw., näher bei Rietschel, weil die für sie jeweils leitenden Wahrheitsbegriffe unterschiedlich sind. Der Frankfurter Hirnforscher Wolf Singer hat die in

→ Georg Rietschel

Rietschels Predigt vorausgesetzte Differenz folgendermaßen auf den Punkt gebracht: »Wissenschaft und Glaube sind ›orthogonal‹, wie wir sagen. Das bedeutet, dass Glaubensinhalte mit wissenschaftlichen Verfahren weder bewiesen noch widerlegt werden können. Umgekehrt kann Offenbarungswissen nicht zur Widerlegung oder Bestätigung wissenschaftlicher Hypothesen herangezogen werden. Glaube setzt dort an, wo wissenschaftliche Evidenz endet«[7].

Diese die wissenschaftliche Wahrheitssuche nicht korrigierende, sondern sie orientierende Wahrheitsgewissheit findet Rietschel nun im christlichen Glauben. Er versteht ihn als jenes charakter- bzw. herzensbildende Gewissheitsfundament, das der wissenschaftlichen Wahrheitssuche ihren archimedischen Punkt gibt: »In der inneren Gebundenheit des Gewissens durch den lebendigen Glauben ist uns allein die Freiheit der Persönlichkeit verbürgt, durch die wir auch rechte Jünger der Wissenschaft werden«. Diese fundamentale Bedeutung des Glaubens verdeutlicht er durch Zitate von Augustinus (354–430), Matthias Claudius (1740–1815), Ernst Moritz Arndt (1769–1860), Otto von Bismarck (1815–1898), Johann Wolfgang Goethe (1749–1832) und Martin Luther sowie durch zahlreiche Hinweise auf Bibelstellen.

Aus heutiger Sicht erscheint dieser ›Sprung‹ vom Hinweis auf die Notwendigkeit einer ›transwissenschaftlichen‹ Wahrheitsgewissheit zum christlichen Glauben einigermaßen unvermittelt. Ungeachtet dessen kann aber auch gegenwärtig plausibel gemacht werden, dass, in Anlehnung an eine Formulierung des Tübinger Theologen Eilert Herms, alles menschliche Handeln in politischen, ökonomischen *und wissenschaftlichen* Kontexten von zielwahlorientierenden Gewissheiten getragen ist, die ihrerseits nicht selbst das Ergebnis wissenschaftlicher Forschungsaktivitäten, sondern vielmehr das gleichsam erlittene (passive) Resultat von Erschließungsvorgängen sind, denen der Mensch im Verlauf seiner Bildungsgeschichte ausgesetzt ist[8]. In der gegenwärtigen Situation eines religiös-weltanschaulichen Pluralismus gibt es natürlich, anders als Rietschel das im Jahre 1899 noch voraussetzen konnte, kein Monopol des Christentums auf jenes die wissenschaftliche Wahrheitssuche tragende und orientierende Gewissheitsfundament. Aber *dass* es – mehr oder weniger bewusste und elaborierte – *vor*wissenschaftliche Grundüberzeugungen gibt, die auch die wissenschaftliche Interaktion der Menschen leiten, sollte einleuchten. Die Reflexion dieser vorwissenschaftlichen Grundüberzeugungen ist ihrerseits die Aufgabe eigener universitär verankerter wissenschaftlicher Disziplinen, und bei der universitären Theologie handelt es sich um einen exemplarischen Fall solcher Reflexion.

---

[1] Leipzig 1899, 1–18.

[2] Vgl. Wolfgang Ratzmann, Der Liturgiewissenschaftler Georg Rietschel in Leipzig, in: Andreas Gößner (Hrsg.), Die Theologische Fakultät der Universität Leipzig. Personen, Profile und Perspektiven aus sechs Jahrhunderten Fakultätsgeschichte, Leipzig 2005, 276–287.

[3] Luthers Predigt ist abgedruckt in: WA 49, 588–615, sowie W² 12, 1962–1985.

[4] Hierfür sei verwiesen auf: Theologische Fakultäten an staatlichen Universitäten in der Perspektive von Ernst Troeltsch, Adolf von Harnack und Hans von Schubert. Mit einer Einleitung zu heutigen und damaligen Fragestellungen herausgegeben von Hartmut Kreß, Waltrop 2004 (Theologische Studien-Texte 16).

[5] Vgl. zur gegenwärtigen Situation und den Problemen der Wissenschaftsfreiheit: Hartmut Kreß, Ethik der Rechtsordnung. Staat, Grundrechte und Religionen im Licht der Rechtsethik, Stuttgart 2012 (Ethik – Grundlagen und Handlungsfelder 4), 185–209.

[6] Vgl. zu den durch diesen Vortrag ausgelösten Debatten: Der Ignorabimus-Streit. Texte von E. du Bois-Reymond, W. Dilthey, E. von Hartmann, f. A. Lange, C. von Nägeli, W. Ostwald, W. Rathenau und M. Verworn, herausgegeben von Kurt Bayertz, Myriam Gerhard und Walter Jaeschke, Hamburg 2012 (Philosophische Bibliothek 620). Der Text des erwähnten Vortrags von Emil Du Bois-Reymond, der im Rahmen der 45. Versammlung der Gesellschaft Deutscher Naturforscher und Ärzte gehalten wurde, ist abgedruckt: a. a. O., 1–26.

[7] So Wolf Singer in einem Gespräch mit dem Nachrichtenmagazin Der Spiegel: Heft 29/2014, 38–40: 39.

[8] Vgl. dazu: Eilert Herms, Die Bedeutung der Weltanschauungen für die ethische Urteilsbildung, in: Friederike Nüssel, Theologische Ethik der Gegenwart. Ein Überblick über zentrale Ansätze und Themen, Tübingen 2009, 49–71.

DIE PREDIGT

In wenig Tagen sind zwei Jahr vergangen, seit wir unsre neuerbaute Hochschule, unsern Stolz und unsre Freude, feierlich eröffneten. Heute dürfen wir das ehrwürdigste und älteste Gebäude derselben, dessen Erneuerung damals begonnen wurde, die in neuer Schönheit erstandene Paulinerkirche, ihrem geheiligten Brauch übergeben. Unsre Herzen sind erfüllt von dankbarer Freude.

Die Stätte, an der wir hier stehen, verbietet es, Menschlob und -ehre zu verkünden, und auch diese Stunde ist allein dem Lobpreis dessen geweiht, in dessen Dienst dieses Haus steht. »Allein Gott in der Höh sei Ehr« – dies Bekenntnis am Anfang unsres Gottesdienstes soll auch sein alleiniger Grundton im weiteren Verlauf bleiben. Das herrliche Werk selbst lobt den Meister. Aber dem Meister zu danken, der uns schon unsre Hochschule gegeben, zu danken für die Treue und Hingabe, mit der er mit seinen reichen Gaben, die Gott ihm verliehen, auch dieses Werk so herrlich hinausgeführt hat, ist gewiß auch eine christliche Pflicht. Und dieser Dank gilt zugleich allen, von den Höchsten bis zu den Letzten, die das Werk ermöglicht, die das Werk vollendet, die das Gotteshaus geschmückt haben. Dank der hohen Staatsregierung, dessen höchsten Vertreter wir in unsrer Mitte begrüßen, Dank den Ständen des Landes, die die Mittel zur würdigen Erneuerung dargereicht haben! Und dessen sei nicht vergessen, der an der Spitze des Universitäts-Rentamts [Verwaltungsamt] so hingebend gewirkt und für den Bau der Universität mit dieser Kirche seine Kräfte eingesetzt hat, jetzt aber in seiner einsamen Krankenstube der Feier fern bleiben muß. Aber auch zum Schmuck des Hauses sind freiwillig reiche Mittel dargeboten worden. Es haben die vier Fakultäten durch Gaben es ermöglicht, daß vier Fenster mit ihren Insignien die Südseite der Kirche schmücken. Es haben die Gewerke, die an dieser Kirche gearbeitet, aus freier Entschließung in selbstloser Weise reiche Gaben für die Fenster der Nordseite dargebracht. Es haben die Frauen und Töchter aus allen Kreisen der Universität uns die Mittel in die Hand gegeben, daß zwei künstlerisch ausgeführte Altarbekleidungen, zwei Behänge für das Lesepult und ein Altarteppich beschafft werden konnten. Es haben fleißige Hände von Professorentöchtern die Altardecke mit großer Mühe kunstvoll gestickt. Wie könnte, wie dürfte ich den Dank zurückhalten, der auch besonders mein Herz in dieser Stunde erfüllt.

Nun weihen wir heute dies Gotteshaus mit allem, was es einschließt. Nicht durch Rauchfaß und Weihwasser, als ob das Haus selbst zu einem neuen gewandelt werden sollte, nein, nur durch Gottes Wort und Gebet haben wir es in den Dienst Gottes gestellt. Das ist evangelische Weihe.

Wir kennen keinen Priesterstand, dem eine besondere Kraft innewohnt. Ihr alle, meine Freunde, die ihr im Gotteshaus versammelt seid, sollt dem Haus die rechte Weihe geben, weil ihr allesamt vor Gott als Priester steht. Wir thun, was Luther von der Gemeinde forderte, als er bei der Einweihung des ersten neuerbauten evangelischen Gotteshauses, der Schloßkapelle zu Torgau, sie also anredete: »Meine lieben Freunde, wir sollen jetzt dies neue Haus einsegnen und weihen unserm Herrn Jesu Christo, welches mir nicht allein zustehet und gebühret, sondern ihr sollt auch zugleich an den Sprengel und Rauchfaß greifen, auf daß dies neue Haus dahin gerichtet werde, daß nicht andres drin geschehe, denn daß unser lieber Herr selbst mit uns redet durch sein Wort, und wir wiederum mit ihm reden durch Gebet und Lobgesang. Darum, daß es recht und christlich eingeweihet und gesegnet werde, nicht wie der Papisten Kirche mit Bischofschresem [Salböl] und Räuchern, sondern nach Gottes Befehl und Willen, wollen wir anfahen [anfangen] Gottes Wort zu hören und zu handeln.« So haben wir gethan beim Beginn des Gottesdienstes, so wollen wir fortfahren mit der ersten Predigt. Wie es sich für die Paulinerkirche geziemt, soll ihr ein Pauluswort zu Grunde liegen:

2. Korinther 13,8: Wir können nicht wider die Wahrheit, sondern für die Wahrheit. Eine Universitätskirche ist dies Haus gewesen und soll es bleiben. Die Universität ist eine Stätte der Wissenschaft, die Kirche eine Stätte des christlichen Glaubens und Bekenntnisses. Wissenschaft und christlicher Glaube – in dem kurzen Namen Universitätskirche sind beide eng miteinander verbunden. Gehören sie denn zusammen? Nach der Meinung vieler haben sie nichts miteinander gemein, ja sollen wohl gar im Gegensatz zu einander stehen wie Feuer und Wasser. Wo der Glaube regiert, da, meint man, könne von Wissenschaft keine Rede sein, und wo die Wissenschaft ihre Fackel leuchten läßt, da werde ein Stück nach dem andern dem Glauben entrissen, und an seine Stelle, als dem unklaren Wähnen und Meinen, trete das helle Licht der allein siegreichen Erkenntnis durch die Wissenschaft. Aber diese Stunde, in der der gesamte Lehrkörper der Hochschule zur Weihe der Universitätskirche sich vereint, wäre dann eine innere Unwahrheit. Diese Stunde bezeugt im Namen der Hochschule, als der Stätte der Wissenschaft, das Recht und die Bedeutung des Glaubens, der Frömmigkeit.

Wissenschaft und Glaube sind auch unlösbar verbunden durch den Gegenstand, dem beide diesen, durch die *Wahrheit*. Wenn die Hochschule die Stätte für die Wahrheitserkenntnis ist und ihr recht eigentlich das Pauluswort als Losung dienen kann: »Wir können nichts wider die Wahrheit, sondern für die Wahrheit«, so laßt uns wohl bedenken, daß Paulus dieses Wort nicht zunächst im Dienst der Wissenschaft redet, sondern daß es das Bekenntnis des erlösten Christen ist, der nur die Eine Wahrheit kennt und ihr dienen muß, Christus und sein Heil. Und doch keine doppelte Wahrheit, die in Widerspruch miteinander steht, kann es geben. Die Wahrheit ist nur eine, wenn sie auch auf den verschiedensten Gebieten, in der Natur wie im Geistesleben sich entfaltet. Zwar der Menschengeist vermag hienieden nicht die ganze Fülle der Wahrheit in ihrer alle Gebiete harmonisch umfassenden Einheit denkend zu umfassen. Darum kann er auch die scheinbaren Widersprüche nicht lösen. Unser Wissen hienieden ist und bleibt Stückwerk. Wenn aber kommen wird das Vollkommene, so wird das Stückwerk aufhören (1. Kor. 13,9.10). Aber schon hienieden können wir gewiß werden: Wissenschaft und christlicher Glaube gehören nur der Wahrheit, denn

1. Als Jünger der Wissenschaft suchen wir allein die Wahrheit, darum können wir nichts wider die Wahrheit.
2. Als Christen erfahren wir: die Wahrheit hat uns ergriffen, darum laßt uns in der Wahrheit leben.

Heiliger Vater, heilige uns in deiner Wahrheit, dein Wort ist die Wahrheit. Amen.

I.
Was ist Wahrheit? Das ist die Frage, die die Männer der Wissenschaft auf den verschiedensten Gebieten stellen. Die Frage wird nicht gestellt mit jener Pilatusgesinnung (Johannes 18,38), die Jesu gegenüber spöttisch und vornehm die gesamte Wahrheit beiseite schiebt und mit der Frage selbst nur ausdrücken will: »Es giebt überhaupt keine Wahrheit, sondern nur persönliche Meinungen und unklare Ansichten. Wer von der Wahrheit redet, ist ein Schwärmer.« Nein, die Wahrheit ist eine Macht, die besteht, die uns in ihre Kreise zwingt und uns bindet, die aber zunächst wie ein verhülltes Geheimnis vor uns steht, das wir mit rastlosem Fleiß in mühevoller Arbeit aus dem die Sinne vielfach täuschenden Schein zu befreien, gleichsam zu erlösen haben. Und die Eine Wissenschaft sucht in vielen Wissenschaften, in Recht und Sprache, in Natur und Geschichte ihre Gebiete. Aber auch die Welt des unsichtbaren Geistes ist das Gebiet des Forschens. Die Rätsel des menschlichen Geistes zu ergründen, in die letzten Gründe alles Seins vorzudringen, ist auch der Wissenschaft Ziel. »Wir können nichts wider die Wahrheit«, denn wir suchen sie allein.

Mit dieser inneren Gebundenheit an die noch unerkannte Wahrheit ist mit Notwendigkeit auch die Freiheit der Wissenschaft ausgesprochen, denn nur in der Luft der Freiheit kann die Wahrheit gesucht werden. »Wir können nichts wider die Wahrheit«, das ist das Bekenntnis der *Wahrhaftigkeit*, die nicht selbst die Wahrheit, aber die unerläßliche Bedingung im Innern des Menschen zum Suchen, zum Erkennen der Wahrheit ist. Darum kann die Wissenschaft keiner Macht der Welt das Recht zugestehen, daß sie von uns verlangt, wider die eigne Überzeugung unwahrhaftig zu reden. Das ist das hohe Gut, das uns die Reformation gebracht hat, wie für das Glaubensleben so auch in der weitern Entwicklung für die Wissenschaft. Mit Recht hat ein hervorragendes Glied unsrer Hochschule um die Mitte dieses Jahrhunderts (Winer) unter sein Bild die Worte geschrieben: »Der Protestantismus ist seiner innersten Natur nach mit der

Wissenschaft verwandt.« Mit Recht feiert alljährlich unsre Hochschule am Reformationsfest ihren jährlichen Ehrentag.

Wenn die Wissenschaft die Wahrheit sucht, dann liegt allerdings auf ihren Wegen, die niemals gradlinig verlaufen, auch bei aller Wahrhaftigkeit der Gesinnung und Aufrichtigkeit des Forschens die Gefahr des Irrtums. Der Weg zur Wahrheit geht durch ein Labyrinth, das auch den redlichsten Forscher irre führen kann. Die Geschichte der Wissenschaft zeigt uns zugleich auch die Geschichte des menschlichen Irrens. Was Jahrhunderte lang oft als unumstößliche Wahrheit gegolten, gilt bald als überwunden. Wenn wir vorhin erkannten, daß die Wissenschaft die Wahrheit aus dem Scheine lösen und befreien muß, so ist es vor allem auch ihre Aufgabe, sie aus dem Irrtum zu erlösen, in dem die Wissenschaft vergangener Zeiten bei redlichstem Bemühen doch noch befangen war. Übersehene Wahrheitsmomente rufen oft eine einseitige Betonung des bisher Nichtbeachteten hervor, die wieder mit neuen Irrtümern verbunden sind und neue Aufgaben für die Zukunft stellen. Aber keine Macht der Welt, weder Staat noch Kirche, darf ihre Autorität in die Wagschale legen, um zu entscheiden, was Wahrheit, was Irrtum ist; und wenn beide die Macht hätten, sie dürften sie nicht ausüben, um ihrer selbst willen, auch um der Wahrheit willen, der zuletzt allein der Sieg gehört. Nur durch die Wahrheit, die allmählich sich aus den Einseitigkeiten wieder hervorringt, kann der Irrtum überwunden werden. Es kann nicht anders sein. Gottlob, daß die Wahrheit nicht als ein fertiger Besitz uns mühelos in den Schoß fällt, daß wir als Jünger der Wissenschaft allzeit bekennen: wir suchen die Wahrheit mit heißem Bemühen.

Aber welch große Verantwortlichkeit ist uns dadurch zugleich aufgelegt, die wir als Lehrer berufen sind. Wir lehren doch nicht die Wissenschaft, um nur wieder solche zu erziehen, die ihr allein dienen wollen. Nein, für Schule und Kirche, für Staat und öffentliches Leben Männer zu erziehen, die fest und klar mitten im praktischen Leben für das Wohl des Volkes arbeiten, das ist unsre Aufgabe. Durch unsre Zeit geht insonderheit das Streben, alle gewonnenen Erkenntnisse der Wissenschaft unmittelbar in den Dienst des wirklichen Lebens mit all seinen Bedürfnissen zu stellen. Wissenschaft und Leben sollen Hand in Hand gehen. Ein Geschlecht, tüchtig für alle Gebiete des Lebens, soll aus dieser Hochschule hervorgehen. Dazu sind wir als Lehrer berufen, und nur dann tragen wir auch den Titel Doctor (Lehrer) mit Recht, der von der ersten Universität an seit vielen Jahrhunderten allein mit der Wissenschaft verbunden ist. Aber darum sollen wir auch in unserm Lehrerberuf immer fest im Auge behalten, was wirklich zum Besten unsers Volkes dient. Es giebt keine Unfehlbarkeit der Wissenschaft, so wenig als eine Unfehlbarkeit andrer menschlicher Persönlichkeiten auf Erden. Das muß uns demütig und bescheiden machen, daß wir nicht, ohne Rücksicht auf die damit ausgeübten Wirkungen, als unfehlbare Wahrheit verkündigen, was doch vielleicht nur Hypothese ist. Mag das auch von der Wahrhaftigkeit unsrer Überzeugung getragen sein, es bringt im besten Falle nur ein bisher übersehenes Moment der Wahrheit zur Geltung, das vielleicht bald wieder durch neue Erkenntnisse abgelöst wird.

Ihr aber, geliebte Kommilitonen aus allen Fakultäten, ein Wort an euch mit der ernsten Frage: Seid ihr Jünger der Wissenschaft, die die Wahrheit suchen? Wissenschaft treiben heißt doch mehr als sich, vielleicht gar nur mit Not, die nötigen Kenntnisse zum Bestehen des Examens aneignen. Dann würde ja dies Ziel am besten erreicht werden, wenn nach der Weise der Gymnasien, die für die unreife Jugend geschaffen sind, in strengster Ordnung Pensum für Pensum erledigt würde, wenn an die Stelle der freien wissenschaftlichen Arbeit die Dressur träte. Die deutschen Universitäten haben den ungeheuren Vorzug der akademischen Freiheit. Sie ist ein großes Gut, das um der Wahrheit willen, die nur in der Freiheit gedeiht, uns gegeben ist, und das die freie Wahl des Studienplanes und des Studienganges, die Wahl eurer Führer und Lehrer euch in die Hände legt. In der akademischen Freiheit liegt ein Mittel zur Erziehung selbstständiger Charaktere. Aber die Gabe schließt zugleich eine Aufgabe von allergrößter Verantwortlichkeit in sich. Laßt euch an heiliger Stätte daran erinnern, erinnern an die Hoffnungen und Sorgen eurer Eltern, erinnern an die Arbeit und Hingabe eurer Lehrer, erinnern auch an eure eigne Zukunft. Gott gebe, daß sie erwachse aus einem Ackerfeld, das ihr in treuer Arbeit bebaut, daß ihr die Wahrheit sucht und in die Tiefe grabt und euch nicht bloß mit einer größern oder geringern Summe von Kenntnissen begnügt.

II.
Die Wahrheit suchen wir als Jünger der Wissenschaft. Es ist der köstlichste Lohn, wenn sie je mehr und mehr sich erschließt, wenn es uns vergönnt wird, neue Tiefen zu finden, die bisher verschlossen waren, mag auch am Beginn wie am Ende das Ignoramus et ignorabimus (wir sind unwissend und werden unwissend bleiben) uns die Grenzen zeigen.

Ihr kennt das Wort Lessings: »Wenn Gott in seiner Rechten alle Wahrheit und in seiner Linken den einzigen immer regen Trieb nach Wahrheit, obschon mit dem Zusatze, mich immer und ewig zu irren, verschlossen hielte und spräche zu mir: wähle! ich fiele ihm voll Demut in seine Linke und sagte: Vater gieb, die reine Wahrheit ist doch nur für dich.«

Das klingt so bescheiden, so überzeugend, aber ist es wirklich durchaus richtig? Gewiß, gegenüber jenem satten Hochmut, der die Wahrheit wie ein fertiges, von seinen Vätern ererbtes Besitztum einheimst, der darauf behaglich ausruht und herrisch jede abweichende Überzeugung, die aus ernstem Streben erwachsen ist, verketzert und ihr jede innere und äußere Berechtigung abspricht, drückt jenes Verlangen nach dem »immer regen Trieb nach Wahrheit« die rechte Gesinnung jedes ernsten Menschen, jedes rechten Jüngers der Wissenschaft aus. Aber kann das Menschenherz sich wirklich allein bei dem bloßen Suchen nach Wahrheit und mit der stetigen Gewißheit des Irrtums begnügen? Das heiße doch zu einem Kranken, dem jede Speise zuwider ist, sagen: »Es kommt alles darauf an, daß du Hunger bekommst, ob du dann auch die geeignete Speise zur Stillung des Hungers erhältst, ist völlige Nebensache.« Gehört denn nicht die Wahrheit in ihrer höchsten Fülle für das Menschenherz, wie das Brot zum Leben?

Aber darum wäre es traurig, wenn der Weg zu der Wahrheit, die das Herz eines jeden Menschen bedarf, nur durch die Wissenschaft führte. Dann wären ja nur die Gelehrten die Bevorzugten, und auch das nicht, weil sie niemals mit Gewißheit sagen könnten, ich habe die volle Wahrheit gefunden. Was auf dem Gebiet der Wissenschaft gefunden wird, kann ein einfaches Menschenkind wohl für seine Erkenntnis entbehren, wenn nur ihre Früchte fürs Leben ihm zugute kommen.

Aber was im tiefsten Grund ein Menschenherz fürs Leben und Sterben notwendig bedarf, den Frieden der Seele, die Kraft im Kampf des Lebens, den Trost der Vergebung der Sünden, die Überwindung des Todes, das giebt keine Wissenschaft hienieden. Mag die Naturwissenschaft in ernster Arbeit mit ihren Mitteln die Entstehung des Menschengeschlechts und seine stufenweise Entwicklung zu ergründen suchen, (und keine Macht der Welt sollt ihr das wehren oder gar im Namen der Religion verbieten), die Thatsache kann sie nimmer erschüttern, daß in der Tiefe der menschlichen Seele im Unterschied von jedem Tier das Bewußtsein lebt, das Augustin im Blick auf sein vergangenes Leben in die Worte faßt: »Du Gott hast uns zu dir geschaffen und unruhig ist unser Herz in uns, bis daß es ruhet in dir,« das den Psalmensänger zu dem Ruf treibet: »Wie der Hirsch schreiet nach frischem Wasser, so schreiet meine Seele, Gott, zu dir!« (Ps. 42,2) Hier ist die Grenze der Wissenschaft gezogen, wo das ignorabimus beginnt. Ein Gebiet der Wahrheit thut sich auf, in dem die Religionsphilosophie und Religionsgeschichte als Wissenschaft den menschlichen Bedingungen und der geschichtlichen Entwicklung nachgeht; aber die Wahrheit selbst kann die Wissenschaft nicht geben, denn sie stammt von oben. Auch der Mann der Wissenschaft, der in Demut die Grenzen erkennt, muß anerkennen: Es muß nicht bloß eine Wahrheit geben, die ich selbst aus dem täuschenden Schein erlöse und befreie, sondern eine Wahrheit, die mich erlöst und frei macht, frei von den Anklagen des Gewissens, frei von der Macht der bösen Lüste; eine Wahrheit, die ich nicht erst mühsam mir zusammensuchen muß, sondern die mir in ihrer ganzen Fülle entgegentritt; eine Wahrheit, die nicht zunächst ich ergreife, sondern die mich überwältigt und mich ergriffen hat; eine Wahrheit, die nicht nur den Verstand beschäftigt, sondern die den ganzen Menschen von Grund auf erneuert und die ihm neue Kräfte des Erkennens, des Fühlens und Wollens zuführt; eine

Wahrheit, die nicht nur dem Leben dient, sondern die selbst das Leben ist, und die der menschlichen Persönlichkeit auch persönlich entgegentritt.

Wo finden wir diese Wahrheit, dieses Leben? Siehe, inmitten der Menschheit steht Jesus Christus und ruft: »Kommet her zu mir alle, die ihr mühselig und beladen seid, ich will euch erquicken«, »Ich bin der Weg und die Wahrheit und das Leben, niemand kommt zum Vater denn durch mich,« »Ich bin dazu geboren und in die Welt gekommen, daß ich die Wahrheit zeugen soll, wer aus der Wahrheit ist, der höret meine Stimme.« »Keiner hat je so geliebt (sagt der fromme Matthias Claudius) und so etwas Gutes und Großes ist nie in eines Menschen Herz gekommen. Es ist eine heilige Gestalt, die dem müden Pilger wie ein Stern in der Nacht aufgehet und sein innerstes Bedürfnis, sein geheimstes Ahnen und Wünschen erfüllt.«

Eine griechische Sage meldet von dem Ungeheuer, das jeden Menschen zerriß, der das Rätsel nicht lösen konnte, das es aufgab. Da kam der Eine und fand die Lösung. Sie lautete: »*Der Mensch*«, und das Ungeheuer stürzte sich in die Tiefe, die Erlösung war gebracht. Ja, das Menschenherz ist selbst das größte Rätsel in seinem himmelstürmenden Drang und seiner Friedlosigkeit, es ist und bleibt trostlos, dem Tod und dem Verderben verfallen. Aber die Lösung des Rätsels ist gegeben in »*dem Menschen Jesus Christus*« (1. Tim. 2,5), der unser Bruder ist, aber doch nicht von dieser sündigen Welt stammt und nichts mit ihr gemein hat, in dem Gott selbst sich uns offenbart und durch den wir zu dem, der in einem Lichte wohnt, da niemand zukommen kann, beten dürfen: »Vater unser, der du bist im Himmel.« Es kann niemand an ihm vorbei, wenn er sich nicht selbst über das tiefste Bedürfnis seines Herzens hinweglügt und zu allen möglichen Scheinmitteln greift, die ihm doch nicht die innere Gesundung und den Frieden geben können. Wer freilich satt ist und glaubt, zufrieden mit sich selbst sein zu können, der wird nie die Bedeutung des Glaubens an Jesus Christus verstehen, der das Herz überwältigt und unwiderstehlich an sich bindet. Luther hat in dieser Paulinerkirche wenige Monate vor seinem Tode gepredigt: »Es ist kein Mensch, den man mag für witzig und klug achten, so er in höchster Qual und Leiden, in Pestilenz und andrer Seuche liege, der nicht wollte einen frommen treuen Arzt leiden, wenn er zu ihm käme und ihm dann helfen könnte und wollte.« Von hier aus verstehen wir allein das Wesen des Glaubens in seiner Bedeutung, der nicht etwa, wie die römische Kirche lehrt, eine gehorsame Unterwerfung unter Lehren und Dogmen ist, sondern eine vertrauensvolle That des ganzen innern Menschen, der überwältigt von der Liebe Gottes, die in Jesu Christo offenbar wird, das Heil ergreift, nachdem er von dem Heiland ergriffen und überwunden ist. Das ist eine Gewißheit des Glaubens, viel unmittelbarer, und darum selbstgewisser, als sie alle mühseligen Gänge ernster Wissenschaft uns geben kann.

So singt Ernst Moritz Arndt und dieses Bekenntnis des Glaubens ist doch kein unklares Tasten und Wähnen und Meinen und keine gehorsame Unterwerfung unter unverstandene Lehren, wie der Unverstand den Glauben verhöhnt. Mag die Wissenschaft der Theologie diese Geheimnisse des Glaubens mit den Mitteln der Wissenschaft zu verstehen suchen, und darum nach dem Gesetz, dem auch sie untersteht, immer irren können und bekennen müssen: »Wir sehen jetzt durch einen Spiegel in einem dunkeln Wort« (1. Kor. 13,12). Der Glaube selbst hat seine Gewißheit und Lebenskraft in sich selbst und bedarf keiner Krücken und Stützen, die menschliche Wissenschaft ihm darreichen will.

> **Ich weiß, an wen ich glaube,**
> **Ich weiß, was fest besteht,**
> **Wenn alles hier im Staube**
> **Wie Staub und Rauch verweht;**
> **Ich weiß, was ewig bleibet,**
> **Wo alles wankt und fällt,**
> **Wo Wahn die Weisen treibet**
> **Und Trug die Klugen hält.**
> **Ich weiß, was ewig dauert,**
> **Ich weiß, was nie verläßt,**
> **Auf ewgem Grund gemauert**
> **Steht diese Schutzwehr fest.**
> **Es sind des Heilands Worte,**
> **Die Worte fest und klar,**
> **Auf diesem Felsenhorte**
> **Bleib ich unwandelbar.**

In solchem Glauben liegt auch eine Kraft für alle Aufgaben, die das Leben stellt, für alle edlen Früchte, die hienieden reifen. Das Werk der Reformation Luthers, deren Segen gerade der Wissenschaft zugute kommt, ist doch allein geboren aus der stillen Klosterzelle zu Erfurt, wo ein armer Mönch in Verzweiflung ringt, seine Erlösung und den Frieden mit Gott zu schaffen, bis Gottes Geist durch ein neues »Werde« dem Verzweiflungskampf ein seliges Ende macht, und bis in der Gewißheit: »Ich bin erlöst« um den Mittelpunkt einer neuen Persönlichkeit alle seine Gaben und Kräfte sich segensreich entfalten. »Jesus Christus gestern und heute und derselbige auch in Ewigkeit«, das war der archimedische Punkt, das »δός μοι ποῦ στῶ«[1], auf dem Luther im Glauben fest gegründet eine ganze Welt aus den Angeln hob.

Und wenn Bismarck bekennt, daß er nur in seinem christlichen Glauben die Kraft gefunden habe, in seinem schweren Beruf auszuhalten und zu überwinden, wenn er bekennt, »ohne Glauben bin ich matt und schwach«, so ist das doch nicht bloß eine gelegentliche Redensart, sondern ein Bekenntnis, das uns die Thatkraft seiner gewaltigen Persönlichkeit verstehen lehrt. O daß dieser Glaube, der nicht Wissenschaft der Theologie, sondern schlichte Frömmigkeit des Herzens ist, in jedem Manne der Wissenschaft zum Segen unsres Volkes lebte. Er kann die Kraft des freien Forschens nicht lähmen, sondern nur stärken, weil in der Seele stets das Bekenntnis erklingt: »Wir können nichts wider die Wahrheit, sondern für die Wahrheit«. Wenn wir in der Wahrheit, die von oben stammt, leben, werden wir um so freudiger die Wahrheit auf allen Gebieten der Wissenschaft suchen.

Kommilitonen, ihr kennt das Wort Goethes: »Es bildet ein Talent sich in der Stille, doch ein Charakter in dem Strom der Welt.« Damit ihr Charaktere, fest geschlossene, zielbewußte Persönlichkeiten inmitten des reichgestaltigen, flutenden Weltlebens werdet, dazu ist euch die akademische Freiheit gegeben. Aber im Strom selbst liegt wahrlich nicht die Kraft, die Charaktere schafft. Im Strom, aber nicht durch den Strom bildet sich der Charakter. Wie viele reißt der Strom der Welt mit sich fort und begräbt sie in seinen Verderben bringenden Strudeln. Wie viele finden zeitlebens keinen festen Halt, kein klares Ziel. Aber die Kraft, die allein den Menschen stark macht, findet ihr auch nicht in euch selbst. Es bleibt bestehen, was Luther als sein letztes Bekenntnis wenige Stunden vor seinem Tode niedergeschrieben und mit seiner Namensunterschrift besiegelt hat: »Wir sind Bettler, das ist wahr!« Nur wer in innerer Vertiefung und Sammlung an sich selbst durch Selbstzucht arbeitet, wer sich im Bewußtsein seiner Schwachheit und Sünde zur Ewigkeit streckt und im Glauben aus der Gnade Gottes, die in Christo Jesu sich uns offenbart hat, schöpft, der wird im Strom der Welt sich bewähren. In der inneren Gebundenheit des Gewissens durch den lebendigen Glauben ist uns allein die Freiheit der Persönlichkeit verbürgt, durch die wir auch rechte Jünger der Wissenschaft werden. Es bleibt wahr, was der Herr gesprochen: »Wer aus der Wahrheit ist, der höret meine Stimme« (Joh. 18,37). »Ihr werdet die Wahrheit erkennen und die Wahrheit wird euch frei machen« (Joh. 8,32). Dann werdet ihr auch als Christen wie als Jünger der Wissenschaft ohne Menschenfurcht allzeit bekennen: »Wir können nichts wider die Wahrheit, sondern für die Wahrheit.«

Amen.

---

[1] Dem Archimedes wird der Ausspruch zugeschrieben: »Gieb mir den festen Punkt, auf dem ich stehen kann (δός μοι ποῦ στῶ), und ich werde die Welt aus den Angeln heben.«

Heinz Wagner

ABSCHIED, AUFTRAG, AUFBRUCH

Letzte evangelische Predigt in der Universitätskirche St. Pauli am 23. Mai 1968
Himmelfahrtstag, Predigttext: Apostelgeschichte 1,1–11

Liebe Gemeinde!

Zur gleichen Stunde, da wir hier Gottesdienst halten, fällt im Neuen Rathaus die Entscheidung über das Schicksal unserer Universitätskirche.

Wer will es uns verwehren, daß wir aufgewühlt sind? Wir sind ja Menschen! Luther hat in einer Predigt gesagt: »Denn Gott hat den Menschen nicht also geschaffen, daß er ein Stein oder Holz sein sollte … Denn das ist er nicht ein fester Mann, der sich so stark dünkt, daß er's nicht fühlen wolle, so ihm ein gut Freund entfällt.« Auch über den Prediger flutet eine Welle von Traurigkeit und Bitterkeit. Seit vielen Generationen hat wohl kaum ein Diener Gottes so betroffen und so ratlos auf dieser Kanzel gestanden. Was soll er reden? Ein Wort Jesu hat mich ergriffen, sein Gebet, sein Aufschrei, am Tor der Passion: »Jetzt ist meine Seele erschüttert und was soll ich sagen? Vater rette mich aus dieser Stunde. Doch darum bin ich in diese Stunde gekommen: Vater, verkläre deinen Namen.« Haben wir die Kraft, dieses Gebet auch in dieser Dunkelheit bis an das Ende durchzuhalten? »Vater, verkläre deinen Namen!« Gottes Name muß leuchten, Gottes Sache muß bleiben. Gottes Reich wird kommen! Wir predigen nicht uns selbst, nicht unser Gefühl, nicht einmal unser Leid und unsere Trauer, wir predigen auch jetzt das heilige, mächtige Evangelium. Wir wählen nicht das Thema, das Thema ist uns gestellt, wir stürzen uns auf diesen Text, der das Ereignis der Himmelfahrt bezeugt, ob er uns wohl treffen und tragen kann. In dieser Sachlichkeit gewinnen wir unsere Freiheit.

I. HIMMELFAHRT IST ABSCHIED.

Hat dieser säkularisierte Feiertag eine Botschaft an uns? Verharrt die Gemeinde nicht schon lange in einer gewissen Verständnislosigkeit oder Gleichgültigkeit gegenüber diesem Zeugnis? Es scheint, als fehle dem Himmelfahrtstag die menschliche Tiefe, die Betroffenheit auslöst. Der Abschied Jesu geht uns, so meinen wir, nicht unmittelbar etwas an. Die Theologen haben rührende Anstrengungen unternommen, massiv-räumliche Vorstellungen in der Gemeinde abzubauen. Vielleicht hat aber die Gemeinde inzwischen längst begriffen, daß Himmel und Himmel zweierlei Dinge sind, sky, der Wolkenhimmel und heaven, die Sphäre Gottes, fallen nicht zusammen. Die Himmelfahrt ist nicht ein spektakuläres Ereignis, äußerst zurückhaltend wird der Weggang Jesu festgehalten: »Er ward aufgehoben zusehends und eine Wolke nahm ihn vor ihren Augen weg.« Ohne Betonung, im Stil eines Chronisten wird der Tatbestand vermeldet, den wir so wiedergeben könnten: Jesus geht weg. Jesus ist nicht mehr da. Er wird nicht aufgelöst in die Wolken, er wird auch nicht aufgelöst in ein von ihm unabhängiges Wort. Er geht zum Vater, er tritt ein in eine neue Dimension der Wirklichkeit.

Die Jünger haben diesen Einschnitt gespürt. Besorgt fragen sie: Ist das das Ende, ist jetzt alles vorbei? Die Stunde des Abschieds ist immer Schicksalsstunde. Der Blick ist zurückgewandt und ein Weg wird zurückgegangen, Abschied ist eine wertvolle, unaufgebbare Erinnerung. Es kann sogar geschehen, daß man auf diesem Weg noch einmal Andenken sammelt. Abschied soll aber tiefer wirken, Abschied sollte eine Konzentration auf das Wesentliche sein. Gibt es ein Vermächtnis, das wie ein kostbares Gut gerettet werden muß? Sollte man nicht alles das, was war, noch einmal fest umschließen? So tut es auch unser Text in seiner summarischen Beschreibung vom Leben, Werk und Dienst Jesu. »Da Jesus anfing, beides zu tun und zu lehren.« Einmal hat dieser unvergeßliche Weg die Wanderschaft begonnen, an vielen Stationen wurden Erfahrungen gewonnen und das letzte Stück des Wegs war besonders eindrucksvoll. Die Spanne zwischen Ostern und Himmelfahrt ist erfüllt mit dem Dienst Jesu an seinen Jüngern, die nun selbständig, verantwortlich wirken sollen. »Und er ließ sich sehen« als der Lebendige. Diese »Zwischenzeit« ist eine Rüstzeit für die Jünger, in der sie ihre Weisung und ihre Stärkung empfangen.

Jesus ist weggegangen. Zögernd tritt diese Tatsache in das Bewußtsein seiner Freunde. Sie werden nun nicht mehr die Nähe, die Unmittelbarkeit der Gemeinschaft spüren, die bisher ihr Leben durchdrang. Jeder Abschied schafft leeren Raum, jeder Abschied bedeutet Verlust. Was strömt in den leeren Raum: Verzweiflung, Resignation, Trotz, Zorn? Auch wir fragen uns in dieser bitteren Stunde, was strömt in den leeren Raum? Kann er gefüllt werden, welche Kräfte empfangen wir, woher kommen sie?

Wie die Jünger damals werden wohl auch wir von der Dunkelheit der Frage überfallen, was geschieht jetzt? Stehen wir jetzt vor einem Nichts? Wie können wir das verkraften, daß Jesus weg ist? Wie soll man glauben, nachfolgen, dienen? Wo ist die Zukunft, wo ist das ewige Leben, wenn er nicht mehr da ist? Wie wollen wir die Abwesenheit Jesu ertragen?

»Abwesenheit Gottes«, ein Stichwort, ein Kapitel moderner Theologie, dieser Begriff ist nicht nur eine Arbeitshypothese, spielerisch eingebracht, dieser Begriff enthält eine bestürzende Erfahrung. Wer in die Nähe dieser Feststellung geraten ist, wird in das Grauen der Leere geworfen. Ich habe schwer verstehen können, wie Männer wie Reinhold Schneider oder Josef Wittig, die Tröster der Christenheit waren, brüderlich halfen, selbst in abgrundtiefe Finsternis gerieten. Rufend, schreiend nach Gott, wie verlassen und aufgegeben von ihm. Heute ist uns diese bedrohliche Möglichkeit unseres Glaubens sehr nahe gerückt. Das Gefühl der Abwesenheit Gottes kann lähmendes Entsetzen hervorbringen. Nur Christusjünger können in diese Zone des Schweigens geraten und dies ist der theologische Ort unserer Stunde heute. An dieser Stelle wird der Abschied zum lähmenden Abschied.

II. HIMMELFAHRT HEISST AUFTRAG.
Dies ist die Rettung, daß hier der Text nicht abbricht. Dies ist auch die Rettung für uns, daß es weiter geht. In einer heilsamen, wenn auch kühlen und nüchternen Sprache wird weiter verhandelt. »Herr, wirst du diese Zeit wieder aufrichten, das Reich Israel?« Die Jünger wollen wissen, was mit dem Reich wird, d.h. mit der Sache Gottes in dieser Welt, geht das Reich weiter? In diese sachliche Thematik ist eingebettet die Frage nach der persönlichen Existenz: Was wird aus uns? Was wird aus unserer Fakultät, werden wir innerlich auseinandergerissen oder finden wir uns zusammen und binden uns stärker als je zu einer Gemeinschaft des Glaubens?

Wie geht die Sache weiter, das war die Frage von damals und ist die Frage von heute. Nach diesem Abschied beginnt nicht einfach die »Zeit der Kirche«. Die Jünger können auch nicht im eigenen Namen sondern nur im Namen Christi weiter machen. So energisch Jesus die Frage nach der Zeit abwehrt: »Es gebührt euch nicht, zu wissen Zeit oder Stunde, welche der Vater in seiner Macht vorbehalten hat«, so eindeutig verspricht er Hilfe, Stärkung, Beistand: »Ihr werdet die Kraft des Heiligen Geistes empfangen.« Den Jüngern wird die Feuertaufe mit dem Heiligen Geist angesagt. Fragt nicht nach der Zeit, fragt nach der Kraft! Nur diese eine Garantie, nur diese eine Zusage wird gegeben, nichts anderes ist versprochen, aber das genügt: »Ihr werdet die Kraft des Heiligen Geistes empfangen.«

Die Zeit hat keine Ewigkeit, die Stunden vergehen, aber in der Zeit, in die Stunden bricht ein die Kraft, die Macht Gottes.

Die Verheißung der Kraft ist verbunden mit klaren Befehlen:

1. Die Jünger sollen nicht von Jerusalem weggehen. Die Gemeinde hat immer einen Ort in dieser Welt, sie versickert nicht, verliert sich nicht auf den weiten Ebenen des Lebens. Die Gemeinde muß zusammen bleiben an dem Ort, an den sie Gott gestellt hat. Gott sucht seine Gemeinde in Jerusalem und nirgends anders. D.h. die Gemeinde hat ihren Gottesdienst aus dem Wort des Lebens.

2. Ihr werdet meine Zeugen sein. Wir wollen gut zuhören. Es heißt: Ihr werdet meine Zeugen sein. Das ist nicht einfach ein Befehl, wer könnte ihn erfüllen? Das ist eine Zumutung, die aus der Gewißheit kommt, ihr könnt es. Ihr werdet Zeugnis ablegen und selber Zeugen sein. Der Zeuge redet nicht über eine fragliche Sache, sondern er war wirklich dabei. Was man nicht entschlossen lebt, kann man nicht entschlossen sagen. Das Zeugnis der Apostel steht dafür gerade, daß sein Werk weitergeht. Der Auftrag öffnet die Zukunft: »Ihr werdet meine Zeugen sein.«

III. HIMMELFAHRT IST AUFBRUCH.

Die Engel sprachen das deutende Wort, frei wieder gegeben: Was steht ihr hier herum und starrt gen Himmel, blickt nach vorn, blickt weit nach vorn, erkennt den herrlichen Horizont: Christus wird kommen. Dieser Jesus, der jetzt von euch geht, wird kommen, ihr habt einen Weg vor euch, einen Weg nach vorn. »Da wendeten sie um gen Jerusalem. Jerusalem liegt einen Sabbatweg davon.« Ein Sabbatweg, das ist 880 Meter, warum diese Entfernungsangabe? Die Wege in der Geschichte der Kirche sind Wege zum nächsten Ort. Jesus traut den Jüngern zu, daß sie jetzt diese kurze Strecke entschlossen gehen können. Für diese 880 Meter haben sie die Kraft. Wir erfassen wohl alle, was das für uns bedeuten kann. Wir wissen nicht den Weg in eine ferne Zukunft, aber wir werden wohl 880 Meter schaffen. Übersetzt, wir werden aus der Kraft unseres Glaubens das Nächstliegende, das Verantwortliche, das Notwendige tun, und dann wird der Horizont erkennbar werden. Dieser begrenzte Weg war dennoch der Weg in der Geschichte, der Weg in der Welt, über Jerusalem hinaus nach Judäa, Samarien, bis an das Ende der Erde. Freilich scheint der Weg der Gemeinde oft allzu schwer und allzu lang. Es gab auch »Durststrecken« auf diesem Marsch durch die Geschichte. Der Abstand vom Ursprung macht sich bemerkbar in Ermüdungserscheinungen, im Zweifel, in der Gleichgültigkeit. Aber doch hat es immer wieder einen Aufbruch gegeben, eine Entschlossenheit, den Weg nicht zu verlieren.

Wieder drängt sich uns ein Stichwort auf, ein Kapitel der modernen Theologie wird aufgeschlagen mit dem Begriff »Exodus«, d.h. Auszug. So liest man heute: »Wir ziehen aus! Wir verlassen die Stätten der Geborgenheit, wir lassen hinter uns unser Erbe und Tradition. Wir wandern fröhlich und getrost ohne Gepäck durch die Zeiten.« Manchmal kann ich diese großsprecherischen Reden nicht mehr hören. Wir begreifen in dieser Stunde, wie hart, wie bitter ein Auszug ist. Es ist keine leichte Sache, das zurückzulassen, was uns lieb und teuer ist. Möglich ist dieser Exodus nur unter der Verheißung Gottes: »Ihr werdet die Kraft des heiligen Geistes empfangen.« Das ist die Wirklichkeit: Die Gemeinde unterwegs ist angefochten.

Auch diese Predigt muß einen Schluß haben. Ich verzichte auf eigene Worte und nehme dankbar den brüderlichen Zuruf auf, den ein Ausleger unserer Himmelfahrtsgeschichte an das Ende seiner Betrachtung rückt: »Aber der Prediger lasse sich sagen, daß die Resignation nicht imstande ist, die Kraft des Geistes zu brechen, die der scheidende Jesus verheißen hat. Dies gilt für den Prediger, für sein Predigtwort und für die Gemeinde.«

Amen.

Peter Zimmerling
GOTT KOMMT

»Baustellenpredigt« am 6. Dezember 2009 in der neuen Aula/Universitätskirche St. Pauli
2. Advent | Erinnerungen von Helga Hassenrück

Am 6. Dezember 2009 wurde der Bauzaun an der Baustellenzufahrt am Augustusplatz geöffnet. Einige Helfer waren schon Stunden vor Gottesdienstbeginn zur Stelle und improvisierten, so gut es ging. Dr. J. stellte Feuerlöscher auf, kennzeichnete Fluchtwege, klebte Markierungsband an Gefahrenstellen, bedeckte die beiden Durchbrüche zum Keller mit Tischplatten, holte vom Schuttcontainer Bretter, um einen begehbaren Weg herzustellen. Beleuchtung und Beschallung waren von W. organisiert worden. Vom Leibnizforum her gelangte durch die Glastüren nur wenig Licht in den Raum. Das Fenster im Osten war hinter einer Verschalung verborgen. Eine spärliche Baustellenheizung und einen Stromanschluss hatten wir, sonst nichts. Kahler Beton, wo noch 4 Tage zuvor UMD David Timm in einem festlich geschmückten Saal Chor und Orchester dirigierte. Heute dirigierte er zunächst den schwierigen Transport des neuen Orgelpositivs über den unebenen Boden zu einem geeigneten Platz. Doch überall war Zugluft. Um die zum Augusteum hin offene Wand notdürftig zu schließen, kaufte Dr. K. im nahegelegenen Kaufhaus ein großes Stück Tuch, während B. sich um Anschluss und Aufhängung eines großen Herrnhuter Sterns bemühte, der das Adventslicht in der düsteren Halle aufgehen ließ. Bevor die Besucher kamen, transportierte ich sämtliche verfügbaren Klappstühle aus der Theologischen Fakultät herbei und – zusammen mit Frau H. – aus der ehemaligen Stasibezirkszentrale. Studenten brachten Bänke, Lesepult, Tisch, Blumen.

Die Reihe der Wartenden reichte inzwischen bis zur Ritterstraße. 700 Einlassprogramme waren ausgegeben worden. Überzählige fanden gelegentlich dennoch den Weg hinein. Etliche hatten eine weite Anreise hinter sich. Mit manch einem verbanden mich gemeinsam in der Unikirche erlebte Konzerte und Gottesdienste. Für Gehbehinderte war der Weg über die Baustelle in die neue Kirche kaum passierbar. Einige wurden samt Rollstuhl von kräftigen Händen über die Stufen getragen. Schließlich standen wir dicht gedrängt aneinander, voller Erwartung. Das Einschalten der eigentlich nur spärlichen Beleuchtung brachte einen ungeplanten und beeindruckenden Lichteffekt: ein riesiges weißes Kreuz, das sich aus einer Säule und der dahinter liegenden Brüstung der Orgelempore bildete. Auf der gegenüberliegenden Seite am Ort des ehemaligen Chorraumes hatten Universitätschor und Pauliner Barockensemble genau dort ihren Platz eingenommen, wo einige Jahrzehnte die 33 Tonnen schwere Karl-Marx-Bronze thronte. Spannung und Ergriffenheit waren geradezu körperlich spürbar, als die Pastoren durch den schmalen Mittelgang schritten und

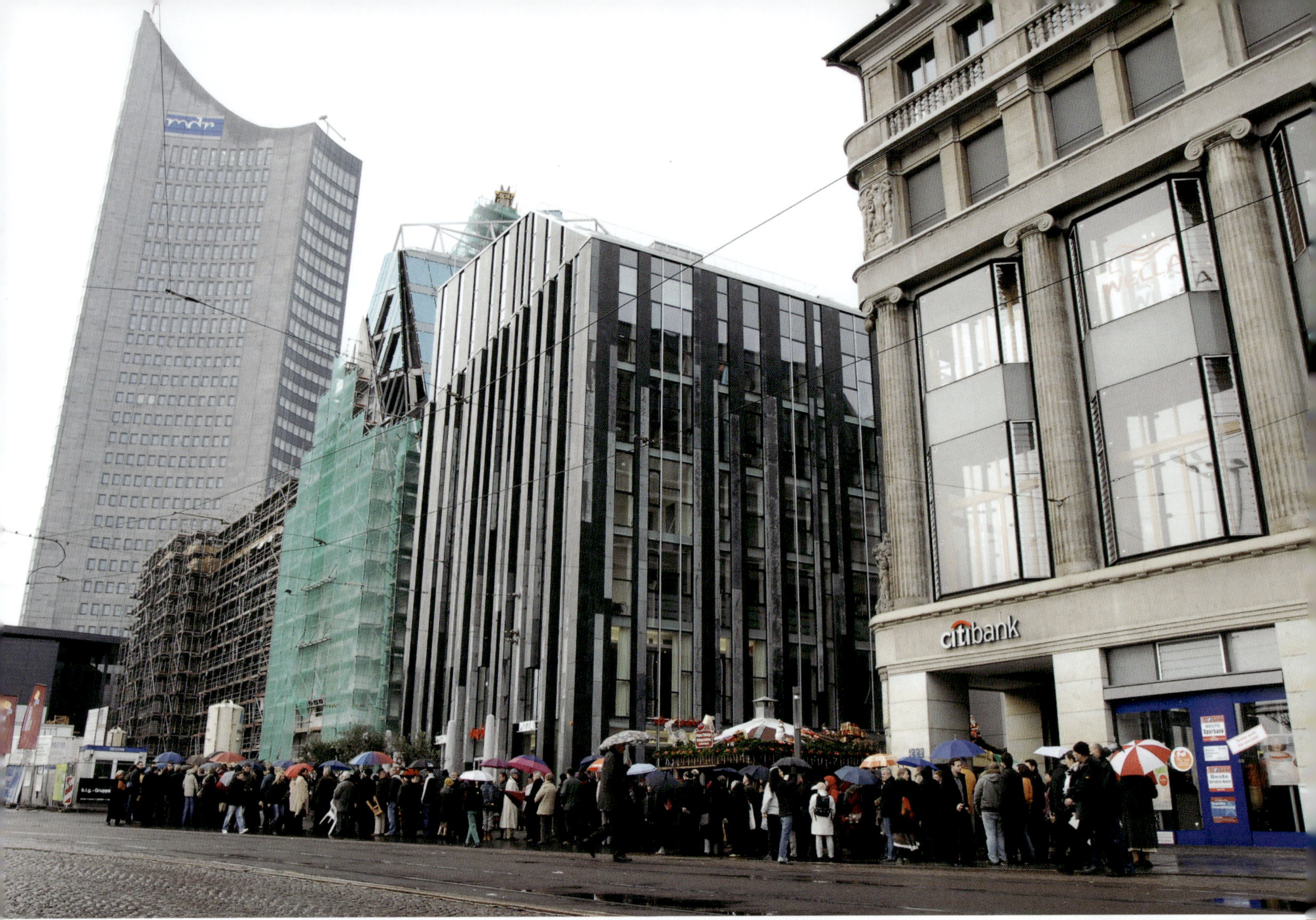
citibank

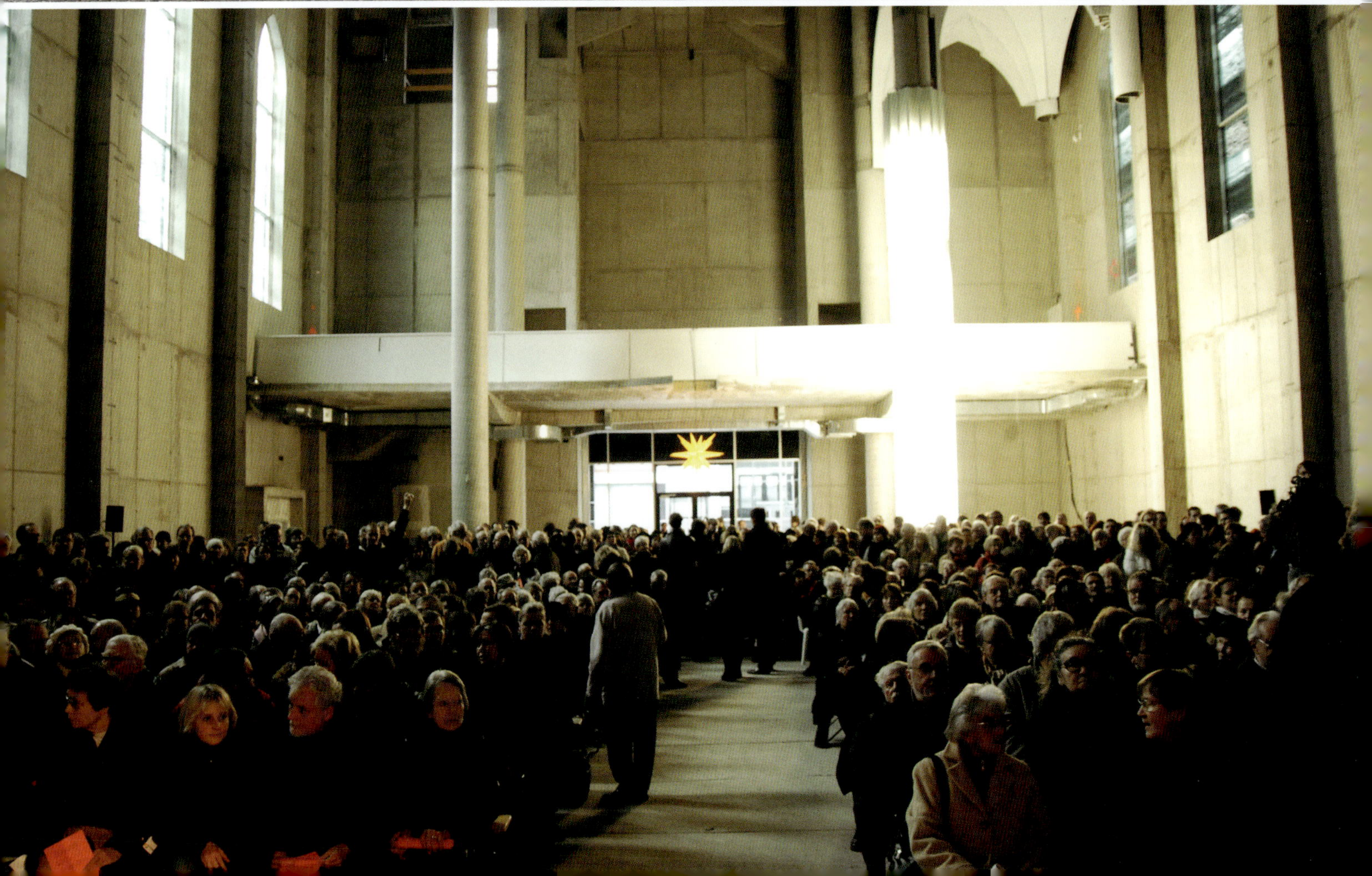

das Kreuz aus der Universitätskirche zurückkehrte. Nach über 40 Jahren durfte endlich an diesem Ort die Jahrhunderte währende Tradition wieder aufgenommen werden. Meine Tochter umarmte mich, als sie meine Tränen sah. Ich dachte an meine Lehrer, die hier gepredigt hatten, an Robert Köblers Orgelspiel, an die Auftritte mit dem Universitätschor und – was mich immer noch am meisten bedrückt – meine Ohnmacht gegenüber der Zerstörungswut der Genossen. Auch an die geplünderten Gräber dachte ich, an die Steine in Probstheida und an die Mauerreste tief unter meinen Füßen, unter einer frischen Betondecke begraben.

Rüdiger Lux begrüßte die Gemeinde und holte mich mit seinen Worten in die Gegenwart zurück: Wir standen tatsächlich nicht mehr vor einem Nichts. Und es war wunderbar, hier zu stehen am Ort der Zerstörung und des Neubeginns. Das gesungene und gesprochene Wort ging an diesem Adventssonntag besonders zu Herzen.

Christoph Michael Haufe, der wesentlich am Zustandekommen dieses ersten Gottesdienstes seit dem 23. Mai 1968 beteiligt war, schrieb wenige Tage später – und seinen Worten möchte ich mich anschließen:

»Nach jahrelangem Klagen, Bitten, Hoffen, Bangen, Beten und wiederholtem Bedrängen der für den Wiederaufbau Verantwortlichen erlebten wir einen Tag der reinen Freude und Dankbarkeit mit dem Gottesdienst der Universitätsgemeinde am zweiten Advent im Rohbau der neuen Universitätskirche. Der Paulinerverein hatte in Verhandlungen mit der Bauleitung und der Theologischen Fakultät zum Abschluss des 600-jährigen Universitätsjubiläums diesen Gottesdienst vorbereitet. Der Termin blieb gefährdet bis zum letzten Augenblick. Die Universitätsleitung verwehrte den Eingang zum Gebäude vom Hof der Universität, konnte aber den Gottesdienst selber nicht verhindern, der dem ausdrücklichen Wunsch der Landesregierung entsprach. [...] Bereits eine Stunde vor Beginn wand sich eine Schlange Anstehender. Es waren über 1000 Personen, die da im kalten Nieselregen standen mit der hellen Freude in den Gesichtern. 700 von ihnen fanden Einlass, ein großer Teil aber verharrte vor der Kirche und feierte dank einer Übertragung das Geschehen im Inneren mit – tief bewegt, singend, bekennend, betend.

Der Innenraum der Kirche war nackt und kahl. Die Bestuhlung vom Festakt der Universität war abgeräumt worden, so dass die meisten Besucher stehen mussten. Der Raum, in seiner Größe und Gliederung an die alte Kirche erinnernd, entbehrte trotz alledem nicht einer gewissen Würde, denn es war am ursprünglichen Ort.

Auf der Linie, die den Altarraum mit dem Kirchenschiff verbindet, hatten Studenten einen Interimsaltar vorbereitet. Und hier ereignete sich, was alle tief ergriff. Den Dienstträgern voran wurde bei deren Einzug in die Kirche das Altarkreuz mit dem Gekreuzigten getragen, das in letzter Minute aus der alten Kirche hatte geborgen werden können. Auf dem Altar wurde es enthüllt und aufgerichtet, mit zwei geretteten Altarleuchtern zu seinen Seiten. Vielen Gottesdienstteilnehmern, die vor 41 Jahren dem bösen Geschehen der Vernichtung der Kirche hatten zusehen müssen, rannen die Tränen über das Gesicht – Tränen der Wehmut, des Dankes und der überströmenden Freude. Diese Freude war wie mit Händen zu greifen unter uns und sprach aus den biblischen Lesungen, der Predigt und der Bachkantate »Nun komm der Heiden Heiland«, die der Universitätschor sang, mit dem wie für diesen Tag gewählten Bassrezitativ: ›Siehe, ich stehe vor der Tür und klopfe an. So jemand meine Stimme hören wird und die Tür auftun, zu dem werde ich eingehen [...]‹ Dieser Friede erfüllte uns noch, als wir sahen, wie nach dem Gottesdienst der Raum wieder in eine Baustelle verwandelt wurde.«

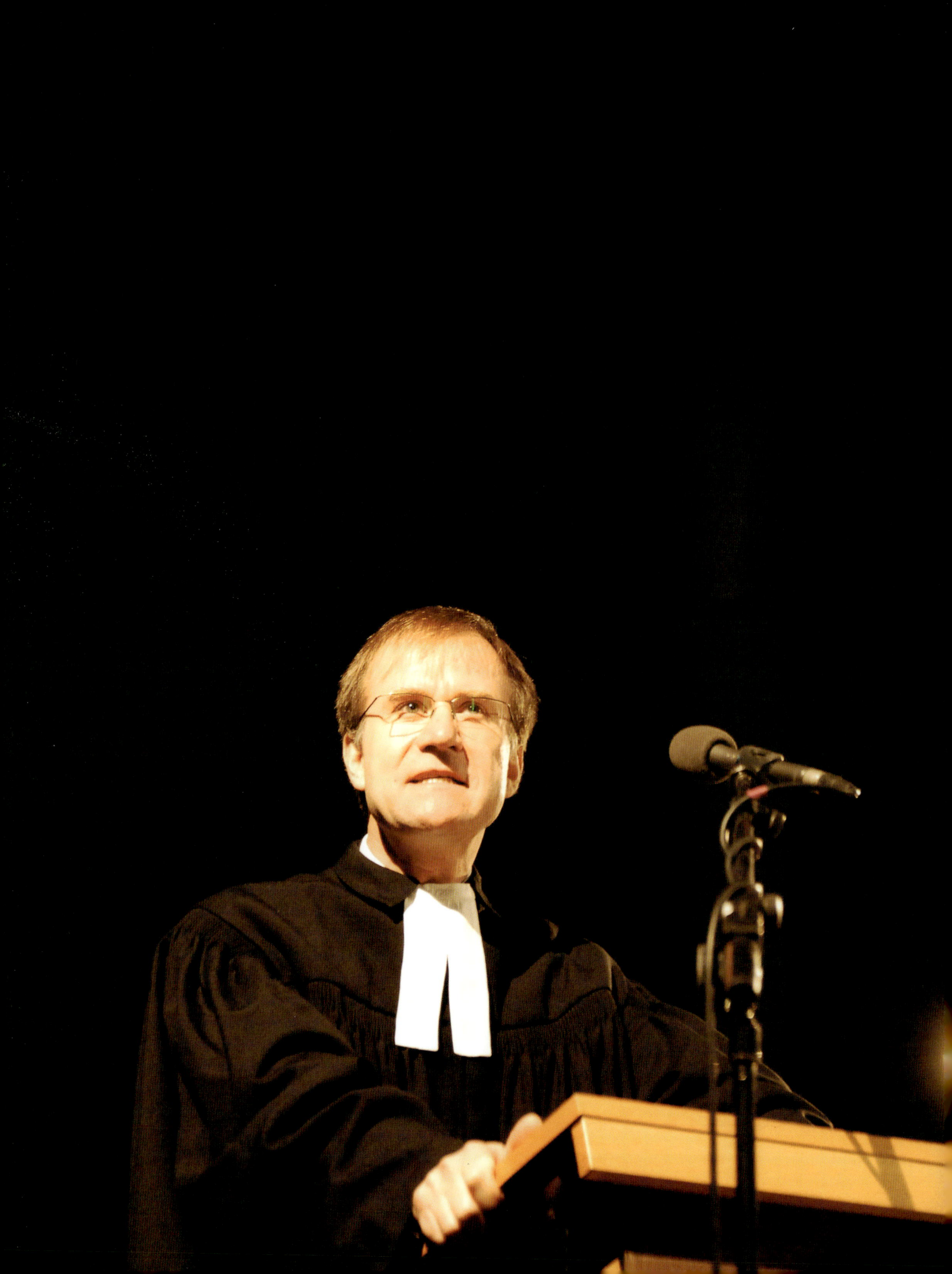

PREDIGT

Liebe Gemeinde,
»Gott kommt!« – so lautet der Cantus firmus der Bachkantate, die wir gerade gehört haben. Und darum soll es auch in meiner Predigt gehen: Gott kommt in die Welt, er kommt zu seiner Kirche und er möchte in das Herz jedes einzelnen Menschen kommen. Kann es ein schöneres und wichtigeres Thema anlässlich des ersten Gottesdienstes nach 41 Jahren an dieser Stelle, dem Ort der alten und der neuen Universitätskirche St. Pauli geben?

1. GOTT KOMMT ZUR WELT

Gott kommt zur Welt. Er kommt in seine Schöpfung und zu seiner Menschheit, weil er nicht ohne sie sein möchte. Gott ist nicht nur der Herr der Frommen! Er ist der Schöpfer und Erhalter aller Menschen! Darum feiern Fromme und Unfromme, Christen und Nichtchristen Weihnachten. Darum bereiten sie sich in der Adventszeit vier Wochen lang auf die Ankunft Gottes an Weihnachten vor. Das gibt dieser Jahreszeit ihre besondere Stimmung und ihren besonderen Glanz. Besinnung und Vorfreude prägen die Adventswochen. Darum erstrahlen unsere Städte in dieser Zeit in einem 1000-fachen Lichterglanz. Im Erzgebirge funkeln die Dörfer wie Sterne in der Dunkelheit. Alle Fenster sind hell erleuchtet, um dem göttlichen Gast den Weg zu bereiten.

Seit Martin Luther ist das Weihnachtsfest von Sachsen aus zum wichtigsten christlichen Fest des Jahres avanciert. Aber eben nicht nur für die Christenheit. Viele Wirtschaftszweige unseres Landes wären längst bankrott, wenn es das Advents- und Weihnachtsgeschäft nicht gäbe. Das gilt auch für viele gemeinnützige Werke! Mit Fug und Recht kann man Luther als den ersten neuzeitlichen Weihnachtschristen bezeichnen. Warum war das Weihnachtsfest so zentral für ihn? Das Jesuskind in der Krippe ist der klarste Spiegel der väterlichen Liebe Gottes. Im Kind in der Krippe kommt Gottes Sohn zur Welt. Eigentlich unglaublich – und dennoch wahr: In dem zarten, wehrlosen Kind in der Krippe wird der allmächtige, unsichtbare Gott anschaulich und anfassbar. Ein kleines Baby im Futtertrog – wer könnte sich der Liebe dieses Kindes entziehen? Gott begibt sich auf Augenhöhe mit der Menschheit. Er will ihr alle Angst vor Gott nehmen und ruft ihr zu: Vertraut mir! Gott schickt seinen Sohn Jesus Christus in die Welt, weil er sie niemals aufgibt. Egal, ob Menschen Gott vergessen, ihn ignorieren oder bekämpfen: Die Liebesgeschichte Gottes mit der Menschheit geht weiter. Er lässt seine Sonne aufgehen über Gerechte und Ungerechte. Die Lichter im Vaterhaus Gottes verlöschen nie. Sie leuchten in die Welt mit ihren Dunkelheiten und rufen allen Menschen guten Willens zu: »Kommt nach Hause, Gottes Tür steht euch offen.« Der Wiederaufbau der Leipziger Universitätskirche ist ein leuchtendes Zeichen für

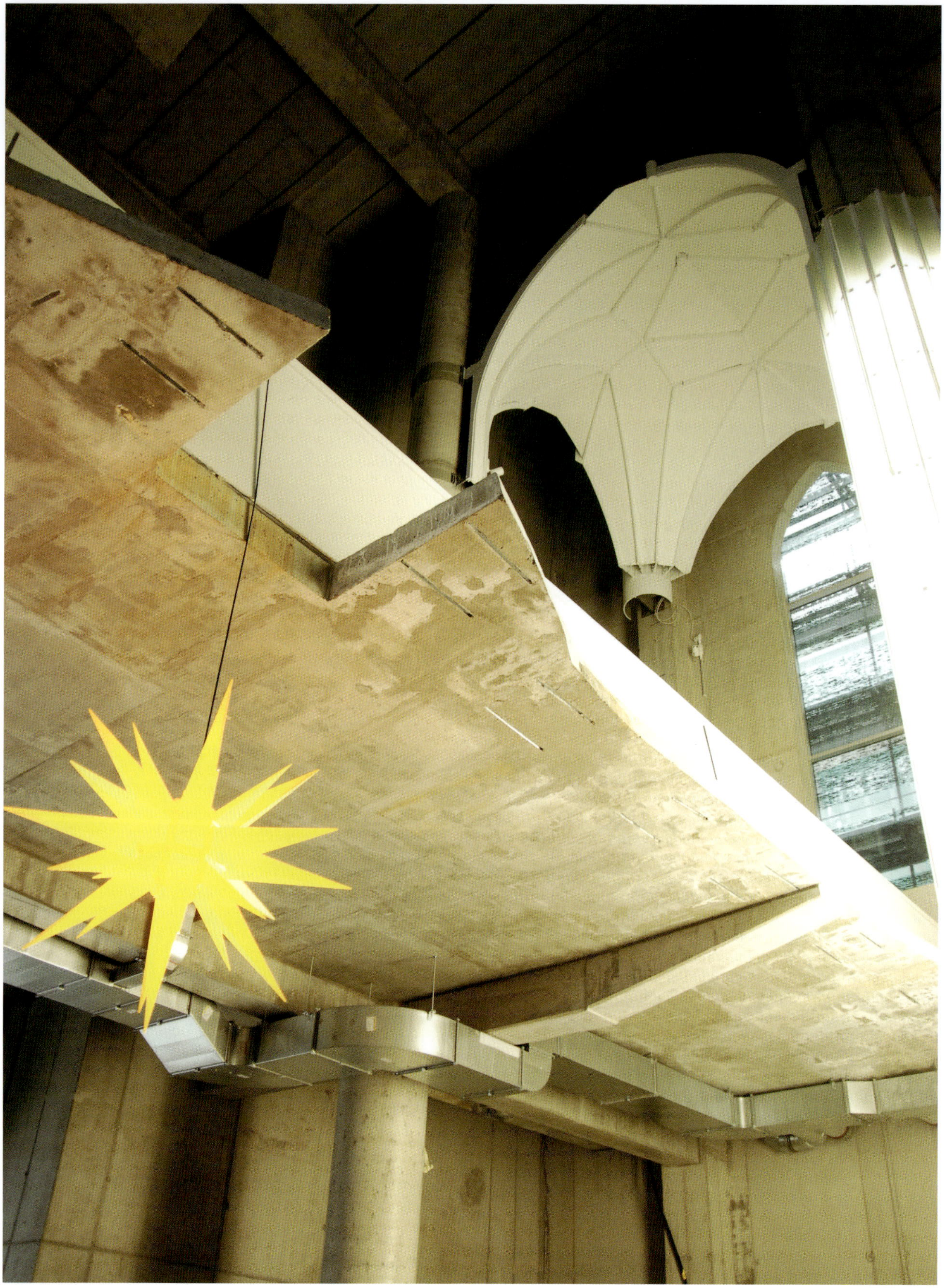

die Universität, die Stadt und das ganze Land: »Gott kommt und lässt sein Licht mit vollem Segen scheinen.«

2. GOTT KOMMT ZU SEINER KIRCHE

Gott kommt zur Welt, und er kommt auch zu seiner Kirche. In der Tenor-Arie der Kantate wurde gerade gesungen: »Komm, Jesu, komm zu deiner Kirche und gib ein selig neues Jahr!«

Die Freude über das »selige neue Jahr«, über das unverhoffte Wunder, nach 41 Jahren im Rahmen des Universitätsjubiläums an dieser Stelle wieder Gottesdienst feiern zu können, war bei vielen Menschen aus Universität und Stadt riesengroß. Wenn jemand 1968, unmittelbar nach der Sprengung, behauptet hätte, dass an dieser Stelle eines Tages wieder eine Kirche stehen würde, er wäre für geisteskrank erklärt worden. Darum war es unmöglich, noch einmal ein oder zwei Jahre warten zu müssen – bis das Gebäude endgültig bezugsfertig ist. Unser Gottesdienst heute soll ein Vorgeschmack dessen sein, was kommt.

Die Sprengung der Universitätskirche vor 41 Jahren hat die Universitätsgemeinde eine wichtige Erkenntnis gelehrt: Gott kommt zu seiner Kirche, aber er ist nicht an einen bestimmten Ort gebunden. Auch wenn über 700 Jahre lang an dem gleichen Ort Gottesdienst gefeiert worden war: Der Gottesdienst der Universitätsgemeinde fand weiter statt, auch als es die Universitätskirche St. Pauli nicht mehr gab. Es ist von großer symbolischer Kraft, dass wir den ersten Gottesdienst in der neuen Universitätskirche auf einer Baustelle feiern. Ein Gottesdienst, der unter diesen Bedingungen gefeiert wird, erinnert uns daran, dass Gott Geist ist. Die ihn anbeten, müssen ihn im Geist und in der Wahrheit anbeten, heißt es im Johannesevangelium (4,24). Letztlich kommt es beim Gottesdienst nicht auf das Kirchgebäude an. Martin Luther sagte 1544 in seiner berühmten Predigt anlässlich der Einweihung der Schlosskirche von Torgau – der ersten neugebauten evangelischen Kirche überhaupt: »Käme aber die Not vor, dass man nicht wollte oder könnte in der Kirche zusammenkommen, so möchte man wohl draußen bei dem Brunnen oder anderswo predigen.« Gott kann genauso in einer prachtvollen Kirche wie unter freiem Himmel, auf dem Feld oder im Wald angebetet werden! Entscheidend ist, dass es im Geist und in der Wahrheit geschieht.

Dennoch sind Kirchengebäude nötig, in denen Gottes Name geehrt, sein Wort gelehrt und Taufe und Abendmahl gefeiert werden. Als Menschen bestehen wir nämlich nicht nur aus Geist. Wir sind keine Kopffüßler! Diesem Trugschluss kann leicht erliegen, wer an einer Universität arbeitet, wo das Denken und Erkennen, die Kopfarbeit im Zentrum stehen. Wir Menschen haben auch einen Leib und eine Seele. Daher ist es gut, sich zum Gottesdienst in einem geheizten und beleuchteten Raum versammeln und sich setzen zu können. Genauso will die Seele im Kirchenraum angesprochen werden und sich zu Hause fühlen: Deshalb hat auch die künstlerische Ausgestaltung einer Kirche ihren tiefen Sinn. Wahrscheinlich sind Sie alle genauso gespannt wie ich, wie Universitätskirche und Aula einmal nach Abschluss der Bauarbeiten aussehen werden. Rechts oben, in der hinteren Ecke, sieht man bereits einen Teil des gotischen Gewölbes.

Gerade in postmodernen Zeiten, die sich durch permanente Veränderung und ständigen Wechsel auszeichnen, will die Seele zur Ruhe kommen, irgendwo zu Hause sein. Menschen haben Sehnsucht nach Orten der Verlässlichkeit. Wo Gott wohnt. Kirchen sind solche Orte der Verlässlichkeit. Von hier aus erklärt sich die neue Hochschätzung von sakralen Räumen in der evangelischen Kirche, die sich seit einiger Zeit beobachten lässt.

Lassen Sie uns dafür beten und arbeiten, dass die Universitätskirche St. Pauli ein solcher Ort der Verlässlichkeit für die Angehörigen der Universität und für viele Menschen darüber hinaus wird: »Komm, Jesu, komm zu deiner Kirche und gib ein selig neues Jahr! Befördre deines Namens Ehre, erhalte die gesunde Lehre und segne Kanzel und Altar!« Als Universitätsgemeinde werden wir uns an der Ausgestaltung des Inneren der Universitätskirche beteiligen und neben der Schwalbennestorgel für die Prinzipalstücke Altar, Taufstein und Lesepult sorgen. Wenn Universitätskirche und Aula einmal fertiggestellt sein werden, sollen hier wieder an allen Sonn- und Feiertagen Universitätsgottesdienste stattfinden.

Gott hat der Universitätsgemeinde nach 41 Jahren mit diesem Raum einen Neuanfang ermöglicht. Alles kommt darauf an, dass in Zukunft an dieser Stelle Gottes Name in den Gottesdiensten und den anderen Veranstaltungen der Universitätsgemeinde geehrt wird. Wie kann das geschehen? Indem Menschen Gottes Wort hören und dadurch Orientierung für ihr Leben bekommen. Die Kanzel war zu DDR-Zeiten der einzig verbliebene Ort des freien Wortes. Damals erwies sich: Evangelium und Freiheit gehören wie zwei Seiten derselben Medaille zusammen.

Gott wird an diesem Ort auch dadurch geehrt, dass Menschen, die hierher kommen, durch Wort und Musik getröstet werden. Trost darf nicht in sentimentaler Weise missverstanden werden. Von der ursprünglichen Wortbedeutung her meint es so viel wie Kernholz. Jemand trösten meint also, ihm Festigkeit, neuen Lebensmut und neue Zuversicht zu vermitteln.

Schließlich wird Gott an diesem Ort dadurch geehrt, dass Menschen Wegzehrung für ihr Leben erhalten. Darum wird in der Universitätskirche regelmäßig das Abendmahl gefeiert werden. Die orthodoxe Kirche spricht vom Abendmahl als dem pharmakon athanasia, dem Arzneimittel der Unsterblichkeit. Unser Leben in dieser Welt ist begrenzt. Als Christen glauben wir, dass wir unterwegs sind zu einem ewigen Zuhause.

Ich wünsche mir und bete dafür, dass angesichts der positiven Wirkungen, die von der Universitätskirche ausgehen, der Streit eines Tages überwunden werden kann, der viele Menschen innerhalb und außerhalb der Universität über den Wiederaufbau der Kirche entzweit hat.

3. GOTT MÖCHTE IN DAS HERZ JEDES MENSCHEN KOMMEN

Gott kommt zur Welt, er kommt zur Kirche, er möchte in das Herz jedes Menschen kommen. Alle Kirchengebäude haben die Aufgabe, dass die Gnade Gottes im Leben von Menschen Raum gewinnt. Menschen sollen zum Glauben an den auferstandenen Jesus Christus kommen! Die Aufgabe der Kirchen gipfelt darin, dass Menschen ihre Herzen für die Liebe Gottes öffnen. Dass Menschen, wie es in der Kantate heißt, ihre Herzen öffnen, damit Jesus selbst einzieht. »Siehe, ich stehe vor der Tür und klopfe an. So jemand meine Stimme hören wird und die Tür auftun, zu dem werde ich eingehen und das Abendmahl mit ihm halten und er mit mir.« Die Stimme Jesu Christi, sein Wort, ist die Grundlage unserer Kirche. Es ist die Stimme der Liebe Gottes, seiner Vergebung. Wo Jesus Christus die Tür des Herzens geöffnet wird, dort will er Wohnung nehmen – zu uns eingehen. Das Leben bekommt einen neuen Glanz: Hoffnung und Sinn – ein Ziel, das über das irdische Leben hinausreicht.

Dass dies geschieht, ist Gnade. Kein Mensch kann sich selbst den Glauben erarbeiten. Ich kenne Menschen, die gerne glauben würden, aber es einfach nicht können. Glaube ist nicht jedermanns Ding, schreibt bereits der Apostel Paulus. Auch wenn sich keiner den Glauben erarbeiten kann, gilt dennoch: Jeder kann im Gebet Gott um Glauben bitten. »Ich glaube, hilf meinem Unglauben!« (Markusevangelium 9,24). Denn immer noch stimmt, was der Dominikaner-Professor und große Mystiker Meister Eckhart vor über 600 Jahren sagte: »Darin liegt ein großes Übel, dass der Mensch sich Gott in die Ferne rückt; ob nämlich der Mensch in der Ferne oder in der Nähe wandelt, Gott geht nimmer in der Ferne, er bleibt ständig in der Nähe, und kann er nicht drinnen bleiben, so entfernt er sich doch nicht weiter, als bis vor die Tür.« Gott bleibt in unserer Nähe, auch wenn wir nichts von ihm wissen wollen.

Er verschafft sich jedoch nie gewaltsam Zugang zum menschlichen Herzen. Er bricht die Herzenstür nicht auf! Er ruft, er bittet, er lockt, aber er zwingt nicht: »Öffne dich, mein ganzes Herze, Jesus kömmt und ziehet ein.« Die Christenheit hat sich im Verlauf ihrer langen Geschichte in diesem Zusammenhang immer wieder versündigt und Menschen zum Glauben gezwungen. Für den Glauben ist jedoch grundlegend, dass er eine freiwillige Angelegenheit bleibt. Glaube gedeiht nur im Raum der Freiheit. Darin unterscheidet sich der christliche Glaube von jeder Ideologie, die ohne Gesinnungsterror nicht auskommt. Auch im Marxismus-Leninismus war dieser Gesinnungsterror im System eingebaut: Keine klassenlose Gesellschaft ohne vorangehende Diktatur des Proletariats.

Als Christen bejahen wir den weltanschaulich neutralen Staat, der die Religionsfreiheit garantiert. Diese Freiheit stellt eine grundlegende Voraussetzung dafür dar, dass Glauben entstehen kann. Auch die andere Voraussetzung wird von unserem Staat zugesichert: Menschen müssen die Chance erhalten, die Stimme Gottes, sein Anklopfen, zu hören. Unser freiheitlich-demokratischer Staat hat dazu eine Reihe von Möglichkeiten unter seinen Schutz gestellt: die Theologischen Fakultäten an den Universitäten, den Religionsunterricht an den Schulen und die kirchlichen Sendungen im öffentlich-rechtlichen Rundfunk und Fernsehen, um nur drei Beispiele zu nennen. Kein Mensch darf zum Glauben gezwungen werden – aber jeder muss das Evangelium vom Kommen Gottes in die Welt hören können: Beide Voraussetzungen des Glaubens gehören untrennbar zusammen und werden vom Grundgesetz der Bundesrepublik Deutschland garantiert.

»Siehe, ich stehe vor der Tür und klopfe an. So jemand meine Stimme hören wird und die Tür auftun, zu dem werde ich eingehen und das Abendmahl mit ihm halten und er mit mir.« Der Ausdruck, den Luther mit Abendmahl übersetzt, meint im Griechischen etwas Umfassenderes. Er bezeichnet das Mahl der Freude, das Hochzeitsmahl, zu dem Christus die Menschheit einlädt. Jedes Abendmahl will ein Vorgeschmack dieses Festes in Gottes neuer Welt sein. Ja, mehr noch: Alle Feste, die Menschen feiern, gewinnen ihren Glanz aus dem Fest, bei dem der auferstandene Christus mit seiner Gemeinde feiert. Auch Advents- und Weihnachtszeit bekommen erst von diesem großen Fest ihren Sinn, das hier auf Erden beginnt und sich dort in der Ewigkeit Gottes fortsetzt. Ich wünsche uns, dass wir alle bei diesem Fest mitfeiern.

Amen.

Rüdiger Lux

DAMIT DIE STADT GOTTES FEIN LUSTIG BLEIBE

»Baustellenpredigt« am 31. Oktober 2010 in der neuen Aula/Universitätskirche St. Pauli
Reformationsfest, Predigttext: Psalm 46

→ Rüdiger Lux

Liebe Festgemeinde,

als Martin Luther das Schutz- und Trutzlied der Reformation »*Ein feste Burg ist unser Gott*« dichtete, das wir nach der Predigt miteinander singen werden – so, wie es ein ordentlicher Sachse gelernt hat, nämlich stehend miteinander singen werden –, als er dieses Lied dichtete, da hatte er den 46. Psalm vor Augen und im Herzen – ein Jerusalemlied, neu gesungen in Wittenberg an der Elbe. Daher habe ich diesen Psalm auch für den heutigen Reformationstag als Predigttext gewählt.

² Gott ist unsre Zuversicht und Stärke,
  eine Hilfe in den großen Nöten, die uns getroffen haben.
³ Darum fürchten wir uns nicht, wenngleich die Welt unterginge
  und die Berge mitten ins Meer sänken,
⁴ wenngleich das Meer wütete und wallte
  und von seinem Ungestüm die Berge einfielen.

⁵ Dennoch soll die Stadt Gottes fein lustig bleiben mit ihren Brünnlein,
  da die heiligen Wohnungen des Höchsten sind.
⁶ Gott ist bei ihr drinnen, darum wird sie fest bleiben; Gott hilft ihr früh am Morgen.
⁷ Die Völker müssen verzagen und die Königreiche fallen,
  das Erdreich muss vergehen, wenn er sich hören lässt.
⁸ Der HERR Zebaot ist mit uns,
  der Gott Jakobs ist unser Schutz!

⁹ Kommt her und schauet die Werke des HERRN,
  der auf Erden solch ein Zerstören anrichtet,
¹⁰ der den Kriegen steuert in aller Welt,
  der Bogen zerbricht, Spieße zerschlägt und Wagen mit Feuer verbrennt.
¹¹ Seid stille und erkennet, dass ich Gott bin!
  Ich will der Höchste sein unter den Völkern, der Höchste auf Erden.
¹² Der HERR Zebaot ist mit uns,
  der Gott Jakobs ist unser Schutz!

Diese wunderbare Gottespoesie Israels stellt uns drei Welten vor Augen. Die Welt des Bösen, die Welt der Stadt Gottes und die Welt des großen Friedens. Von diesen drei Welten muss heute die Rede sein.

1. DIE WELT DES BÖSEN

Bei der Welt des Bösen will ich mich kurz fassen. Die kennt ihr in vielen Facetten ohnehin zur Genüge. Und weil ihr hier im Rohbau stehen müsst, und ihr draußen vor der Tür das Ganze nur vor dem Bildschirm miterleben dürft, weil euch diese Kirche gar nicht fassen kann, deswegen will ich euch in dieser Stunde nicht noch böser machen, als dies durch die vielen baupolizeilichen Einschränkungen ohnehin schon der Fall ist.

Für Martin Luther war der Teufel der Fürst in der Welt des Bösen. Auch davon werden wir unser Liedlein singen: *Und wenn die Welt voll Teufel wär...* Ja, es gibt viele Teufel, viele Masken des Bösen in unserer Welt. Ich muss sie nicht aufzählen. Dazu reicht eure Phantasie. Aber ich will euch auch deswegen nicht viel länger über die Welt des Bösen belehren, weil der Mensch ohnehin einen fatalen Hang dazu hat, diese Welt größer zu machen als sie eigentlich ist. Zuweilen pustet er sie auf zu einem riesigen, bedrohlichen Ballon.

Auch unser Psalmdichter hat ihr geradezu kosmische Ausmaße angedichtet. Da sinken die Berge ins Meer. Die Chaosgewässer wüten und wallen. Weltuntergangsstimmung wird beschworen. Solche Ängste, Albträume, Sorgen, die unsere Seele fressen, sind das Feuer, das der Fürst in der Welt des Bösen schürt, um daran sein Süppchen zu kochen. Und dieser Fürst hat viele Helfer.

Martin Luther soll als Junker Jörg auf der Wartburg sein Tintenfass nach ihm geschleudert haben. Noch in den fünfziger Jahren zeigte man den Tintenfleck. Das war das Erste, was mich, den achtjährigen Knaben, bei einem Wartburgbesuch tief beeindruckt und bleibend für die Sache der Reformation eingenommen hat. Und für den Fall, dass es einmal ganz schlimm kommt, habe auch ich auf meinem Schreibtisch nach wie vor ein Tintenfass stehen. Mehr Ehre tue ich heute dem Fürst im Reich des Bösen nicht an, und strafe ihn damit, dass ich von ihm schweige und lieber von dem rede, von dem Israel und die Christenheit bekennt: *Gott ist unsre Zuversicht und Stärke, eine Hilfe in den großen Nöten, die uns getroffen haben.*

2. DENNOCH SOLL DIE STADT GOTTES FEIN LUSTIG BLEIBEN

Der Bibelübersetzer Luther hat dem Psalm ein Wörtchen hinzugefügt, das nicht im hebräischen Urtext steht und doch die Sinnspitze des ganzen Jerusalemliedes enthält. Ein Wort, in dem der Protestantismus, die ganze Reformation steckt: Dennoch! *Dennoch soll die Stadt Gottes fein lustig bleiben.* Mit den Betern Israels beschwört er das Dennoch des Glaubens!

Es gibt Stunden, Tage, da spricht alles gegen ihn, da wird der Glaube vom Zweifel erstickt, von der Schwermut überwältigt, vom Bösen gejagt. *Dennoch soll die Stadt Gottes fein lustig bleiben.* Welcher Leipziger hätte es gewagt, diesen Satz am 30. Mai 1968 im Angesicht der gesprengten Universitätskirche auszurufen? Was manch einer bis zum bitteren Ende nicht glauben wollte und konnte, war geschehen. Es war das Ende einer Kirche, einer Heimstätte des freien Wortes in einem unfreien Land, aber nicht das Ende der Stadt Gottes. Denn die Stadt Gottes ist mehr als Mauern aus Stein und Kalk. Die Wohnungen des Höchsten lassen sich nicht sprengen. Es sind die unerschrockenen Herzen und die freien Gedanken all derer, die ihrem Gott mehr zutrauen als sich selbst. Die Stadt Gottes steht nicht nur in Jerusalem. Sie findet sich an jedem Ort, an dem das Evangelium gepredigt und das Dennoch des Glaubens aufgerichtet wird: *Selig sind, die da Leid tragen, denn sie werden getröstet werden. Selig sind, die da hungert und dürstet nach Gerechtigkeit, denn sie sollen satt werden.*

Das sind die Worte des lebendigen Wassers, das sind die Brünnlein in der Stadt Gottes, die sich nicht zuschütten und austrocknen ließen. Worte, in 2000 Jahren erprobt und gestählt, mit einer Sprengkraft, die stärker ist als das Dynamit, mit dem man die Universitätskirche sprengte und eine Gemeinde aus der Universität verjagte. Sie enthalten das Dennoch des Glaubens.

Gottfried Olearius hat 1710, vor 300 Jahren, dafür Sorge getragen, dass diese Brünnlein des Evangeliums nicht nur zu besonderen Anlässen, sondern an jedem Sonn- und Feiertag in der Leipziger Universitätskirche kräftig sprudeln sollten. Daher erinnern wir uns heute dankbar auch an diesen Zeugen des Evangeliums in der Stadt Gottes. Denn wo das Wort ist, da ist *Gott bei ihr drinnen, und darum wird sie fest bleiben*. Und wo es am Sonntagmorgen gepredigt wird, ob in Jerusalem oder Leipzig, da *hilft er ihr früh am Morgen*. Daher werden wir mit Martin Luther singen: *Das Wort sie sollen lassen stahn*! Und deswegen bleibt es bei dem: *Dennoch soll die Stadt Gottes fein lustig bleiben*!

3. DIE WELT DES GROSSEN FRIEDENS

Die dritte Strophe des Jerusalemliedes lädt alle Völker der Welt ein, die Werke des HERRn, des Gottes Israels, zu schauen. Was tut er? Er richtet ein gewaltiges Zerstören an. Aber der Gott Israels *zerstört das Zerstörerische*! Er macht den Kriegen ein Ende, zerbricht und verbrennt Bogen, Spieß und Wagen mit Feuer.

Mit dieser großen Menschheitsutopie klingt das Jerusalemlied Israels aus. Gott zerstört das Zerstörerische, den Krieg und die Waffen. Das ist seine und nicht unsere letzte, große »Reformation«! Das ist die Hoffnung Israels und die Hoffnung der Christenheit, dass am Ende nicht der Fürst des Bösen, sondern die Welt des großen Friedens triumphiert.

Eine trügerische Hoffnung angesichts des Mordens in der weiten Welt, das wir scheinbar ohnmächtig mit ansehen müssen? Alles nur Utopie, ein Christen-, ein Menschheitstraum von einer Welt des Friedens und ihrem Friedefürst, der doch selbst ohnmächtig am Kreuz verblutete? Martin Luther ist in dieser Ohnmachtsklage nicht versunken. Vielmehr hat er seinen Gänsekiel ins Tintenfass getunkt und gegen den großen Schmerz eine starke Medizin verordnet: *Mit unsrer Macht ist nichts getan, wir sind gar bald verloren* – ja, das gilt! Aber – *es streit für uns der rechte Mann, den Gott hat selbst erkoren. Fragst du, wer der ist? Er heißt Jesus Christ*! Er, der Christus, der Arzt und Schmerzensmann, er ist der Fürst des Friedens, er der Sieger des Lebens, der auch den letzten großen Zerstörer zerstört hat, den Tod!

Ein alter Leipziger, der vor 21 Jahren beim Marsch der Siebzigtausend um den Ring mit dabei war, hat mir erzählt, dass ihn eine Frage, die er sich damals stellte, seither nicht mehr loslässt: Wo war Christus an diesem dunklen Oktoberabend? War er, der Unbehauste, der Ortlose, der an den Rand und aus der Welt und dieser Universität hinaus Gedrängte, ans Kreuz geschlagene, dessen Haus man in die Luft gejagt hatte, war er damals mitten unter uns? Hat sich die große Utopie, der Nichtort an diesem Abend einen Ort erobert in der Welt, in dieser Stadt? Leipzig, nie wieder eine Stadt der Völkerschlacht, sondern eine Stadt des großen Friedens?

Liebe Freunde, das ist mein Traum und meine große Bitte an euch alle, dass ihr diese Hoffnung nicht fahren lasst. Und besonders ihr, heute, in dieser neuen und so heftig umstrittenen künftigen Universitätskirche und Aula! Sie möge endlich eine Friedenskirche werden. Was eigentlich kann sich ein Christ denn mehr wünschen als dies, dass die 300-jährige Tradition der Universitätsgottesdienste in absehbarer Zeit wieder an den Ort zurückkehrt, von dem sie vertrieben wurde? Dass hier im Haus der Wissenschaften wieder das Evangelium gepredigt wird! Wer hätte das jemals vor 20 Jahren zu hoffen gewagt? Wie lange soll er denn noch geführt werden, der absurde Streit um Glaswand ja oder nein, oder abgesägte Säulen? Ja, nicht alle unsere architektonischen Wünsche haben sich erfüllt. Aber macht denn die Architektur den Christen? Nein! Es ist allein das Wort Gottes, das Glauben weckt, und nicht der Stein. Und wenn ihr's mir nicht abnehmt, dann nehmt es dem Schmerzensmann ab. Er ruft es euch zu, heute und von dieser Stelle: *Selig sind die Friedfertigen, denn sie werden Gottes Kinder heißen*. Dieses *Wort sie sollen lassen stahn*, damit *die Stadt Gottes fein lustig bleibe*.

Amen.

PREDIGTEN / Rüdiger Lux

WANDLUNGEN

Hartmut Mai · Michael Lippky · Christian Winter
Heinrich Magirius · Stefan Welzk · Nikolaus
Krause · Martin Petzoldt

Hartmut Mai

DATEN ZUR GESCHICHTE DER PAULINERKIRCHE/UNIVERSITÄTSKIRCHE ST. PAULI

I. VON DER GRÜNDUNG DES KLOSTERS BIS ZU SEINER AUFHEBUNG

1229	Niederlassung des Dominikanerordens in Leipzig.
1231	Am 11. Juli Ausstellung der Gründungsurkunde durch Markgraf Heinrich von Meißen. Bau des Klosters im Südostabschnitt des Stadtkerns an der Stadtmauer in Nachbarschaft des Grimmaischen Tores.
1240	Am 24. Mai Weihe der Klosterkirche durch Erzbischof Wilbrand von Magdeburg und die Bischöfe Conrad von Meißen, Engelhard von Naumburg und Rudolf von Merseburg. Die Kirche ist eine dreischiffige, flach gedeckte Halle von sieben Jochen mit 12 achteckigen Pfeilern und einschiffigem Chor.
1307	Beisetzung des am 25. Dezember ermordeten Landgrafen Dietrich von Wettin (genannt Diezmann) im Chor. Die hölzerne Skulptur des Verstorbenen ist das älteste erhaltene Grabdenkmal der Kirche und das früheste Monument der Verbindung des Klosters mit dem Haus Wettin, die sich auch nach Einführung der Reformation fortsetzt.
1409	2. Dezember Gründungstag der Universität, enge Kontakte zum Kloster.
1416	Beisetzung von Johann Otto von Münstermann, des ersten Rektors, in der Kirche.
1419	Ein Universitätsprediger nachgewiesen.
1471	Beginn mehrjähriger großzügiger Baumaßnahmen am Kloster, Um- und Erweiterungsbauten in den Formen der Spätgotik. Davon wurden sechs figürlich bemalte

Wandteile eines gewölbten Ganges des Bibliotheksgebäudes (Mittelpaulinum) im Durchgang vom Hörsaalgebäude zum Neuen Augusteum aufgestellt und am 31. März 2015 offiziell übergeben.

1484 Beisetzung der am 5. März verstorbenen Herzogin Elisabeth von Sachsen. Die Bronzeplatte von ihrem Grabe mit der Darstellung der Verstorbenen jetzt in der Thomaskirche.
Am 10. Oktober erteilen zehn Kardinäle denen, welche an bestimmten Festtagen die Leipziger Dominikanerkirche besuchen, 100 Tage Ablass. Seitdem Umbau des Kirchenschiffs zur spätgotischen Halle mit Sternnetzgewölben, Erweiterung nach Süden zur Gewinnung einer Empore über dem nördlichen Kreuzgangflügel. An der Nordseite des Langhauses werden seit Ausgang des 14. Jahrhunderts die Kapellen der Familien Pflugk (1393), Haugwitz (um 1449), Leimbach (um 1484) und Thümmel (15. Jahrhundert) angefügt.

1485 Auf einem Ziegel der Südmauer eingebranntes Baudatum, 1898 an die Nordseite versetzt.

1519–1521 Neuer dreischiffiger Hallenchor mit bis 1546 bestehendem polygonalem Schluss des Hauptchors (vier Joche, Rauten- und Sternnetzgewölbe). Dieser blieb jedoch als Mönchschor von den Chorseitenschiffen durch gemauerte Schranken und vom Kirchenschiff durch einen Hallenlettner getrennt. In den Neubau einbezogen wird der zuvor südöstlich unmittelbar an den Chor angrenzende Turm der Stadtbefestigung. Im Zuge des Chorneubaus erhält der Dachstuhl seine bis 1968 bestehende charakteristische Endgestalt. Dazu gehört auch der in einer hohen Spitze mündende Dachreiter über dem Kirchenschiff.

1519 Beisetzung des Konventmitglieds und Ablasspredigers Johann Tetzel im Chor der Kirche.

1539 Einführung der Reformation in Leipzig und Aufhebung aller Klöster. Als wertvolle mittelalterliche Ausstattungsstücke des Paulinerklosters blieben erhalten: die Sitzfigur des lehrenden Thomas von Aquino (Holz, farbig gefasst, um 1390/1400), eine Paulusstatue aus Sandstein (um 1430), ein zum Lettner gehöriges großes spätgotisches Kruzifix, die sog. Böhmische Tafel (um 1390), die Grabplatten des Ritters Nickel Pflugk (gest. 1482, jetzt Thomaskirche) und des Juristen Mathias Hahn (gest. 1506), vor allem jedoch der dem Apostel Paulus geweihte spätgotische Hochaltar.

→ Kirche mit südlich anschließendem Paulinum von Osten (vor 1830)

II. DIE PAULINERKIRCHE ALS TEMPLUM ACADEMICUM IM 16. UND 17. JAHRHUNDERT

1543	Am 28. Juni Übergabe des Paulinerklosters an die Universität durch Herzog Moritz von Sachsen. Die Kirche wird zum Ort besonderer akademischer Handlungen, am 10. Oktober erste feierliche Doktorpromotion.
1544	Am 22. April definitive Übertragung des Klosters und seiner Besitztümer an die Universität durch Herzog Moritz (Schenkungsurkunde). Schon zuvor gründliche Erneuerung mit baulichen Veränderungen der Kirche im Sinne der Reformation und für den akademischen Gebrauch durch Rektor Caspar Borner (Entfernung des Lettners und drei der vier Kapellen auf der Nordseite). Erhalten bleibt die Pflugksche Kapelle, sie dient als Eingangshalle.
1545	Am 12. August, 10. Sonntag nach Trinitatis, predigt Martin Luther in der Kirche über Lukas 19,41–46. Dieses Ereignis wird seitens der Universität als Weihedatum zur Universitätskirche angesehen. – Gottesdienste werden an den hohen Festen und anlässlich besonderer akademischer, kirchlicher und politischer Ereignisse und Jubiläen gehalten, außerdem Leichenpredigten und seit 1624 Redeübungen der Pre-

digerkollegien. – Mit dem Gemälde der Kindersegnung durch Jesus (Markus 10,13–16) aus der Werkstatt von Lucas Cranach d. Ä., datiert mit 1545, gelangt das erste reformatorische Kunstwerk in die Kirche.

1546 In Fortsetzung mittelalterlicher Tradition nutzt die Universität Kirche und Kirchhof bis 1782 als Begräbnisstätte. Die Kirche füllt sich mit einem Schatz an Grabplatten und Epitaphien, die einzigartige Zeugnisse der Universitäts-, Stadt-, Kirchen- und Kunstgeschichte von der Renaissance bis zum Spätbarock darstellen. Am Anfang steht das Gemäldeepitaph der Familie Lewe mit der Auferweckung des Jünglings zu Nain (Lukas 7,11–17).

1547 Am 2. Mai stirbt Caspar Borner und wird in der Kirche bestattet. Er erhält 1548 ein anspruchsvolles Grabdenkmal aus Sandstein von dem seit 1543 in Leipzig tätigen Paul Speck mit Darstellung des Gelehrten in ganzer Figur.

1574 Am 17. April stirbt Joachim Camerarius, Mitstreiter Caspar Borners bei der Universitätsreform. Sein Gemäldeepitaph setzt die Erlösung des Menschen aus der Gewalt der Sünde und des Todes durch Jesus Christus (nach Römer 7) eindrucksvoll ins Bild.

1593 Beisetzung des am 8. März in Leipzig verstorbenen Arztes Paul Luther, eines Sohnes Martin Luthers.

1603 Am 13. Dezember stirbt der Jurist Heinrich Heideck. Sein von seiner Mutter, seiner Gattin und den Kindern gestiftetes großes Epitaph hing bis 1968 an der Nordwand des Nordchors. Es ist das wichtigste erhaltene Werk des Leipziger Holzbildhauers Valentin Silbermann.

1617 Vor die dem Kirchhof zugewandte Nordseite der Kirche wird westlich der Pflugkschen Kapelle die der Familie Schwendendörffer gesetzt, ein stattlicher Bau mit nach Norden zeigendem Renaissancegiebel. – Bis 1968 schmückten die Wände des Hauptchores die kostbaren Steinepitaphe des Georg Tobias Schwendendörffer (gest. 1681), des Bartholomäus Schwendendörffer (gest. 1705) und des Hieronymus Cronmeier (gest. 1670) und seiner Ehefrau Anna Justina geb. Schwendendörffer (gest. 1683) sowie des Johann Jacob Pantzer (gest. 1670) und seiner Ehefrau Hedwig Elisabeth geb. Sultzberger, die bereits als Witwe das Epitaph mit den Bildnissen beider Eheleute setzen ließ.

1659	Glocke, zunächst im Treppenturm des Fürstenhauses, später im Dachreiter der Kirche, seit 1898 im neuen Glockenturm.

III. DIE UNIVERSITÄTSKIRCHE VON DER EINFÜHRUNG DES AKADEMISCHEN GOTTESDIENSTES BIS ZUR ZERSTÖRUNG DES GOTTESHAUSES

1710	Am 31. August, 11. Sonntag nach Trinitatis, Beginn der regelmäßigen Sonn- und Festtagsgottesdienste am Vormittag mit einer Predigt des Theologieprofessors Gottfried Olearius über Lukas 18,9–14. Ab Ostern 1712 kommt eine Nachmittagspredigt hinzu.
1710–1712	Ausbau des Kirchenschiffs zum evangelischen Predigtraum mit je zwei Seitenemporen in Einheit mit 24 Kapellen (Betstuben) im Erdgeschoss. Hier jetzt auch durchgehende Bestuhlung (Bänke, auch Weiberstühle genannt). Errichtung eines neuen Katheders (im Gebrauch bis 1768). Verlegung der Kanzel vom vierten Pfeiler von Westen der Südseite an den gegenüberliegenden der Nordseite sowie der großen Orgel von der Süd- auf die Westempore. – 1715–1717 neue Orgel von Johann Scheibe (Leipzig), abgenommen von Johann Sebastian Bach. – An der Westseite der Kirche Anlage eines Barockportals mit Haupteingang und zwei Seiteneingängen, konzipiert für feierliche Einzüge, die durch eine unter der Orgelempore eingerichtete, architektonisch gestaltete Halle in das Langhaus führen. – Wohl zu dieser Zeit Erhöhung der Wände des Hauptchors von 2,5 m auf etwa 6 m. – An den Seiten des Chorbogens aufwändige Epitaphien für den Theologen Johann Olearius (gest. 1719) und seine Gattin Anna Elisabeth geb. Müller (gest. 1719) mit den Bildnissen der Verstorbenen und für den Handelsmann und Baumeister der Stadt Leipzig Wilhelm von Ryssel (gest. 1703).
1719	Am 11. Juni, 1. Sonntag nach Trinitatis, hält Theologieprofessor August Hermann Francke aus Halle die Nachmittagspredigt über 1. Johannes 4,16–21.
1727	Am 18. Oktober Gedächtnisfeier für die sächsische Kurfürstin Christiane Eberhardine in der würdig dekorierten Kirche mit Aufführung der von Johann Sebastian Bach komponierten Trauerode unter Leitung des Komponisten.
1738	Am 24. Juni Ingebrauchnahme der neuen hölzernen Barockkanzel von Valentin Schwarzenberger (Leipzig).

Die Paulinerkirche an der Grimmaischen Straße, um 1790

→ Kirche und Kirchhof mit Grimmaischem Tor von Nordwesten (um 1790)

1812	Aufhebung des Kirchhofs und Abbruch der Kapellen an der Nordseite der Kirche.
1813	Im Zuge der Völkerschlacht (13.–19. Oktober) Nutzung der Kirche als Lazarett und Gefangenenlager.
1817	Am Reformationsfest, 31. Oktober, steht die Kirche nach Säuberungs- und Wiederherstellungsarbeiten wieder für Gottesdienste und Kirchenkonzerte zur Verfügung. Neue Bänke und Marmoraltar mit neugotischem Aufsatz unter Verwendung der Böhmischen Tafel und des spätgotischen Retabels.
1822	Wirkungsstätte des Sängervereins St. Paulus, nachfolgend des Universitätskirchenchores und des Universitätschores.
1831–1836	Als Ersatz für die mittelalterlichen Klostergebäude Errichtung des Augusteums mit Aula, die nunmehr zentraler Ort für akademische Feierlichkeiten ist, durch Universitätsbaumeister Albert Geutebrück.
1834	Am 11. Mai, Exaudi, Antrittspredigt von Professor August Ludwig Gottlob Krehl auf der neu geschaffenen Stelle des Universitätspredigers, ab jetzt auch Abendmahlsfeiern für Studierende.

WANDLUNGEN / Hartmut Mai

1837	Am 16. März Leipziger Erstaufführung des »Paulus« von Felix Mendelssohn-Bartholdy unter Leitung des Komponisten.
1838	Abschluss der Kirchenerneuerung durch Geutebrück. Dadurch erhält die dem Augustusplatz zugewandte Ostfassade ein klar gegliedertes einheitliches Bild in den Formen der Neugotik.
1841–1843	In dieser Zeit baut Johann Gottlieb Mende (Leipzig) eine neue Orgel. Trotz mehrfacher Veränderung und Erweiterung des Werks bleibt der Prospekt unverändert und bildet bis 1968 optisch den Westabschluss des Hauptschiffs.
1841	Errichtung eines Kenotaphs mit Liegefigur des Diezmann im Chor der Kirche nach Entwurf von Ernst Rietschel (Dresden). Die Deckplatte mit der Figur des Verstorbenen heute in der Thomaskirche.
1847	Am 7. November Trauergottesdienst für Felix Mendelssohn-Bartholdy. Der Sarg steht im Chor, die Predigt hält Samuel Rudolf Howard von der Reformierten Gemeinde, welcher der Verstorbene angehörte.
1891–1897	Neubau von Augusteum, Albertinum und Johanneum in den Formen der italienischen Hochrenaissance durch Arwed Rossbach.
1897–1899	Tiefgreifende Umbau- und Restaurierungsmaßnahmen am Äußeren und im Inneren der Kirche durch Arwed Rossbach. Neu aufgeführt wird die schmuckreiche neugotische Ostfassade, deren hervorstechendes Merkmal ein großes, für figürliche Glasmalereien bestimmtes Maßwerkfenster ist. Hingegen schließt sich der im Südwesten Kirche und Albertinum verbindende Turm mit seinen Renaissanceformen an S. Giorgio Maggiore in Venedig an. – Im Innern Hervorkehrung des spätgotischen Raumbildes insbesondere durch die Ausmalung. Die nunmehr eingeschossige hölzerne Emporenanlage lehnt sich in der Formgebung an ihre Vorgängerin von 1710/12 an. – Neuordnung der Bänke im Hauptschiff quer zum Mittelgang und Verlegung der Kanzel an den Nordostpfeiler.
1899	Am 11. Juni, 2. Sonntag nach Trinitatis, Wiedereinweihung der Kirche durch Professor Dr. Georg Rietschel mit einer Predigt über 2. Kor. 13,8.

1900	Aufstellung einer kleinen zweimanualigen Orgel von Johannes Jahn (Dresden), zunächst auf der Sakristeiempore, später in der Nähe der Hauptorgel, seit 1995 in der Peterskirche.
1911–1912	Rekonstruktion der Hauptschauseite des spätgotischen Altars und Neuaufstellung auf der Mensa von 1817 auf Betreiben des Kirchenhistorikers Professor Albert Hauck durch die Firma Franz Schneider (Leipzig).
1915–1917	Vereinigung der Tafelbilder dieses Altars zu einem neuen Retabel und dessen Aufstellung im Nordchor.
1932	Planmäßige Reduzierung des neugotischen Schmuckes der Ostfassade.
1943	Am 4. Dezember beim größten Luftangriff auf Leipzig konnte eine Zerstörung der Kirche abgewendet werden. Nur die Fenster gingen zu Bruch. Die Neuverglasung der Seitenfenster ließ mehr Tageslicht in die Kirche. Ein angemessener Ersatz für das farbenprächtige Ostfenster von Alexander Linnemann (Frankfurt/M.) kam nicht mehr zustande.
1946–1968	Mitbenutzung der Kirche durch die Römisch-katholische Propsteigemeinde St. Trinitatis, deren Kirche in der Rudolphstraße 1943 ausgebrannt war.
1949	Überführung des Sarkophags mit den Gebeinen des Professors und Dichters Christian Fürchtegott Gellert aus der Bach-Gellert-Gruft der zerstörten Johanniskirche in den Nordchor der Universitätskirche. – Am 30. Juni 1965 Gedächtnisfeier der Theologischen Fakultät für den Dichter anlässlich seines 250. Geburtstags (geb. 4. Juli 1715) Im Chorraum der Kirche mit Kranzniederlegung am Sarkophag durch den Dekan der Theologischen Fakultät Hans Bardtke. – 1968 Zerstörung des Sarkophags und Beisetzung der Gebeine des Dichters auf dem Leipziger Südfriedhof (Abteilung 1. Erbbegräbnis 21).
1959	Am 13. Oktober abendlicher Festgottesdienst anlässlich der 550-Jahrfeier der Universität (Predigt: Erster Universitätsprediger Prof. Dr. Alfred Dedo Müller über Psalm 127,1; Liturgie: Zweiter Universitätsprediger Prof. Dr. Ernst Sommerlath; Musik: Kantorei St. Nikolai unter Leitung von Wolfgang Hofmann mit der Dorischen Messe von Johann Rosenmüller, der 1640 als Student nach Leipzig kam und hier bis 1655 als Komponist und Kirchenmusiker wirkte).

1967 Am 20. April letzter Trauergottesdienst in der Universitätskirche für den am 16. April verstorbenen Theologieprofessor Dr. Kurt Wiesner.

1968 Am 4. April letzte Oratorienaufführung in der voll besetzten Kirche: Matthäuspassion von Johann Sebastian Bach durch den Universitätschor unter Leitung von Universitätsmusikdirektor Hans-Joachim Rotzsch.
Am 3. Mai letzter Gottesdienst zum Tag der Universität mit Predigt von Dozent Dr. Günther Haufe über Hebräer 13,12–14.
Am 21.5. Predigt von stud. theol. Martin Petzoldt über Kolosser 4,2–6 im Rahmen der letzten Sitzung des Homiletisch-liturgischen Seminars in der Universitätskirche.
Am 23. Mai, Christi Himmelfahrt, 9.30 Uhr Gottesdienst mit Heiligem Abendmahl, Predigt des Ersten Universitätspredigers Prof. Dr. Heinz Wagner über Apostelgeschichte 1,1–11. Parallel dazu Beschluss der Stadtverordneten zum Universitätsneubau, verbunden mit der Beseitigung aller bestehenden Bauten einschließlich der Universitätskirche. 17.00 Uhr letzte Messe der Römisch-katholischen Propsteigemeinde.
Unmittelbar danach Schließung des Gotteshauses und Vorbereitung seiner Sprengung. Gleichzeitig Notbergung der meisten Kunstwerke.
Am 30. Mai 10.00 Uhr Sprengung der Universitätskirche, bei der auch die große Orgel zugrunde geht. Bis Pfingsten vollständige Beräumung des Areals einschließlich der unter dem Kirchenfußboden in bis zu drei Ebenen angelegten verschlossenen Grüfte.
Am 13. Oktober, 18. Sonntag nach Trinitatis, Wiederaufnahme der Gottesdienste durch die Universitätstheologen in der Nikolaikirche, Predigt des Dekans der Theologischen Fakultät Professor Dr. Ernst-Heinz Amberg.

LITERATUR

Hartmut Mai: Die Universitätskirche St. Pauli. In: Geschichte der Universität Leipzig 1409–2009. Band 5: Geschichte der Leipziger Universitätsbauten im urbanen Kontext, unter Mitwirkung von Uwe John hrsg. v. Michaela Marek und Thomas Topfstedt. Leipziger Universitätsverlag 2009, S. 77–132, 608–611.

Rudolf Hiller von Gaertringen (Hrsg.): Ade Welt, ich bin nun daraus. Memoriale Inschriften auf Grabsteinen und Epitaphien der Universitätskirche St. Pauli zu Leipzig, hrsg. und eingeleitet von Rudolf Hiller von Gaertringen, bearbeitet von Rainer Kößling und Doreen Zerbe. Leipzig: Ev. Verlagsanstalt 2011 (Beiträge zur Leipziger Universitäts- und Wissenschaftsgeschichte [BLUWiG] Reihe A, Bd. 7).

Martin Petzoldt: Universitätskirche St. Pauli zu Leipzig. Ein Abriss ihrer Geschichte, vorgelegt im Auftrag des Beirates des Universitätsgottesdienstes. (Leipzig) 1993/2003/2008 (Faltblatt).

Betina Kaun: Arwed Rossbach 1844–1902: Ein Architket im Geiste Sempers. Wettin-Löbejün OT Dößel: Stekovics 2011.

Constance Timm: Geschichte im Wandel: Das Dominikanerkloster und die Universitätskirche St. Pauli zu Leipzig. Leipzig: edition vulcanus beim Arbeitskreis für vergleichende Mythologie e. V. 2015.

→ Kirche von Westen (Mai 1968)

Michael Lippky

EIN RUNDGANG DURCH DIE UNIVERSITÄTSKIRCHE ST. PAULI IM JAHR 1675

Will man sich ein Bild vom Innenraum der alten Universitätskirche St. Pauli zu Leipzig machen, wie es sich zeigte, bevor die Kirche in den Jahren 1710/12 im Zuge der Einrichtung eines regelmäßigen Sonntagsgottesdienstes eine grundlegende Erneuerung und Umgestaltung erfuhr, so kann man dazu leider nicht auf Abbildungen zurückgreifen. Innenansichten sind für die Universitätskirche erst ab der Mitte des 19. Jahrhunderts belegt. Man ist auf schriftliche Zeugnisse angewiesen, wenn man etwa auch die Gedächtnismale an ihrem ursprünglichen Ort lokalisieren möchte. Gerade dies ist eine wichtige Voraussetzung, um sich eine Vorstellung vom Aussehen und der Wirkung des Kirchenraums vor 1710/12 machen zu können, denn bei der Renovation der Kirche 1710/12 wurden in erheblichem Maße auch Grabsteine aufgerichtet und Wandepitaphien versetzt.

Allein das von dem Magister und Pfarrer Samuel Stepner im Jahr 1675 in Leipzig erstmals veröffentlichte Verzeichnis »Inscriptiones Lipsienses ...«, eine gedruckte Sammlung sämtlicher Inschriften der Kirchen in Leipzig, bietet die Möglichkeit, die Gedächtnismale jener Zeit in der Universitätskirche zu lokalisieren, um so das Kircheninnere zu imaginieren.

Im Folgenden wird genau dieser Versuch unternommen, wobei die noch heute vorhandenen Gedächtnismale in der Kirche des Jahres 1675 lokalisiert werden. Dies soll mit Hilfe des erwähnten Stepnerschen Denkmalverzeichnisses in Form eines Rundgangs durch die Universitätskirche geschehen. Nicht alle Gedächtnismale können dabei in gleichem Maße berücksichtigt werden.[1] Im Schriftbild hervorgehoben sind jene Gedächtnismale, auf die ihrer Bedeutung wegen näher eingegangen wird. Einen Überblick der ursprünglichen Platzierung aller 47 heute noch existierenden Gedächtnismale aus der Zeit bis 1645 ermöglichen die zwei Rekonstruktionszeichnungen im Anhang. Hier befindet sich auch eine tabellarische statistische Auswertung der Stepnerschen »Inscriptiones Lipsienses« zu sämtlichen darin verzeichneten Gedächtnismalen der Universitätskirche.

Begeben wir uns also auf den Rundgang durch die einstige Kloster- und Universitätskirche St. Pauli im Jahr 1675 und folgen dem von Salomon Stepner beschriebenen Weg.

Von der Grimmaischen Straße kommend, sind wir über den im Norden der Kirche vorgelagerten, von Mauern gefassten Kirchhof gegangen und betreten die

→ Blick in den Kreuzgang der Universitätskirche St. Pauli mit intakten Wandepitaphien links (im Vordergrund das Epitaph Adrian Steger) und einer ausrangierten, zerbrochenen Grabplatte im Vordergrund rechts, Aquarell von Fritz Kleinhempel, um 1895. Kunstsammlung der Universität Leipzig

Eingangshalle der Kirche, die Pflugksche Familienkapelle. Bis im Zuge der großen Erneuerung der Universitätskirche in den Jahren 1710 bis 1712 ein repräsentatives barockes Portal in der Westfront der Kirche eingebaut werden wird, erfolgt über sie von Norden her der Zugang zur Kirche. Bereits dieser gotische Kapellenraum beeindruckt: Neben sieben Grabplatten am Boden schmücken ihn 18 Wandepitaphien (Stepner Nr. 1–15).[2]

Als erstes Denkmal gleich neben der Durchgangstür zur Kirche zieht das goldglänzende Epitaph des *Christoph Zobel* (gest. 1560) unsere Blicke auf sich. Der promovierte Jurist und merseburgische Stiftsrat liegt hier auch begraben. Die aufwendige Bronzearbeit zeigt zentral einen Gnadenstuhl und die unter dem Kruzifix anbetend knienden Eheleute Zobel zusammen mit ihren Kindern. Ebenfalls an der südlichen Kapellenwand befindet sich der aus rotem Marmor gefertigte Gedenkstein für den Professor der Juristenfakultät Enoch Heiland (gest. 1639). Unter den Epitaphien links von uns hat unmittelbar neben dem Kapelleneingang an der Nordwand das steinerne Denkmal für den jungen Georg von Schleinitz (gest. 1585) seinen Platz. Diesem folgen sechs Denkmale für Glieder der Familie Pflugk, darunter die Steine für den Ritter Cäsar Pflugk (gest. 1524) und dessen Vater Ritter Nickel Pflugk (gest. 1482).

Damit verlassen wir die Pflugksche Kapelle und treten in die Kirche ein. Der Blick durch die Diagonale der dreischiffigen gotischen Hallenkirche in südsüdöstlicher Richtung lässt uns staunen. Neben der großen Orgel, der Kanzel, dem Altar und dem Professorenkatheder sehen wir in einer nicht abzuschätzenden Zahl Grabdenkmäler und Epitaphien in den unterschiedlichsten Formen, Größen und Materialien – mächtige aus Holz, andere aus Sandstein, wieder andere aus Bronze, aus Marmor oder Alabaster. Viele der Denkmäler zeigen biblische Szenen. Auch der Fußboden der Kirche ist dicht mit Grabplatten belegt. An einigen Pfeilern erkennen wir auf Tafeln oder auf Leinwand gemalte Bildnisse sächsischer Kurfürsten. Unser Blick richtet sich in die Höhe des Kirchenraumes, wo uns an den Wänden und Pfeilern die vielen farbigen Fahnen und Schilde faszinieren, die an gefallene Soldaten schwedischer Regimenter aus der Zeit des Dreißigjährigen Krieges erinnern. Einzigartig in Leipzigs Kirchen![3]

Wenden wir uns den Epitaphien im Einzelnen zu! Den Stepnerschen Aufzeichnungen entsprechend, beginnen wir an der Kirchennordwand und folgen dieser von West nach Ost. Insgesamt sind an der Nordwand 15 Epitaphien angebracht (Stepner Nr. 22–40). Wir gehen zunächst im Langhaus an etlichen heute verlorenen Gedächtnismalen vorbei. Nur die bronzene Gedenktafel für Adam Moller (gest. 1562) und seine zwei Frauen, im Bereich des – von Osten gezählt – dritten Jochs hängend, existiert noch.

Dann betreten wir den Nordchor. Hier finden wir im unteren Nordwandbereich zwischen dem – von Osten gezählt – ersten und zweiten Fenster, ganz in der Nähe des entsprechenden Grabes, die Bronzeplatte für den Juristen Christoph »Türk« von Kruschwitz (gest. 1547).

WANDLUNGEN / Michael Lippky

→ Blick in das Gewölbe des Langhauses der Universitätskirche, Foto: Landesamt für Denkmalpflege Sachsen, 1968.

Mehr aber fasziniert uns das oberhalb von diesem Denkmal angebrachte monumentale Holzepitaph des im Alter von nur 33 Jahren an einem Fieber gestorbenen *Heinrich Heideck* (gest. 1603), Assessor am Oberhofgericht in Leipzig und Geheimer Rat in Magdeburg.[4] Das Epitaph ist eine Arbeit von Valentin Silbermann und ein glanzvolles Werk des Manierismus. Drei ovale Medaillons, die sich über einer breiten Konsole mit angehängter Inschriftkartusche erheben, zeigen figurenreiche geschnitzte Szenen, die die christliche Hoffnung vom Leben nach dem Tod thematisieren. So zeigt das große mittlere Oval die Auferstehung der Toten zum Jüngsten Gericht, die kleineren seitlich beigeordneten Ovale zwei Szenen des Alten Testaments: das Oval rechts die Vision des Propheten Ezechiel von der Totenauferweckung (Ez 37,1-14), das Oval links die Auferweckung des Sohnes der Sunamitin durch den Propheten Elisa (2. Kön. 4,8-27).

Danach wenden wir uns den insgesamt sechs Gedächtnismalen mit Inschrift an der Ostwand der Kirche zu (Stepner Nr. 41-45). Hier hängt nächst dem Epitaph von Heideck das ebenfalls mächtige Epitaph-Bild des Studenten *Daniel Eulenbeck* (gest. 1587), der dicht dabei sein Grab hat. Dieses Denkmal ist ein prächtiges Werk des ausgehenden 16. Jahrhunderts. Die Malerei schuf der Niederländer Jan de Perre, während der geschnitzte Rahmen wiederum von Valentin Silbermann stammt. Das zentrale Bild zeigt die Auferstehung Christi. Neben diesem Denkmal befindet sich die bronzene Schriftplatte für den Professor der Juristenfakultät Wilhelm Ulrich Romanus (gest. 1627) und neben diesem das steinerne Grabdenkmal von dessen Großmutter Anna Romanus (gest. 1598).

Dann nutzen wir einen Durchgang in der nördlichen Chorschranke und betreten den Hauptchor. Links neben dem Paulineraltar, an optisch präsenter Stelle, hat die lateinische Gedenktafel für den Landgrafen *Dietrich von Wettin, genannt Diezmann* (gest. 1307) mitsamt der Holzstatue des Fürsten ihren Platz. Die farbig gefasste mittelalterliche Figur war als Liegefigur einst Teil der Grabplatte des Fürstengrabes und ist heute das älteste erhaltene Gedächtnismal der alten Universitätskirche. Das Totengedächtnis für den Landgraf, der der Legende nach am Weihnachtstag des Jahres 1397 beim Morgengebet in der Thomaskirche in Folge von Machtstreitigkeiten hinterhältig erstochen wurde, wertete man im 19. Jahrhundert durch die Errichtung eines von Ernst Rietschel entworfenen Kenotaphs inmitten des Chores vor dem Altar auf.

Rechts vom Altar, in nächster Nähe zum entsprechenden Grab, hängt das frühbarocke Holzepitaph des *Benedikt Carpzov* (gest. 1666), Ordinarius der Juristenfakultät, und seiner beiden Frauen Regina und Catharina. Das zentrale Bild zeigt den gekreuzigten Christus auf Golgatha, zu dessen Füßen die Glieder der Familie Carpzov knien und ihn anbeten.

Damit schließt die kurze Reihe inschriftlicher Epitaphien der Kirchenostwand, und wir wenden uns den Denkmalen an der Südwand der Kirche zu. Beachtliche 32 Gedächtnismale verzeichnen die »Inscriptiones« für diesen Wandbereich (Stepner Nr. 46-80). Die von Stepner verwendete Bezeichnung »Wände gegen Mittag« meint aber nicht allein die zum Kreuzgang hin gelegene Kirchenwand, sondern schließt zweifelsohne die Wand des in die südliche Chorschranke integrierten Stadtturms mit ein. Die drei als erstes in den Inscriptiones für den Südwandbereich angeführten Denkmale haben hier ihren Platz, darunter das Holzepitaph für den Medizinprofessor Johannes Hoppe (gest. 1654), der in der Südostecke des Hauptchores auch begraben liegt.

Die folgenden Epitaphien gehören an die Südwand von Südchor und Langhaus. Unser Weg führt uns an dieser Wand entlang von Ost nach West. Im Südchor erkennen wir das Bildnisepitaph des Theologieprofessors und Predigers an St. Nikolai Johannes Mühlmann (gest. 1613) und gleich daneben das aus Holz gefertigte Epitaph für den Handelskaufmann *Christoph Finolt* (gest. 1582). Es zeigt den Verstorbenen und weitere Zeitgenossen im Stall von Bethlehem, wie sie zusammen mit den Hirten das Jesuskind anbeten. Darauf folgt das Bronzedenkmal des Rechtsgelehrten und Professors für Latein Joachim von Kneitlingen (gest. 1552) und wenige Schritte weiter das steinerne Grabdenkmal des Studenten Johannes von Zesterfleth (gest. 1613).

Nunmehr im Langhaus, gehen wir an der Südwand entlang weiter, vorbei unter anderem an der gusseisernen Inschriftplatte für Magdalena Richter, geb. Finckelthaus (gest. 1633), an der bronzenen Gedenkplatte für den Buchhändler Lorenz Finckelthaus (gest. 1580) und dessen Frau Margarethe (gest. 1569) und vorbei auch an dem in Form einer bronzenen Wappenscheibe gestalteten Denkmal für Sebastian Kühnratt (gest. 1541). Schließlich stehen wir unter der großen 1628 umfangreich erneuerten dreimanualigen Orgel, die sich auf einer entsprechenden Empore in der Mitte des Langhauses im Süden hinter dem – von Westen gezählt – vierten Pfeiler, dem Kanzelpfeiler, erhebt. Hier, auf einer Holztafel »sub organo«[5], lesen wir die »Nahmen der Bau-Herren«: Vincent Schmuck D., Polycarp Lyser D., Sigismund Finckelthaus D., Franziscus Romanus D., Bartholomäus Gölnitz D., L. Philipp Muller, M. Johannes Friderich. Nach dieser Tafel folgen an der Südwand weitere zehn Epitaphien (Stepner Nr. 68–75 u. Nr. 77) und ein bemerkenswerter, auf Holz gemalter biblischer Stammbaum. Damit sind wir im Westen der Kirche angelangt. Gut denkbar, dass es hier in der Südwestecke der Kirche um 1675 einen Treppenaufgang zu den Emporen – der Orgelempore im Süden und der Chorempore im Westen – gab. Jedenfalls gehen wir nun mit Stepner hinauf zur Orgel und nehmen hier drei ausgesprochen lange lateinische Inschriften in Augenschein: »In der Orgel auff der Brust«, »Auff der grösten Pfeiffen« und »Auffn ungestrichenen Fiß im Posaunen Baß« (Stepner Nr. 78–80).

Danach nehmen wir den Rundgang entlang der Kirchenwände wieder auf und wenden uns den Epitaphien an der Westwand der Kirche zu. Nur wenig Tageslicht steht hier zur Verfügung. Sowohl die Chorempore an der Kirchenwestwand als auch die darunter installierten Einbauten des Professorenkatheders machen den Weg dunkel. Stepner redet daher von diesem Ort der Kirche als vom »finstern Gange hinter dem Catheder«[6]. Insgesamt neun Gedächtnismale sind an der Westwand angebracht (Stepner Nr. 81–88 und Nr. 2206). Dazu gehören die bronzene Inschrifttafel der Rosina Stieglitz (gest. 1670) sowie das daraufffolgende in Bronze gegossene Denkmal des Steuereinnehmers Conrad Kleinhempel (gest. 1662). Damit ist unser Weg entlang der vier Kirchenwände abgeschlossen, und der Rundgang durch die Universitätskirche zu den einzelnen Gedächtnismalen führt uns mit Stepner weiter zu den Pfeilerreihen.

Als erstes nehmen wir den Weg zu den Gedächtnismalen »IN PILIS SEPTENTRIONALIBUS Oder am Pfeilern gegen Mitternacht«[7]. Wir gehen also zunächst in West-Ost-Richtung die Reihe der in Laufrichtung durchnummerierten Nordpfeiler ab. Im Bereich der nördlichen Chorschranke erfassen wir dabei zugleich, immer dem Vorbild Stepners folgend, die Epitaphien zwischen den Chorpfeilern.

Es gibt an diesen 11 Nordpfeilern insgesamt 36 Epitaphien (Stepner Nr. 90–123.2207.2208).

Für die Pfeilerreihe bis zum Beginn der Chorschranke fallen die sämtlich zum Mittelgang hin orientierten Bildnisse sächsischer Kurfürsten auf, und zwar am zweiten Pfeiler das Bild von Kurfürst Johann Georg II. (gest. 1680), am dritten Pfeiler das Bild von Kurfürst Johann Georg I. (gest. 1656) sowie am fünften Pfeiler das Bild von Kurfürst Christian I. (gest. 1591). Am vierten Pfeiler schließlich hängt mit Blick zum Mittelschiff das Epitaphbild des Theologieprofessors und ersten Rektors der Leipziger Universität *Johann Otto von Münsterberg* (gest. 1416). Aus der unteren lateinischen Inschrifttafel des Epitaphs geht hervor, dass von Münsterberg hier am vierten Pfeiler auch begraben liegt.[8] Eine zweite lateinische Inschrift des Epitaphs über dem Rektorenbildnis teilt mit, dass man als Grabstelle für Otto von Münsterberg den Standort des Universitätsrektorensessels in der Kirche gewählt habe.[9] Dies ist ein Nachweis dafür, dass der Rektor der Universität in der Zeit um 1675 seinen Sitzplatz hier am – von Westen gerechnet – vierten Nordpfeiler hatte, der Kanzel direkt gegenüber. Hervorzuheben ist zudem das Denkmal für den Griechischprofessor und Melanchthonfreund *Joachim Camerarius* (gest. 1574) und dessen Frau Anna (gest. 1573) an der Westseite des sechsten Pfeilers. Das Epitaph-Gemälde zeigt allegorisierend die christliche Erlösungshoffnung: Christus befreit als Menschensohn (Mt 18,11) den Menschen (Röm 7,26) von den Ketten des Todes. So kommt die menschliche Seele durch Gottes Güte zur Ruhe (Ps 116,7).

→ Epitaph-Gemälde für Joachim Camerarius (gest. 1574) und dessen Frau Anna (gest. 1573). Foto: Kustodie der Universität Leipzig

Wir gehen im Nordchor weiter und betrachten von hier aus die Epitaphien an den Chorpfeilern im Verbund mit der nördlichen Chorschranke. Hier finden wir den marmornen Gedenkstein für Martha Camerarius (gest. 1558) an der Westseite des siebenten Pfeilers und das Sandsteinepitaph für den Jurastudenten Johannes Miller (gest. 1574) zwischen dem siebten und achten Pfeiler. Unsere Aufmerksamkeit gilt zwei eindrücklichen Gemälden, und zwar zunächst dem Denkmal des Leipziger Ratsherrn und Stadtrichters *Johann Göritz* (gest. 1551), das zwischen dem achten und neunten Pfeiler hängt. Das aus zwei Tafeln bestehende Gemälde zeigt in seiner linken Hälfte den »Sündenfall« des ersten Menschenpaares sowie Christus, wie er durch seine Auferstehung Tod und Teufel besiegt (Röm 5,14ff.), in seiner rechten Hälfte Christus als den »Guten Hirten« mit dem verlorenen und wiedergefundenen Schaf auf den Schultern (Lk 15,1–7). Sodann interessiert das imposante Gemälde-Epitaph der Leipziger Tuchhändlerfamilie *Thilo Lewe* (gest. 1574), das seinen Platz zwischen dem neunten und zehnten Pfeiler hat. Das Bild zeigt vor einer idealtypischen Landschaft des 16. Jahrhunderts mit einer den Thomaskirchturm Leipzigs abbildenden Stadt Jesus und seine Jünger bei der Auferweckung des Jünglings zu Nain (Lk 7,11–17). Anbetend niederkniend sind die Glieder der Familie Lewe in dieser biblischen Szene mit dargestellt. Ein beigefügtes Gedicht spricht von dem in diesem Bild liegenden Trost. Mit dem hohen Holzepitaph für den Medizinprofessor Christian Lange (gest. 1662) am 11. Pfeiler schließt die Reihe der hier vorfindlichen Epitaphien ab.

Da sich die nächsten neun Gedächtnismale nach den Stepnerschen Inscriptiones »bei den drei letzten Pfeilern nach Süden gewendet«[10] befinden, betreten wir ein weiteres Mal den Hauptchor und nutzen dazu wieder den Durchgang in der nördlichen Chorschranke nach dem zehnten Pfeiler. Unter den hier auf der Südseite der nördlichen Chorschranke zu sehenden Epitaphien fällt am zehnten Pfeiler das Sandsteindenkmal mit der lebensgroßen Standfigur des Humanisten und ersten Rektors der Universität nach der Reformation *Caspar Borner* (gest. 1547) auf. Das von Paul Speck geschaffene Denkmal ist ein herausragendes Kunstwerk der Renaissance und entstand als Stiftung der Universität. Mit ihm würdigt sie vor allem Borners Verdienste um die Universität bei deren Neuordnung in den Jahren 1539 bis 1545 im Zuge der Reformation. So ist es hauptsächlich ihm zu verdanken, dass bei der Auflösung des Dominikanerklosters die Gebäude in den Besitz der Universität gelangten und dem neuen Zweck entsprechend umgebaut wurden. Auch der Kirchenraum wurde damals renoviert.

Hervorzuheben ist außerdem das Sandsteinepitaph für den Rechtswissenschaftler und kurfürstlich-sächsischen Amtmann von Leipzig *Johann Jacob Panzer* (gest. 1673) und seiner Frau Elisabeth (gest. 1680) am neunten Pfeiler. Das Monument zeigt in einem aufwendigen barocken Rahmenwerk die Bildnisse der Eheleute. Es ist das erste von mehreren Barockepitaphien, die in den darauffolgenden Jahren in den Hauptchor eingebracht wurden und dessen attraktives Erscheinungsbild hinfort wesentlich geprägt haben. Schließlich sei der Vollständigkeit halber für den achten Pfeiler noch das Bildnis des Kurfürsten Moritz von Sachen (gest. 1553) erwähnt.

Dann wenden wir uns den Denkmälern »IN PILIS MERIDIONALIBUS ordine retrogrado«[11] zu und gehen entlang der südlichen Pfeilerreihe von Ost nach West den Weg zurück. Insgesamt finden sich hier 21 Gedächtnismale (Stepner Nr. 124–144). Im Chorbereich ragt unter ihnen am neunten Pfeiler in seiner Monumentalität das Holzepitaph des Professors der Juristenfakultät *Bartholomäus Gölnitz* (gest. 1635), seiner Frau Anna (gest. 1609) sowie von deren Sohn Constantin (gest. 1595) hervor. Das figurenreiche Relief im Zentrum des Denkmals stellt die Totenauferstehung in der Vision des Propheten Hesekiel (Hes 37,1–10) dar. Für den Südchor sind im Bereich des achten Pfeilers erwähnenswert die als lebensgroße Figurengrabsteine detailreich in Stein gearbeiteten drei Grabdenkmäler des Juristen Balthasar Mavius d. Ä. (gest. 1629), seiner Frau Barbara Mavius (gest. 1616) und des Juristen Balthasar Mavius d. J. (gest. nach 1635) sowie das ebenfalls als Standbild ausgeführte steinerne Grabdenkmal des Mathias Hahn (gest. 1506).

Die Südpfeiler im Kirchenschiff sind verhältnismäßig sparsam mit Epitaphien ausgestattet. Unter den wenigen hier angebrachten Gedächtnismalen finden wir wie an den Nordpfeilern zum Mittelgang hin orientierte Bildnisse sächsischer Fürsten, und zwar am sechsten Pfeiler das Bildnis des Kurfürsten Friedrich I. (gest. 1428), am fünften Pfeiler das Bildnis des Kurfürsten August (gest. 1586) sowie am dritten Pfeiler das Bildnis von Kurfürst Christian II. (gest. 1611). So sind wir wieder unter der Chorempore im Westen der Kirche angelangt, und damit ist der Rundgang zu den Gedächtnismalen, soweit sie sich an Wänden, Chorschranken und Pfeilern befinden, abgeschlossen.

Wir folgen Stepner nun auf einem zweiten Gang durch die Kirche, wobei uns jetzt die Gräber hier und in dem anschließenden Kreuzgang interessieren. Wir beginnen mit Stepner bei den Gräbern im südlichen Seitenschiff. Der Weg führt uns dabei von West nach Ost über 18 Grabreihen. Insgesamt liegen hier 38 Grabplatten mit Inschrift (Stepner Nr. 146–183). Von den heute noch vorhandenen Grabsteinen entdecken wir in der achten Reihe, im Bereich des fünften Jochs, das Denkmal für die Kinder des Tobias Möbius (gest. zwischen 1653 und 1660) und in der 16. Reihe die Grabplatte des Caspar von Ölsnitz (gest. 1589) sowie die des Sebastian von Ölsnitz (gest. 1588).

Den Aufzeichnungen Stepners entsprechend, führt uns der Weg dann von Ost nach West weiter durch den im Süden an die Kirche angrenzenden Kreuzgang. Eine Tür am östlichen Ende des Südchores ermöglicht uns den Zutritt dorthin. Im Kreuzgang liegen verstreut 26 Grabplatten (Stepner Nr. 184–212), unter ihnen nach etwa der Hälfte des Weges das Grabdenkmal der Anna Hassert (gest. 1657) sowie am westlichen Ende des Kreuzgangs die Bronzeplatte für den Philosophieprofessor Gottfried Schlüter (gest. 1666).

Durch eine Tür am westlichen Ende des Kreuzgangs kehren wir wieder in die Kirche zurück und gehen jetzt, wie Stepner sich ausdrückt, die »mittelste[n] Gräber an der Canzel hinunter«[12]. Wie auch immer man diese Angabe des damit beschriebenen Gräberfeldes verstehen muss, so ist doch deutlich, dass sich in einem freien Bereich vor der Kanzel acht Gräber mit entsprechenden Grabplatten befinden. Zu ihnen gehört, und das ist hervorzuheben, das Grab des Leipziger Arztes Dr. Paul Luther (gest. 1593), Sohn des Reformators Martin Luther.

Dann führt uns der Weg weiter über die Gräber vom Katheder unter der Chorempore im Westen durch das Mittelschiff bis hin zum Altar am Chorschluss des Hauptchors im Osten der Kirche. In diesem mittleren Gräberfeld liegen in 22 Grabreihen insgesamt 56 Grabdenkmäler (Stepner Nr. 221–273.275–277), ausgenommen die schon im Zusammenhang mit der Kanzel genannten Gräber. Zu den im Mittelschiff liegenden Grabdenkmälern gehören die Grabplatte des Handelsmannes Lorenz von Reutlingen d. Ä. (gest. 1528) und seiner Frau Katharina (gest. 1547) sowie das Grabdenkmal für den Ritter des Deutschen Ordens Adelof Schutzbar (gest. 1547). Besondere Erwähnung verdient das zentral im Mittelgang vor dem Chor liegende Grab der Herzogin *Elisabeth von Sachsen* (gest. 1484) mit der großen bronzenen Grabplatte. Die hier Begrabene war die Frau des Kurfürsten Ernst von Sachsen. Dass sie sich in der Leipziger Dominikanerkirche beisetzen ließ, obwohl sich die Grablege der Wettiner seinerzeit im Meißener Dom befand, kann man auch als ein frühes Zeugnis für die Verbindung zwischen wettinischem Fürstenhaus und Universität sehen. Die Bronzeplatte zeigt die Fürstin, den Rosenkranz betend, im Ordensgewand einer Nonne. Schließlich finden wir in dem beschriebenen Gräberfeld auch das Grabdenkmal des Johannes von Berlepsch (gest. 1618), und zwar im Chor vor der südlichen Chorschranke.

Über den wiederholt genannten Durchgang, den es in der nördlichen Chorschranke nach dem zehnten Pfeiler gibt, gelangen wir mit Stepner in den Nordchor. Wir gehen durch diesen und das nördliche Seitenschiff über 24 Grabreihen hinweg in westlicher Richtung zurück. In diesem letzten Gräberfeld liegen 51 Grabplatten mit Inschrift (Stepner Nr. 278–327). Erhalten hat sich von diesen jedoch allein der Grabstein des Handelsmanns Lorenz von Reutlingen d. J. (gest. 1565). Er hat sein Grab in der Nähe des Eingangs zur Pflugkschen Familienkapelle. So sind wir nun wieder in der Nordwestecke der Kirche angelangt. Ein letzter Weg führt uns noch zu sieben Grabplatten, die entlang der Kirchenwestwand liegen, und zwar im schon beschriebenen »finstern Gange hinter dem Catheder«[13].

Damit aber ist unser Weg zu insgesamt 186 Grabdenkmäler abgeschlossen, und auch der Rundgang insgesamt nach dem Inschriftenverzeichnis von Salomon Stepner geht damit seinem Ende entgegen. Wir folgen Stepner zum Ausgang der Kirche und verlassen diese über die Pflugksche Kapelle, tief beeindruckt von der in dieser Kirche vorgefundenen Vielfalt an memorialen Kunstwerken, Denkmäler, aufgestellt allein angesichts des Todes und der Vergänglichkeit des Menschen! Aus allen spricht das »Memento mori!«, und es ist deutlich geworden: Trotz unterschiedlicher Gewichtung und Darstellung ist es allen Epitaphien gemein, das Andenken an die genannten Personen und ihre Verdienste der Nachwelt zu bewahren und dabei die christliche Hoffnung der Auferstehung der Toten und den Glauben an das Ewige Leben öffentlich zum Ausdruck zu bringen.

Insgesamt haben wir in Kirche, Kapelle und Kreuzgang 371 Gedächtnismale gesehen, davon in der Kirche 122 Wand-Epitaphien, 160 liegende Grabplatten und 38 Fahnen und Schilde; in der Pflugkschen Kapelle 18 Epitaphien an den Wänden und 7 liegende Grabplatten und schließlich im Kreuzgang 26 Grabdenkmäler.[14]

Noch vereinzelte Gedächtnismale sehen wir im Vorbeigehen im Kirchhof, über den wir jetzt wieder zur Grimmaischen Straße gehen, wie auch in den Schwibbögen der den Kirchhof linker Hand begrenzenden Friedhofsmauer und an der Kirchwand.

Wir verlassen den Paulinerkirchhof durch die Pforte auf die Grimmaische Straße.

→ Grabdenkmal für die Kinder des Tobias Möbius (gest. zwischen 1653 und 1660),
© Foto: Michael Lippky, 2012

Statistische Erhebung zu den Epitaphien und Grabdenkmälern nach Salomon Stepner, Inscriptiones Lipsiensis, Leipzig 1675

Epitaphien						
Ort	Gesamtzahl	Holz	Stein	Guss	Leinwand	ohne Materialangabe
Kirchen-Nordwand	15	7	2	5		1
Kirchen-Ostwand	6	3	2	1		
Kirchen-Südwand	30	10	2	13		5
Kirchen-Westwand	9	6	1	2		
nördl. Pfeiler im Schiff	16	3	8	2		3
nördl. Chorschranke inkl. Chorpfeiler	20	9	5	4		2
südl. Pfeiler im Schiff	9	2	3	1	1	2
südl. Chorschranke inkl. Chorpfeiler	15	7	8			
Singe-Chor	2	2				
Epitaphien in der Kirche	**122**	**49**	**31**	**28**	**1**	**13**
Pflugksche Kapelle	18	5	10	3		
Epitaphien insgesamt	**140**	**54**	**41**	**31**	**1**	**13**
Gräber						
Ort	Gesamtzahl	Holz	Stein	Guss	Leinwand	ohne Materialangabe
südl. Seitenschiff und -chor	38		35	3		
nördl. Seitenschiff und -chor	51		44	7		
Mittelschiff und Hauptchor	64		51	13		
Gang hinter dem Katheder	7		7			
Gräber in der Kirche	**160**		**137**	**23**		
Pflugksche Kapelle	7		6	1		
Kreuzgang	26	5	16	3		2
Kirchhof	8					8
Gräber insgesamt	**201**	**5**	**159**	**27**		**10**
Epitaphien und Gräber insgesamt	**341**	**59**	**200**	**58**	**1**	**23**

Hinzu kommen ca. 50 nach Stepner »verdorbene« Grab- und Epitaphinschriften und 38 Schilde und Fahnen.

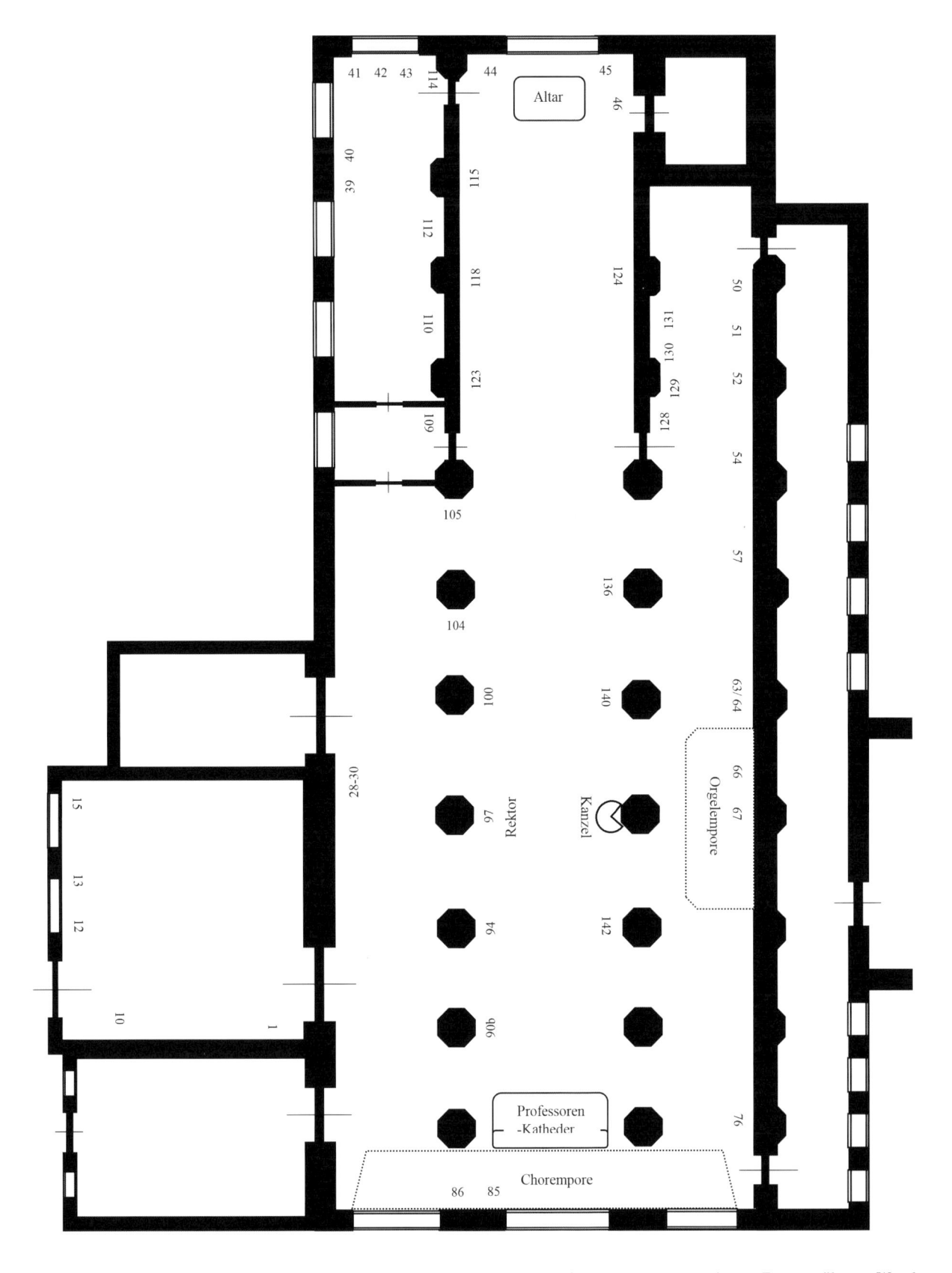

Schematischer Grundriss der Universitätskirche St. Pauli zu Leipzig im Jahr 1675 mit Platzierung der im Text erwähnten Wandepitaphien, nach Salomon Stepner, Inscriptiones Lipsienses, Leipzig 1675. (Rekonstruktionszeichnung: Michael Lippky)

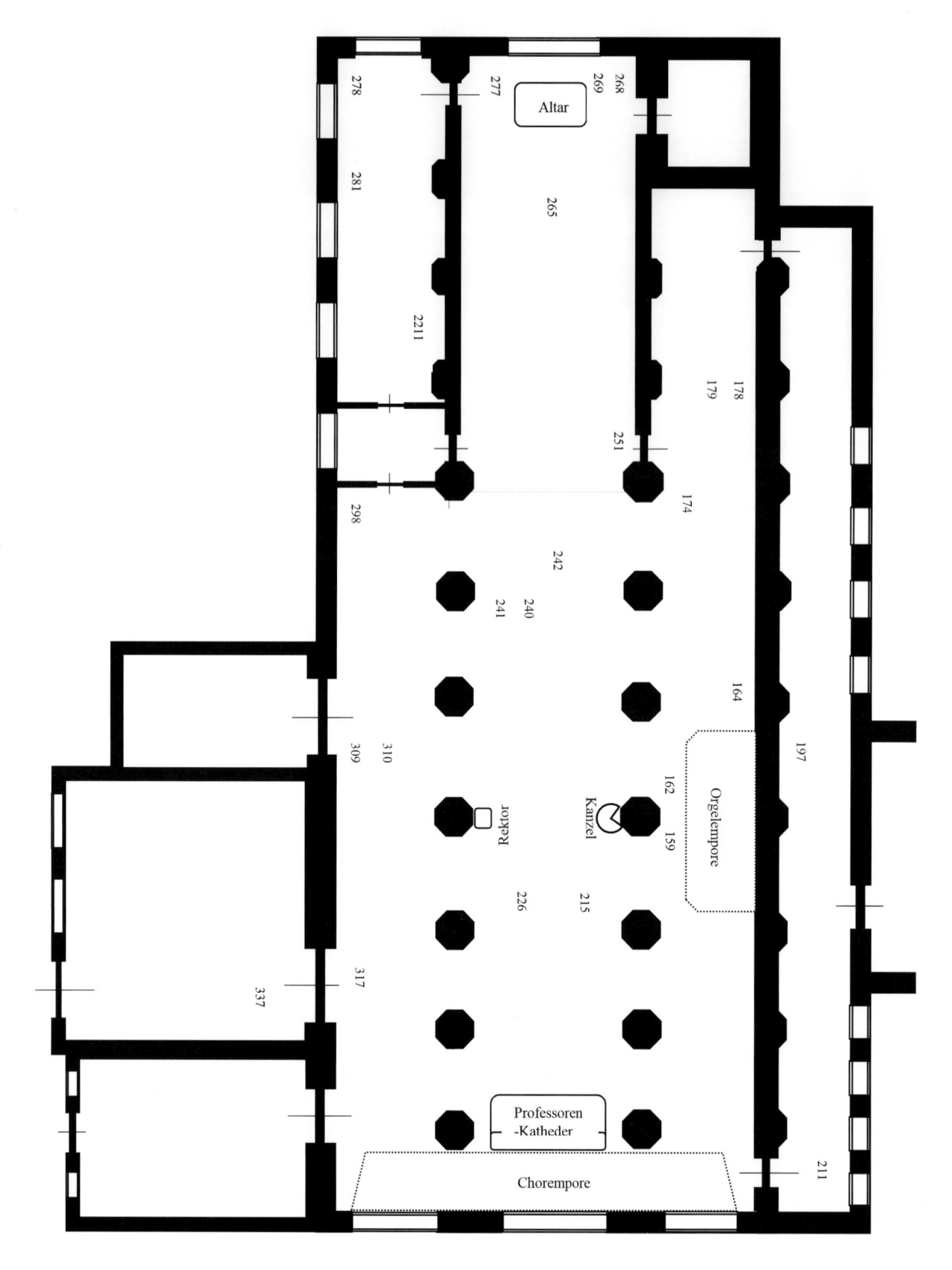

Schematischer Grundriss der Universitätskirche St. Pauli zu Leipzig im Jahr 1675 mit Platzierung der Grabsteine von im Text genannten Persönlichkeiten, nach Stepner, Inscriptiones. (Rekonstruktionszeichnung: Michael Lippky)

LEGENDE ZU DEN GRUNDRISSPLÄNEN

Wand-Epitaphien

1	Christoph Zobel	85	Rosina Stieglitz
10	Enoch Heiland	86	Conrad Kleinhempel
12	Georg von Schleinitz	90b	Kurfürst Johann Georg II.
13	Cäsar Pflugk	94	Kurfürst Johann Georg I.
15	Nickel Pflugk	97	Johann Otto von Münsterberg
28–30	Adam Moller	100	Kurfürst Christian I.
39	Christoph »Türk« von Kruschwitz	104	Joachim Camerarius
40	Heinrich Heideck	105	Martha Camerarius
41	Daniel Eulenbeck	109	Johannes Miller
42	Wilhelm Ulrich Romanus	110	Johann Göritz
43	Anna Romanus	112	Familie Tilo Lewe
44	Markgraf Dietrich von Wettin	114	Christian Lange
45	Benedikt Carpzov	115	Caspar Borner
46	Johannes Hoppe	118	Johann Jacob Pantzer
50	Johannes Mühlmann	123	Kurfürst Moritz von Sachsen
51	Christoph Finolt	124	Bartholomäus Gölnitz
52	Joachim von Kneitlingen	128	Balthasar Mavius d. Ä.
54	Johannes von Zesterfleth	129	Balthasar Mavius d. J.
57	Magdalena Richter	130	Barbara Mavius
63/64	Lorenz und Margarethe Finckelthaus	131	Mathias Hahn
66	Sebastian Kühnratt	136	Kurfürst Friedrich I.
67	Bauherren-Tafel	140	Kurfürst August
76	Tafel mit bibl. Stammbaum	142	Kurfürst Christian II.

Grabsteine

159	Margaretha Finckelthaus	265	Caspar Borner
162	Tobias Möbius	268	Johannes Hoppe
174	Johannes von Zesterfleth	269	Benedikt Carpzov d. J.
178	Caspar von Ölsnitz	277	Johann Jacob Pantzer
179	Sebastian von Ölsnitz	278	Daniel Eulenbeck
197	Anna Hassert	281	Christoph von Kruschwitz
211	Gottfried Schlüter	2211	Christian Lange
215	Paul Luther	298	Johann Göritz
226	Lorenz von Reutlingen d. Ä. u. Frau	309	Adam Moller
240	Heinrich Heideck	310	Magdalena Moller
241	Adelof Schutzbar	317	Lorenz von Reutlingen d. J.
242	Herzogin Elisabeth von Sachsen	337	Christoph Zobel
251	Johannes von Berlepsch		

LITERATURVERZEICHNIS

(Die Angaben in Klammern geben die in den Fußnoten verwendeten Kurztitel wieder.)

Primärliteratur:

»Inscriptiones. Lipsienses. Locorum. Publicorum. Academicorum. Pariter. Ac. Senatoriorum. Memorabiles.: Octo. Libris. Maxima. Cura. Digestae. Ita. Ut. Non. Quae. In. Praesenti. Modo. Extant. Sed. Et. Quas. Sedula. Maiorum. Manu. Curiose. Consignatas. Vetustatis. Belli. Aliaeque. Iniuriae. Iam. Penitus. Aboleverunt. Hoc. Fasciculo. Exhibeantur. Cum. Designatione. Locorum. Picturarum. Numerorum. Materiarum./Accedunt. Praefatio. Et. XVI. Indices. Autore. M. Salomone. Stepnero. Eibenstochense. Misnico. Cum. Gratia. et. Privilegio. Electoriali. Saxonico. = Verzeichnis allerhand denckwürdiger Uberschrifften, Grab- und Gedächtniß-Mahle in Leipzig: Mit besonderem Fleiß in Acht Büchern verfasset, daß nicht alleine die itzo befindlichen, sondern auch alle diejenigen, so Weiland sorgfältig aufgezeichnet, nunmehr aber Alters- Kriegs und anderer Ungelegenheiten halber untergegangen, in diesem Buche beysammen anzutreffen, neben Benennung der Oerter, Gemähler, Anzahl und Materien: Wozu noch kommen eine Vorrede und 16. Register, verfertiget durch M. Salomon Stepnern, Von Eibenstock auß Meissen. Mit Churfl. Durchl. zu Sachsen gnädigster Befreyung, Leipzig 1675 (Neuauflagen unter verändertem Titel 1686 und 1690) (Stepner, Inscriptiones).

Sekundärliteratur:

Hiller von Gaertringen, Rudolf (Hrsg.), Ade Welt, ich bin nun daraus. Memoriale Inschriften auf Grabsteinen und Epitaphien der Universitätskirche St. Pauli zu Leipzig, bearb. von Rainer Kössling und Doreen Zerbe, Leipzig 2011 (BLUWiG A 7 [2011]).

Lampe, Moritz, Zwischen Endzeiterwartung und Repräsentation. Das Epitaph des Heinrich Heideck (1570-1603) aus der Leipziger Universitätskirche St. Pauli, Leipzig 2009 (Lampe, Epitaph Heideck).

Landesamt für Denkmalpflege Sachsen (Hrsg.), Die Bau- und Kunstdenkmäler von Sachsen, Stadt Leipzig, Die Sakralbauten Bd. 1, München/Berlin 1995 (BKD SB [1995]).

Mai, Hartmut, Die Universitätskirche St. Pauli, in: Geschichte der Universität Leipzig 1409-2009, Bd. 5: Geschichte der Leipziger Universitätsbauten im urbanen Kontext/hrsg. von Michaela Marek und Thomas Topfstedt unter Mitwirkung von Uwe John, Leipzig 2009, 77-132, S. 608-611 (mit weiterführender Literatur) (Mai, Universitätskirche).

---

[1] Über alle 47 Epitaphien und Grabplatten informieren im Einzelnen und grundsätzlich BKD SB (1995), BLUWiG A 7 (2011). Nach letzteren richtet sich auch die hier verwendete Schreibweise der Namen.

[2] Die Nummern, unter denen die einzelnen Epitaphien und Grabplatten in den Inscriptiones verzeichnet sind, können aus den zwei Rekonstruktionszeichnungen im Anhang entnommen werden.

[3] Insgesamt 38 »Fahnen und Schilde« führen die Inscriptiones an (Stepner Nr. 342-379). Allein die Aufschrift eines Schildes, das an Joachim Friedrich Zöge von Manteuffel (gest. 1642) erinnert, ist bis heute erhalten geblieben.

[4] Vgl. zu diesem Epitaph auch Lampe, Epitaph Heideck.

[5] Stepner, Inscriptiones Nr. 67.

[6] Stepner, Inscriptiones, I. Register I. Buch 11.

[7] Stepner, Inscriptiones, 30 bei Nr. 90.

[8] Übersetzung der Inschrift: »Im Jahre des Herrn 1416, am Tage vor der Verkündigung der Jungfrau Maria starb der verehrungswürdige Herr Magister Johannes Otto von Münsterberg, Professor der heiligen Theologie. Er liegt hier begraben. Betet für ihn!«

[9] Übersetzung der Inschrift: »Schaut her, der erste Rektor der gelehrten Schule Leipzigs war jener, den dieses schlichte, kleine Gemälde von Angesicht darstellt. Die dankbare Nachwelt wollte daher dem Manne für seine treue Pflichterfüllung den Ort des Rektorensessels zuerkennen.«

[10] »In tribus ultimis Pilis versus meridiem«, so Stepner, Inscriptiones, 39 bei Nr. 115.

[11] Stepner, Inscriptiones, 43 bei Nr. 124.

[12] Stepner, Inscriptiones, I. Register. I. Buch. 9.

[13] Stepner, Inscriptiones, I. Register. I. Buch. 11.

[14] Stepner, Inscriptiones, 333 ff führt unter »LIBER VII. INSCRIPTIONUM LIPSIENSIUM DEPERDITARUM.« zusätzlich weitere ca. 50 Epitaphien und Grabdenkmäler an (Stepner Nr. 1751-1805), deren Inschriften jedoch fast gänzlich unleserlich sind.

Christian Winter
DER WEG ZUR SPRENGUNG DER UNIVERSITÄTSKIRCHE ST. PAULI ZU LEIPZIG

Vorgeschichte und Hintergründe

Die Zerstörung der Universitätskirche St. Pauli bleibt eines der dunkelsten Kapitel der Leipziger Stadt- und Universitätsgeschichte.[1] Eine Darstellung der Hintergründe und Umstände soll daher auch an dieser Stelle nicht fehlen, da nun endlich die Eröffnung der neuen Universitätskirche in Leipzig gefeiert werden kann. Zu erinnern ist schließlich nicht nur an ein Ereignis aus dem Jahr 1968, sondern an einen langwierigen Prozess, der schließlich mit der Sprengung endete.[2]

Die Geschichte der Zerstörung vollzog sich in drei Etappen, wobei die grundsätzliche Zielrichtung nicht mehr geändert, sondern kontinuierlich verfolgt werden sollte.

→ Paulinerkirche 1955

1958–1961
Mitte der 1950er Jahre kam es zu einer grundlegenden Änderung der Politik der SED-Führung im Hinblick auf den Städtebau. Durchaus im Einklang mit führenden Städteplanern und Architekten galten die reinen Wiederaufbaupläne für die Stadtzentren aus den unmittelbaren Nachkriegsjahren nun als falsche, restaurative Tendenzen. Das Ende der Stalin-Ära und die 1958 beschlossene Vollendung des Aufbaus des Sozialismus – verbunden mit verstärkter ideologischer Indoktrination – wirkten sich auch auf die städtebaulichen Planungen aus. Stadtzentren gerieten als Repräsentationsorte verstärkt in den Blick. Euphorisiert von ersten Aufbauerfolgen sollte nun der Machtanspruch der SED auch in der Architektur der Städte demonstriert werden. Für fast jede größere Stadt entstanden Entwürfe für weiträumig angelegte neue Stadtzentren. Eine großräumige Bebauung sollte einen feierlichen Rahmen für staatstragende Massendemonstrationen und Kundgebungen bieten. Dass die weiten Plätze und Straßen im Alltag leer und unpersönlich wirkten, stellte man erst später fest. Obwohl man sich von gleichzeitigen Stadtplanungen in Westdeutschland ideologisch scharf abgrenzte, gab es durchaus Gemeinsamkeiten in Ost und West. Auf beiden Seiten herrschte eine Vorliebe für breite Straßen und Grünanlagen in den Zen-

tren, eine Tendenz zur Auflösung der historischen Quartierstrukturen und besonders die Missachtung der Architektur des 19. Jahrhunderts, die als reaktionär und eklektizistisch galt.

In Leipzig sollte der Karl-Marx-Platz als zentraler Repräsentations- und Versammlungsplatz ausgebaut werden. Die Infragestellung der historischen Bausubstanz begann hier mit dem Neubau der Oper ab 1955. Auf dem 5. Parteitag der SED wurde 1958 beschlossen, der Platz solle »das einer sozialistischen Stadt entsprechende Gesicht« erhalten. Ein Jahr später fasste das SED-Politbüro den Beschluss, die Universitätskirche zwar zu erhalten, aber »auf einen rückwärtigen Standort zu versetzen, um auch die Westseite des Karl-Marx-Platzes durch die Bebauung des alten Standortes einheitlich zu gestalten«.[3] Bis 1965 war der Abschluss der Arbeiten vorgesehen. Finanzmangel sowie das Fehlen wichtiger Baustoffe und Technik machten eigentlich jede Diskussion um großangelegte Neubauten überflüssig. Trotzdem präsentierte der Rat der Stadt Leipzig unter Oberbürgermeister Walter Kresse im April 1960 die Pläne zur Verschiebung der Kirche der Öffentlichkeit. Die Folge waren entschiedene Proteste, besonders von Seiten der Theologischen Fakultät der Universität.

Ohnehin erwies sich die Verschiebung der Kirche bald sowohl technisch wie auch finanziell als unmöglich. An dieser Stelle griffen der Rat der Stadt Leipzig sowie die SED-Bezirksleitung eine Erklärung der Universitätsleitung auf, nach der das wieder aufgebaute Augusteum für die Universität zu klein sein würde. Das Rektorat unter Rektor Georg Mayer wollte mit diesem Argument zwar zunächst – erfolglos – einen Campus außerhalb des Zentrums durchsetzen und ging dann von der Verschiebung oder sogar Einbeziehung der Kirche in einen Neubau im Zentrum aus. Doch hat die Universitätsleitung mit ihrer Neubauforderung letztlich einen Anstoß zu dem Vorhaben gegeben, die Kirche gänzlich zu beseitigen. Rat der Stadt und SED-Bezirksleitung verfolgten von da an – unter begeisterter Zustimmung des SED-Bezirkssekretärs Paul Fröhlich – das Ziel, die gesamte »Altsubstanz« für einen großen Neubau zu beseitigen. Ab Juni 1960 wurden in kurzer Zeit entsprechende Entwürfe ausgearbeitet. Die prinzipielle Anregung zur Umgestaltung des Stadtzentrums ist also eine zentrale Vorgabe aus Berlin gewesen, die konkrete Ausgestaltung oblag dann eher der Leipziger SED-Bezirksleitung und dem Rat der Stadt.

Die ausgearbeiteten Entwürfe – alle ohne die Kirche – wurden auf einer zweiten Bauausstellung bereits im Herbst 1960 der Öffentlichkeit vorgestellt. Die Folge waren massive Proteste, die die Vertreter von SED und Stadt offenbar sehr überraschten. Etwa 400 Besucher der Ausstellung trugen sich kritisch in Besucherbücher ein, bis diese nach wenigen Tagen entfernt wurden. Die Proteste bewirkten aber nicht, dass das Abbruchvorhaben aufgegeben wurde, sondern lediglich, dass fortan die Öffentlichkeit ausgeschaltet war. Wegen ökonomischer Probleme kamen die Planungen aber 1961 zunächst zum Stillstand.

Erst an dieser Stelle ist auf den oft erwähnten Besuch des Staatsratsvorsitzenden Walter Ulbricht zur Eröffnung der neuen Oper in Leipzig einzugehen, der sich tief in das öffentliche Bewusstsein eingeprägt hat, wenn von den Hintergründen der Sprengung der Paulinerkirche die Rede ist. Ulbricht war am 8. Oktober 1960 in Leipzig. Auf dem Balkon des neuen Opernhauses stehend, soll er an diesem Tag den Ausspruch zur Universitätskirche getan haben: »Das Ding kommt weg«. Die Historizität dieser Äußerung einmal vorausgesetzt, handelt es sich dabei aber eben nicht um eine Entscheidung dieses Augenblicks, sondern allenfalls um eine Bestätigung des längst gefassten Entschlusses. Ulbricht hat also keinesfalls in diesem Moment das Vernichtungsurteil für die Universitätskirche gefällt, wie die Legende meint. Diese sagt aber natürlich etwas darüber aus, wie die Situation von Zeitzeugen empfunden wurde.

1963–1964

Zu einem neuen Vorstoß kam es im Frühjahr 1963. SED-Bezirkschef Paul Fröhlich und Oberbürgermeister Walther Kresse, die eifrigsten Kämpfer für die Neubaulösung in Leipzig, legten das erste Halbjahr 1964 als Termin für den Abbruch der Universitätskirche fest. Die Neubauplanungen für das Areal der Universität richteten sich nun vor allem auf ein Hochhaus, von dem mit naiver Begeisterung gesprochen wurde. Solche Hochhäuser, gleichsam als ›Siegesmale‹ der sozialistischen Gesellschaft verstanden, waren auch für andere Städte vorgesehen, wurden aber oft nicht verwirklicht. Für Leipzig waren zeitweise bis zu sechs Hochhäuser geplant.

Nach den Erfahrungen der stolz und naiv präsentierten Bauausstellungen 1960 arbeitete man nun unter strenger Geheimhaltung. Dennoch wurden Nachrichten von der akuten Gefährdung der Universitätskirche in Fachkreisen bekannt. Das Institut für Denkmalpflege Dresden unter seinem Leiter Hans Nadler setzte sich daraufhin in einem ausführlichen Gutachten entschieden für die Erhaltung der Universitätskirche ein. In sächsischen Kirchen kam es zu Kanzelabkündigungen, es gab einzelne schriftliche Widersprüche, auch die westdeutsche Presse berichtete. Schließlich bemühte sich sogar DDR-Kulturminister Bentzien um die Erhaltung der Kirche. Diese Proteste, vor allem aber neue Probleme im Bauwesen führten 1964 nochmals zur Verschiebung, nicht jedoch zur Aufgabe des Vorhabens.

1967–1968

1967 schließlich begann die letzte Etappe der Auseinandersetzung um die Universitätskirche St. Pauli. Auf dem 7. Parteitag der SED forderte Ulbricht, den Aufbau der Stadtzentren endlich zu beschleunigen – bis zum 20. Jahrestag der DDR-Gründung 1969 sollten sichtbare Erfolge vorzuweisen sein. In Leipzig wurde Ende 1967 ein Ideenwettbewerb für den Universitätsneubau ausgeschrieben. Gefordert wurden ein neues Universitätsgebäude, ein Hochhaus und ein Auditorium maxi-

→ Augusteum und St. Pauli 1968

mum – die Universitätskirche wurde nicht erwähnt. Bei der Auswertung des Wettbewerbs zeigte sich, dass die Entwürfe die Jury so wenig überzeugten, dass kein 1. Preis vergeben wurde. Unabhängig davon wurde dann aber das Hochhaus aus dem Entwurf Hermann Henselmanns (Deutsche Bauakademie Berlin), der nur einen 3. Preis erhalten hatte, mit einem veränderten Hauptgebäude aus dem Entwurf der Forschungsstelle für Hochschulbauten Dresden (Werner Queck) kombiniert. Es gab auch einen Entwurf, der die Kirche am alten Platz in den Universitätsneubau einbeziehen wollte, doch dieser hatte bei der vorgefassten Meinung der SED-Führung keine Chance auf eine Verwirklichung. Dieser Entwurf soll im Übrigen deshalb zustande gekommen sein, weil der Bearbeiter, Wolfgang Urbanski aus Rostock, an der offiziellen Einweisung für den Wettbewerb nicht teilgenommen hatte und später in kleinem Rahmen eingewiesen wurde, ohne Hinweise in Sachen Universitätskirche! An dieser Stelle wird auch das persönliche Interesse Walter Ulbrichts an den Planungen für Leipzig deutlich. In seinem Nachlass finden sich Exemplare der offiziellen Wettbewerbsfotos. Auf dem Foto jenes Entwurfs mit der Kirche ist diese mit Kugelschreiber durchgestrichen![4]

Die weiteren Schritte vollzogen sich schnell: Am 7. Mai 1968 erfolgte die Bestätigung des Universitätsneubaus im SED-Politbüro. Am 16. Mai fand die Akklamation durch die Vertreter der Blockparteien in Leipzig statt. Berichte im SED-Archiv zeigen sogar eine gewisse Verwunderung über die unkomplizierte Art der Zustimmung durch die Offiziellen der Ost-CDU.[5] Am 17. Mai gab der Senat der Universität unter Rektor Ernst Wer-

→ Absperrgitter vor der Kirche

ner seine »uneingeschränkte und freudige Zustimmung« zum Universitätsneubau.⁶ Nicht zugestimmt hat der Dekan der Theologischen Fakultät, Ernst-Heinz Amberg, doch das wurde in der offiziellen Verlautbarung übergangen. Amberg hatte für die Theologische Fakultät vor dem Senat folgende Erklärung abgegeben: »Wir können zum geplanten Abbruch der Universitätskirche nur unmissverständlich Nein sagen. Aus diesem Grund kann ich hier im Senat auch nicht einer Willenserklärung zustimmen, in der der Neubau akzeptiert und begrüßt wird, der den Abbruch der Universitätskirche zur Voraussetzung hat.«⁷

Am 23. Mai 1968 – makabrerweise war es der Himmelfahrtstag – fand dann die berüchtigte Sitzung der Leipziger Stadtverordnetenversammlung statt. In den vorgelegten Plänen wurde die Universitätskirche mit keinem Wort erwähnt. Abzustimmen war über die »Aufgaben im Perspektivzeitraum« und die »Perspektivkonzeption bis 1970«. Erwartungsgemäß stimmten die Stadtverordneten zu. Doch es gab eine Gegenstimme, die des Abgeordneten Pfarrer Hans-Georg Rausch. Diese Gegenstimme wurde lange Zeit als sehr mutige Tat angesehen. Sie erscheint inzwischen aber in einem etwas anderen Licht, nachdem bekannt geworden ist, dass Rausch inoffizieller Mitarbeiter des Staatssicherheitsdienstes gewesen ist.⁸ Allerdings hat er in der Stadtverordnetenversammlung offenbar nicht im Auftrag des MfS gehandelt.

SED-Bezirkschef Fröhlich nutzte die Stadtverordnetenversammlung nicht nur, um die vermeintliche Größe und Erhabenheit der Planungen zu proklamieren, sondern auch um unverhohlen gegen alle Versuche zu drohen, »Ruhe und Ordnung zu stören«.⁹ Noch während die Stadtverordneten tagten, wurde die Kirche abgesperrt. In der Nacht begannen die Abbruchvorbereitungen. Eine längere Phase des Protests sollte verhindert werden, indem möglichst schnell vollendete Tatsachen geschaffen wurden. Gerade im Protestjahr 1968 wollte die SED-Führung jeden aufkeimenden Widerspruch in der DDR und Entwicklungen wie in der Tschechoslowakei strikt unterbinden. Die Studentenproteste in der Bundesrepublik und Westeuropa wurden zwar propagandistisch benutzt, zugleich waren aber die Studenten im eigenen Land streng reglementiert, und jeder Widerspruch hatte scharfe Restriktionen zur Folge. Dennoch kam es in den Tagen nach dem 23. Mai auch zu öffentlichen Protesten. Meist waren ein- bis zweihundert Menschen, zeitweise auch mehr, in weitgehend stummem Protest auf dem Karl-Marx-Platz versammelt. Immer wieder gab es Festnahmen oder sogenannte Zuführungen. Offiziell werden für die Zeit 97 Zuführungen genannt. Es kam zu etwa 15 Verurteilungen, daneben zu Geld- und arbeitsrechtlichen Strafen.¹⁰ Die Abgrenzung ist allerdings schwierig, weil die Universitätskirche kaum als Grund in entsprechenden Mitteilungen und Urteilen genannt wird.

Die Zeit, die zumindest für eine sorgfältige Bergung der Ausstattung der Kirche notwendig gewesen wäre, wurde nicht gewährt. In fieberhafter Eile konnten in den nächsten Tagen trotz äußerst widriger Umstände im Wettlauf mit den Vorbereitungen zur Sprengung durch Denkmalpfleger immerhin über 100 Kunstwerke bzw. Fragmente aus der Kirche gerettet werden, nicht weniges wurde mitgesprengt oder konnte nur in Bruchstücken geborgen werden. In der Stadt herrschte eine gespannte Atmosphäre. Auch wenn die breite Masse unbeteiligt geblieben zu sein scheint, drängten sich am Tag der Sprengung, dem 30. Mai 1968, einige Tausend Menschen hinter den Absperrungen. Sie wurden an diesem Tage als ohnmächtige Zuschauer geduldet. In einer riesigen Staubwolke versank dann in wenigen Augenblicken das Kirchengebäude, das über 700 Jahre Stadt-, Kirchen- und Universitätsgeschichte verkörpert hatte. Am Tage danach wurde in der Leipziger Volkszeitung die Präzisionsarbeit der Sprengung bejubelt.¹¹

An der Entscheidung für die Zerstörung der Universitätskirche waren nicht nur einige Einzelpersonen beteiligt. Es handelte sich eben nicht um einen – gar noch spontanen – Entschluss des Leipzigers Stadtkindes Walter Ulbricht. In den SED-Führungen in Berlin und Leipzig und ebenso in den Leitungsgremien der Stadt und des Bezirkes Leipzig wurden die Planungen zielgerichtet vorangetrieben. Die Führungen der Blockparteien waren gefügig. Die Universitätsleitung, die vehement einen Neubau der Universität forderte, setzte sich nicht für die Erhaltung der Universitätskirche ein.

Historiker lieferten sogar Zuarbeiten, die mit willkürlicher Faktenauswahl die Rechtmäßigkeit des Abbruchs belegen sollten.

Dabei ging es den führenden Vertretern der SED an dieser Stelle nicht so sehr um einen generellen Angriff auf die Kirche als Institution, sondern konkret um die Paulinerkirche selbst. Gern wurde dabei darauf verwiesen, dass sich die Universitätskirche seit 1543 ja im Besitz der Universität befand, also eine staatliche Angelegenheit wäre. Großes Gewicht kommt zugleich den städtebaulichen Ambitionen für eine »sozialistische« Umgestaltung des Stadtzentrums zu. Damit einher ging eine Geringschätzung gerade des Historismus, für den Universitätsgebäude und äußere Gestaltung der Kirche vom Ende des 19. Jahrhunderts exemplarisch schienen. Ausschlaggebend für die Entscheidung zur Beseitigung der Kirche war aber die enge Verbindung von Universitätskirche und Universität. Die SED-Führung wollte nicht einmal eine räumliche Nähe zwischen einer Hochschule und einer Kirche bestehen lassen, zumal zwischen einer intensiv genutzten Kirche und einer Hochschule, die den Namen »Karl Marx« trug und in besonderem Maße die Lehre des Marxismus vertreten sollte. 1968 sollte mit dem Neubau auch die architektonische Entsprechung zur sogenannten 3. Hochschulreform der DDR geschaffen werden, der es um die endgültige Durchsetzung der marxistisch-leninistischen Ideologie und eine vor allem auf ökonomische Interessen orientierte Ausrichtung der Universität zur »sozialistischen Kaderschmiede« ging. Dabei sollte nicht nur die Theologische Fakultät aus der Mitte der Universität gedrängt werden, sondern sogenannte »bürgerlichen Tendenzen« sollten überhaupt beseitigt werden. An der Leipziger Universität war besonders mit dem legendären Hörsaal 40 im alten Universitätsgebäude auch noch 1968 eine Atmosphäre geistiger Freiheit und unabhängigen Denkens verknüpft, die ausgelöscht werden sollte. Und diese Strategie blieb leider nicht erfolglos. Mit der Sprengung von Kirche und alter Universität gingen nicht nur diese Gebäude unwiederbringlich verloren, sondern auch ein Teil der geistigen und der wissenschaftlichen Tradition der Universität Leipzig. Dieser ideologische und politische Hintergrund kennzeichnet vor allem die Sonderstellung der Leipziger Auseinandersetzungen im Vergleich zu anderen Abrissentscheidungen in Ost und West.

→ Kirche St. Pauli, Tag nach der Sprengung

Indessen gab es immer dann, wenn Informationen – oft auch nur Gerüchte – über die Bedrohung der Universitätskirche an die Öffentlichkeit drangen, auch Protest und Widerspruch. Der Mut und die Beharrlichkeit derer, die gegen das Vorhaben opponierten, sind beeindruckend. Der Protest kam verständlicherweise vor allem von denen, die eine Beziehung zur Paulinerkirche hatten und ihre Bedeutung kannten. Das waren zunächst Vertreter der beiden Kirchen – von den Kirchenleitungen bis hinein in die Gemeinden. 1968 werden als »Herd« des Protests vor allem die Theologische Fakultät und das Theologische Seminar ausgemacht. Folgenreich war vor allem eine Unterschriftensammlung unter den Studenten der Fakultät. Zur Einschüchterung und Kontrolle besonders der Theologiestudenten wurde von den Stadtverordneten sogar eine Untersuchungskommission eingesetzt, die alle Lehrenden und Studenten vorlud. Sie blieb allerdings im bewegten Sommer 1968 schließlich ohne weitere Folgen. Die unausgesprochene Drohung mit Auswirkungen für das Fortbestehen der beiden Institutionen stand aber im Hintergrund. Auch einige weitere Studenten und Professoren der Universität engagierten sich, weiterhin sind besonders die sächsischen Denkmalpfleger hervorzuheben. Formen des Widerspruchs waren vor allem Eingaben und Schreiben an Leipziger oder Berliner Stellen, doch darf die Zahl dieser Schreiben auch nicht überschätzt werden. 1968, vor der Sprengung, werden vom Staatssicherheitsdienst etwa 250 Schreiben gezählt, darunter einige Unterschriftensammlungen. 1964 liegen die Zahlen ähnlich. Ein spektakulärer und besonders mutiger Protest war die inzwischen berühmt gewordene Transparentaktion am 20. Juni 1968 während des Internationalen Bachwettbewerbs in der Leipziger Kongresshalle.[12] Die Leipziger Proteste 1968 waren seitdem die ersten öffentlichen Äußerungen von Widerstand in diesem Umfang. Angst und Hoffnungslosigkeit sowie – besonders auch in den Kirchenleitungen – der Wille, eine Eskalation zu vermeiden, verhinderten weitere Protestaktionen. Doch hätte auch stärkerer Widerstand die Vernichtung der Universitätskirche 1968 nicht verhindern können, da SED-Führung und Leitungsgremien der Stadt in dieser Entscheidung schließlich eine »Machtfrage« sahen.

Über Jahrhunderte hinweg war die Universitätskirche geistliches und geistiges Zentrum der Alma Mater Lipsiensis. Möge die neue Universitätskirche St. Pauli daran anknüpfen, als Kirche und als Aula der gesamten Universität.

1 Vgl. dazu insgesamt Christian Winter: Gewalt gegen Geschichte. Der Weg zur Sprengung der Universitätskirche Leipzig. Leipzig 1998. Grundlage der Darstellung sind neben Zeitzeugenberichten vor allem umfangreiche Archivstudien in staatlichen und Parteiarchiven, zu nennen sind vor allem: Stiftung Archiv der Parteien und Massenorganisationen der DDR im Bundesarchiv Berlin (Zentrales Parteiarchiv der SED); Sächsisches Staatsarchiv Leipzig (Bestand Bezirksparteiarchiv Leipzig der SED); Stadtarchiv Leipzig; Universitätsarchiv Leipzig; Archiv für Christlich-Demokratische Politik der Konrad-Adenauer-Stiftung St. Augustin (Bestand Zentrales Parteiarchiv der Ost-CDU). – Zur weiteren Debatte vgl. Erinnerungsort Leipziger Universitätskirche. Eine Debatte, hrsg. von Matthias Middell ... Leipzig 2003; Birk Engmann: Der große Wurf. Vom schwierigen Weg zur neuen Leipziger Universität. Beucha 2008.

2 Zur Geschichte vgl. Elisabeth Hütter: Die Pauliner-Universitätskirche zu Leipzig: Geschichte und Bedeutung. Weimar 1993; Stadt Leipzig: Die Sakralbauten. Mit einem Überblick über die städtebauliche Entwicklung von den Anfängen bis 1989, hrsg. vom Landesamt für Denkmalpflege Sachsen, bearb. von Heinrich Magirius ... München/Berlin 1995. Bd. 1, 483–678; Speicher der Erinnerung: Die mittelalterlichen Ausstattungsstücke der Leipziger Universitätskirche St. Pauli, hrsg. von Frank Zöllner. Leipzig 2005.

3 Winter: Gewalt gegen Geschichte (wie Anm. 1), 295.

4 Vgl. Winter: Gewalt gegen Geschichte (wie Anm. 1), 168.

5 Vgl. Winter: Gewalt gegen Geschichte (wie Anm. 1), 181–185.

6 Vgl. Winter: Gewalt gegen Geschichte (wie Anm. 1), 186f.

7 Vgl. Winter: Gewalt gegen Geschichte (wie Anm. 1), 311.

8 Vgl. Rudolf Scholz: Leipzigs letzter Held oder Die Leben des Pfarrers Hans-Georg Rausch. Querfurt 2002, besonders 229–231; Georg Wilhelm: Die Diktaturen und die evangelische Kirche. Totaler Machtanspruch und kirchliche Antwort am Beispiel Leipzigs 1933–1958. Göttingen 2004, 415–460.

9 Vgl. Winter: Gewalt gegen Geschichte (wie Anm. 1), 198f.

10 Vgl. Winter: Gewalt gegen Geschichte (wie Anm. 1), 201–215.

11 »Bauarbeiter leisteten Maßarbeit«. Leipziger Volkszeitung 23 (74) (1968), Nr. 150 vom 31.5.68, 12.

12 Vgl. Harald Fritzsch: Flucht aus Leipzig. Eine Protestaktion und ihre Folgen. München 1990; Günter Fritzsch: Gesicht zur Wand. Willkür und Erpressung hinter Mielkes Mauern. Leipzig 1993; Dietrich Koch: Das Verhör. Zerstörung und Widerstand. Dresden 2000; ders.: Nicht geständig: Der Plakatprotest im Stasi-Verhör. Dresden 2008; Stefan Welzk: Leipzig 1968. Unser Protest gegen die Kirchensprengung und seine Folgen. Leipzig 2011.

Heinrich Magirius

BEMÜHUNGEN DES INSTITUTS FÜR DENKMALPFLEGE UM DIE ERHALTUNG DER UNIVERSITÄTSKIRCHE IN LEIPZIG 1960–1968

Im Jahre 1993 – 25 Jahre nach der Sprengung der Universitätskirche St. Pauli in Leipzig – erschien die 1961 abgeschlossene Dissertation von Elisabeth Hütter über das Bauwerk endlich im Druck.[1] Sie war vom Leipziger Kunsthistoriker Professor Heinz Ladendorf im Hinblick auf das Universitätsjubiläum 1959 angeregt worden. Es ist die einzige baugeschichtliche Würdigung des bis ins 13. Jahrhundert zurückgehenden Bettelordens-Kirchenbaus, die aber zur Zeit der DDR nicht publiziert werden durfte. In einem Geleitwort erinnert der ehemalige Leiter des Instituts für Denkmalpflege, Arbeitsstelle Dresden, Professor Dr. Hans Nadler, an die »Position des Instituts für Denkmalpflege zur Zerstörung der Universitätskirche«. Dabei ruft Nadler Meinungsäußerungen des Instituts zum Wiederaufbau des Karl-Marx-Platzes, des ehemaligen Augustusplatzes, schon in den 1950er Jahren in Erinnerung und zitiert ein Schreiben an den Rektor der Karl-Marx-Universität Professor Dr. habil. Georg Müller vom 6. Dezember 1963 mit einem beigefügten Gutachten zum Denkmalwert der Universitätskirche, das – wie es heißt – »den Forschungsergebnissen von Elisabeth Hütter« folgte.[2]

In den Jahren 1992 und 1993 erschienen auch die ersten wissenschaftlichen Auseinandersetzungen mit der acht Jahre lang vorbereiteten Sprengung der Universitätskirche am 30. Mai 1968. In einer Publikation des Mitteldeutschen Rundfunks von 1992 werden erstmalig die politischen Hintergründe der Auseinandersetzungen in Umrissen bekannt gemacht.[3] Demselben Thema widmete sich Clemens Rosner mit der 1992 erschienenen Publikation »Die Universitätskirche Leipzig, Dokumentation einer Zerstörung«.[4] Ein Jahr später – 1993 – erschien die in Quellen gründlich recherchierte und im Bennoverlag erschienene Arbeit von Katrin Löffler mit dem Titel »Die Zerstörung. Dokumente und Erinnerungen zum Fall der Universitätskirche Leipzig«.[5] Im gleichen Jahr wurde die theologische Dissertation von Christian Winter abgeschlossen.[6] Hier ist nicht nur die Vorgeschichte der Neuplanung der Universität, die den Abbruch der Kirche zur Voraussetzung hatte, ausführlich dargestellt, sondern auch die Rolle der handelnden Personen, Institutionen und Gremien. Von Anfang an stehen die Funktionäre der Partei den Vertretern von Kirche und Kultur ohne Verständnisbereitschaft gegenüber. Obwohl die Denkmalpfleger eine staatliche Aufgabe zu erfüllen haben, werden ihre Gutachten nicht ernst genommen. Da bisher die Akten des Instituts für Denkmalpflege, die sich heute im Aktenarchiv des Landesamtes für Denkmalpflege Sachsen in Dresden befinden, dazu noch nicht ausgewertet worden sind, beziehen wir uns in der Folge weitgehend auf diese und wiederholen die Ergebnisse von Katrin Löffler und Christian Winter nur in den wichtigsten Wendungen des Geschehens.[7]

Die Universitätskirche war im Bombenangriff auf Leipzig in der Nacht vom 3. zum 4. Dezember 1943 wie auch das benachbarte Augusteum der Universität zwar von Brandbomben getroffen worden, aber beherzten Leipzigern – unter ihnen Dr. Herbert Küas – war es gelungen, die Brandherde im Dachstuhl zu löschen. In der unmittelbaren Nachkriegszeit waren die Dachschäden und die beschädigten Fenster der Kirche notdürftig in Ordnung gebracht worden. In den späteren 1950er Jahren korrespondierte der Praktische Theologe und Erste Universitätsprediger Professor Dr. Dedo Müller mit dem Institut für Denkmalpflege in Dresden über innenarchitektonische Fragen des Kirchenraums. Sie waren in ähnlicher Weise schon 1936 von dem Architekten Hans Max Kühne vorgeschlagen worden und wurden nun von den Leipziger Architekten Richard Wagner und Jähne aufgegriffen.[8] Das siebenbahnige Ostfenster des Chores vom Umbau Arwed Roßbachs aus den neunziger Jahren des 19. Jahrhunderts, das im Krieg seine farbige Verglasung verloren hatte, störte damals nicht nur durch seine neugotische Gestaltung,[9] sondern auch durch die Überstrahlung des Raumes, die durch die Notverglasung verstärkt in Erscheinung trat. Zwei weitere Eigenheiten des Chores wurden weiterhin als störend empfunden, die Anlage der Sakristei

→ Augusteum und Universitätskirche St. Pauli 1968

→ Innenraum der Universitätskirche St. Pauli nach Osten, Anfang 20. Jh.

→ Innenraum der Universitätskirche St. Pauli nach Osten um 1958

im Joch hinter dem Hauptaltar aus dem späten 19. Jahrhundert und die auf die Nutzung als mittelalterliche Bettelordenskirche zurückgehenden Chorschranken, die angeblich die Raumfreiheit einengten. Weder die kirchlichen Nutzer noch die Denkmalpfleger mochten damals von der Idee, hier sei nachträglich ein dreischiffiger Hallenchor eingeengt worden, abrücken. Man hielt die allerdings in ihrem oberen Abschluss mehrfach veränderten Schranken für eine nachträgliche Zutat, bis sie eine 1955 durchgeführte Bauuntersuchung als mittelalterlichen Bestand erwies.[10] Nichtsdestoweniger zeichnete der Restaurator Willy Rittsche noch 1958 im Auftrag der Denkmalpflege ein Raumbild mit einem dreischiffigen Hallenchor.[11] Dieses Fehlurteil sollte die Einschätzung des Werts der Innenarchitektur noch in den 1960er Jahren negativ beeinflussen und wirkt bis heute fort. Denn so frei Erick van Egeraat bei seiner Nachbildung mit der Innenarchitektur auch immer umgegangen ist, an der Idee eines dreischiffigen Hallenchors ohne geschlossene Schranken, an denen seit der Barockzeit die Mehrzahl der Epitaphe ange-

bracht waren, ist festgehalten. In den späten 1950er Jahren schlug Dedo Müller zur Minderung der Überstrahlung des Raumes von Osten her die teilweise Vermauerung des Ostfensters, schließlich aber vor allem eine neue Farbverglasung vor, die Karl Crodel zu entwerfen bereit war. Damit drang er aber bei Hans Nadler trotz mehrfacher Vorstöße 1959 und 1960 nicht durch, sicher weil dieser auf die Herstellung eines weißen, allseits hell beleuchteten Raumes, wie ihn Rittsche dargestellt hatte, festgelegt war. In diesem Sinne sollten die 1955 teilweise abgenommenen Epitaphien nicht wieder an den Chorschranken angebracht werden. Für die Erhaltung der Schranken sprach sich 1959 ein Gutachten des Akustikprofessors Walter Reichardt aus. Während also noch 1959 Verhandlungen mit der Universitätsverwaltung hinsichtlich einer geplanten Innenerneuerung der Kirche erfolgten, wurde im Herbst dieses Jahres bereits über den Abbruch des Augusteums beraten und gleichzeitig auch über das Schicksal der Kirche. Nach einer Meldung der Zeitung »Die Union« vom 16.11.1959 sollte sie um 50 m zurück versetzt werden und eine neue, mit dem Neubau der Universität vereinheitlichte Fassade erhalten. In der »Neuen Zeit« vom 27.2.1960 ist davon die Rede, die Kirche werde 100m zurück versetzt, um der Westseite des Karl-Marx-Platzes ein einheitliches Gepräge zu geben. Unter Bezugnahme auf eine Besprechung mit dem Stadtarchitekten Walter Lucas und dem Stadtrat für Kultur Alfred Ernst wandte sich Hans Nadler am 13. April 1960 in dieser Angelegenheit an das Ministerium für Kultur. Darin lehnt er die Versetzung der Kirche mit der Begründung ihres Wertes als Baudenkmal ab. Eine Umbauung der Kirche aber sei möglich, da sie als Klosterkirche schon seit dem Mittelalter nicht frei stand. Aber ihre Ostfassade in der von Arwed Roßbach geschaffenen Gestalt harmoniere mit den anderen am Platz stehenden Bauten. Die Kirche würde – so heißt es – das Platzbild nach Ergänzung der Kriegslücken keineswegs dominieren. Offensichtlich rechnete Nadler noch nicht mit dem Abriss des geschädigten, aber in seiner Fassadenarchitektur vollständig erhaltenen Augusteums. Eine Versetzung der Kirche – so argumentiert er – wäre auch viel zu teuer und würde bedeuten, dass die historisch bedeutsamen Grabstätten in der Kirche verloren gingen.

Am 24. Juni 1960 berichtete der ehrenamtlich tätige Leipziger Denkmalpfleger Dr. Hans Schüppel von einem Gespräch bei Stadtbaudirektor Helmut Ober, demzufolge auch die Ruine des Bildermuseums an der Südseite des Karl-Marx-Platzes abgebrochen werde. Die Universitätskirche sollte nun nicht mehr versetzt werden. Daraufhin sah sich Dr. Schüppel veranlasst, am 10. August seinerseits ein Gutachten zum Denkmalwert der dadurch gefährdeten Universitätskirche zu verfassen, in dem er sich ausdrücklich auf eine zum Universitätsjubiläum 1959 vorgesehene, aber dann doch nicht veröffentlichte Arbeit von Elisabeth Hütter bezog. Hier wird auch auf die komplizierte Baugeschichte und die überaus reiche Ausstattung hingewiesen, die bei einem Eingriff in die bauliche Substanz Schaden nehmen könnte.

In einem Schreiben vom 15. August 1960 an den Leitarchitekten für den Aufbau des Stadtzentrums Alfred Rämmler nahm Hans Nadler auf das Gutachten Dr. Schüppels Bezug. Jetzt wird vor allem der Denkmalwert des Innenraums betont. Offenbar ist inzwischen zu befürchten, dass das Augusteum und die Kirchenfassade von Arwed Roßbach nicht mehr zu retten wären.

Nicht abgeschickt wurde offenbar ein Briefentwurf von Elisabeth Hütter an den Rektor der Universität, Professor Dr. Georg Mayer, aus dieser Zeit. Er bezieht sich auf eine Besichtigung des Instituts für Denkmalpflege von vier Entwürfen zur neuen Universität »ohne Kirche« im Stadtbauamt am 25. September. In dem Schreiben wird jedoch auch der Denkmalwert der aus dem späten 19. Jahrhundert stammenden Bauten am Karl-Marx-Platz betont, was im Hinblick auf die damals noch mangelnde Schätzung des Historismus bemerkenswert ist.

In ähnlichem Sinne wird am 24.10.1960 vom Institutsleiter eine Stellungnahme verfasst, in der dem Abriss des Bildermuseums und der Universität als bedeutenden Architekturleistungen des 19. Jahrhundert in Leipzig, besonders aber dem Abriss der Universitätskirche nicht zugestimmt wird. Sie sei ein »Monument internationalen Ranges, das in hervorragender Weise von den großen geistesgeschichtlichen Traditionen Leipzigs Zeugnis ablegt«.

Dr. Schüppel wurde vom Institut in Vorbereitung einer Diskussion beim Rat der Stadt von allen Initiativen, vor allem aber auf die mit dem Ministerium aufgenommenen Kontakte unterrichtet. Die Stellungnahme des Instituts vom 24.10.1960 ging nicht allein an das Ministerium für Kultur in Berlin und an den Rat der Stadt Leipzig, sondern auch an einflussreiche Professoren der Universität. Es kam immer darauf an, einen großen Kreis von Institutionen und Kollegen einzubeziehen, weil sonst nur zu leicht behauptet werden konnte, von einer ablehnenden Stellungnahme nichts gewusst zu haben, sich auf mangelnde Informationen berufen zu können oder sogar äußern zu dürfen, die Denkmalpflege sei mit den Planungen einverstanden. So hält zum Beispiel eine Niederschrift des Autors mit Dr. Herbert Küas aus dem Jahre 1960 über eine Diskussion zu den vier ausgestellten Entwürfen »ohne Kirche« fest, dass behauptet wurde, die Denkmalpflege habe sich gar nicht gegen den Abbruch der Kirche ausgesprochen. Andererseits musste aber auch immer damit gerechnet werden, dass solche »eigenmächtigen« Initiativen als Einmischungen in andere Kompetenzbereiche betrachtet werden konnten. Davon zeugt ein »scharfer« Brief des Oberbürgermeisters Walter Kresse vom 27.10.1960, in dem er zum Ausdruck bringt, er könne sich nicht erinnern, eine solche Stellungnahme angefordert zu haben. Nadler wird aufgefordert, mitzuteilen, »welche Institution des Rates der Stadt dies veranlasst hat«. Nadler erhielt am 5.11.1960 die Weisung des Ministeriums, Einsprüche nur noch mit dem Ministerium zu verhandeln. Auch die am 7.12.1960 mitgeteilte Entlassung von Dr. Schüppel aus seinem Dienst als Vertrauensmann der Denkmalpflege steht wohl mit den Differenzen des Instituts mit dem Rat der Stadt Leipzig in Zusammenhang.

Bei der Einweihung der neuen Oper an der Nordseite des Karl-Marx-Platzes am 8.10.1960 wird die Aufmerksamkeit Walter Ulbrichts auf die Universitätskirche und die Ruinen von Augusteum und Bildermuseum gelenkt worden sein. Sein angeblicher Ausspruch: »Das Ding muss weg!« erhärtete nur den längst gefassten Plan, den Platz als Aushängeschild für den Sieg des Sozialismus in der Stadt und an der Karl-Marx-Universität völlig neu zu gestalten. Während die neue Oper in Proportion und Stil noch an der Klassizität des Vergangenen festhielt,[12] war es für die nun zum Zuge kommenden Architekten der in der DDR »nachgeholten Moderne« längst eine Ehrensache, ihre Zukunftsorientiertheit an einem prominenten Platz unter Beweis stellen zu können.[13]

Nur bei sehr wohlmeinenden Zeitgenossen konnte 1961 der Eindruck entstehen, der Abriss der Kirche sei »fallengelassen« worden. Die Kontakte mit den Leipziger Parteigremien waren nun vorrangig dem Ministerium für Kultur vorbehalten. Und solange Hans Bentzien Kulturminister war, – das war bis 1966 der Fall – durfte man sicher sein, dass von dieser Seite her alles, was die Denkmalschutzverordnung vom 28.9.1961 hergab, für die Universitätskirche ins Feld geführt werden würde. Allerdings gehörte die Universitätskirche nicht zur Gruppe der Bauten von »nationaler Bedeutung und internationalem Kunstwert«, sondern war nur in den zweiten Rang von Denkmalen eingestuft. Zum eigentlichen Machtzentrum und seiner Spitze, dem 1. Sekretär der Bezirksparteileitung Paul Fröhlich, Mitglied des Politbüros, hatte der Nichtgenosse Hans Nadler ohnehin keinen Zugang. Aber bis 1963 war offenbar auch der neue Generalkonservator in der DDR, Genosse Dr. Ludwig Deiters, noch kaum mit dem Thema befasst. Das Ministerium entsandte Frau Sonja Wüsten zu einer Besprechung nach Leipzig, von der eine Niederschrift mit negativer Bilanz vom 2.3.1962 in die Dresdner Akten gelangte. Daraufhin sieht sich Nadler erneut zu einem für das Ministerium bestimmten Gutachten veranlasst. Jetzt beruft er sich auf das Institut für Theorie und Geschichte der Bauakademie in der DDR und empfiehlt die Mitwirkung des Ministeriums für Bauwesen an dem Leipziger Universitätsprojekt. Angeblich wird daraufhin die weitere Planbearbeitung der Universität in die Zeit nach 1965 verschoben. In dem Gutachten wird von Nadler der Begriff einer »Universitätsaula« für die Kirche eingeführt und noch einmal auch die bauhistorische Bedeutung des Augusteums hervorgehoben.

Offenbar beobachtete die Leipziger Partei sehr genau die Protestbewegungen der Dresdner Bevölkerung gegen den Abbruch der Sophienkirche 1962/63 und lernte daraus,[14] dass nur ein kurzfristig angesetztes Zuschlagen Ärger vermeiden könnte und probte mit der Sprengung des bereits gesicherten barocken Turms der Leipziger Johanneskirche am 9.5.1963 einen entsprechenden Musterfall,[15] bei dessen Durchführung sich der stellvertretende Oberbürgermeister Karl Adolphs besonders hervortat.

Aus der Niederschrift zu einer Besprechung am 26.11.1963, an der außer Nadler der Generalkonservator Ludwig Deiters, Leipziger Architekten und der damalige Stadtrat für Kultur, Alfred Ernst, teilnahmen, geht hervor, dass man ein erneutes Gutachten benötige, das als Grundlage für den Neubau der Universität dienen solle. Ein solches verfasste Elisabeth Hütter am 1.12.1963 in Anlehnung an frühere Gutachten, ohne aber das Thema des Augusteums zu berühren. Es sollte die Grundlage für einen geplanten Wettbewerb für den Universitätsneubau darstellen. Noch einmal ver-

→ Entwurf Innenraum der Universitätskirche St. Pauli

säumte es Nadler nicht, das Gutachten auch dem Rektor der Universität, Georg Mayer, und dem Stellvertretenden Vorsitzenden des Rates des Bezirkes Helmut Häußler zu übersenden.

Der Beginn des Jahres 1964 war noch von Optimismus der Denkmalpflege hinsichtlich einer Lernbereitschaft der verantwortlichen Staatsorgane geprägt. Aber dieser war trügerisch. Am 3.1.1964 besichtigte Helmut Häußler mit dem Vorsitzenden Kultur beim Bezirkstag sowie dem Abteilungsleiter Kultur mit Hans Nadler das Innere der Kirche. Es war wohl das erste Mal, dass die Genossen einen Kircheninnenraum betraten. Sie erklärten, dass der Universitätsneubau als »doppelbündiger Riegel« den gesamten Bereich zwischen Grimmaischer Straße und Schinkeltor einnehmen würde. Nadler erläuterte, eine entsprechende Lösung unter Erhaltung von Augusteum und Kirche sei durchaus möglich und erbot sich, dazu durch Studierende der TU Dresden Vorschläge unterbreiten zu wollen. Der künstlerische Wert der Kirche wurde von Herrn Häußler »als nicht sehr bedeutend« eingeschätzt, der von Nadler besonders betonte »Geschichtswert«, der nicht zuletzt in den etwa 800 Begräbnisstätten von Universitätsangehörigen bestehe, aber nicht in Abrede gestellt. Während hier der Eindruck erweckt werden sollte, dass man sich um Objektivität bemühe, war in

Wahrheit geplant, Kirche und Augusteum bereits im Februar 1964 zu sprengen, sah aber wohl ein, dass man erst 1965 wirklich bauen könne und befürchtete, es würde Diskussionen über das inzwischen entstandene »Loch« am Karl-Marx-Platz geben. So dementierte man die Absicht plötzlich und schrieb der westlichen Presse zu, wieder einmal »die Flöhe husten gehört zu haben«. Das war ein gewagtes Spiel, das die Glaubwürdigkeit der Partei in fast allen Bevölkerungsschichten infrage stellte, andererseits aber doch auch Unsicherheit signalisierte und Zeit für weitere Rettungsaktionen ließ.

Im Frühjahr 1964 bemühte sich Nadler um Unterstützung für die Erhaltung der Kirche beim Kulturbund der DDR, unter anderem bei Liesel Noack, der Leiterin des Instituts für Volkskunst. Der um Unterstützung gebetene Landesbischof Moritz Mitzenheim – seiner Staatstreue wegen bekannt – erklärte sich als für Leipzig nicht zuständig, setzte sich am Ende aber doch wohl für die Kirche ein. Eingaben aus verschiedensten Kreisen der Bevölkerung wurden ständig mit dem erneuten Hinweis verströstet, man prüfe die Angelegenheit gewissenhaft.

Im Jahre 1967 versuchte Hans Nadler, den sowjetischen Generalkonservator Iwanow in die Leipziger Probleme einzubeziehen, was dann aber wohl nicht gelang. In Berlin war 1966 Hans Bentzien als Kulturminister durch den schärferen Klaus Gysi abgelöst worden, der immerhin und bis zuletzt seine Hand von seinen Denkmalpflegern nicht abzog, währenddes die Attacken der Bezirks- und Stadtleitung der Partei in Leipzig immer gefährlicher wurden. Denn nun wurden die Denkmalpfleger als staatsfeindliche Aufwiegler zum Protest gebrandmarkt. Dabei ist andererseits zu bedenken, dass Hans Nadler seit 1962 als Nationalpreisträger doch so etwas wie eine öffentliche staatliche Anerkennung vorweisen konnte, was aber im Ernstfall nicht unbedingt eine existenzielle Sicherheit garantierte.

Im Frühjahr 1968 verdichteten sich die Nachrichten von der beabsichtigten Sprengung. Aus einem erneuten Wettbewerb für den Neubau der Universität schied der einzige Entwurf des Kollektivs Urbansky in Rostock aus, der einzige, der die Erhaltung der Kirche

vorsah. Der Entwurf von Hermann Henselmann setzte sich durch, und Walter Ulbricht nahm persönlich einige Änderungen vor.[16] Ein Entwurf, der im April von Hans-Dietrich Wellner aus Karl-Marx-Stadt angefertigt wurde, sah vor, den Kirchenbau wohl unter Opferung eines Teils des Chorraums in der Ansicht vom Karl-Marx-Platz aus zu verdecken, hatte aber keine Chance mehr.[17] Hans Nadler war zuletzt noch einmal für eine solche Lösung eingetreten.

Diese Entwicklungen hielten Hans Nadler nicht davon ab, mit Freiberger Persönlichkeiten, den Herren Dr. Heinrich Douffet und Dr. Otfried Wagenbreth, in einer konzertierten Aktion noch einmal viele verantwortliche Persönlichkeiten an ihrer Ehre zu packen. In einem Schreiben vom 9. April wandte er sich an den nunmehrigen Rektor der Universität, Professor Dr. Ernst Werner, am 11. April an den Stellvertretenden Vorsitzenden des Ministerrats Alexander Abusch, Douffet an das Mitglied des Staatsrates Professor Dr. Rodenberg, Wagenbreth am 4. April an den Oberbürgermeister. Das Schreiben Nadlers an den Rektor hat einen geradezu beschwörenden Unterton. Wenigstens der Innenraum der Kirche könnte doch in den Neubau einbezogen werden, wodurch auch die Kunstwerke an Ort und Stelle verbleiben könnten und die Begräbnisse unberührt blieben. Alexander Abusch spricht Nadler als seinen »Bundesfreund« im Kulturbund der DDR an. Die geforderte geschlossene »Platzwand« setzt den Abbruch der Kirche keineswegs voraus. Mit großem Ernst wird auf die im Falle eines Abbruchs notwendige Bergung des Kunstgutes und die sorgsame Exhumierung der Bestatteten hingewiesen. Im Nachhinein erscheint es nicht so ganz ausgeschlossen, dass damals – hätte sich der Widerstand der »Intelligenz« auch in der Partei gegen die Willkür einer Oligarchie mit Paul Fröhlich und Walter Ulbricht an der Spitze verstärkt – das Unheil vielleicht doch noch hätte abgewendet werden können. Aber die Schriftsteller, Architekten und Künstler, die sich 1989 auf ihre moralische Integrität in der Zeit der DDR beriefen, haben im Falle der Leipziger Universitätskirche geschwiegen und die Denkmalpfleger und die immer für die Erhaltung des Baues sich einsetzenden Kirchen im Stich gelassen. So war es für Hans Nadler keines-

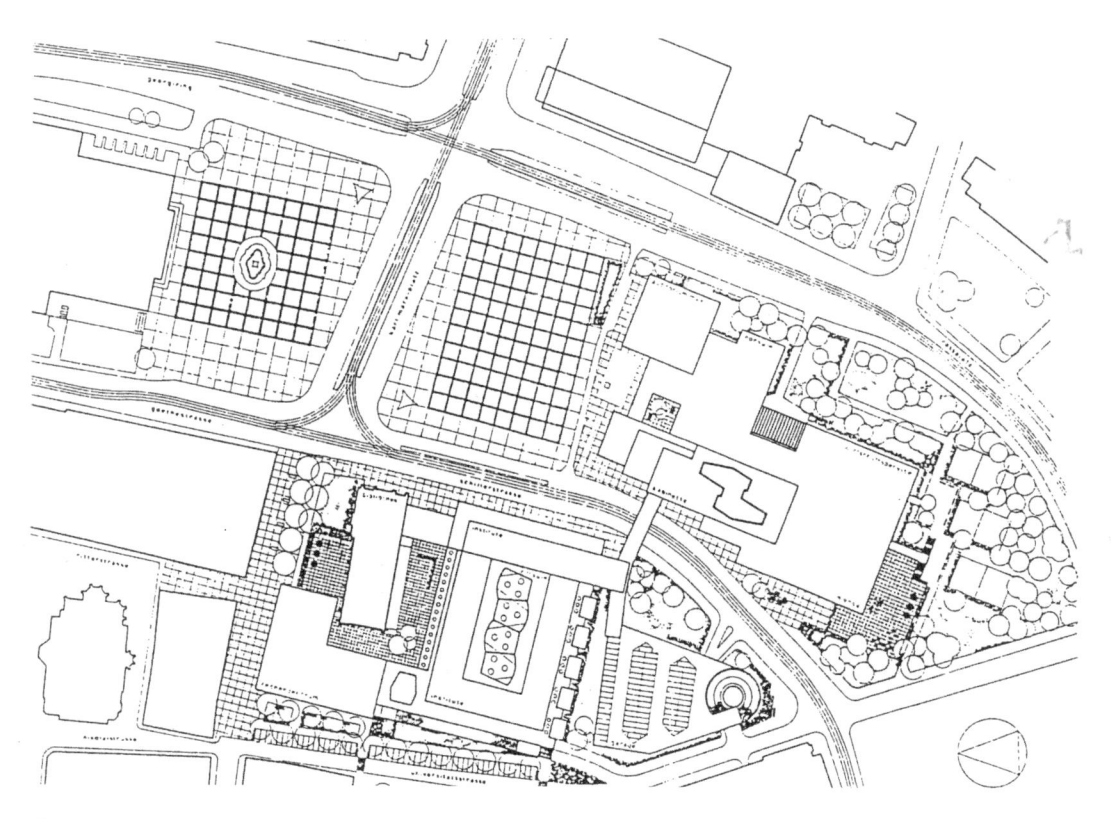

→ Entwurf des Kollektivs Urbanski mit Beibehaltung der Universitätskirche

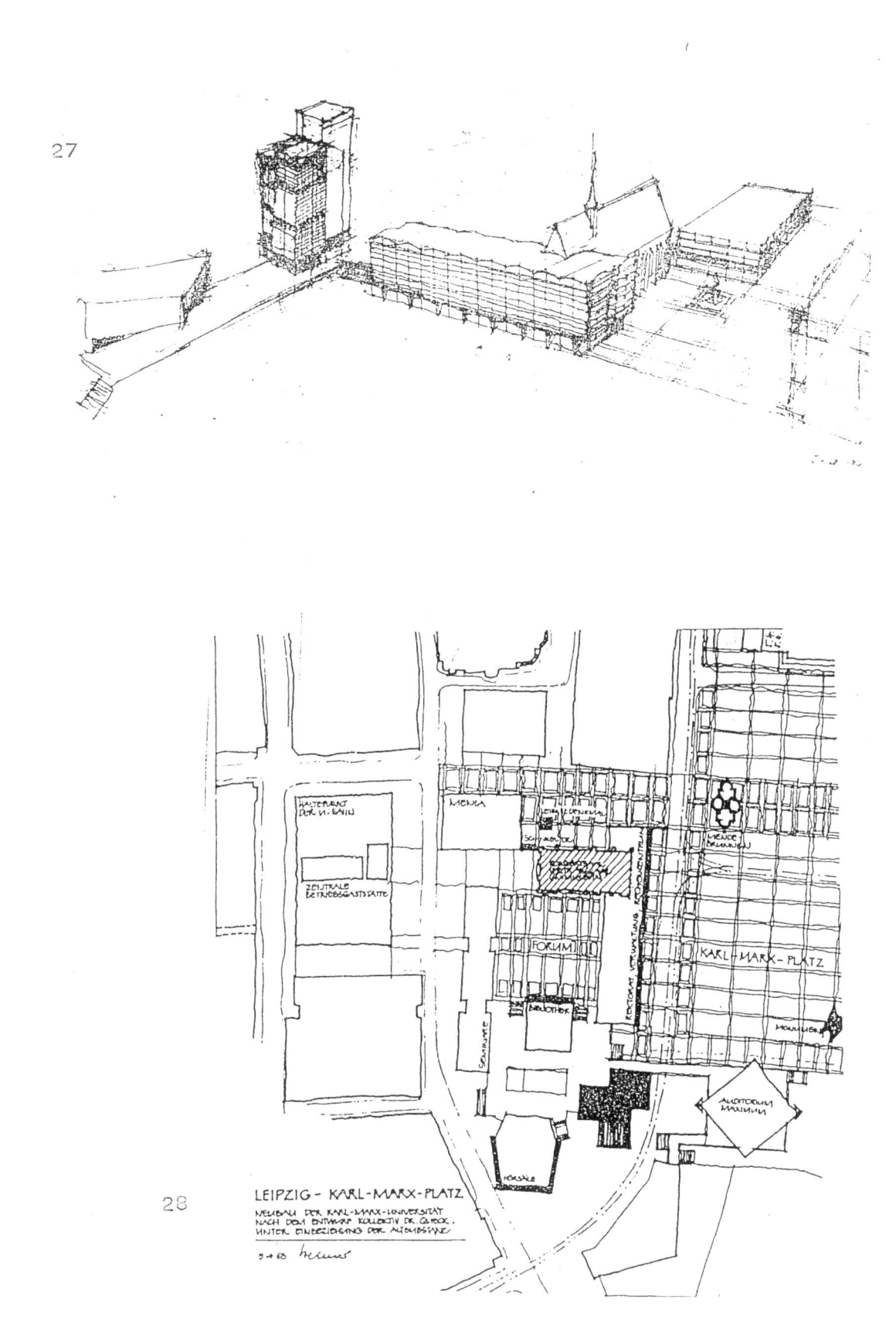

→ Vorschlag von Hans-Dietrich Wellner unter Erhaltung der Kirche

wegs ungefährlich, wenn sich der Vorsitzende des Rates des Bezirks Leipzigs, Erich Grützner, am 20. Mai 1968 beim Minister für Kultur beschwerte und ihn als aufrührerische Person, die eine Protestwelle verursacht habe, anklagte. Mit Genugtuung wurde vermerkt, dass der Generalkonservator Dr. Ludwig Deiters inzwischen der Sprengung zugestimmt habe. Für den Genossen musste selbstverständlich die politische Einsicht höher stehen als seine Verantwortung als Fachmann.

Am 22. Mai leistete sich Hans Nadler noch einmal eine für ihn charakteristische Posse. Zwei Herren vom Staatssicherheitsdienst, die Kollegen Richter und Pohl, die ihn am 22. Mai 1968 17.00 Uhr routinemäßig besuchten, bat er um Klärung, »ob die Vorgänge in Leipzig gegebenenfalls in dieser provokatorischen Art durchgeführt werden, um damit das Ansehen der Deutschen Demokratischen Republik zu schädigen. Die beiden Kollegen sichern eine Überprüfung der Frage zu.« Zur Zeit der Sprengung am 30. Mai 10.30 Uhr teilt dann der Kollege Richter Hans Nadler mit, »dass die Schreiben der Arbeitsstelle Dresden zur Frage der Universitätskirche den entscheidenden zentralen Stellen der Partei bekannt seien und dass in Kenntnis unserer Argumente die vorliegende Entscheidung getroffen wurde.«

Der Autor dieses Beitrags gab nachträglich zu Protokoll, was ihm und den Leipziger Archäologen Dr. Herbert Küas im Hinblick auf Bauuntersuchungen in der Universitätskirche bewegte: »Im Frühjahr 1968 wurde bekannt, dass die Kirche nach jahrelangem Hin und Her gesprengt werden solle. Dr. Küas informierte uns ständig über die Entwicklungen. Er beabsichtigte, mit uns die in der Dissertation von Frau Dr. Hütter geäußerten Thesen zur Baugeschichte durch Untersuchungen an der Substanz zu verifizieren, wenn es zur Vernichtung der Kirche kommen sollte. Lange Zeit vermieden wir, Untersuchungen anzustellen, um nicht Aufmerksamkeit zu erwecken und mit derartigen Aktionen unsere Zustimmung zu signalisieren. Wir gaben aber Herrn Dipl.-Ing. Jentsch vom Institut für Geodäsie den Auftrag zur fotogrammetrischen Vermessung des Baus. Er wurde aber, aus welchen Gründen auch immer, nicht zügig ausgeführt. Wir vermuteten damals, dass Herr Jentsch aus politisch-beruflichen Gründen zögerte, den Auftrag auszuführen.« Am Ende fehlten jedenfalls zur Auswertung der Aufnahmen wichtige Passpunkte, sodass die Dokumentation des Baues am Ende unzureichend blieb.[18] Eine zeichnerische Auswertung erfolgte auch später nicht. Zu bauarchäologischen Untersuchungen wurde auch nach der Sprengung keine Gelegenheit mehr gegeben.

Eine letzte Eingabe mit der Mahnung und Bitte um Verschonung der Kirche richtete Dr. Nadler am 22. Mai 1968, also einen Tag vor Himmelfahrt, dem Tag des Beschlusses der Leipziger Stadtverordneten zur Sprengung, noch einmal an Stadtrat Dr. Gehrke.

Was der Denkmalpflege in der Woche zwischen dem Beschluss der Stadtverordneten am 23. Mai und dem Tag der Sprengung geschah, dokumentieren am besten die am 27. Mai und 30. Mai von Hans Nadler verfassten Protokolle, die hier im Wortlaut wiedergegeben werden:

NIEDERSCHRIFT
über Telefongespräche in Angelegenheit Universitätskirche Leipzig

Am Donnerstag, 23. Mai 1968, gegen 16.00 Uhr,
Anruf von Findeisen:
Kirche kann nicht mehr betreten werden. Absperrung durch Kampftruppen und Polizei.

Am Freitag, 24. Mai 1968, gegen 10.00 Uhr,
Anruf von Findeisen:
Kirche nach wie vor abgesperrt. Im Inneren wird gearbeitet. Ausstattungsstücke werden mit Lastwagen abtransportiert. Gotische Tafelbilder liegen offen auf den Fahrzeugen. Bergungsort unbekannt.

Gegen 11.00 Uhr:
Anruf von Unterzeichnetem beim Generalkonservator mit dem Ziel, eine offizielle Beauftragung des Institutes auf eine sachgemäße Bergung des Kunstgutes zu erwirken. Generalkonservator kommt erst gegen 15.00 Uhr in die Dienststelle.

Danach 11.30 Uhr:
Anruf des Unterzeichneten beim Ministerium für Kultur:
Kollege Thiele nicht anwesend, Dr. Müntzer hört nicht, Dr. Bartke im Ausland.

12.30 Uhr: Anruf Findeisen:
Abtransport von Kunstgut erfolgt weiterhin mit Lastwagen. Bergungsort noch unbekannt. Vermutlich Dimitroff-Museum. Als Bergungsleiter wird Kollege Maaß genannt. Empfehlung an Findeisen, als freischaffender Kunsthistoriker im Auftrage von Kollege Maaß an der Bergung mitzuarbeiten. Dafür einen Ausweis zum Betreten der Kirche erwirken.

15.00 Uhr: Anruf des Unterzeichneten bei Dr. Abusch:
Dr. A. nicht erreichbar. Sein persönlicher Referent Repp wird durch den Unterzeichneten auf die Entwicklung in Leipzig aufmerksam gemacht und die Besorgnis zum Ausdruck gebracht, daß die Bergung nicht sachgemäß erfolgt, dass die Kunstwerke Schaden erleiden, daß durch die Art des Ausbaues und des Abtransportes das Ansehen der DDR geschädigt wird. Kollege Repp wird Herrn Dr. Abusch unterrichten; er ist im Prinzip der Auffassung, dass die Bergung entsprechend vorbereitet sei, wird sich aber trotzdem über die Dinge unterrichten.

16.15 Uhr: Anruf Findeisen:
Er hat Verbindung mit Kollegen Maaß. Kollege Maaß ist mit Mitarbeit einverstanden. Für Sonnabend, 10.00 Uhr wird Herr Stadtrat Dr. Gehrke erwartet, der über die Aushändigung eines Sonderausweises zum Betreten der Kirche für Findeisen entscheiden wird.

17.30 Uhr: Gespräch des Unterzeichneten mit Kollegen Steinert, Vertreter des Stadtrates Dr. Gehrkes:
Hinweis auf die Notwendigkeit sachgemäßer Bergung. Steinert teilt mit, dass mit der Bergung verantwortlich Dr. Gehrke und Kollege Maaß beauftragt seien und dass alle Vorbereitungen für eine ordnungsgemäße Durchführung der Aktion gegeben seien. Auf Anfrage wurde mitgeteilt, dass Restauratoren oder sonstige Fachleute an der Bergung nicht mitwirkten. Dr. Gehrke ist zur Zeit in einer Parteiaktivsitzung und wird den Unterzeichneten nach Abschluss der Sitzung anrufen; zu diesem Zweck wird auch die Privatnummer des Unterzeichneten mitgeteilt. Anruf erfolgte nicht.

17.45 Uhr: Gespräch mit Dr. Deiters, der zur Zeit in der Akademie der Künste Weissensee an einer Aufnahmeprüfung für Restauratoren teilnimmt:
Dr. Deiters wird durch den Unterzeichneten von der Entwicklung in Leipzig unterrichtet und der Antrag gestellt, dafür Sorge zu tragen, dass das Institut gemäß der Verordnung für
a) Fertigstellung der fotogrammetrischen Erfassung
b) Durchführung archäologischer Untersuchungen am aufgehenden Mauerwerk
c) Anleitung eines sachgemäßen Ausbaus des Kunstgutes und dessen sachgemäße Lagerung an geeigneten Stellen, gegebenenfalls Veranlassung von Zwischensicherungen, um Kunstwerke transportsicher zu machen; beauftragt wird und Sonderausweis zum Betreten erhält. Es wird festgestellt, dass das Institut für Denkmalpflege nicht von sich aus als Bittende in Leipzig erscheinen kann, sondern dass im Hinblick auf die versteifte Situation eine Beauftragung durch das Ministerium für diese Aktion vorliegen muß. Dr. Deiters

wird sich bemühen, noch im Lauf des Abends die notwendigen Besprechungen zu führen.

In der Arbeitsstelle wird veranlasst, dass am Sonnabend, dem 25.5.1968, Dr. Magirius nach Leipzig fährt, um mit der Fotogrammetrie, Kollegen Jentsch die Fertigstellung der fotogrammetrischen Erfassung zu veranlassen. Er wird dazu Herrn Jentsch in seiner Wohnung aufsuchen, um den Einsatz für Montag früh vorzubereiten.

Herr Findeisen ist in der Zwischenzeit durch Kollegen Maaß für entsprechende Anleitung und Überwachung von Bergungsmaßnahmen beauftragt und offensichtlich zum Stillschweigen verpflichtet, da seit dieser Zeit keine Mitteilungen mehr erfolgen.

Dr. Magirius berichtet wiederholt über die Situation in Leipzig. Das Betreten der Baustelle wird ihm verweigert, da er keinen Sonderausweis zum Betreten der Baustelle besitzt und ein solcher für ihn auch nicht ausgestellt wird. Mit Kollegen Jentsch wurde Verbindung aufgenommen. Er bereitet den Einsatz für Montag früh vor. Kollege Jentsch erklärt sich bereit, die Arbeit auszuführen.

Unterdessen geht der Abtransport der Ausstattung weiter. Die Altäre stehen noch ungeschützt im Inneren. Teile der Ausstattung liegen auf dem Rasen vor der Universitätskirche. Im Inneren werden nach Auskunft der Arbeiter an den Außenwänden Sprenglöcher gebohrt und Suchbohrungen in den Grüften vorgenommen zur Feststellung, welche Gruftgewölbe noch erhalten sind.

Gegen 17.00 Uhr mit Dr. Deiters:
Unterrichtung über die Lage und dringende Bitte, eine Beauftragung der Arbeitsstelle für die oben genannten Maßnahmen zu erwirken, die ohne Sondergenehmigung nicht möglich sind.

Sonntag, 26.5.1968:
Durch Anrufe unbekannter Leipziger wird die große Erregung der Bevölkerung sichtbar und das Institut beschworen, etwas zu tun, um die Vernichtung des Bauwerkes zu verhindern. Von verschiedensten Seiten wird der großen Besorgnis Ausdruck gegeben, daß die Handlung das Ansehen der DDR schädige. Aus den verschiedenen Anrufen wird ersichtlich, daß der Transport der Ausstattung weiter geht, daß u. a. der Gellert-Sarkophag von Fritz Schumacher zerschlagen wurde, der eingelegte Zinnsarg mit den Gebeinen Gellerts auf einem Friedhof beigesetzt wurde; an den Außenwänden werden Sprenglöcher von außen gebohrt. Als Termin für die Sprengung wird der kommende Donnerstag/Freitag benannt.

Erneute Unterrichtung von Dr. Deiters 21.00 Uhr – da vorher nicht erreichbar – über Situation und Bitte an ihn, bis 9.00 Uhr am 27.5.68 eine Entscheidung des Ministeriums zu dem Einsatz der Arbeitsstelle Dresden zu erwirken. Dr. Deiters sagt dies zu, stellt aber ausdrücklich fest, daß ohne Auftrag das Institut und die Arbeitsstelle in Leipzig nicht eingesetzt werden kann. Er wird bis Montag 27.5.68 prüfen, ob er gegebenenfalls selbst einen entsprechenden Auftrag an die Arbeitsstelle geben kann.

Dresden, 27. Mai 1968 Dr. Nadler

NIEDERSCHRIFT
über Telefongespräch am Montag, 27.5.1968, 11.30 Uhr, mit Dr. Deiters:

Herr Generalkonservator Dr. Deiters teilt mit, daß heute 14.00 Uhr Stadtrat Gehrke mit seinem Stellvertreter in Berlin erwartet wird zu einem Gespräch in der Volkskammer über andere Fragen. Herr Dr. Deiters wird Herrn Dr. Gehrke um einen gemeinsamen Termin in Leipzig in der Universitätskirche für Dienstag, den 28.5.68, bitten, um an Ort und Stelle über die notwendigen Maßnahmen zu verhandeln.

Der Besuch von mir erscheint Dr. Deiters heute nicht zweckmäßig. Ich habe ihm jedoch versichert, dass es notwendig sei, mir persönlich einen Eindruck über das Geschehen zu verschaffen. Für Nachrichtenübermittlung wird das Sekretariat des Stadtarchitekten in Leipzig vereinbart.

Weitere telefonische Verständigungen heute Abend zu Hause.

Dresden, 27. Mai 1968 Dr. Nadler

NIEDERSCHRIFT

27. Mai 1968: Nach Gespräch mit Herrn Dr. Deiters, gegen 11.30 Uhr, Fahrt nach Leipzig; Ankunft: 14.00 Uhr. An der Fahrt nahmen teil: Frau Dr. Hütter, Herr Dr. Magirius, Herr Kavacs, Herr Betka und der Unterzeichnete. Es ist vorgesehen, falls eine Genehmigung zur Arbeit erwirkt werden kann, unverzüglich mit der wissenschaftlichen Dokumentation der offen stehenden archäologischen Fragen zu beginnen bzw. Fragen des Transports und der Lagerung der Kunstwerke vom Restauratorischen her anzuleiten und auch den Einsatz der fotogrammetrischen Gruppe Jentsch anzuleiten.

Da der Stadtrat für Kultur, Herr Dr. Gehrke, in Berlin Verhandlungen mit Herrn Dr. Deiters führt, Versuch, durch den Stadtarchitekt Dr. Siegel Sondergenehmigung zum Betreten der Universitätskirche zu erhalten. Rücksprache im Sekretariat des Stadtarchitekten ergibt folgendes: Dr. Siegel nicht zu sprechen, da nicht anwesend und am 28. Mai 1968 in Urlaub fährt; Stellvertreter nicht erreichbar, Kollege Schulz im Ausland, Kollege Brock vermutlich zum Essen. Im Ratskeller werden Dr. Siegel, Kollege Geißler und Kollege Brock angetroffen. Sie erklären sich für die Erteilung von Sonderausweisen nicht für zuständig. Dies läge ausschließlich bei der Abteilung Kultur. Rücksprache dort im Sekretariat ergibt: Stadtrat Dr. Gehrke in Berlin, sein Stellvertreter ebenfalls. Es ist zur Zeit niemand in der Lage, eine Sondergenehmigung zu erteilen. Daraufhin Versuch, mit Dienstausweis als Konservator der Arbeitsstelle Dresden die Baustelle zu betreten. Der kontrollierende Posten anerkennt den Dienstausweis. Das Betreten der Kirche mit Kollegen Betka ist möglich. Dort Rücksprache mit Kollegen Maaß und Orientierung über den Stand des Abbaus des Inventares einschließlich der Epitaphien. Der Bau ist im wesentlichen bereits von den Ausstattungsstücken beräumt mit Ausnahme des Hauptaltares und einer Anzahl bedeutender Epitaphien im Hauptchor und im Nord- und Südchor und des Kanzeldeckels. Die kleine Orgel ist abgebaut. Für die große Orgel sind zur gleichen Zeit von der Firma Eule Fachkräfte abgestellt worden, die in Zusammenarbeit mit Kollegen Dr. Schrammek und Gernert die wesentlichsten Teile der Orgel ausbauen wollen. Am Vormittag des 27. Mai 1968 ist Abgeordneter Winkler auf der Baustelle gewesen und hat sich nach dem Ablauf des Ausbaus unterrichtet. In einem anschließenden Gespräch mit dem Oberbürgermeister wurde eine Verschiebung des Termines für die Sprengung nicht angenommen, aber der verstärkte Einsatz von Arbeitskräften zur Bergung aller Epitaphien in Aussicht gestellt.

Gespräch mit dem Hauptverantwortlichen der Bauleitung, Kollegen Schulz: das Anliegen der Arbeitsstelle Dresden wird vorgetragen:
1. Für den 28.5. früh den Einsatz der Arbeitsgruppe Fotogrammetrie
2. Arbeitsgruppe Archäologie, Dr. Magirius / Kavacs
zu genehmigen. Für die Genehmigung sei Stadtbaudirektor Schwalbe zuständig. Daraufhin suchen der Unterzeichnete und Kollege Betka Herrn Stadtrat Schwalbe auf. Der Unterzeichnete trägt ihm persönlich das Anliegen vor. Stadtrat Schwalbe stellt fest, dass er allein darüber keine Entscheidung treffen kann und dass er nach Beratung eine entsprechende Nachricht so hinterlässt, dass am 28.5.1968 früh im Sekretariat gegebenenfalls die Sonderausweise zur Verfügung stehen.

Gegen 16.00 Uhr Telefongespräch mit Dr. Deiters, Berlin,
um festzustellen, welche Vereinbarungen mit Stadtrat Dr. Gehrke getroffen wurden. Dr. Deiters teilt mit, daß auf Weisung des Staatssekretärs die Besprechung mit Dr. Gehrke abgesetzt wurde, da für den gesamten Komplex Universitätskirche allein der Rat der Stadt verantwortlich und zuständig sei. Dr. Deiters und der Unterzeichnete würden in den nächsten Tagen zum Minister gebeten, um die Angelegenheit in einem persönlichen Gespräch zu erörtern.

Daraufhin gegen 17.30 Uhr noch einmal Besichtigung der Universitätskirche mit Dr. Hütter und Dr. Magirius
zur Festlegung der noch offenen archäologischen Fragen, die im Rahmen eines eintägigen Einsatzes geklärt werden können. Nach Feststellung einiger durch den Abbau der Wandvertäfelung zutage getretener Baubefunde und nach Erörterung des Wertes einzelner Epitaphe in bezug auf die Dringlichkeit des Abbaus für den Fall, daß nicht alles geborgen werden kann, erfolgt durch den Aufsichtführenden der VP eine unverzügliche Ausweisung aus dem Bau, nachdem der erforderliche Sonderausweis zum Betreten der Baustelle nicht vorliegt.

Anruf bei Dr. Deiters am 27.5.1968 22.00 Uhr:
Dr. Deiters nicht erreichbar.

Am 28.5.1968, 9.00 Uhr:
Dr. Deiters nicht erreichbar.

Am 28.5.1968: 8.00 Uhr:
Anruf im Sekretariat Stadtrat Schwalbe: Das Sekretariat teilt mit, daß Stadtrat Schwalbe angeordnet habe, daß die vorgesehenen Arbeiten in der Universitätskirche aus Sicherheitsgründen nicht durchgeführt werden sollen und daß für das Betreten der Kirche keine Sonderausweise ausgestellt werden.

Am 28.5.1968, 21.00 Uhr,
Anruf von Dr. Deiters, der durch den Unterzeichneten über die Entscheidung des Stadtrates unterrichtet wird.

Dresden, 30. Mai 1968 Dr. Nadler ...

Was in den Sachlichkeit wahrenden Niederschriften Nadlers nicht festgehalten wurde, sind einige bezeichnende Einzelheiten: Die »Ausweisung« der Denkmalpfleger aus der Kirche am 27.5. abends verlief ziemlich dramatisch mit dem Aufgebot von Hunden. Peter Findeisen arbeitete angestrengt von früh bis abends an der Bergung der Kunstwerke mit und erstellte eine Liste über das überhastet ausgebaute Kunstgut. Bei einem nächtlichen, geheimgehaltenen Besuch bei Dr. Nadler in Dresden holte er sich Rat, was bei der Bergung und bei der Dokumentation besonders zu beachten sei.

Hans Nadler konnte sich in seinem konsequenten Eintreten für die Erhaltung der Universitätskirche in Leipzig stets auf Recht und Gesetz der DDR berufen. Aber die Parteioligarchie forderte die höhere Einsicht in die angebliche Notwendigkeit ihrer Ziele, die nach ihrem Verständnis über Recht und Ordnung weit hinaus reichten. Eine Missachtung solcher angeblicher Zwangsläufigkeiten konnte leicht zum Stolperstein werden. Das war Nadler immer sehr bewusst. Er war aber stets optimistisch und hoffte darauf, dass sich gute Argumente durchsetzen würden. Im Falle der Universitätskirche allerdings wurde ihm spätestens Anfang des Jahres 1968 klar, dass seine bessere Einsicht ohne Erfolg bleiben würde. Wenn er trotzdem an seiner aufrechten Haltung festhielt, war er dazu zwar als Nichtgenosse in der Lage, in seiner Position als Leiter einer Institution der sozialistischen Kultur aber auch höchst gefährdet und die Institution mit ihm. Wenn er trotzdem dieses Risiko einging, dann gewiss im Bewusstsein, dass dieser exzeptionelle Fall anders zu bewerten sei als das, was in der DDR allgemein üblich war, nämlich zu allem »Ja und Amen« zu sagen. Das kam für Nadler hier nicht infrage. Hier war für ihn ein Ehrenkodex berührt. Der Fall musste »sub specie aeternitatis« betrachtet werden. Hier musste wirklich einmal Farbe bekannt werden. Wenn man sich eingestehen musste, in diesem Falle »zweiter Sieger« geworden zu sein, blieb die Hoffnung, irgendwann doch noch einmal als erster vom Kampfplatz zu gehen.

ANMERKUNGEN ZU DEN ABBILDUNGEN

S. 122: Leipzig, Augusteum der Universität und Universitätskirche St. Pauli am Karl-Marx-Platz. Die Sandsteinfassade des ausgebrannten Augusteums relativ gut erhalten, völlig unbeschädigt die Universitätskirche, Zustand 22.5.1968 – Foto Opitz/Wachs 17 - 18/820.

S. 123 links: Leipzig, Innenraum der Universitätskirche St. Pauli nach Osten, Zustand Anfang 20. Jahrhundert – Foto Universität Leipzig, KHI 06354.

S. 123 rechts: Leipzig, Innenraum der Universitätskirche St. Pauli nach Osten, Zustand um 1958. Im ersten nördlichen Chorjoch wurde bereits die mittelalterliche Schranke abgebrochen in der Absicht, einen dreischiffigen Hallenchor vorzubereiten. Das Ostfenster wurde auf drei Bahnen reduziert, um die Überstrahlung abzumildern – Foto Universität Leipzig. KHI 05699.

S. 126: Leipzig, Innenraum der Universitätskirche St. Pauli, Entwurf für die Erneuerung mit dreischiffigem Hallenchor mit dem Vorschlag, die mittelalterlichen Chorschranken zu beseitigen. Farbige Darstellung von Willy Rittsche 1958 – Foto Clauß LfD 17 - 18/278.

S. 128: Modell und Grundriss des Karl-Marx-Platzes in Leipzig nach Entwurf des Kollektivs Urbanski, Rostock. Einziger Entwurf aus dem Wettbewerb von 1968 mit Beibehaltung der Universitätskirche – Repro aus Winter 1993 (Anm. 6), S. 329, Abb. 25, 26.

S. 129: Perspektive und Grundriss der Universität und der Universitätskirche nach Vorschlag von Hans-Dietrich Wellner. Der im April 1968 vorgelegte Vorschlag sieht die Erhaltung der Kirche mit Umbauung von deren Chorraum vor – Repro aus Winter 1993 (wie Anm. 6) S. 330, Abb. 27, 28.

---

[1] Hütter, Elisabeth: Die Universitätskirche zu Leipzig. Geschichte und Bedeutung. Weimar 1993. Forschungen und Schriften zur Denkmalpflege. Hrsg. vom Landesamt für Denkmalpflege Sachsen Bd. I.

[2] Vgl. Hütter 1993 (wie Anm. 1), VIII–XI.

[3] Universitätskirche Leipzig. Ein Streitfall? Hrsg. von Paulinerverein, dem Mitteldeutschen Rundfunk, der Bildzeitung Leipzig und dem Verlag Kunst und Touristik, Leipzig. Leipzig 1992.

[4] Die Universitätskirche zu Leipzig. Dokumente einer Zerstörung. Hrsg. von Clemens Rosner. Leipzig 1992.

[5] Löffler, Katrin: Die Zerstörung. Dokumente und Erinnerungen zum Fall der Universitätskirche Leipzig. Leipzig 1993.

[6] Winter, Christian: Die Auseinandersetzungen um die Universitätskirche St. Pauli zu Leipzig. Vorgeschichte und Umstände der Zerstörung. Diss. theol. Leipzig 1993.

[7] Landesamt für Denkmalpflege Sachsen Dresden, Aktenarchiv: Leipzig, Universitätskirche 1948-1958; 1959-1963; 1964-1969. Wenn nicht anders vermerkt, finden sich auch die erwähnten Zeitungsmeldungen in den genannten Akten des LfD Sachsen. Vgl. auch Lindemann, Hans: Die Sprengung der Leipziger Universitätskirche. In: Deutschland – Archiv. Verlag für Wissenschaft und Politik. Köln 1968 Bd. 1, 420-425. In unserem zweibändigen Werk »Die Sakralbauten« behandelten wir die Universitätskirche St. Pauli als: »abgegangen«, aber einschließlich eines wissenschaftlichen Apparates und der gesamten Ausstattung. Vgl. Die Bau- und Kunstdenkmäler von Sachsen. Stadt Leipzig. Die Sakralbauten. Hrsg. vom LfD Sachsen. München/Berlin 1995 Bd. I, 483-678.

[8] Nadler, Hans: Die Position des Instituts für Denkmalpflege zur Zerstörung der Universitätskirche. In: Hütter 1992 (wie Anm. 1), VII–XI, hier VII.

[9] Zur Bedeutung der Architektur Arwed Roßbachs vgl. Hütter 1992 (wie Anm. 1), 138-156 und Kaun, Betina: Arwed Roßbach 1844-1902. Ein Architekt im Geiste Sempers. Das Gesamtwerk. Wettin – Löbejün OT Dößel 2011, 482-536.

[10] Hütter 1992 (wie Anm. 1), 98-111.

[11] Der Farbentwurf für den Innenraum von Willy Rittsche befindet sich im Landesamt für Denkmalpflege Sachen in Dresden.

[12] Topfstedt, Thomas: Augustusplatz – Karl-Marx-Platz – Augustusplatz. Aufbauplanung und Neugestaltung nach dem Zweiten Weltkrieg. In: Der Leipziger Augustusplatz. Funktionen und Gestaltwandel eines Großstadtplatzes. Hrsg. von Thomas Topfstedt/Pit Lehmann. Leipzig 1994, 69-76.

[13] Vgl. Topfstedt 1994 (wie Anm.11), 63-76 und Adam, Hubertus: »Unsere Gesellschaft bedarf der monumentalen Darstellung ihrer großen revolutionären Inhalte« 1994 (wie Anm. 11), 87-104.

[14] Glaser, Gerhard: Die Sophienkirche in Dresden – Opfer des Missbrauchs politischer Macht. In: Blätter zur Geschichte der Sophienkirche Dresden, Blatt 40, Jg. 2011; Erscheint auch in: Denkmalpflege in der DDR: Rückblicke. Hrsg. Jörg Haspel, Hubert Staroste, Landesdenkmalamt Berlin 2014. Magirius, Heinrich: Erinnerungen an den Abbruch der Kriegsruine der Sophienkirche in Dresden 1962-1964. In: Blätter zur Geschichte der Sophienkirche, Blatt 40, Jg. 2012.

[15] Vgl. das Kapitel: Sprengung des Turmes der Johanneskirche (Mai 1963) in: Winter 1993 (wie Anm. 6), 151-154.

[16] Vgl. Winter 1993 (wie Anm. 6), 151-154.

[17] Vgl. Winter 1993 (wie Anm. 6), 154.

[18] Die fotogrammetrischen Aufnahmen befinden sich im LfD Sachsen in Dresden.

Stefan Welzk

SPRENGUNG UND PROTEST

Das Jahr 1968. Der Prager Frühling. Im gequälten China stieg das Fieber der Kulturrevolution und ihre inspirative Kraft schien bis zur Elbe und Pleiße hin auszustrahlen. Drüben der Pariser Mai und in Westberlin die »APO«, die außerparlamentarische Opposition. Ihre Ideologien und Ideale waren verwirrend und teils unverantwortbar, doch ihre Protestformen und Aufbruchsphantasien faszinierten. Der Ansturm ostdeutscher Studenten auf Reisen nach Prag war enorm. Dubček, Svoboda – was da durchbrach im südöstlichen Nachbarstaat, das beherrschte die Mensa- und Kneipengespräche. Ein freier Sozialismus, ohne Zensur, Spitzel und Terror und eine in der Tat volkseigene Volkswirtschaft – das würde, wenn dergleichen sich als machbar erwiese, vielleicht sogar das Westsystem in Frage stellen, wohingegen der real existierende Spätstalinismus abschreckend genug war und den Westen stabilisierte. Im Freundeskreis schlug ich Flugblätter vor, die sollten von Brücken und Häusern herabflattern und nur ein Wort wiedergeben: »PRAG«. So ein Text könne doch nicht strafbar sein, phantasierte ich. Die Anderen sahen das anders. Wir kniffen.

Mao, Paris, die APO und Prag – in dieser Spannungsatmosphäre die Sprengung einer unversehrten sieben Jahrhunderte alten gotischen Kirche im Stadtkern von Leipzig? Dieser wandalische Akt war eine Herzensangelegenheit Walter Ulbrichts. Zu unserem Entsetzen über diese Barbarei kam eine Hoffnung. Das Einebnen kulturgeschichtlich wertvoller Sakralbauten war ein Wahnsinn schlimmster Stalinjahre gewesen und in den 1960ern weder in der Sowjetunion noch bei deren Satelliten en vogue. Zum einen fürchteten wir, Ulbricht wolle Maos Kulturrevolution zu Teilen kopieren und einen kulturellen Extrem-Stalinismus durchsetzen, für den diese Kirchensprengung Testfall sei. Zum andern war die Stimmung explosiv. Leicht konnte, so hofften wir, der Prager Freiheitsvirus überspringen. Die politische Instinktlosigkeit, just in den Monaten des Prager Frühlings die angespannte Atmosphäre in der DDR mit solch kulturpolitischem Berserkertum noch weiter aufzuladen, bot, sofern sie Aufsehen erregende Reaktionen provozierte, vielleicht die Chance, dass höheren Orts die Vernunft Ulbrichts in Frage gestellt würde. Er war der einzige Parteichef im sowjetischen Machtbereich, der die Entstalinisierung im Amt überlebt hatte und insofern ein politisches Fossil. Vielleicht brauchte es nur einen Zündfunken, eine Ungeschicklichkeit des Regimes. Mit einem für DDR-Verhältnisse ungewöhnlichen Protest, so dachte ich, könnten Konflikte innerhalb der Führungsriege ausgelöst

> **Leipziger!**
> **die geplante Sprengung der Universitätskirche im Rahmen der Neugestaltung des Karl-Marx-Platzes ist eine Kulturschande!**
> **Richtet Euren Protest an den Oberbürgermeister!**

→ Illegales Flugblatt gegen die Sprengung

werden und Zweifel am Realitätssinn Ulbrichts durchbrechen.

Am 24. Mai 1968 titelte die Leipziger Volkszeitung: »AUS VOLLEN HERZEN FÜR EIN NEUES LEIPZIG – 15. Tagung der Stadtverordneten gab Auftakt zu bedeutendem Abschnitt der Entwicklung – Neugestaltung des Stadtzentrums tritt in entscheidende Phase – Begeisterndes städtebauliches Projekt für Karl-Marx-Universität – 25geschossige Hochhausdominanten am Ring – Paul Fröhlich: Geschichte und Gegenwart der Stadt verpflichten zu kühnen erhabenen Lösungen – Leipzig wird schöner als je zuvor«. Die Kirchensprengung wurde überhaupt nicht erwähnt.

Illegale Flugblätter kursierten. Seit langem hatte es dergleichen nicht mehr gegeben. Ein einziger Stadtverordneter hatte gegen die Sprengung gestimmt. Es war Pfarrer Rausch. Noch lange nach der Wende wurde er als »Leipzigs letzter Held« gerühmt. Erich Loest hat ihn als Ehrenbürger vorgeschlagen. Doch Pfarrer Rausch wurde von der Stasi als »IM Eduard« geführt. Studenten besuchten ihn nach dieser Abstimmung, wollten Rat, wie die Sprengung noch verhindert werden könne. Rausch informierte seinen Führungsoffizier über diese Gespräche.[1] Einer dieser Studenten, Nikolaus Krause, wird im September verhaftet und im Januar 1969 zu 22 Monaten Haft verurteilt.

Der Tag der Sprengung. Die Stadt kochte. Den Karl-Marx-Platz durchschnitt ein frisch gestrichener Metallzaun. Wer ihn berührte, wer an ihn gedrückt wurde, war mit Flecken rostroter Ölfarbe markiert. Dahinter liefen Polizisten mit Hunden. Lange Bohrer trieben Sprenglöcher ins Mauerwerk der unversehrten gotischen Kirche. Davor ballte sich Bevölkerung zusammen, immer wieder auf tarngrüne Polizeilaster verladen und im Präsidium in der Dimitroffstraße in Schnellverfahren zu irgendwas verurteilt. Von den Hochhäusern hielten Kameras die Gesichter von Empörten fest für Verfahren und Akten. Zunächst hatte man Agitatoren auf den Karl-Marx-Platz entsandt, die den fassungslosen Bürgern Sinn und Notwendigkeit der Sprengung dartun sollten. Doch die bemitleidenswerten Gestalten gingen hilflos und peinlich unter und wurden zu Kondensationspunkten für Wut und Protest. Die Sprengung erfolgte in einem »Aufwasch« mit der Sprengung der klassizistisch schönen, prunkvollen, im Krieg halbzerstörten, aber instandsetzbaren UNIVERSITAS LITERARUM LIPSIENSIS, die kurz danach in sich zusammenfiel. Die Trümmer der Kirche wurden weit rausgekarrt aus der Stadt, die Trümmer des Augusteums, der Universität, darüber gekippt und das Ganze von Polizei mit Hunden bewacht, damit niemand sich Steinbrocken als Reliquien klaube.

Zu den Seltsamkeiten von Diktaturen gehört die neurotische Angst vor dem offenen Wort. Und so ging es auch in der damals streng verordneten Sprachregelung eben nur um »das Abtragen von Altbausubstanz«, um Platz zu schaffen für einen Neubau der Universität. Die Kirche blieb in den Medien mit Sorgfalt unerwähnt. Es war ja keineswegs so, dass dem Regime das Bewusstsein gefehlt hätte für den Wert des Zerstörten. Im Gegenteil, die Universitätskirche wurde gesprengt *wegen* ihres Wertes. Da ging es ja nicht nur um ein 700 Jahre altes, mit Geistes- und Kulturgeschichte hochbesetztes Bauwerk im Stadtkern. Die Kirche war Kristallisationspunkt einer Geistes- und Lebenswelt, die dem Regime zu Recht suspekt blieb. Es wurde ein Exempel statuiert, gerichtet gegen ein nicht hinreichend konformes Bürgertum. Die Sprengung war eine *politische* Botschaft. Und der Schock ging weit über den Kreis der religiös Orientierten hinaus.

Eine klare, unübersehbare Aktion tat Not. Die politische Vernunft, die seit Jahren gegen Flugblätter und jedwede Romantik von Resistance gesprochen hatte – weil man der Stasi damit nur nutze, ihr die Rechtfertigung liefere für die Wucherung des Überwachungsapparates – hier galt sie nicht mehr. Hin und wieder hatte man Ruinen zerbombter Kirchen, auch restaurierbarer, weggeräumt. Doch die Sprengung einer unversehrten gotischen Kirche im Stadtzentrum war ein auch im Osteuropa der Nachkriegszeit singulärer Akt kultureller Barbarei. Das Regime hatte Grenzen verletzt oder gar versetzt, hatte neue Räume totalitärer Machtausübung getestet und sollte zumindest erfahren, dass dies auch unerwartete Reaktionen auslöst.

→ Stefan Welzk 1968

Zufall und Dummheit wollten es, dass die Kirche just zehn Tage vor dem Internationalen Bachwettbewerb gesprengt wurde, zu dem in mehrjährigem Abstand die Bach-Stadt einlud. Der Bachwettbewerb war ein Kulturereignis ersten Ranges, dessen sich der prestigesüchtige Staat gern rühmte, stets auch von westlichen Teilnehmern wohlfrequentiert und von unbezweifelbarer Qualität. Ein Teil des Orgelwettbewerbes pflegte in der kurz vorher gesprengten Universitätskirche stattzufinden. Harald Fritzsch, Doktorand am Akademie-Institut für Gravitationsforschung in Potsdam, wollte in der Thomaskirche von Hand ein Transparent entrollen. Ich fand seinen Vorschlag unnötig riskant und von der Wirkung her suboptimal. »Wir sind doch Physiker. Uns muss doch etwas einfallen, das Furore macht, ohne dass wir sofort im Stasi-Keller landen.«

Für Abschlusskonzert und Preisträgerauszeichnung des Bachwettbewerbs war die Kongresshalle ausersehen, mit Politprominenz und Medienbegleitung. Das bot ein grandioses Auditorium für eindrucksvollen Protest. Und so kaufte ich in Berlin den erforderlichen Wecker und in einem Fachgeschäft für Fahnen in Potsdam das größte gelbe Tuch, das zu haben war. Bemalt wurde es von Rudolf Treumann, Kollege am Akademie-Institut für Geomagnetismus in Potsdam. Rudolf war Vater von zwei noch kleinen Kindern und trug deshalb von uns allen das höchste Risiko. Mit dicken Strichen schwarzer Farbe übertrug er die genauen Konturen der Kirche auf das grellgelbe Tuch, 1968, das Jahr der Zerstörung, mit einem Kreuz und darunter die Worte »WIR FORDERN WIEDERAUFBAU!« Die Losung, drei Wochen nach der Sprengung, musste absurd anmuten. Keinen Augenblick hatten wir damals an einen Wiederaufbau gedacht. Ich hatte sie gewählt, um schockartig vor Augen zu führen, dass etwas Unwiederbringliches zerstört worden war.

Ich glaubte, mich einer eisernen Verschwiegenheit unterworfen zu haben. Sogar Haralds Frage, wer das Transparent gemalt habe, hatte ich abgeblockt. Jeder Beteiligte sollte nur das für ihn funktional Unentbehrliche wissen. Dennoch muss ich mir zwei Leichtfertigkeiten vorwerfen und eine davon führte zur Katastrophe. Da war mein Drang, den Dichter Peter Huchel zu beeindrucken. Nachdem er als Chefredakteur von »Sinn und Form« gefeuert worden war, mit Begleitkampagne in den einschlägigen Medien, hatte ich unter befreundeten Studenten und Dozenten in Leipzig eine Sammlung für den Verfemten organisiert. Peter Huchel hat das Geld abgelehnt. Doch er war erkennbar berührt. Später, als Doktorand in Potsdam, wenige Motorradminuten entfernt von Wilhelmshorst – war ich öfters bei Huchels zu Gast. »Ich zeig Ihnen mal was.« Im hinteren Teil seines Gartens breitete ich über den moosigen Boden das große gelbe Transparent, das in der Leipziger Kongresshalle hängen sollte, Peter Huchel war schier außer sich vor Freude. Er strahlte. Doch der Nachbar lag ja bei jedem Besuch auf der Lauer. Diesmal begleitete mich Peter Huchel durch den Wald zur Chaussee, wo ich nach Leipzig davontrampe.

Dort begegnete ich zufällig Dietrich Koch, mit dem ich damals befreundet war. Auch er war theoretischer Physiker, war fünf Jahre älter und Assistent an einem Akademie-Institut. Ich erzählte ihm von der beabsichtigten Aktion. Er war begeistert. Er hatte sich mehrere Tage vor der Sprengung auf dem Karl-Marx-Platz vor der Kirche aufgehalten, war auch auf einen Polizeilaster verladen und ins Präsidium verbracht worden. »Wir bereiten das am Mittwoch bei mir vor. Du kannst ja dazukommen, wenn du willst.« Das war der zweite, kardi-

→ Transparent der Protestaktion

WANDLUNGEN / Stefan Welzk

nale Fehler. Ihn einzuweihen war in keiner Weise erforderlich. Alles war durchorganisiert. Ich hatte ein elementares Prinzip von Resistance verletzt.

Am Mittwochabend erschien Dietrich Koch und dann auch Harald mit dem Zeitauslöser. Der funktionierte einwandfrei, wurde aber noch vereinfacht. Wir nagelten, schraubten und knoteten das Ganze an zwei Latten. Das zusammengerollte Transparent erinnerte an eine Landkarte aus dem Schulunterricht. Gehalten wurde es von einem Bindfaden, an dessen Ende ein Nagel gebunden war. Der steckte hinten am Wecker in der Flügelschraube, mit der das Läutwerk aufgezogen wurde und die sich beim Läuten zurückdreht. Dann würde der Nagel, gezogen vom Eigengewicht des Transparents mit seiner dieses beschwerenden Latte, aus der Flügelschraube fallen und das Transparent sich entrollen, eine verblüffend einfache Konstruktion.

Am nächsten Morgen fuhr ich mit der Straßenbahn zur Kongresshalle, im grauen Arbeitskittel, Transparent mit Gestänge und Wecker umhüllt wie ein technisches Stativ für irgendwas. Harald wartete schon, ging rein, um das Terrain zu sondieren, kam raus und sagte: »Es geht nicht. Die Bühne ist voll von Leuten.« Eine Vielzahl von Arbeitskräften war dort zugange, Fernsehmonteure, Rundfunktechniker, Dekorateure, Brandschutz und sonstige Hilfskräfte. »Ist vielleicht gut,« sagte ich. »Jeder wird denken, ich bin einer von den Anderen.« Mit einem freundlichen »Gestatten Sie mal bitte« schob ich mich durch zur Leiter zum Schnürboden, kletterte hoch und verknotete unsere Konstruktion. Fingerdick lag hier oben der Dreck. Mit jeder Bewegung hob er sich in Schwaden. Staubwolken schwebten herunter auf die weiße Dekoration mit ihrer Goldaufschrift, welche die obere Bühnenhälfte füllte. Die ganze Dekoration geriet beim Anbringen des Transparentes ins Schweben, just als auf der anderen Seite des Saales das Fernsehen seine Kameras auf diese justierte. Endlich war alles fertig. Ein letzter prüfender Blick: Das Transparent war mit dem Bild nach hinten aufgehängt. Alles abschneiden. Die ganze riskante Dreckarbeit von vorn. Fast wäre jetzt die Aktion an zu wenig Bindfaden gescheitert. Schweißüberströmt eilte ich zwischen den verblüfften Bühnenarbeitern hindurch, erst in die nächste Toilette zum Wasserhahn, verdreckt fast wie ein Kohlekumpel, und dann nach draußen. Dort stand Harald, um im Fall meiner Festnahme Freunde zu informieren, damit Wohnungen von belastendem Schrifttum gesäubert würden.

Das Glück war mit uns. Kurz vor acht Uhr abends begann der Saal zu toben. Zufällig hatte sich das Transparent in den günstigsten Sekunden entrollt, als der letzte Redner sich verneigte und dann erst nach und nach mitbekam, dass der anhaltende stürmische Beifall nicht ihm galt. Als schließlich irgendwelche Chargen den Schnürboden erklommen und das Transparent hochgezogen hatten, entglitt es ihnen, entrollte sich unter einem Beifallssturm erneut mit einer Staubwolke und hinterließ schließlich auf der weißen Bühnendekoration einen unübersehbaren Dreckfleck. In der Nacht erging »Durch Kurier SOFORTMELDUNG« nach Berlin an das Ministerium für Staatssicherheit.[1]:

GEGNERISCHE TÄTIGKEIT:
19 Uhr 30 begann in Kongreßhalle Abschlußveranstaltung und Auszeichnung der Preisträger des Bachwettbewerbs 1968. Gegen 20.00 Uhr entrollte aus Bühnendekoration Transparent aus gelbem Stoff – Größe ca. 145 × 275 cm, mit Beschriftung: ›1968 – Kirchenkreuz gezeichnet – Umrisse ehemalige Universitätskirche –‹ und in ca. 17 cm großen Buchstaben ›Wir fordern Wiederaufbau‹ mittels schwarzer Plakatfarbe. Transparent hing ca. 8–12 Minuten herab und veranlasste Teile der Besucher zu längerem Applaudieren. [...] An Veranstaltung nahmen ca. 1800 Personen teil, darunter die in- und ausländischen Teilnehmer und Gäste des Bach-Wettbewerbs. An Persönlichkeiten waren anwesend: Min. f. Kultur, Gysi, Min. f. Hoch- u. Fachschulwesen, Gießmann, OBM Gn. Kresse u. a. Die Vorkommnisse auf der Bühne wurden u. a. von Angehörigen einer japanischen Delegation gefilmt. Veranstaltung durch Fernsehfunk aufgezeichnet. Unbekannte Täter gehören vermutlich reaktionären Kirchenkreisen an. Weitere Bearbeitung wurde von KD des MfS übernommen.
Leiter der Abteilung K – Bauerfeld – Major der K«.

Dass Minister dem Spektakel in der Kongresshalle in der ersten Reihe beiwohnen würden, hatte ich nicht ge-

→ Kongresshalle mit entrolltem Transparent

wusst. Doch ein klein wenig Belsazar-Effekt, ein *Mene mene tekel u-parsin* vor den Repräsentanten dieses Regimes, das kam nicht ungelegen. Den Besuch des Konzertes hatte ich mir verboten, eine fast übermenschliche Selbstdisziplinierung, denn an diesem Tag hätte ich in Potsdam am Institut arbeiten müssen.

Die Fahndung verlief systematisch und logisch. Von den Arbeitern, die am Vormittag auf der Bühne zugange waren, bekundete ein jeder der Befragten, ihm sei nichts aufgefallen. Lehrkörper und Studenten der Hochschule für Graphik und Buchkunst wurden Person für Person vernommen, desgleichen die der Kirchenmusikschule im benachbarten Halle. Auch die Hochschule für Musik in Leipzig wurde durchsiebt. Doch ich war weder Christ noch Graphiker noch Musiker. Es hatte schon seine bittere Komik, Jahrzehnte später in den Dokumenten zu lesen, wie viele sich mit Verdächtigungen zu profilieren versucht hatten. Professor Fischer, ein mediokrer, aber linientreuer Pianist, damals Rektor der Musikhochschule, denunzierte höchstbeflissen

→ Stefan Welzk nach der Flucht 1969

doch wenig hilfreich drauflos. Das Ensemble des im gleichen Gebäude untergebrachten »Theaters der Jungen Welt« verdächtigte einen von den Kollegen offenbar seit Langem gemobbten Schauspieler. Der Staatssicherheitsdienst vermerkte dazu lapidar: »Der [...] wird für eine mögliche Beteiligung an der Tat in der Kongresshalle ausgeschlossen. Der Regisseur schätzt den [...] als viel zu feige ein. Es handelt sich um einen sensiblen Menschen, welcher homosexuell veranlagt ist«.[2] Und es gab Festnahmen von Leuten, die sich im Freundeskreis mit dieser Aktion gebrüstet hatten, verpfiffen worden sind und dann wieder laufengelassen wurden.

Meine Grundangst war es, nach einer Verhaftung den Vernehmungen nicht standzuhalten und jemanden preiszugeben, im Besonderen Rudolf Treumann. Eine Flucht war lange schon angedacht, doch jetzt mussten wir wohl weg. Harald und ich entschlossen uns zur Durchquerung des Schwarzen Meeres mit seinem Faltboot. Wir starteten nördlich von Varna und strandeten nach etwa 32 Stunden in schwerer See beim ersten türkischen Grenzposten.

Unsere Furcht, von der Stasi gegriffen zu werden, war, wie wir heute wissen, nur allzu berechtigt. Ein eher marginal Beteiligter hatte nicht wenigen seiner Freundinnen von der Aktion erzählt und das teils noch *vor* deren Stattfinden, und sich dabei den Bau des Zeitauslösers wie auch das Malen des Transparentes zugeschrieben. Kurzum, Informationen, mehr oder weniger genaue, liefen um. 1970 wurden sie von einer IM hinterbracht. Drei wegen Flucht und Fluchthilfe Inhaftierte, darunter auch jener Randbeteiligte, kamen jetzt auch wegen staatsfeindlicher Gruppenbildung und Hetze »in die Mangel«. Weitere Verhaftungen folgten. Terrorurteile bis zu sechs Jahren wurden verhängt, auch gegen Freunde, die von dieser Aktion keinerlei Kenntnis gehabt hatten. Irgendwann gelang dann ihr Rauskauf in den Westen. Rudolf Treumann blieb unentdeckt. 1979 gelang ihm mit seiner Familie die Flucht. Sofort kam er am Max-Planck-Institut für extraterrestrische Physik in München unter und wurde bald Professor in München. Harald Fritzsch wurde nach grundlegenden Arbeiten mit Nobelpreisträger Gelman in den USA zur Theorie der Elementarteilchen Ordinarius für theoretische Physik in München. 2013 hat ihm die Universität Leipzig die Ehrendoktorwürde verliehen.

Werner Schulz, in der Wende für das Neue Forum am zentralen Runden Tisch, und dann im Bundestag parlamentarischer Geschäftsführer von Bündnis 90/ Die Grünen, sagte 2001 in einem »Spiegel«-Interview: »Wir kannten die Bilder aus dem Westen, zum Beispiel dieses berühmte Spruchband ›Unter den Talaren Mief von tausend Jahren‹. Aber das Transparent, das im Juni 1968 in Leipzigs Kongresshalle runtergelassen wurde, das kennt im Westen niemand. [...] Was meinen Sie, was da los war, wie das provoziert hat. Aber die Bilder unseres Protestes landeten in den Archiven der Stasi, nicht in Zeitungsredaktionen« (Spiegel 12/2001 S. 56).

[1] BStU, Akte Lpz. AU 335/72. K Bd.1, Blatt 08.
[2] BStU, Akte Lpz. AU 335/72 K, Bd.1, Blatt 92.

Nikolaus Krause

»DAS GEISTIGE SCHLUPFLOCH AM KARL-MARX-PLATZ«

In einem Gespräch erinnert sich Nikolaus Krause, Pfarrer i.R., an die Universitätskirche und ihre Sprengung. Als Theologiestudent protestierte er im Frühjahr 1968 gegen die Sprengung der Kirche und rückte damit ins Visier der DDR-Staatsmacht. Für seinen Protest wurde er zu 22 Monaten Gefängnis verurteilt.
Die Fragen stellte Manuela Lißina-Krause.

Wie haben Sie die Universitätskirche St. Pauli in Leipzig erlebt?
Auf dem Weg von meiner Studentenbude in Gohlis zur Theologischen Fakultät am Peterssteinweg bin ich mehrmals am Tage mit der Straßenbahn an der »Unikirche« vorbeigefahren. Selten nur schien sie mir unbelebt. Vielmehr brannte Licht durch die kleinen Fenster der Sakristei oder die schöne Rosette. Fast nie stand die Eingangstür still. Einzelne oder Gruppen verschwanden dahinter oder traten heraus. So ist mir die Kirche in Erinnerung: Ein lebendiges Schlupfloch neben der hohlen Fassade des Augusteums, ein geistiges Schlupfloch am Karl-Marx-Platz!

Was hat Ihnen die Kirche bedeutet?
Vieles hat sie mir bedeutet. Sonntag für Sonntag war sie für mich Treffpunkt, nicht nur mit Gleichaltrigen aus der Studentengemeinde und Studentenschaft. Nein, man sah sie, die alten Größen der Leipziger Vergangenheit, das Bildungsbürgertum, die Akademikerschaft der Stadt, Grafiker und Musiker, um nur einige zu benennen. Mit ihnen allen konnte man sich gemein fühlen, glauben, singen und beten und wie selbstver-

ständlich gegen ein Land und gegen eine Stadt bekennen, die das Christentum marginalisieren wollten.

Gestärkt von dieser Gemeinschaft tauchte man wieder ab und durchstand unbeschadet den alltäglichen Atheismus, das Verlachen des Glaubens. Die gute Luft, der wahre Geist reichten bis zum nächsten Sonntag.

Doch was wäre die Predigerkirche Luthers ohne ihre damaligen Prediger gewesen? Sie waren unsere theologischen Lehrer; ihre Vorgänger waren die Lehrer meiner Eltern und meines ältesten Bruders, der ebenfalls Theologe ist. Sie waren für uns angehende Theologen so wertvoll: Waren die einen mehr seelsorgerlich ausgerichtet, hatten die anderen eine gute Art, hohes theologisches Wissen in ihre individuelle Frömmigkeit zu gießen. Wir alle profitierten aber auch von den Zitaten, nicht nur der Bibel, Martin Luthers oder Thomas v. Aquins. Nein, auch und gerade das Zitieren von Hermann Hesse, Werner Heisenberg, Ernst Bloch, Ludwig Uhland, Alexander Solschenizyn oder George Orwell machten die Atmosphäre der Universitätskirche aus. Der weite geistige und geistliche Horizont, der in dieser Kirche aufgespannt wurde, stand der Universitätsstadt Leipzig gut zu Gesicht!

Herrlich und beseelend war auch die Vielfalt der Musik mit dem Universitätschor unter den Musikdirektoren Dr. Friedrich Rabenschlag und Prof. Hans-Joachim Rotzsch und die Gastauftritte der Meißner Kantorei unter Dr. Erich Schmidt.

Wirklich unübertrefflich war das Orgelspiel von Prof. Robert Köbler. Welch herrlich auf die Atmosphäre der Gottesdienste abgestimmte Improvisationen bei den Vorspielen und den Begleitungen der Choräle ihm gelang. Jede Strophe wurde von ihm einzeln bedacht; und es waren viele, die gesungen wurden. Dr. Ulrich Kühn, damals Oberassistent an der Theologischen Fakultät, sammelte um sich eine Schar von Studenten, die sonntäglich im Hohen Chor psalmodierten. Dort war auch ich gern dabei. Die Schola, bestehend aus Studentinnen und Studenten der theologischen Fakultät, traf sich 30 Minuten vor Gottesdienstbeginn in einem Raum unter der Orgelempore. Dort übte sie den Tagespsalm ein, sprach ein Gebet und nahm während des Eingangsgeläutes im Hohen Chor auf den bereitgestellten, schön geschnitzten Stühlen Platz. Stehend sangen wir die Liturgie. Konzentriert und ehrfürchtig füllten die Töne den großen Raum. Beeindruckt beobachtete ich die Prediger, unsere Lehrer, wenn Sie nach dem Credo, begleitet durch den unvergesslichen Küster Herrn Martin, vom Altar zur weit entfernten Kanzel schritten: Gang und Körperhaltung zeigten eine tiefe Demut der hohen Theologen vor ihrem Verkündigungsdienst.

→ Nikolaus Krause, 1970

Wie war die Stimmung im Frühjahr '68 in Ihrer Umgebung?

Das Attentat auf Martin Luther King im April hat uns stark bewegt. Es war die Hoffnung, die von ihm ausging, die Gesellschaft mit friedlichen Mitteln zu wandeln. Der Prager Frühling mit seiner Vision auf einen Sozialismus mit menschlichem Antlitz war in aller Munde.

Die Aussprache über die neue Verfassung der DDR mit dem Versuch, Bürger zu bewegen, beim Volksentscheid nein zum »JA« zu sagen, stand ebenfalls im Raum. Im Studentencafé »Corso« prallten die Geister aufeinander und wir suchten die erhobene Faust der Einheitspartei zu öffnen. Insgesamt war es wohl eine ambivalente Stimmung zwischen hoffnungsvollem Aufrechtgehen und ängstlichem sich Ducken.

In diese Spannung kam das Gerücht von der Beseitigung der Unikirche.

Schon einmal, Anfang der 1960er Jahre sollte die Unikirche einer großzügigen Planung der Innenstadt weichen. Es kam damals aber nicht dazu. Seit 1967 gab es wieder Andeutungen, dass zum 20. Jahrestag der Republik, also bis Oktober 1969, Baufreiheit für ein geistig-kulturelles Zentrum in der Innenstadt geschaffen werden solle. Dem brutalen Satz: »Das Ding muss weg!« (Walter Ulbricht zugeschrieben) wollte keiner wirklich Glauben schenken – das war für viele einfach unvorstellbar.

> **[...] Insgesamt war es wohl eine ambivalente Stimmung zwischen hoffnungsvollem Aufrechtgehen und ängstlichem sich Ducken. [...]**

Was hat die Sprengung für Sie bedeutet?

Es war unfassbar. Für mich war es ein Untergang des Abendlandes. Wir diskutierten in der Fakultät gerade Eduard Sprangers Werk, in dem es sinngemäß hieß, dass das Abendland seinen Zenit überschritten hätte und dem Untergang geweiht sei. Wir jungen Studenten dachten damals: Nein, das kann nicht stimmen; das ist eine jener professoralen Reden, die zum Ausdruck bringen will: »Nach uns kann es nur noch schlechter werden.«

Nun geschah es: schon das Bohren für die Sprenglöcher tags zuvor ging allen unter die Haut. Und dann die Sprengung! Da wankte nicht nur das Fundament der lieben Kirche und des Augusteums. Nein, ich fühlte ganz leibhaftig: Hier ging ein Stück christliches Abendland unter. Die Sprengung der Kirche war ein Symbol für mich. Es war für mich weit mehr als nur das Sprengen von Steinen.

Die Vorstellung, dass Menschen etwas Unwiederbringliches zerstören wollten, dessen Wert sie nicht im Entferntesten einschätzen konnten, war für mich traumatisch: Fliehen, standhalten, sich tot stellen?! Ich habe im ersten Moment nicht gewusst, welche Reaktion für mich die richtige ist. Am Ende trieb es mich in den Protest. Ich wollte ein Zeichen setzen, gegen diese Geistlosigkeit, die irgendwann selbst ihre eigenen Ruinen bei Nacht und Nebel wegfuhr und dafür sorgen wollte, dass Gras darüber wuchs. Das war mir einfach ein starkes inneres Bedürfnis, auch wenn mir klar war, dass es nichts nutzte. Zudem wollte ich meinen Gott herausfordern, der sich für mich damals nach nichts anfühlte.

Wie formierte sich Ihr Protest?
Als einer der beiden Seminargruppensekretäre des fünften Studienjahres schlug ich einzelnen Studenten vor, in einem Brief an den Stadtarchitekten Leipzigs unsere Sorge über die Gerüchte, die die Beseitigung der Unikirche betrafen, zu formulieren und diesbezüglich um eine Aussprache zu bitten. Diesen Brief las ich den versammelten Studenten im großen Hörsaal der Fakultät vor. Dabei entwickelte sich spontan die Idee, das Schreiben von den Anwesenden zu unterzeichnen. Eine für die damalige Zeit tollkühne Aktion. Mehr als 100 Kommilitoninnen und Kommilitonen setzten ihre handschriftliche Unterschrift darunter! Als Kontaktperson habe ich mich im Brief mit meiner Adresse angeboten. Der Brief wurde Ende März 1968 verabschiedet. Zu einer Aussprache kam es übrigens nie.

Welche Formen des Protestes entwickelten sich darüber hinaus?
Neben diesem schriftlichen Protest seitens der Theologiestudenten gab es natürlich den Protest des Lehrkörpers der Fakultät, den unser Dekan, Prof. Ernst-Heinz Amberg, unermüdlich, bis an die Grenzen seiner physischen und psychischen Belastbarkeit gehend, in den Gremien vortrug.

Die Mensa am Peterssteinweg war in dieser Zeit unser »Infopoint«, wie man heute sagen würde. Dort kamen wir mit Studenten des Theologischen Seminars, den Physikern, den Musikern, den Mitgliedern der Katholischen Studentengemeinde und den Mitgliedern der Evangelischen Studentengemeinde zusammen. Dabei wurden Informationen ausgetauscht und Treffen auf dem Karl-Marx-Platz verabredet. Auf dem Karl-Marx-Platz kam es dann wiederum zu Solidarisierungen zwischen Studenten und Bürgern der Stadt. Blumen wurden an die Absperrzäune gelegt und in sie hineingewunden. Das alles in der Öffentlichkeit vor den Augen und Ohren natürlich auch der uniformierten und »ummantelten« Sicherheitskräfte. Immer wieder kamen Männer, störten die sich gegenseitig Mut machenden Trüppchen mit ihren barschen Worten: »Keine Gruppenbildung!« Man ging auseinander, um sich mit anderen zehn Meter weiter erneut zu treffen. Und dann wieder dasselbe Spiel: »Keine Gruppenbildung!« Es wurde zum Ritual und wirkte stützend. Aber es war auch ein Spiel der verzagten Häuflein gegen die Angst und mit der Angst.

Wie organisiert oder spontan war der Protest?

Der Protest war ein spontaner, oft hilfloser Aufschrei: sowohl aus den beiden Bischofskanzleien wie aus dem Amt für Denkmalpflege in Dresden von Prof. Hans Nadler und Dr. Elisabeth Hütter und auch aus der sächsischen Pfarrerschaft. Selbst Kulturminister Hans Bentzien, Volkskammerpräsident Johannes Dieckmann und viele andere versuchten ihr Mögliches. Es gab damals jedoch keine Vernetzung, keine Strategie. Oft wusste einer nichts vom anderen.

Dabei gab es Ahnungen und Anfragen zur Zukunft der Unikirche wohl seit Herbst 1967. Aber wie bereits erwähnt: Die Gerüchte erschienen zunächst so unglaublich, dass sie gar nicht richtig ernst genommen wurden. Wenn ich mich recht erinnere, begann der Protest im März '68 und setzte sich fort bis hin zu Aktionen in letzter Minute; so etwa dem legendären Blitztelegramm des katholischen Bischofs, Dr. Otto Spülbeck, vom 29. Mai an Walter Ulbricht mit der Bitte, die Kirche zu bewahren.

Was hat Ihnen die innere Sicherheit und Festigkeit für den Protest gegeben?

Es waren wohl die Freundinnen und Freunde aus dem Studium, aus der Katholischen und Evangelischen Studentengemeinde. Dank ihnen fühlte ich mich nie allein. Doch auch meine Eltern, beide gebürtige Leipziger und couragierte, kritische Geister haben mich ermutigt und mir den Rücken gestärkt. Natürlich sprühte in mir auch das Feuer der Jugend. Im Tiefsten, so denke ich heute, war es mein Herrgott, auch wenn ich ihn damals nicht gespürt habe.

Waren Sie sich bewusst, dass Ihr Protest nachträglich als strafbare Handlung angesehen würde?

Die Verhaftungen der Kommilitones Helga Salomon und Johannes Hassenrück in der Woche vor der Sprengung der Kirche machten mir schon Angst. Sie waren Initiatoren einer Flugblattaktion zur Ablehnung der Neuen Verfassung der DDR. Umso verwunderlicher ist, dass der Machtapparat erst vier Monate nach der Sprengung auf mich zugriff.

Sie wurden im September 1968 für Ihren Protest gegen die Sprengung festgenommen. Mit welcher Begründung? Mit welchen Konsequenzen?

Zunächst war die Begründung der Festnahme: »Die Klärung eines Sachverhaltes«. Während der U-Haft im Stasigefängnis auf der Beethovenstraße veränderten sich die Begründungen: »Ausübung staatsfeindlichen Terrors«, danach »staatsfeindliche Hetze.« Angeklagt und verurteilt wurde ich wegen »Staatsverleumdung«. Das geschah am 30. Januar 1969 in einem nichtöffentlichen Prozess. Das Urteil lautete 22 Monate Gefängnis, von denen ich 20 Monate verbüßte. Zunächst in der U-Haft, danach in der

Strafvollzugsanstalt Leipzig und zuletzt und am längsten im Strafvollzug Cottbus. Innerhalb dieser Zeit reifte in mir der feste Entschluss, Pfarrer werden zu wollen; und zwar in der DDR!

Eine weitere Konsequenz aus der Inhaftierung war die unehrenhafte Entlassung aus der Universität Leipzig. Die Exmatrikulationsurkunde ist das letzte Dokument meiner Zeit an der Leipziger Universität und steht unwidersprochen neben der Urkunde zur Verleihung des Bundesverdienstkreuzes 1. Klasse. Mit dieser Auszeichnung wurde nicht nur mein Protest gegen die Sprengung der Leipziger Universitätskirche anerkannt, sondern zugleich mein Einsatz für ein ökumenisches Seelsorgezentrum auf dem Gelände des Universitätsklinikums in Dresden gewürdigt. Dieses Seelsorgezentrum, das in den Jahren 2000/2001 gebaut wurde, ist für mich eine späte, aber große Genugtuung: Stand am Beginn meiner beruflichen Laufbahn die Sprengung einer Kirche auf dem Gelände einer Universität, so stand an dessen Ende der Aufbau einer Kirche auf eben einem solchen.

Welche Gefühle stellen sich bei Ihnen ein, wenn Sie durch den Neubau der Universitätskirche gehen?

In dem neuen Kirchenraum war ich bisher nur Ende 2013 einmal ganz kurz. Dabei konnte ich keinen richtigen Eindruck gewinnen, da noch alles mit Gerüsten verbaut war. Ich bin froh, dass man in der Front der Universität etwas von der alten Kirche erahnen kann. Irgendwann werden die Enkel fragen: Was für eine Rosette ist das? Was soll das für ein Zacken sein?! Und vielleicht antwortet der eine oder andere Leipziger: Ja, es lief nicht alles rund in den mehr als 600 Jahren Universitätsgeschichte. Es gibt einen Zacken in der Geschichte der Universität, der ist noch gar nicht so alt.

Aber gut, das sind Äußerlichkeiten. Dem Innenraum wünsche ich, dass er zum Herzen der *Alma Mater Lipsiensis* wird, mit dem Puls an der Zeit, durchblutet von einer Spiritualität, die dem paulinisch-philosophischen Satz: »In ihm leben, weben und sind wir« (Apostelgeschichte 17,28) zur Wahrheit verhilft. Ein Raum, in dem sich die Nachfahren des weitherzigen Philosophen Gottfried Wilhelm Leibniz, des Naturwissenschaften und Glauben verbindenden Werner Heisenbergs, des prinzipiell hoffenden Marxisten Ernst Bloch, der Germanistin Dorothea Seebass und anderer treffen: Ein »Infopoint« für Frauen und Männer aus aller Herren Ländern, für Agnostiker, Gottsucher, Alltagspragmatiker, für religiös Musikalische und Unmusikalische, ein Raum, der mit und ohne Orgelklang gestimmt ist auf den Grundton der Ehrfurcht vor dem Anderen, der Ehrfurcht vor dem Leben.

Martin Petzoldt

DER UNIVERSITÄTSGOTTESDIENST ALS AKADEMISCHER GOTTESDIENST – 1968 UND DIE FOLGEN

Die Novemberrevolution 1919 in Deutschland hatte insbesondere die Notwendigkeit erbracht, das Verhältnis von Staat und Kirche neu zu ordnen, ein Verhältnis, das bis dahin vom sogenannten Konstantinismus bestimmt war. Das betraf auch die Existenz von Theologischen Fakultäten an den nunmehr staatlichen Universitäten, aber eben auch eine solche Institution wie den Universitätsgottesdienst. Es berührt eigentümlich, dass ungeachtet der viele Jahre andauernden Auseinandersetzungen bis hin zu Gerichtsverhandlungen und -urteilen die gefühlten und praktischen Verhältnisse an der nun staatlich gewordenen Universität Leipzig zu dem bestehenden und fest installierten Universitätsgottesdienst eigentlich dieselben blieben, die vorher schon bestanden hatten.[1] Freilich hatten sich das Bild der Universität und ihr soziales Selbstverständnis, die als eigenrechtliche und -wirtschaftliche sowie als geistliche Größe und Einheit seit dem Mittelalter bestand, erheblich verändert. So bezeichnete man einst alle Personen, die an der Universität tätig waren sowie ihre Familien als Universitätsverwandte und konnte sie als eine eigenständige Gemeinschaft und Gemeinde führen. Es existierte zwar nach der Novemberrevolution die Körperschaft der Universität als eigene und selbstständige Größe bedingt weiter; sie war nun aber eine »Körperschaft des öffentlichen Rechts« geworden und unterlag in ihren wirtschaftlichen, finanziellen und rechtlichen Grundlagen denen des neuen demokratischen Staatswesens. Einem der Dresdner Ministerien – wie schon in Zeiten der konstitutionellen Monarchie dem Ministerium des Cultus und öffentlichen Unterrichts, später dem Staatsministerium für Wissenschaft und Kunst – zugeordnet, verblieben ihr zwar noch Eigentumsrechte an Liegenschaften und Flächen in und außerhalb Leipzigs[2], doch sowohl ihre Grundfinanzierung als auch die rechtliche und staatlich-parlamentarische Überwachung aller Vorgänge, Vollzüge und Veränderungen institutioneller und personeller Art waren im politischen Bereich zuerst eine hoheitliche Sache des Dresdner Ministeriums und in zweiter Linie erst eine Sache der Universität selbst. So wäre es folgerichtig gewesen, wenn man im Zuge der durch die Weimarer Reichsverfassung erlassenen Bestimmung, es bestehe in Deutschland keine Staatskirche[3], auch die unmittelbare Anbindung des Universitätsgottesdienstes an die Universität aufgehoben hätte. Doch das geschah nicht. Der Universitätsgottesdienst in Leipzig bestand weiter unter zumeist gleichen Bedingungen wie vor 1919: Dazu gehörte seit 1834 vor allem die Aufgabe des Rektors, einen der ordinierten Professoren der

Theologischen Fakultät zum Ersten Universitätsprediger zu berufen, einen anderen zum Zweiten Universitätsprediger.[4] Diese Institution hat sich als Rechtsgrundlage bis heute erhalten; sie ist nach 1990 vom Senat der Universität leicht modifiziert bestätigt worden[5] und erhielt im neuen Staatskirchenvertrag des Freistaates Sachsen[6] die zusätzliche Bestimmung, dass ein jeweiliger neuer Erster Universitätsprediger durch den Landesbischof der Evangelisch-Lutherischen Landeskirche Sachsens in sein Amt eingeführt wird.

Weitere Amtsinhaber, die im Gottesdienst unmittelbar leitend tätig sind, werden nach wie vor von der Universität gewollt und für ihr Amt sogar honoriert: der Universitätsmusikdirektor, dessen Amt aus dem des Universitätskantors hervorging, der Universitätsorganist und der (die) Universitätsküster. Bei letzteren handelt es sich seit der Zeit des aus Altersgründen bedingten Ausscheidens des letzten angestellten Universitätsküsters, Herrn Arthur Martin, um Studierende der Theologie. Diese Konstellation hat sich auch über die Zeit der DDR selbst bis in die Zeit nach der Sprengung der Kirche 1968 erhalten.

Die Kirche als Bauwerk – wie die anderen Universitätsgebäude ebenso – gehörte bis zur Gründung der DDR zum körperschaftlichen Eigentum der Universität, wie grundsätzlich auch nach 1990 wieder; in der Zeit zwischen 1949 und 1990 war sie Staatseigentum, was eben 1968 jedweden Umgang des Staates mit dem Kirchengebäude eigentumsrechtlich möglich machte. Dennoch sah man als Universitätsgemeinde die Pflicht zur baulichen Mitverantwortung, Unterhaltung und Bewirtschaftung nicht ausschließlich bei der Universität oder – wie in DDR-Zeiten – beim Staat, sondern bemühte sich z. B. sehr emsig um Finanzen (u. a. mit Hilfe der Zweckbestimmung der Kollekten »für die eigene Gemeinde«), um das im Krieg zerstörte Buntglasfenster nach Osten doch einmal durch ein neues zu ersetzen. Es war nach 1943 mit einfachen klaren Glasscheiben verschlossen worden, die man in den späten 1950er Jahren jedoch mit weißer Farbe versah; das deshalb, weil die Gottesdienstbesucher dadurch weniger der starken Blendung durch die Morgen- bis Mittagssonne ausgesetzt wurden. Zuvor konnte die Gemeinde von Vorgängen oder Personen im Chorraum kaum etwas erkennen. Prof. Dedo Müller pflegte zu sagen, man werde demnächst den Gottesdienstbesuchern Sonnenbrillen austeilen müssen.

1961 verteidigte Elisabeth Hütter an der Philosophischen Fakultät der Karl-Marx-Universität ihre Arbeit zum Thema »Die Pauliner-Universitätskirche zu Leipzig, Geschichte und Bedeutung«. Diese universitäts-, stadt- und kunstgeschichtliche Monographie konnte erst 1993 im Druck veröffentlicht werden, nachdem sie von 1961 bis 1991 an der Universität unauffindbar gewesen war. Hier sind im Text sehr viele und bedeutsame Erkenntnisse und Informationen mitgeteilt, der Band ist reich mit Bildmaterial ausgestattet und enthält einen Anhang mit Regesten sowie ein ausführliches Literaturverzeichnis auf dem Stand des Jahres 1961.

In erinnerbarer und überschaubarer Zeit des 20. Jahrhunderts wurden Aufgaben der Organisation und Sekretariatsaufgaben des Gottesdienstes durch die jeweiligen Sekretärinnen der Ersten Universitätsprediger vollzogen, u. a. das Führen der Predigerliste. Während der Zeit Prof. D. Alfred Dedo Müllers (1890–1971) als Erstem Universitätsprediger war es dessen Privatsekretärin, Fräulein Käthe Stecher; in ihrer Nachfolge bearbeitete diese Aufgabe – sie wurde während der Dekanatszeit Prof. D. Heinz Wagners (1912–1994) angestellt – die langjährige Dekanatsdame, Frau Marga Strickrodt (1921–2010). In den späten 1970er Jahren übernahm der Autor dieses Beitrages auf Bitte Prof. Wagners und als Assistent Prof. Dr. Ernst-Heinz Ambergs (*1927) diese Aufgabe. Termine und Prediger der Öffentlichkeit bekannt und zugänglich zu machen, bestand nur in der Möglichkeit der Aushänge in kleinen Schaukästen am Ost- und West-Portal des Kreuzganges der Universitätskirche und in der Theologischen Fakultät am Schwarzen Brett sowie durch Aufnahme in die Kirchlichen Nachrichten, die die CDU-nahe Presse wöchentlich abdruckte.

Der Zugang zur Kirche war verhältnismäßig frei geregelt; nicht nur verfügten die Küster über die notwendigen Schlüssel, sondern auch Studierende der Kirchenmusik der staatlichen Hochschule für Musik und Theater und natürlich ebenso alle Amtsträger. Selbst

→ Prof. D. Alfred Dedo Müller

nicht im dauernden Besitz eines Schlüssels, brauchte man nur beim Pförtner des rückwärtigen Albertinums am Universitätshof vorstellig zu werden, um einen Schlüssel zu bekommen. Von Studenten organisiert, fand regelmäßig freitags früh, 7.45 Uhr im Chorraum der Universitätskirche, eine Andacht der Theologischen Fakultät statt, zu der einer der Professoren oder Dozenten der Theologischen Fakultät um eine Auslegung gebeten wurde. Ebenso auf studentische Initiative hin versammelten sich donnerstags abends im Anschluss an die Bibelstunde der Evangelischen Studentengemeinde (Gemeinschaftshaus, Paul-Gruner-Straße) mindestens 20 bis 30 Studenten im Chorraum, die die *Complet* (liturgisches Nachtgebet) hielten. Bei beiden Gelegenheiten wurden spontan die Aufgaben eines *Cantors, Lectors, Hebdomedarius* u.ä. verteilt. Ähnlich organisiert waren von der Evangelischen Studentengemeinde die täglichen Mittags-Andachten (13.15 Uhr) und die Wochenschluss-Andacht sonnabends 14 Uhr, beides im Chorraum der Universitätskirche. Dies alles geschah, obgleich es seit dem Prozess gegen den Studentenpfarrer Dr. Siegfried Schmutzler (1915–2003) ein Verbot seitens der Universität gab, das Veranstaltungen der Evangelischen Studentengemeinde in der Universitätskirche untersagte. Ebenfalls fanden ökumenische Semestergottesdienste statt, die dann unter der Leitung der Katholischen Studentengemeinde veranstaltet wurden. Diese nutzte die Universitätskirche als katholische Propsteikirche Leipzigs und verfügte über unkontrollierten Zutritt. Freilich muss daran erinnert werden, dass bis zu dem genannten Zeitpunkt die Universitätskirche Ort zahlreicher und intensiver gottesdienstlicher Nutzung gewesen ist, die einen offenen Gebetskreis einschloss.[7]

Dr. Ulrich Kühn (1932–2013), der Mitte der 1960er Jahre wegen des Fehlens einer adäquaten Stelle in der Systematischen Theologie einen Lehrauftrag für Praktische Theologie wahrnahm, vereinte um sich eine liturgische Schola, die im Sonntagsgottesdienst liturgische Aufgaben erfüllte. Universitätsorganist Prof. Robert Köbler hatte dieser Gruppe sogar eigene mehrstimmige Halleluja-Verse komponiert und gewidmet.

Die Universitätsgottesdienste in der Universitätskirche wurden bis in den Mai des Jahres 1968 regelmäßig gehalten, und zwar bis zum Himmelfahrtstag, 23. Mai 1968. Doch schon die Aufführung der Matthäus-Passion Johann Sebastian Bachs durch den Leipziger Universitätschor unter Leitung von Hans-Joachim Rotzsch (1929–2013) am Donnerstag, dem 4. April 1968, ließ eine große ratlose Hörerschaft zurück, die nach dem Ende der Passion in der Kirche verblieb, weil sich das Gerücht verbreitet hatte und hartnäckig hielt, die Kirche solle entfernt werden. Die Gottesdienste der folgenden Sonn- und Festtage wurden gehalten von Dr. Helmar Junghans (Palmarum und Rogate), Prof. Dr. Amberg (Karfreitag), Prof. D. Sommerlath (1. Ostertag), Prof. D. Wagner (Quasimodogeniti und Himmelfahrt), Dr. Böhme (Misericordias Domini). Die Prediger der Sonntage Jubilate und Kantate sind nicht mehr feststellbar. Am Sonntag Misericordias Domini wurde der damalige Dekan, Prof. Dr. Amberg, in der Thomaskirche durch Superintendenten Herbert Stiehl (1909–

1992) ordiniert. Aber auch die Gottesdienste des Homiletisch-liturgischen Seminars unter Leitung der Professoren D. Alfred Dedo Müller und D. Heinz Wagner liefen seit Beginn des Sommersemesters regelmäßig. Der Autor dieses Beitrages hat in diesem Seminar als Theologiestudent sogar zweimal predigen dürfen: das erste Mal am Dienstag, 26.3.1968, da er eine bereits gehaltene Predigt anbieten und damit eine sonst entstandene Lücke im Seminarfortgang ausfüllen konnte. Die zweite Predigt galt als reguläre Seminarpredigt und wurde von ihm am Dienstag, dem 21.5.1968, gehalten. Die Grundlage dieser Predigt war Kol 4, 2-6. Zwei Tage später am Himmelfahrtstag versammelte sich die Universitätsgemeinde zum Gottesdienst ein letztes Mal; die Predigt hielt der Erste Universitätsprediger Prof. D. Wagner zum Text Apg 1, 1-11. Während der Gottesdienstzeit tagte die Stadtverordnetenversammlung und stimmte einem Antrag zu, der die Sprengung der Kirche voraussetzte, ohne davon zu reden. Alle sog. Fraktionen der Versammlung stimmten dem Antrag einstimmig zu. Nur der Abgeordnete der CDU, Pfarrer Rausch, enthielt sich der Stimme, wohl auf Anraten der Stasi. Er hatte sich mit seiner Gemeinde in Leipzig-Probstheida nach 1953 von der Evangelisch-Lutherischen Landeskirche Sachsens in einem insbesondere für die Leipziger Evangelisch-Lutherischen Kirchen und ihren Superintendenten Herbert Stiehl schmerzhaften Prozess getrennt und wurde von staatlichen Stellen gefördert. Tags darauf erschienen in den Zeitungen lobende Erklärungen und bildliche Darstellungen der »Neubaupläne der Karl-Marx-Universität am Karl-Marx-Platz«, in denen vor allem dem Zentralkomitee der SED und seinem Vorsitzenden, dem Staatsratsvorsitzenden Walter Ulbricht, gedankt wurde.

Am Tag nach Himmelfahrt wurde den Professoren Amberg und Wagner die Möglichkeit angeboten, zusammen mit Studenten Gegenstände des liturgischen und gottesdienstlichen Gebrauchs aus der Kirche vor ihrer Sprengung zu bergen. Es handelte sich um Gesangbücher, Paramente, die Vasa sacra einschließlich der Altarleuchter und des Kruzifixes vom Altar sowie weitere Bücher, eine alte Holzkiste mit Büchern einer der beiden älteren Predigergesellschaften und die Talare. Der Transport dieser Gegenstände fand am Dienstag, 28. Mai, statt, wahrscheinlich mit dem Privatwagen von Prof. Wagner. Die geborgenen Gegenstände wurden zunächst in den Instituten für Systematische und Praktische Theologie am Peterssteinweg gelagert.

Einen bitteren Nachgeschmack erhielten die ohnehin nur sehr schwer erträglichen Vorgänge in Leipzig zusätzlich dadurch, dass es seitens der Evangelisch-Lutherischen Landeskirche Sachsens weder eine sichtbar-persönliche noch eine schriftliche Anteilnahme an dem Ereignis des 30. Mai 1968 gegeben hat. Die Landeskirche beging in den betreffenden Tagen Ende Mai 1968 in Meißen die 1000-Jahr-Feier des Bistums Meißen. Diese Feststellung betrifft unmittelbar den 30. Mai und nimmt ausdrücklich den Leipziger Stadtsuperintendenten Herbert Stiehl aus.

In den Wochen nach der Sprengung gab es auf staatlicher Seite zeitweise die Neigung, die Gottesdienste ganz einzustellen. Diesem Ansinnen widersetzte sich die Theologische Fakultät mit Erfolg, wie überhaupt die Bemühungen des Dekans und des Ersten Universitätspredigers durch die theologischen Mitglieder des Fakultätsrates geschlossen unterstützt wurden. Der Dekan, Amberg, wurde von staatlicher Seite angewiesen, eine Erhebung zu erstellen, wo und wie es an DDR-Universitäten sonst noch Universitätsgottesdienste gab. Dabei stellte sich heraus, dass es nur in Leipzig eine regelmäßige Feier des Universitätsgottesdienstes das ganze Jahr über gemäß den Kirchenjahresterminen einschließlich aller Sonntage gab. Schließlich problematisierte wie auch später niemand mehr diese Tatsache der Dichte der Gottesdienste.

Im Blick auf eine Fortsetzung der Gottesdienste gab es seit Sommer 1968 Verhandlungen mit der Universität; auf Seiten des Universitätsgottesdienstes und der Theologischen Fakultät verhandelten damals der Dekan, Prof. Dr. Ernst-Heinz Amberg, und der Erste Universitätsprediger, Prof. D. Heinz Wagner. Seitens der Karl-Marx-Universität Leipzig war es deren Verwaltungsdirektor Dr. Paulus.

Am 13. Oktober 1968 begannen in der Nikolaikirche die nach der Sprengung der Kirche am 30. Mai kurzfristig eingestellten Gottesdienste als »Akademische Gottesdienste«. Die Predigt hielt auf Bitte des Ersten Universitätspredigers, Prof. D. Wagner, der Dekan der Theologischen Fakultät, Prof. Dr. Amberg (Predigtgrundlage 1 Kor, 4–9); die Liturgie übernahm der Zweite Universitätsprediger, Prof. D. Ernst Sommerlath, DD. (1889–1983).

Als verantwortlich zeichnete für die Akademischen Gottesdienste in Fortsetzung der abgebrochenen Universitätsgottesdienste die Theologische Fakultät. Prof. Wagner blieb Erster Universitätsprediger; man kann fragen, ob man schlicht vergaß, ihn zu entpflichten, aber er blieb es, ohne von dem Titel und seinen Rechten einen offensiven Gebrauch zu machen. Da er weitaus bekannter als Rundfunkprediger war, sorgte auch diese Popularität für eine entsprechend hohe Frequenz im Besuch der von ihm gehaltenen Universitätsgottesdienste und Akademischen Gottesdienste. Für die Zeit nach der Friedlichen Revolution 1989/90 erwies es sich als rechtlich bedeutsam, dass in dem noch lebenden Ersten Universitätsprediger, der als letzter in der DDR-Zeit nach den Gepflogenheiten seit 1834 noch vom Rektor der Universität – also nach geltendem Recht – berufen worden war, die Institution des Amtes vorhanden war und überlebt hatte; daran konnte man rechtlich anknüpfen.

Der nächste Schritt im Sommer 1968 bestand in den Verhandlungen mit der St. Nikolaikirche, vertreten durch den Superintendenten für den Kirchenbezirk Leipzig-Land, Dr. Wolfgang Arnold (1908–1999). Man einigte sich auf die Mitnutzung der Nikolaikirche durch die Akademischen Gottesdienste, durch Semesteranfangs- und -schlussgottesdienste sowie für Sondergottesdienste, u. a. Begräbnisgottesdienste von Professoren (vornehmlich der Theologischen Fakultät). Dafür zahlte die Karl-Marx-Universität der Nikolaigemeinde pro Monat etwa 3000,– Mark der DDR als Aufwandsentschädigung. Die Anfangszeit des Akademischen Gottesdienstes wurde auf 11 Uhr festgesetzt. Der Gemeindegottesdienst von St. Nikolai sollte 9 Uhr beginnen. Nach kurzer Zeit zeigte sich, dass der Nikolaigottesdienst mit zwei Zeitstunden nicht auskam, so dass der Beginn der Akademischen Gottesdienste auf 11.15 Uhr verlegt wurde. Das geschah aber mit dem zweifelhaften Erfolg, dass St. Nikolai seinen Gottesdienstbeginn wieder auf 9.30 Uhr verlegte, wie es vor Oktober 1968 gewesen war. Die nun dadurch umso mehr entstehende Zeitknappheit des Nikolaigottesdienstes wurde zu einem Dauerproblem dieses leider ohnehin nie ganz konfliktfrei gebliebenen Verhältnisses.

Die Küsterdienste in der Universitätskirche hatten schon wenige Semester vor der Sprengung der Kirche zwei Studenten der Theologie übernommen, die unter der Anleitung des noch tätigen Universitätsküsters, Herrn Arthur Martin, eines früheren Universitätspedells, alle Belange des Gottesdienstes und der Bereitung des Raumes für den Universitätsgottesdienst besorgten. Bis 1966 hatte die Universität Leipzig einen eigenen Universitätsküster angestellt. Mit dem Ruhestand des damals letzten Amtsinhabers war diese Funktion offiziell vakant und wurde durch die Universitätsleitung nicht wieder besetzt. Nach Verhandlungen der Theologischen Fakultät und des Ersten Univer-

→ Ernst Sommerlath

sitätspredigers mit der Universität konnte eine Honorierung eines Theologiestudenten vereinbart werden, deren Mittel bislang aus dem Fonds für studentische Hilfskräfte der Theologischen Fakultät kamen. Erster studentischer Küster war Dieter Keucher (*1946, später Pfarrer in Seelitz b. Rochlitz und in Karl-Marx-Stadt/Chemnitz). Der studentische Küster trägt bis heute die Verantwortung für Vorbereitung, Nachbereitung und Kollektenabrechnung der Universitätsgottesdienste. Zu diesen Arbeiten und zu seiner Vertretung zieht er sich Kommilitonen als Famuli heran. Die Auswahl des Studentenküsters und seiner Famuli wie auch ihre Tätigkeiten stehen unter der Aufsicht des Ersten Universitätspredigers.

Hinsichtlich der gesammelten Kollekten in Universitätsgottesdiensten wird nach dem Kollektenplan der Evangelisch-Lutherischen Landeskirche Sachsens verfahren. Kollekten für die eigene Gemeinde werden dem Fonds für die Durchführung der Gottesdienste und Beschaffung liturgischer Gegenstände gesammelt, während Kollekten der Semestereröffnungs- und -schlussgottesdienste zumeist für einen besonderen Zweck erbeten werden. Kollekten der Universitätsvespern kommen der Durchführung der Vespern zugute, Kollekten des Orgelpunktes 12 werden dem Orgelfonds der Peterskirche übergeben.

Nach einer Verabredung etwa aus dem Jahr 1948 – damals durch die Verlegung des Kollektenkontos des Universitätsgottesdienstes aus dem Bereich der Universitätsverwaltung in den Bereich der kirchlichen Verwaltung, getroffen durch Prof. D. Alfred Dedo Müller – haben die gemeinsame Aufsicht über die Kollektenkonten der jeweilige Erste Universitätsprediger und der leitende juristische Amtsrat im Bezirkskirchenamt Leipzig.

Seit der Sprengung der Kirche lagern ein Satz neugotischer Paramente aus der Universitätskirche St. Pauli sowie ein Satz in neuerer kirchlicher Stilrichtung aus den 1950er Jahren in der Kustodie der Universität. Hier besteht die Aufgabe für den Neubeginn in der neuen Universitätskirche vollständige Sätze neuer Paramente zu beschaffen.

In der Nikolaikirche gestattete die gastgebende Gemeinde dem Akademischen Gottesdienst die kirchenjahresüblichen Einrichtungen des Raumes – Paramente, Altarschmuck, Adventskranz, Christbaum, Weihnachtsschmuck bis hin zur Bereitstellung der gemeindeeigenen Gesangbücher – zur Mitnutzung. Die studentischen Küster unterstehen der Weisung des Ersten Universitätspredigers, aber auch der Führung durch die Nikolaiküster. Eine Aushändigung eines Schlüsselbundes für alle notwendigen Zugänge und Türen an die studentischen Küster wurde erst in sehr viel späteren Jahren unter ungewöhnlich strengen Auflagen möglich. Den selbständigen Zugang zum Panzerschrank in der Sakristei, wo auch die *Vasa sacra* der akademischen Gemeinde lagerten, erlangten die studentischen Küster bzw. der Erste Universitätsprediger zu keinem Zeitpunkt, was in wenigen Fällen zu ärgerlichen Engpässen führte.

Da wenige Jahre nach der Wiederaufnahme der Gottesdienste in der Nikolaikirche die Zahl der Gottesdienstbesucher merklich zurückging, einigte man sich unter den Predigern und mit der Nikolaigemeinde, einzelne Termine des Kirchenjahres mit dem Gemeindegottesdienst der Nikolaikirche zusammenzulegen; in den schriftlichen Ankündigungen war anstelle eines eigenen Predigers zu solchen Sonn- oder Feiertagen vermerkt »zus[ammen]. mit St. Nikolai«. Es betraf u.a. den 1. Christtag, 1. und 2. Sonntag nach Weihnachten, den Neujahrstag, Epiphanias, den 2. Ostertag sowie an Wochentagen gefeierte Fest- oder Gedenktage. In den 1970er Jahren hat es Gottesdienste mit ausgesprochen kleiner Zahl an Besuchern gegeben, so dass inoffiziell der Vorschlag die Runde machte, man solle doch den Akademischen Gottesdienst auf immer mit dem Gemeindegottesdienst der Nikolaikirche zusammenlegen. Dieser Vorschlag ist aber zum Glück nie realisiert worden, denn sonst wären Neuanfang und Engagement für eine neue Universitätskirche St. Pauli am Augustusplatz nach der Friedlichen Revolution noch sehr viel komplizierter geworden, als es ohnehin der Fall war. In den späteren 1980er Jahren – nachdem die Zahl der Gottesdienstbesucher wieder zugenommen hatte – wurden die genannten Sonn- und Feiertage wieder mit eigenen Gottesdiensten begangen. Zu den reduzierenden Bemühungen gehörten am Anfang auch Verkürzungen der Gottesdienstordnung, wie z. B. der zeitweise Verzicht auf die Lesung der Epistel. Überhaupt erwies sich die Vertreibung der Universitätsgemeinde aus »ihrem« Haus als äußerst schädigend für den Fortgang der Gottesdienste.

Während gelegentlicher Innenrenovierungen der Nikolaikirche fanden die Gottesdienste zeitweise in der Nordsakristei, zeitweise auch im Gemeindesaal der Nikolaigemeinde, Ritterstraße 5, statt.

Eine sehr gute und tragfähige Lösung ergab sich im Blick auf die Kirchenmusik. Zunächst amtierte der vor allem als Improvisator und Professor für Orgel und Cembalo weit bekannte Robert Köbler (1912–1970, Universitätsorganist 1949–1970) zu den akademischen Gottesdiensten in der Nikolaikirche weiter. Nach seinem zu frühen Tod konnte der an der Nikolaikirche tätige Kirchenmusikdirektor Wolfgang Hofmann (*1928) gewonnen werden, sowohl den Orgeldienst als auch zu einzelnen ausgewählten Terminen (bes. Karfreitag, Christvesper am Heiligen Abend) die vokale Kirchenmusik mit seiner Kantorei St. Nikolai zu übernehmen. Er fungierte als »inoffizieller Universitätsorganist« bis zum Eintritt in seinen Ruhestand 1993. Da der Universitätschor – 1938 von Friedrich Rabenschlag (1902–1973) gegründet, auf dem bestehenden Universitätskirchenchor (der späteren Universitätskantorei, ab 1935 Heinrich-Schütz-Kantorei genannt) aufbauend – sich schon zu Zeiten von Hans-Joachim Rotzsch (1929–2013, Leiter des Universitätschores 1963–1973) aus den Gottesdiensten zurückzog, dann aber vor allem unter Universitätsmusikdirektor Max Pommer (*1936, Universitätsmusikdirektor 1975–1987) zwischen 1975 und 1987 in Gottesdiensten überhaupt nicht mehr tätig war, wurde die Bereitschaft der Kantorei St. Nikolai dankbar aufgenommen. Was auch unter Pommer weiter lief, war die Aufführung der Bachschen Oratorien, insbesondere die Passionen, im Wechsel mit den Aufführungen des Thomanerchores. Musizierte der Thomanerchor die Matthäuspassion, so war in dem betreffenden Jahr vom Universitätschor die Johannespassion zu hören und umgekehrt. Unter Universitätsmusikdirektor Wolfgang Unger (1948–2004) gab es erfreuliche Annäherungen zum Gottesdienst, also nach 1987, die dann nach 1990 noch intensiviert wurden. Der Ruhestand von KMD Hofmann erzeugte eine unselige Irritation bei der Ausschreibung und Wahl seines Nachfolgers. Dieser befand sich wegen einer Bemerkung der Ausschreibung zum musikalischen Dienst im Universitätsgottesdienst, die ohne Rücksprache mit den Universitätspredigern entstanden war, in der Annahme, er werde nun auch das Amt des Universitätsorganisten übernehmen. Doch Nachfolger des »inoffiziellen Universitätsorganisten« W. Hofmann wurde 1993 Prof. Arvid Gast (*1962), Professor für künstlerisches Orgelspiel am wiedererrichteten Kirchenmusikalischen Institut der Hochschule für Musik und Theater »Felix Mendelssohn Bartholdy«.

Der Universitätsorganist wird durch den Predigerkonvent gewählt, durch den Rektor mit Urkunde in seinem Amt bestätigt und durch den Ersten Universitätsprediger in sein Amt eingeführt. Seine Wahl sollte durch ein Fachgremium vorbereitet werden. Er trägt die musikalische und die gemeindeseitige Verantwortung aller Gottesdienste, die als »Universitätsgottesdienste« gefeiert werden (also einschließlich der Semestergottesdienste der Leipziger Universität und der Hochschulen). Bei der Mitwirkung der Universitätsmusik oder anderer Gruppierungen liegt bei ihm die Pflicht der Koordination und der Verantwortung. Er ist an Absprachen mit dem Ersten Universitätsprediger gebunden. Seine Vertretung regelt er selbst. Er übt die Aufsicht über weitere Musiker aus, die bei Gottesdiensten, in der Universitätsvesper und im Orgelpunkt 12 beteiligt sind. Bislang erhält der Universitätsorganist von der Universität ein monatliches Honorar.

Die Friedliche Revolution 1989/90 brachte für den Universitätsgottesdienst wieder eine bessere Zeit. Im Gefolge der Wiederaufbaupläne der Dresdner Frauenkirche regte sich auch in Leipzig der Wille, dem bösen und kulturignoranten Unrecht vom Mai 1968 und der Vertreibung des Universitätsgottesdienstes aus der Mitte der Universität in angemessener Weise zu begegnen. Zwar bestand seitens der Universität und auch seitens der Theologischen Fakultät zunächst kein ausgeprägter

Wille, den Wiederaufbau oder einen Ersatzbau der Universitätskirche zu fordern. Es drängten sich viele wichtige und zeitnah zu lösende wissenschaftsorganisatorische und politische Probleme in den Vordergrund, die verständlicherweise insbesondere mit der Erneuerung, Wiederherstellung und grundlegenden Reform der Universität als wissenschaftlichem Zentrum, Ort der Bildung, der Graduierung und mit immensen Personalfragen zu tun hatten. Hinsichtlich der gesprengten Kirche gab es in ersten Gesprächen, die sehr stark vom Paulinerverein geführt wurden, einer bürgerschaftlichen Vereinigung, die Forderung nach einem originalgetreuen Wiederaufbau. Seitens des Akademischen Gottesdienstes (seit 1992 wieder Universitätsgottesdienst) und der Theologischen Fakultät wurde betont, dass es sich um einen Kirchenbau nur handeln könne, wenn auch der Gottesdienst wieder an diese Stelle zurückkehrte. Seitens des Paulinervereins stand als Nutzungsziel lediglich der Universitätschor und das museale Interesse an den 1968 unter unglaublichen Bedingungen geretteten und geborgenen Epitaphien und Kunstschätzen im Mittelpunkt, trotz mehrfacher Anmahnungen aber nicht der Gottesdienst. Den Altar sah man als Dauerleihgabe in der Thomaskirche (Restaurierung und schrittweiser Aufbau seit 1982, Einweihung 1993) gut aufgehoben. Der weitere Fortgang dieser Diskussion kann hier nicht nachgezeichnet werden. Berichtenswert ist aber auf jeden Fall, dass während des Rektorates von Cornelius Weiss (*1933) eine Senatskommission »Universitätskirche« gebildet wurde, die das Gedenken des 25. Jahrestages der Sprengung am 30. Mai 1993 vorbereiten sollte.

Am 14. September 1991 kam es zu einem grundsätzlichen Gespräch, zu dem der Erste Universitätsprediger, Prof. Wagner, einlud. Gesprächspartner waren damals Prof. Dr. Ernst-Heinz Amberg und der Autor dieses Beitrages als Dekan der Theologischen Fakultät. In diesem Gespräch wurde vereinbart, dass es zum nächstmöglichen Zeitpunkt einen geregelten Übergang im Amt des Ersten Universitätspredigers zu einem Nachfolger geben sollte. Als Kandidat stand Prof. Amberg zur Verfügung. Auch wurde die Erstellung einer Ordnung des Universitätsgottesdienstes vorgesehen. Mit der Ernennung eines Zweiten Universitätspredigers wollte man warten, bis die vorgesehene Zusammenführung von Theologischer Fakultät und Theologischem Seminar Leipzig vollzogen sei, was sich dann im Herbst 1993 ereignete. Prof. Amberg übernahm das Amt und führte es bis 1995, da die erstellte Ordnung vorsah, in Zukunft die Tätigkeit des Ersten Universitätspredigers bis zu seinem 68. Lebensjahr zu begrenzen. Prof. Amberg hatte seit dem Tod Prof. D. Ernst Sommerlaths 1983 schon als Zweiter Universitätsprediger fungiert, ohne dazu gewählt werden zu können.

Bemerkenswert sind noch folgende Daten und Informationen: Im Jahr 1992 wurde die genannte Ordnung des Universitätsgottesdienstes erstellt, die zwar im Predigerkonvent vorgelegt, nie aber beschlossen worden ist.[8] Während der Dienstzeit von Prof. Dr. Wolfgang Ratzmann (*1947) als Erstem Universitätsprediger konnte ein Beirat des Universitätsgottesdienstes gebildet werden. Dieser soll – wie in einer Kirchgemeinde der Kirchenvorstand – in demokratischer Weise Leitungsaufgaben der sonst schwer definierbaren Gemeinde erfüllen. Universitätsprediger werden seit 1419 erwähnt.[9]

Seit der Gründung der Universität diente als Universitätskirche die Nikolaikirche, seit 1545 die Universitätskirche St. Pauli, seit 1968 wieder die Nikolaikirche; von 2015 an wird es das neue Gebäude »Aula/Universitätskirche St. Pauli« am Augustusplatz sein. Spätestens seit der Reformation bis 1834 galten als Universitätsprediger alle Inhaber der vier sogenannten alten Stiftungsprofessuren in der Reihenfolge der Anciennität, über die die Theologische Fakultät verfügte. Seit diesem Jahr werden ausdrücklich Personen für die Ämter eines Ersten und eines Zweiten Universitätspredigers gewählt. Sie kommen aus dem Kreis der ordinierten Professoren der Theologischen Fakultät. Wahlkörper ist heute der Predigerkonvent. Der jeweilige Erste Universitätsprediger übt die Funktion der Aufsicht über Vollzug und Organisation der Universitätsgottesdienste und anderen gottesdienstlichen Veranstaltungen aus. Sofern es sich um einen Vertreter der Praktischen Theologie handelte, fungierte er seit 1862 bis 1963 auch als Direktor des Predigercollegiums zu St. Pauli.[10]

Eine umstrittene Frage in frühen Zeiten des regelmäßigen Universitätsgottesdienstes war die nach den Sakramenten und Kasualien. Am 13.1.1834 erging ein Reskript des Ministeriums für Kultus und öffentlichen Unterricht, dass es im Jahr vier Abendmahlsfeiern in St. Pauli geben dürfe: zu Johanni, im August, Ende November und in der Fastenzeit. Später wurde diese Frage selbständig geregelt. Um das Recht der Durchführung von Kasualien (außer den immer schon üblichen Beerdigungen) hat es lange Zeiten der Verhandlungen gegeben. Heute gilt die Möglichkeit der Durchführung von Kasualien im Universitätsgottesdienst (Taufen, Konfirmationen, Trauungen und selbstverständlich Beerdigungen); sie werden aber – wie bei den Beerdigungen schon immer üblich – in die Kirchenbücher der Nikolaikirche eingetragen.

Die geistliche Verantwortung für das gottesdienstliche Geschehen trägt seit 1834 der amtierende Erste Universitätsprediger.

Der Zweite Universitätsprediger amtiert zugleich im Sinne eines dauernden Stellvertreters des Ersten Universitätspredigers; vor allem bei dessen Verhinderung muss er die Aufgaben – einschließlich der Aufsichtspflichten und Verantwortlichkeiten – wahrnehmen und weiterführen. Schon seit 1710 wurden nicht nur ordinierte, sondern auch nichtordinierte Mitglieder der Theologischen Fakultät (Angehörige des wissenschaftlichen Personals) zum Predigen in den Universitätsgottesdiensten herangezogen. Nach 1945 kam als Prediger der Evangelische Studentenpfarrer Leipzigs hinzu. Die kommunistische Universitätsleitung untersagte diesem jedoch nach dem Schauprozess gegen Studentenpfarrer Dr. Schmutzler den Predigtdienst; seine regelmäßige Mitwirkung ist nach 1990 wieder aufgenommen worden.

Die oben genannte staatskirchenrechtliche Regelung sieht vor, dass nur der jeweils Erste Universitätsprediger durch den Bischof der Evangelisch-Lutherischen Landeskirche Sachsens in sein Amt eingeführt wird. Seine Wahl erfolgt auf drei Jahre; Wiederwahl ist möglich. Die Amtsausübung soll bis zum vollendeten 68. Lebensjahr begrenzt sein. Die vollzogene Wahl wird dem Rektor der Universität mitgeteilt, der sie bestätigt; das Evangelisch-Lutherische Landeskirchenamt Sachsens wird um die kirchenrechtlichen Schritte ersucht (Ausfertigen einer Urkunde, Festsetzen des Termins der Einweisung, Beteiligung zweier Assistenten).

In der Verantwortung der Ordination des Ersten Universitätspredigers sind nicht nur nichtordinierte Personen tätig, sondern auch Personen, die in Universitätsvespern (Mitglieder des wissenschaftlichen Personals der Universität Leipzig) und beim Orgelpunkt 12 in der Peterskirche Ansprachen halten. Gottesdienstleitung und Aufsichtspflichten werden durch die betreffenden Personen ehrenamtlich geleistet.

Im Besitz des Universitätsgottesdienstes befindet sich folgender Bestand an Altar- und Abendmahlsgeräten: 2 Patenen, 1 Hostiendose/Ciborium, einige Kelche, 1 Weinkanne, 1 Korksieb. Vom Altar der Universitätskirche bis 1968 existiert ein kleines Holzkruzifix (Kruzifix auf halbrunder Basis). Außerdem waren zwei silberne Altarleuchter (vermutlich neugotisch) vorhanden sowie zwei klassizistische Altarleuchter. Während der derzeitige Verbleib der silbernen Leuchter leider unbekannt ist, lagern die klassizistischen Leuchter in der Kustodie. Sie wurden gegen Ende der 1980er Jahre durch den damaligen Kustos ohne Rücksprache – nach widerrechtlicher Herausgabe durch die Nikolaikirche – abgeholt und dem Fundus der Kustodie beigefügt.

Der Altar der Universitätskirche St. Pauli befindet sich inzwischen in der neuen Universitätskirche St. Pauli, nachdem er vorher in der Thomaskirche stand. Seine Errichtung und Restaurierung wurde 1982 begonnen und 1993 mit dem feierlichen Gottesdienst zur Übernahme am 1. Pfingsttag beendet (Predigt Prof. Dr. Martin Petzoldt).

LITERATUR

Helmut Goerlich, Juristische Fragen zum Universitätsgottesdienst und zur Universitätskirche St. Pauli bis 1968 und heute, in: Vernichtet, vertrieben – aber nicht ausgelöscht. Gedenken an die Sprengung der Universitätskirche St. Pauli zu Leipzig nach 40 Jahren, hrsg. von Rüdiger Lux und Martin Petzoldt. Leipzig-Berlin 2008, S. 51–66.

Helmut Goerlich und Torsten Schmidt, Res sacrae in den neuen Bundesländern. Rechtsfragen zum Wiederaufbau der Universitätskirche in Leipzig 2009.

Hans Hofmann, Gottesdienst und Kirchenmusik in der Universitätskirche zu St. Pauli-Leipzig seit der Reformation (1543–1918), in: Beiträge zur Sächsischen Kirchengeschichte 32, 1918, S. 118–151.

Otto Kirn, Die Theologische Fakultät in fünf Jahrhunderten. Leipzig 1909.

Martin Petzoldt, Der Universitätsgottesdienst und seine Bedeutung für die Universität Leipzig, in: Herausforderung missionarischer Gottesdienst. Liturgie kommt zur Welt. FS Wolfgang Ratzmann, hrsg. von Johannes Block und Irene Mildenberger. Leipzig 2007, S. 341–360.

Martin Petzoldt, Universitätsgottesdienst an der Universität Leipzig: Christlich-spirituelle Chance inmitten eines universitären Wissenschaftsbetriebs, in: Vernichtet, vertrieben – aber nicht ausgelöscht. Gedenken an die Sprengung der Universitätskirche St. Pauli zu Leipzig nach 40 Jahren, hrsg. von Rüdiger Lux und Martin Petzoldt. Leipzig-Berlin 2008, S. 67–85.

Arnold Schering, Musikgeschichte Leipzigs 1650 bis 1723, Zweiter Band. Leipzig 1926.

---

[1] Viele Einzelheiten des Beitrages verdanke ich der freundlichen Auskunft des ehemaligen Dekans und späteren Ersten Universitätspredigers, Prof. Dr. Ernst-Heinz Amberg (*1927) und des nach 1970 interimistisch tätigen Universitätsorganisten, KMD Wolfgang Hofmann (*1928).

[2] Universitätsdörfer, sowie im Stadtgebiet Leipzigs das gesamte Areal des ehemaligen Dominikanerklosters seit 1543.

[3] Vgl. Grundgesetz der Bundesrepublik Deutschland Art. 140.

[4] Otto Kirn, 203.205, sowie Martin Petzoldt, Der Universitätsgottesdienst und seine Bedeutung für die Universität Leipzig, in: Herausforderung: missionarischer Gottesdienst. Liturgie kommt zur Welt. W. Ratzmann zum 60. Geburtstag, hrsg. von Johannes Block und Irene Mildenberger. Leipzig 2007, 341–360, bes. 356–357.

[5] Senatsbeschluss vom 14.7.1992, Protokoll TOP 21: »In Wiederaufnahme und Fortführung einer Tradition der Universität Leipzig beschließt der Senat: a) Der Senat überträgt dem Rektor das Recht, den Ersten und Zweiten Universitätsprediger zu berufen, die jeweils von der Theologischen Fakultät vorgeschlagen werden. b) Dem Rektor wird empfohlen, den 1963 berufenen Ersten Universitätsprediger Professor D. Heinz Wagner zu entpflichten. c) Dem Rektor wird empfohlen, den von der Theologischen Fakultät gewählten Prof. Dr. Ernst-Heinz Amberg zum Ersten Universitätsprediger auf drei Jahre – bis zum Ende des Sommersemesters 1995 – zu berufen. [Die Wahl des Zweiten Universitätspredigers soll erst nach der Zusammenführung mit der Kirchlichen Hochschule erfolgen]. d) Der Erste Universitätsprediger übt die Dienstaufsicht über die Studentenküster aus. Diese werden als ›studentische Hilfskraft‹ über den Haushalt der Theologischen Fakultät vergütet. Bei der Festlegung der Honorarmittel der Theologischen Fakultät ist diese Position zu beachten. e) Die Theologische Fakultät erhält den Auftrag, eine Ordnung für den Akademischen Gottesdienst zu schaffen. In der Diskussion wird ausdrücklich vermerkt, daß dieser Beschluß keinerlei Bindung der Universität an eine Konfession beinhaltet«. Senatsprotokolle der Universität Leipzig 1992.

[6] Vertrag des Freistaates Sachsen mit den evangelischen Landeskirchen im Freistaat Sachsen (Evangelischer Kirchenvertrag Sachsen) vom 24.3.1994, Art. 3, Abs. 5: »Die evangelischen Universitätsprediger ernennt das zuständige kirchenleitende Organ im Einvernehmen mit der evangelischen theologischen Fakultät aus dem Kreis der ordinierten Professoren der Fakultät«, Abdruck in: Amtsblatt der EKD 1994, 271ff.

[7] Vgl. insgesamt, aber hier im besonderen Siegfried Schmutzler, Gegen den Strom. Erlebtes aus Leipzig unter Hitler und der Stasi. Göttingen 1992, 96–98.

[8] Akten des Universitätsgottesdienstes 1992.

[9] Akten des Universitätsgottesdienstes 1997.

[10] Vgl. dazu M. Petzoldt, Der Universitätsgottesdienst und seine Bedeutung, 354–356.

NEUBAU

Wolfgang Ratzmann · Matthias Petzoldt · Erick van Egeraat · Martin Petzoldt · Ulrich Stötzner · Rudolf Hiller von Gaertringen · Horst Hodick

Wolfgang Ratzmann
FASZINIEREND UND HEFTIG UMSTRITTEN

Stationen und Positionen beim Bau des neuen symbolischen Zentrums der Leipziger Universität[1]

Am zentralen Leipziger Augustusplatz, an dem sich auch Opernhaus und Gewandhaus befinden, ist ein neuer innerstädtischer Universitätscampus mit einem neuen Universitätshauptgebäude errichtet worden. In ungewöhnlicher Architektur ist dabei etwas Unverwechselbares entstanden, wobei eine Anlehnung an die Formensprache alter Kirchenbauten ins Auge fällt. Es ist offensichtlich, dass der neue Bau an die Universitätskirche St. Pauli erinnern soll, die bis 1968 an dieser Stelle stand. Das Herzstück des universitären Hauptgebäudes ist ein Erinnerungsbau, den die Universitätsleitung Paulinum[2] genannt hat, der zugleich als Aula und Kirche dient und in dessen Dachbereich zusätzlich universitäre Institute untergebracht sind.

Das neue Gebäude ist schnell zu einem wichtigen Identifikationspunkt der Leipziger Innenstadt-Bebauung geworden. So taucht es seit seiner äußeren Fertigstellung immer wieder in deutschlandweit ausgestrahlten Fernsehserien aus der Messestadt auf: in der »Sachsenklinik« ebenso wie in der Krimiserie »Soko Leipzig«. Das neue Aula-Kirchen-Gebäude fasziniert offenbar viele Leipziger und ihre Gäste ebenso wie die Filmemacher der beiden Fernsehserien. Es spricht als »Amalgam neogotischer und neoexpressionistischer Formen«[3] viele Menschen an. Es hebt dieses besondere Gebäude schnell heraus aus der relativen Gleichförmigkeit der sachlich-modernen Architektur und rückt es in den Mittelpunkt gespannter Aufmerksamkeit.

Eine Leserin der Leipziger Volkszeitung spricht in einem Leserbrief davon, dass die neue Universitätskirche »anmutig und architektonisch beeindruckend« dastehe, während sie deren Standort Augustusplatz als »nachwendlich verschandelt« bezeichnet (Anne-Sophie Arnold, Regis-Breitingen, LVZ v. 28.12.2012)

Doch erstaunlich ist, dass das Entstehen des Paulinums von Anfang an von heftigen Kontroversen begleitet war, die bis in die Gegenwart anhalten. Sie betrafen zunächst vor allem die äußere Gestalt, konzentrierten sich aber nach deren Fertigstellung auf die innere Ausgestaltung des Aula-Kirchen-Raumes, auf seinen Namen ebenso wie auf bestimmte markante Ausstattungsstücke und deren Platzierung im Inneren. Diese heftigen Debatten fanden nicht nur in den maßgeblichen regierungsamtlichen, universitären oder mit der Durchführung betrauten Baugremien statt, sondern deutlich wahrnehmbar ebenso in der Öffentlichkeit der Stadt, und sie wurden bisweilen auch überregional zur Kenntnis genommen, wie z. B. in der Wochenzeitung

DIE ZEIT[4] und in der »Welt«[5]. Ein wichtiger Austragungsort dieses offenen Streits war die Leipziger Volkszeitung (LVZ), die durch ihre Berichte zum Neubau des Universitätscampus häufig eine Flut von Leserbriefen auslöste. Der heftige Streit, in dem es immer wieder auch zu persönlichen Verunglimpfungen kam, wird wohl nur dann halbwegs verständlich, wenn man unterstellt, dass es sich beim neuen Hauptgebäude der Leipziger Universität um einen symbolisch hochbedeutsamen Bau handelt, anhand dessen sich typische Einstellungen zum Verhältnis von Staat und Kirche, von Wissenschaft und Religion, von Gottesdienst und akademischem Lehr- und Feierbetrieb artikulieren konnten, die auf jeweils gegenteilige Überzeugungen stießen und harte Konfrontationen auslösten.

Mein Aufsatz will zunächst knapp die Baugeschichte in Erinnerung rufen und einige wichtige Stationen beim Bau des neuen Hauptgebäudes nachzeichnen. Diese findet sich allerdings ausführlich und von einer etwas anderen Perspektive aus auch an anderer Stelle – jedenfalls bis zum Zeitpunkt des Jahres 2009.[6] Umso mehr ist es mein Anliegen, mich darüber hinaus dem anhaltenden heftigen Streit zuzuwenden, ihn mit einigen pointierten Äußerungen zu dokumentieren und zu interpretieren. Als Quelle benutze ich dazu einzelne Zitate aus Leserbriefen an die LVZ, die in diesen Jahren das Baugeschehen am Augustusplatz begleitet haben.

→ Installation vor dem Hauptgebäude der Universität

1. EINIGE STATIONEN DER BAUGESCHICHTE[7]

Bald nach der Friedlichen Revolution 1989/90 melden sich die ersten Stimmen, die einen Wiederaufbau der alten Universitätskirche fordern. Die Diskussion pro und contra Wiederaufbau wird erstmalig öffentlich im Rahmen einer Podiumsdiskussion anlässlich des 25. Jahrestages der barbarischen Sprengung der Paulinerkirche im Mai 1993 geführt. Viele Fachleute äußern sich dabei zurückhaltend und kritisch gegenüber Plänen zum Wiederaufbau. Der inzwischen gegründete »Paulinerverein« verschreibt sich dagegen dem Anliegen, auf einen originalgetreuen Wiederaufbau der Universitätskirche hinzuwirken. Am damaligen Hauptgebäude der Universität, dem Plattenbau von 1970 mit dem daran befestigten Marx-Monument, wird eine Tafel zur Erinnerung an die Zerstörung der Kirche angebracht.

Die Stadt Leipzig lobt 1994 einen städtebaulichen Ideenwettbewerb zum Augustusplatz und Universitätsareal aus, der eine Fülle unterschiedlicher gestalterischer Vorschläge für das künftige Gesicht des Universitätshauptgebäudes erbringt. Von den 64 Teilnehmern sehen dreizehn eine wiederaufgebaute Universitätskirche vor, die sie in einen erneuerten Campus einbeziehen. Der erste Preisträger, ein Architekturbüro aus Hannover, plädiert aber für einen modern-funktionalen Zweckbau.

Im Mai 1998, 30 Jahre nach der Zerstörung der Kirche, wird eine große Installation vor dem Hauptgebäude aufgestellt, die den Giebel der früheren Universitätskirche nachzeichnet und die die bisherige Dominanz des Marx-Monuments an der Fassade des Hauptgebäudes aus den DDR-Jahren beendet. Die Theologische Fakultät verabschiedet im Juni 1998 eine Erklärung, in der sie ihre Haltung zu den Wiederaufbauplänen festlegt: Sie befürwortet einen Neubau, der »nach dem Leitbild der ›Universitätskirche‹ als geistlicher und geistiger Mittelpunkt und Ort der Identität der Universität vorzusehen« ist. Sie nennt als Kennzeichen dieses identitätsstiftenden Ortes die Funktionen »Aula, Auditorium maximum, Gottesdienstraum, Gedächtnisstätte, Konzertraum.« Sie setzt sich dabei aus ihrer spezifischen Verantwortung heraus dafür ein, dass die Universität mit diesem Raum ein »liturgisches Zentrum« wiedergewinnt, das als fester Ort für Universitätsgottesdienste, geistliche Musik und die liturgisch-homiletische Ausbildung der Theologiestudierenden zur Verfügung steht. Sie hält es für möglich, dass ein solches Gebäude auf der Grundfläche der zerstörten Universitätskirche errichtet wird und dass »der Anschluss an die innere Haupteinteilung der Kirche in Langhaus und dreischiffigen Chor« solche Möglichkeiten für eine vielseitige Nutzung des Raumes »als geistiges, kulturelles und liturgisches Zentrum der Universität« eröffnet.

Der seit 1997 amtierende Universitätsrektor Prof. Dr. Volker Bigl setzt am 9. November 1998 einen »Arbeitskreis Hauptgebäude« unter Vorsitz des Kunsthistorikers Prof. Topfstedt ein. Dieser erarbeitet Vorschläge, die vom Rektorat und vom Konzil der Universität im Juni 1999 bestätigt werden. In ihnen heißt es: »Das repräsentative Herzstück und geistige Zentrum des neu strukturierten Campus muss der Bau des bisher fehlenden Aula-Gebäudes mit einem multifunktional nutzbaren Saal (Kapazität ca. 600 Plätze) werden. Die Aula muss über eine flexible Bestuhlung verfügen, die eine vielfältige Nutzung des Raumes für akademische Festakte, für den Universitätsgottesdienst, für die Proben und Konzerte des Universitätschores und des Universitätsorchesters sowie für wissenschaftliche Konferenzen gestattet. Ein weiteres wichtiges Anliegen ist das würdige Gedenken an die 1968 gesprengte Universitätskirche, welches in angemessener Weise auch in der Architektur des Gebäudes Niederschlag finden könnte ...«

Nach solchen ersten Beschlüssen zur baulichen Neugestaltung des Unicampus finden immer wieder öffentliche Diskussionen über das Pro und Contra eines Wiederaufbaues bzw. eines Neubaus statt. Im August 2001 lobt der Freistaat Sachsen einen Wettbewerb zur Neu- und Umgestaltung des innerstädtischen Universitätskomplexes am Augustusplatz aus, in dessen Aufgabenbeschreibung es heißt: »Die neue Pauliner Aula soll als Ort akademischer Veranstaltungen, der Universitätsgottesdienste und der universitären Musikpflege eine lebendige Begegnungsstätte für die Universitätsangehörigen sowie für Gäste der Universität aus aller Welt und die Einwohner der Stadt Leipzig werden.« Der Wettbewerb endet im Mai 2002 mit der Vergabe des 2. Preises an das Architekturbüro behet + bonzio (Münster), das mit seinem Konzept für die gesamte Campusbebauung überzeugt. Aber der Vorschlag für die Aula überzeugt schon die Juroren des Wettbewerbs nicht ganz und findet in der Öffentlichkeit erst recht keine Zustimmung. Entschiedener Widerstand kommt vor allem vom Paulinerverein, aber auch von vielen Leipzigern, denen die nüchtern-funktionale moderne Architektur des Hauptgebäudes nicht zusagt. Dennoch erbittet der Senat der Universität von der Staatsregierung in Dresden, dem Geldgeber eines Universitätsneubaues, die Zustimmung.

Das Kabinett in Dresden befürwortet im Januar 2003 den Neubau der geplanten Universitätsgebäude mit Ausnahme der Pläne zum Aula-Kirchen-Bau. Es schlägt vor, den Platz der ehemaligen Universitätskirche freizuhalten und einen historischen Wiederaufbau vorzusehen. Der damalige Vorsitzende des Paulinervereins, der aus Sachsen stammende Nobelpreisträger Prof. Blobel, der sich um den Wiederaufbau der Dresdner Frauenkirche bedeutsame Verdienste erworben hatte, erwirkt Zusagen des Vatikans, an der freibleibenden Stelle eine katholische Kirche errichten zu wollen. Die römisch-katholische Kirche in Leipzig identifiziert sich nicht mit diesen Vorschlägen, wenngleich sie auf der Suche nach einer neuen Propsteikirche für Leipzig ist. Der Rektor der Universität, Prof. Bigl, tritt aus Protest gegenüber der Haltung der Landesregierung zurück. Die öffentlichen Debatten werden durch die Kontroverse zwischen den Institutionen weiter angefacht. Als Nachfolger im Amt des Rektors wird der Jurist Prof. Dr. Franz Häuser gewählt.

Auch der Leipziger Stadtrat bezieht in diesem Streit Position. In einem Beschluss der Ratsversammlung vom 16.4.2003 heißt es, dass anstelle des bisher favorisierten Baues »eine gültige architektonische Lösung für eine auch von außen erkennbare und öffentlich zugängliche geistig-geistliche Mitte der Universität auf dem Standort der ehemaligen Paulinerkirche gefunden werden [solle], die sowohl der kulturhistorischen Bedeutung der Universitätskirche für die Stadt Leipzig gerecht wird, als auch in würdiger und angemessener Form an deren Sprengung erinnert ...«

Im August 2003 stimmt die Landesregierung zu, dass ein erneuter und begrenzter Architektenwettbewerb zugunsten des Aula-Kirchen-Gebäudes ausgelobt wird. Als entscheidende Aufgabe dabei wird gesehen, »dass mit der Aula für die Universität tatsächlich auch ein Raum entsteht, der als Kirchenraum angemessen erscheint und gleichberechtigt zur Aula dafür genutzt werden kann ...« Im März 2004 wird ein 1. Preis für den Entwurf des holländischen Architekten Erick van Egeraat vergeben, der architektonisch Grundzüge der früheren Kirchenarchitektur in ein modernes Gebäudeensemble integriert. Dem neuen Entwurf, der im Inneren eine gotische Säulenhalle mit Chorraum und Schiff vorsieht, gelingt es, die Mehrheit der beteiligten Institutionen ebenso für sich einzunehmen wie auch die divergenten Stimmen in der Öffentlichkeit. Der Chorraum ist dabei als Zentrum gottesdienstlicher Aktivitäten gedacht und soll zugleich die geretteten Epitaphien der alten Universitätskirche aufnehmen. Allerdings macht die neue Universitätsleitung deutlich, dass der Charakter als Aula im Schiff deutlicher ausgeformt werden solle.

Im Januar 2006 legt der Architekt einen im Inneren modifizierten Vorschlag vor: Der bis dahin relativ klein (als »Andachtsraum«) konzipierte Chorraum, der primär als gottesdienstlicher Raum vorgesehen ist, wird um ein Joch vergrößert. Drei Säulenpaare im Aulabereich (Schiff) werden nur noch angedeutet und nicht mehr durchgezogen, so dass mehr Sichtfreiheit entsteht. Diese Abweichungen vom vorgelegten Entwurf finden wiederum ein kritisches Echo in der Öffentlichkeit, vor allem beim Paulinerverein. Ebenso bleiben viele Details ungeklärt und auch deswegen umstritten. Dazu gehören: die Wiederaufstellung der geretteten Kanzel im Schiff, die von der Universitätsleitung abgelehnt wird; die Rückführung des originalen Altares aus der Thomaskirche in die neue Universitätskirche; der Vorschlag, die beiden Bereiche – Chorraum und Schiff – durch eine große, bei bestimmten Veranstaltungen zu öffnende Glaswand zu trennen; und schließlich der Name des entstehenden Gebäudes.

Die damalige Generalbundesanwältin Monika Harms unternimmt 2008 einen Schlichtungsversuch, um angesichts der nach wie vor umstrittenen Fragen und vor dem Hintergrund des im Jahre 2009 anstehenden 600-jährigen Universitätsjubiläums weitere öffentliche Auseinandersetzungen um den Aula-Kirchen-Bau zu vermeiden. Der Name »Paulinum« wird ebenso bestätigt wie der Wille der Universitätsleitung, eine Glaswand errichten zu lassen. Der Name »Universitätskirche St. Pauli« erhält neben der Bezeichnung »Aula« eine ergänzende Funktion. Die Aufstellung des Pauliner-Altares sowie Restaurierung und Aufstellung der Kanzel werden als Möglichkeiten ins Auge gefasst, allerdings ohne feste Vereinbarungen abzuschließen.

Im Frühjahr 2009 zeichnet sich ab, dass der Aula-Kirchen-Bau bis zum Universitätsjubiläum am 2. Dezember 2009 noch nicht fertiggestellt werden kann. Neben verschiedenen Schwierigkeiten beim Bauablauf wirkt sich vor allem eine Insolvenz der Firma des Architekten van Egeraat bremsend auf das Baugeschehen aus. In deren Folge wird der Architekt von seiner Leitungsfunktion entbunden. Die sich daraus entwickelnden rechtlichen Probleme dauern eine längere Zeit an.

Die Einweihung des neuen Universitätshauptgebäudes findet im Rahmen der 600-Jahr-Feierlichkeiten der Universität im Dezember 2009 statt. Auch im Paulinum wird ein überfüllter Gottesdienst auf der Baustelle gefeiert. Der Aula-Kirchen-Raum ist innen noch ganz ohne entsprechenden Ausbau und nur provisorisch für die Feierlichkeiten nutzbar gemacht worden. Die Besucher können ein aus Gips gefertigtes Gewölbestück und Materialproben für die Glasverkleidungen der Säulen in Augenschein nehmen. Erstaunlich ist, dass bei verschiedenen Festveranstaltungen an die Innenwände des Schiffs Bilder von den Epitaphien projiziert werden, die ja in Wirklichkeit allesamt für den Chorraum vorgesehen sind.

In der Öffentlichkeit konzentrieren sich seit 2008 die Auseinandersetzungen um die im Harms-Kompromiss offen gebliebenen Streitpunkte, vor allem auf die

→ 1. Gottesdienst im Neubau 2009

Unsinnigkeit bzw. Notwendigkeit einer trennenden Glaswand und die Aufstellung der historischen Barockkanzel. Für die Übernahme der Restaurierungskosten der Kanzel gibt es Zusagen von Seiten des Paulinervereins, aber auch von der Landeskirche Sachsens. Die Notwendigkeit der Glaswand wird von ihren Befürwortern auch mit Kostenargumenten gestützt, weil nur so die ständige Klimatisierung der Epitaphien im Chorraum finanzierbar wäre. Von ihren Kritikern wird dagegen der teure Einbau ebenso in Frage gestellt (der dazu noch ein zweite Orgel im Chorraum erforderlich mache) wie das Klimatisierungsargument, insofern auch die große Orgel im Aula-Bereich eine ähnliche Klimatisierung benötige. Außerdem wird auf die Einschränkung der Plätze bei Konzerten und die akustischen Zusatzprobleme verwiesen, die durch diese gläserne Wand entstünden. Pfarrer Christian Wolff von der Thomaskirche tritt in dieser Auseinandersetzung als kompromissloser und in der Öffentlichkeit stark wahrgenommener Gegner vieler Rektoratsentscheidungen hervor. Die Universitätsleitung entschließt sich, den Leihvertrag mit der Thomaskirche in Sachen Paulineralter, der 2013 ausläuft, nicht zu verlängern, sondern ihn zurückzuholen und ihn künftig im Chorraum des Aula-Kirchen-Raumes aufzustellen.

Nach längerer Pause werden 2013 die Arbeiten zur inneren Fertigstellung des Paulinums wieder aufgenommen. Der Paulineraltar kommt zur Aufstellung. Die umstrittene Glaswand wird eingebaut. Es erfolgt die Installation einer ersten kleineren Orgel im Chorraum (»Schwalbennest-Orgel«) und danach der großen Orgel im »Kirchenschiff«. Es wird eine Kanzelkommission berufen, die die noch immer offenen Probleme um die Restaurierung und die Aufstellung der historischen Kanzel klären soll. In dieser werden noch einmal wichtige Rechtsgrundlagen des Projektes festgestellt, wie z. B., dass der Raum »in gleichen Teilen sowohl als Aula als auch als Kirche« zu verwenden sei.[8] Die Landeskirche erklärte am 23. März 2014 durch Bischof Jochen Bohl: »Aus Sicht der Landeskirche ist die seinerzeit vor der Zerstörung gerettete Kanzel kein musealer Gegenstand.« Denn da in der Universitätskirche Gottesdienste stattfänden, an denen die Kanzel gebraucht würde, könne »das Ziel ihrer Restaurierung nur die Aufstellung und ihre zweckentsprechende Nutzung sein«.[9] Am Ende der kontroversen Debatten in der Kanzelkommission wird ein Mehrheitsbeschluss von sieben gegen vier Stimmen gefasst, dass die historische Kanzel »am vorgesehenen Ort« - gemeint ist der erste rechte Pfeiler im Schiff, vom Chorraum aus betrachtet - wiederaufgestellt werden solle, während eine Minderheit eine Präsentation der historischen Kanzel »an einem anderen Ort« wünscht.[10] Es bleibt zu hoffen, dass die Universität diesen Beschluss nun unverzüglich umsetzen kann.

2. POSITIONEN IM STREIT UM DAS PROJEKT

An den öffentlichen Debatten um die wiedererstehende Universitätskirche haben sich seit 2003 neben vielen Bürgern der Stadt und Region verschiedene Institutionen und prominente Einzelne beteiligt. Dazu zählen das Rektorat der Universität, die Stadt und das Regierungspräsidium Leipzig und die Theologische Fakultät der Universität. Engagiert haben sich die Vertreter des Universitätsgottesdienstes und die Ev.-Luth. Landeskirche Sachsens, der Paulinerverein ebenso wie der StudentInnenRat, die studentische Vertretung der Universität. Es äußerten sich die Evangelische und die Katholische Studentengemeinde, die Universitätsmusik, vertreten durch ihren Universitätsmusikdirektor, und die Kustodie der Universität, die für die geretteten Kunstschätze der Universitätskirche zuständig ist, vor allem für die Restaurierung und geeignete Unterbringung vieler wertvoller Epitaphien. Eine inneruniversitäre Initiative, initiiert vom Religionswissenschaftler Prof. Dr. Hubert Seiwert, stellte sich hinter Rektor Häuser, der sich qua Internet-Unterschrift auch Humanistenverbände und andere kirchenkritische Gruppen aus ganz Deutschland anschlossen. Außerdem beteiligten sich mehrere Einzelpersönlichkeiten wie der Trompeter Ludwig Güttler, Initiator des Wiederaufbaues der Frauenkirche Dresden, der Schriftsteller Erich Loest, Thomaskantor Georg Christoph Biller, Bundestagsvizepräsident Wolfgang Thierse, der CDU-Bundestagsabgeordnete Feist und der Leipziger Thomaspfarrer Christian Wolff. Zusätzlich wurden zur Unterstützung der jeweiligen Anliegen weitere Vereine und eine Stiftung gegründet.

Welche Positionen wurden und werden in diesem Streit vertreten? Man kann sie grob in drei Parteien mit einem jeweils erkennbaren relativ gemeinsamen Anliegen einteilen. Dabei wandelt sich mit dem jeweiligen Baufortschritt das Anliegen etwas, insofern die sich verändernde Situation mit einbezogen und auf sie reagiert wird:

1. Position: Originalgetreuer Wiederaufbau der Kirche

Zunächst spielte dabei das Vorbild der Dresdner Frauenkirche eine wesentliche Rolle. Der originalgetreu wiedererrichtete Raum wäre die politisch einzige gebotene Antwort auf die aus politisch-ideologischen Gründen erfolgte Sprengung 1968. Die Vorschläge des ersten Wettbewerbes hätten zudem deutlich gezeigt, was dabei herauskäme, wenn man vom Gedanken einer wieder errichteten Kirche zu weit abkäme. Konsequenter Vertreter dieser Position war und ist der Paulinerverein, der sich allerdings nach dem zweiten Wettbewerb die Position des ersten Egeraat-Entwurfes zu eigen machte und im Inneren an der spätgotischen Halle mit Säulen, mit Kanzel und Altar und ohne trennende Glaswand festhielt. Unterstützung erhielt diese Position von Ludwig Güttler und Thomaskantor Christoph Biller. Eine möglichst kirchennahe Ausgestaltung des Gesamtraumes zu erreichen war aber auch das Anliegen vom Thomaskirchenpfarrer Wolff und Landesbischof Bohl in verschiedenen Interventionen in den Jahren 2007 und 2008.

In Leserbriefen anlässlich der Einweihung der Frauenkirche in Dresden an die LVZ vom 5.11.2005 heißt es:

»Der Weihetag der Frauenkirche in Dresden war ein Tag großer Freude nicht nur für die Dresdner, sondern auch für zig Tausende darüber hinaus ... Für Leipzig musste dieser Tag von äußerster Peinlichkeit sein – hat doch hier der kleinbürgerliche Muff einer antikulturellen kommunistischen Denkweise den originalgetreuen Wiederaufbau der Paulinerkirche, des ehrwürdigsten Kulturdenkmals der Stadt – verhindert, die noch nach dem Krieg für den Primitivbau der Universität gesprengt wurde ...« (Volker Dill, Hannover, LVZ v. 5.11.05).

»Als Leipziger kann man Dresden nur gratulieren ... Anders in Leipzig, wo eine unheilvolle Allianz von mehrheitlich uneinsichtiger Stadtverwaltung und Universitätsbelegschaft sowie zugereister heimatloser Alt-68er und funktionaler Planungstechnokraten einen auch nur ansatzweise versuchten Wiederaufbau der Paulinerkirche erfolgreich zu verhindern weiß« (Roman Schulz, Leipzig, LVZ v. 5.11.05).

Schon diese beiden Leserbriefe zeigen, dass mit dem Bauprojekt nicht nur ästhetische Fragen diskutiert werden, sondern dass es als weltanschauliches Symbol betrachtet wird, als Objekt eines weltanschaulichen Kampfes, in dem man sich selbst engagiert weiß. Die Front, der sich die beiden Autoren hier gegenüber sehen, besteht aus einer Allianz von »antikulturellen Kommunisten«, »zugereisten Alt-68ern« (womit offensichtlich der Rektor und viele andere aus dem Westen gekommene Professorinnen und Professoren gemeint sein sollen) und modernen Planungsfachleuten, denen man eine seelenlose technokratische Gesinnung attestiert.

2. Position: Aula, keine Kirche

Diese Position wurde von zwei Gruppen schon in der Phase vor Bekanntwerden des Egeraat-Entwurfes vertreten. Die eine Gruppe stellten säkularistisch bzw. neutralistisch-multireligiös denkende Universitätsangehörige und deren Sympathisanten dar. Sie sahen schon damals ein in seiner Gestalt an eine Kirche erinnerndes Gebäude als ein Symbol an, das einer säkularen und weltanschaulich neutralen Universität nicht gerecht würde. Sie gingen und gehen dabei von einem Gegensatz zwischen Religion und Wissenschaft aus.

Die andere Gruppe wurde von bauästhetisch denkenden Zeitgenossen bestimmt, die den Nachbau eines zerstörten Gebäudes als Unfug ablehnten und stattdessen eine moderne Architektur forderten.

Nachdem der Egeraat-Entwurf weithin akzeptiert wurde, setzten sie alles daran, den äußerlich sehr stark an eine Kirche erinnernden Bau im Inneren deutlicher in Richtung »weniger Kirche« zu verändern. Unter der Devise einer deutlicheren Ausformung des Innenraums als Aula werden zwar wesentliche Elemente der Grundstruktur der früheren Kirche in Kauf genommen, dafür aber wird hart um Details gekämpft, die den kirchlichen Charakter des Schiffs – also des primären Aulabereichs – minimieren. Deshalb wird die Kappung von drei Säulenpaaren ausdrücklich begrüßt. Deswegen verweigert man sich ebenso der Aufstellung einer Kanzel in diesem Teil des Aula-Kirchen-Raumes. Und vor allem aus diesen Gründen sollen alle Epitaphien in den Chorraum verbracht werden und nicht auch an den Wänden der gotischen Halle aufgehängt werden. Das Klimatisierungsargument, mit dem die Kustodie der Universität die Konzentration der vielen Epitaphien im Chorraum begründet, träfe ja nur für die aus Holz gefertigten Epitaphien zu, nicht für die aus Metall oder Stein.[11]

Zu den entschiedenen Verfechtern eines Kurses »Aula, keine Kirche«, gehörte der damalige Kanzler der Universität, Nolden, der in einem Zeitungsinterview im Januar 2007 erklärt hatte: »Die Universität baut eine Aula und keine Kirche«.[12]

Kanzler Nolden war damit den von der Universität selbst beschlossenen Bauvorgaben nicht gerecht geworden, die im Jahr 2004 festgehalten hatten: »Wesentlich ist dabei die Nutzung als Aula und Kirche«. Und es war nicht verwunderlich, dass er mit seiner Äußerung eine Fülle von gereizten Leserbriefen in der LVZ provozierte:

»Die Ulbrichts stehen wieder auf. Sie scheinen jetzt vor allem aus dem Westen Deutschlands zu kommen ... Die Drohungen von Uni-Kanzler Nolden gegen die Vertreter der Theologischen Fakultät haben DDR-Format« (Günter Neubert, Leipzig, LVZ v. 21.1.07).

Ähnlich tendenziös wie die Äußerung von Nolden ist auch die Resolution gehalten, die Prof. Seiwert 2008 verfasst und mit der er im Internet nicht nur die Leipziger Universitätsangehörigen, sondern zugleich eine breite Öffentlichkeit um Zustimmung gebeten hat. In ihr heißt es:

»Die in jüngster Zeit verstärkt und in zum Teil diffamierender Weise gegen die Universität Leipzig und ihren Rektor geführte Kampagne mit dem Ziel, den zentralen Neubau der Universität zur Kirche zu erklären, stößt auf unseren entschiedenen Widerspruch. Wir teilen die Meinung des Akademischen Senats (es gab hier keine diesbezügliche Beschlussfassung des Senats, sondern nur eine eher private Unterschriftensammlung unter den Senatoren!, W. R.) und des Rektorats der Universität Leipzig, dass der Neubau des Paulinums am Augustusplatz die Aula der Universität und keine Kirche sein wird … Als ihr symbolisches Zentrum repräsentiert das Paulinum die Universität als Stätte wissenschaftlichen Forschens, Lehrens und Lernens mit einer sechshundertjährigen Tradition. In seiner Architektur hält das Gebäude die Erinnerung an die Paulinerkirche wach, die in einem Akt kultureller Barbarei und ideologischen Eifers mit Zustimmung der damaligen Universitätsleitung gesprengt wurde. Diese Unterwerfung der Universität unter den Willen politischer Machthaber war Ausdruck des Verlustes ihrer Autonomie und Wissenschaftsfreiheit … Die Universität kann und darf sich nicht von der Gesellschaft isolieren, indem sie ihr symbolisches Zentrum zum Gotteshaus erklären lässt. Die aggressive Form, mit der manche Vertreter dieser Forderung Rektor Häuser diffamieren und versuchen, der Universität ihren Willen aufzuzwingen, ist Ausdruck eines ungehörigen Machtanspruches, den wir zurückweisen.«

3. Position: Kirche und Aula zugleich

Die Theologische Fakultät hat diese Position seit ihrer ersten Erklärung von 1998 relativ einmütig und zunächst im Bewusstsein der gegenseitigen Übereinstimmung mit dem Rektorat vertreten. Sie hat dabei immer wieder unterstrichen, dass sie eine deutliche bauliche Erinnerung an die frühere Universitätskirche für unverzichtbar hält und dass diese am besten in der Aufnahme der damaligen räumlichen Grundstruktur zum Ausdruck zu bringen sei. Dass sie sich nicht die Position des originalen Wiederaufbaues zu eigen gemacht hat, geschah einerseits aus bauästhetischen Gründen: Anders als im Fall der Dresdner Frauenkirche war die Paulinerkirche ganz und gar beseitigt worden. Andererseits spielte die in unmittelbarer Nachbarschaft befindliche Neubebauung mit ihren Dimensionen (das Universitätshochhaus, das neue Gewandhaus) eine wesentliche Rolle, die eine Kirche in ihren damaligen eher kleinen Maßen nun von ihrer Kubatur her als deplatziert erscheinen lassen mussten. Deshalb hat sich die Theologische Fakultät mit dem ersten Entwurf von van Egeraat schnell identifizieren können. Sie hat für ihre inhaltliche Konzeption »Kirche und Aula zugleich« einerseits auf das Erbe der Universität verwiesen, in der die Universitätskirche über lange Zeit hinweg sowohl als Kirche wie auch als Aula für die akademischen Feiern genutzt wurde. Anderseits ging sie von der veränderten Rolle einer Universität in der heutigen säkularisierten Gesellschaft aus, die es nicht sinnvoll erscheinen lassen würde, ein großes Gebäude in einer Universität ausschließlich für gottesdienstliche und kirchenmusikalische Zwecke zu errichten und zu nutzen. Zunächst schien mit dem Rektorat der Universität Einigkeit über die Doppelnutzung zu bestehen. Die dafür gegebene Basisformel in den Ausschreibungsunterlagen für den Universitäts-Neubau lautete, dass der Aula-Kirchen-Raum als »geistiges und geistliches Zentrum der Universität« gebaut und genutzt werden sollte und dass seine Nutzung »als Aula und als Kirche« wesentlich sei. Im Laufe der Zeit ergaben sich aber immer wieder bestimmte Differenzen zwischen der Theologischen Fakultät und den Verantwortlichen für den Universitätsgottesdienst einerseits und Vertretern der Universitätsleitung andererseits im Blick auf die konkrete Gestaltung und Ausstattung des Raumes, die es fraglich erscheinen ließen, ob denn das Rektorat weiter bei seiner ursprünglichen Position geblieben sei.

Diese dritte Position, zu der ich als Autor dieses Beitrages und als ehemaliges Mitglied dieser Fakultät nach wie vor stehe, ist in der Öffentlichkeit oft weniger wirkungsvoll und plakativ zu vermitteln, als die zur Konfrontation geeigneten Positionen 1 und 2. Hinter ihr steht aber nicht nur die Mehrheit der Theologieprofessorinnen und -professoren in Leipzig, sondern sie ist die ursprünglich leitende Idee des gesamten Projektes. Sie war das Ergebnis der Debatten der 1990er Jahre und bildete die Voraussetzung für den ergänzenden zweiten Architektenwettbewerb. Der Egeraat-Entwurf hat genau diese und keine andere Position in eine überzeugende Formsprache übersetzt. Aber diese dritte Position hat offensichtlich bestimmte Phänomene unterschätzt, die an diesem Baugeschehen und an deren Diskussion in der Öffentlichkeit zum Vorschein gekommen sind.

3. HINTERGRUND-PHÄNOMENE

Nach meinem Eindruck offenbaren sich im Hintergrund der konfliktreichen Bau- und Diskussionsgeschichte wenigstens drei Phänomene, die sich zwar immer wieder an diesem Ereignis entzünden, die aber auch unabhängig von ihm Beachtung verdienen:

a) Das weltanschauliche Erbe der DDR

Die ostdeutsche Gesellschaft hat bisher kaum grundlegende Fragen des weltanschaulichen Erbes der DDR-Jahre aufgearbeitet. De facto spielen vielerlei innere und äußere Mechanismen eine Rolle, die eine gründliche Aufarbeitung des DDR-Systems und seiner Ideologie bisher verhindert haben und wohl auch weiter verhindern werden. Gerade frühere Träger des alten Systems neigen dazu, sich in einem Milieu Gleichgesinnter einzuigeln und eine selbstkritische Reflexion des Gewesenen zu vermeiden. Der Universitätsneubau bietet aber für viele ehemalige DDR-Bürger unterschiedlichen Standortes einen willkommen Anlass, sich auch einmal – und zwar öffentlich, nämlich in Leserbriefen – zu weltanschaulichen Fragen zu äußern.

So nutzt beispielsweise ein (vermutlich) ehemaliger SED-Genosse die Debatte über die Zukunft des abmontierten Marx-Monuments, um zu vermelden:

»Die Herren Masur, Loest und andere nutzen ihren Bekanntheitsgrad aus, mit ihren Ansichten über Marx die Menschen zu manipulieren. Was bringt sie zu dieser Meinung? Ist es Weltfremdheit, Unwissenheit, Hass oder gar Angst? Man merkt, dass diese Leute am Parteilehrjahr nicht teilgenommen haben, sonst wüssten sie wenigstens etwas über die Marx'sche Analyse der menschlichen Gesellschaft« (K. Köppe, Leipzig, LVZ v. 21.2.08).

Und ein anderer zum gleichen Gegenstand:

»Das imposante Kunstwerk (gemeint ist das Marxrelief am ehemaligen Hauptgebäude, W. R.) konnte zwar von Marx-Hassern nicht aus der Welt geschafft werden, nach ihrem Willen jedoch sollte es – möglichst am Boden liegend – mit einem Gerüst, das die Universitätskirche symbolisiert, versehen werden. Damit der Betrachter ja nicht auf andere Gedanken kommen könnte, soll er auf diese Weise den Triumph der Kirche über den Marxismus mitbekommen. Was die Marx-Verächter jedweder Couleur auch immer anstellen mögen, eines ist unbestritten: Karl Marx ist unbesiegbar« (Günther Röska, Leipzig, LVZ v. 28.6.08).

Wo der Marxismus des SED-Staates noch immer das Weltbild von Menschen heute bestimmt, dort ist es kein Wunder, wenn ein Gebäude, das sowohl Aula wie auch Kirche sein soll, schnell beargwöhnt wird, hier solle möglicherweise durch die Hintertür eines mit kirchlichen Zeichen versehenen Raumes permanent der ideologische Klassenkampf der Kirche als Hort von Unwissenschaftlichkeit und Aberglaube gegen eine »freie« und deshalb prinzipiell atheistisch orientierte Wissenschaft geführt werden. Die Kirche und das Christentum galten ja für die DDR-Ideologen als Exponenten einer absterbenden Macht, die mit den Ausbeutergesellschaften von Feudalismus oder Kapitalismus wesensgemäß verbunden war, aber im Sozialismus künftig keine Basis mehr haben würde. Wie sehr von solchen so geprägten Personen schon die äußere Form der Erinnerung an eine Kirche als Zumutung empfunden wird, kommt in anderen Leserbriefen zum Ausdruck, die dennoch für den erzielten baulichen Kompromiss werben:

»Glaubensfreiheit besteht auch darin, Atheisten nicht in eine Kirche zu verfrachten. Dabei denke ich unter anderem auch an diejenigen Studenten, für die es schon eine Zumutung ist, eine Aula zu betreten, welche wie eine Kirche aussieht« (Eberhard Gaitzsch, Leipzig, LVZ v. 18.11.08).

»Die nimmermüden Kämpfer um eine dominierende Kirchenfunktion des Gebäudes müssten doch langsam zufrieden sein und Ruhe geben – wer erkennt denn noch einen Aula-Charakter?« (Wolfgang Geißler, Delitzsch, LVZ v. 13.6.13).

Bei solchen weltanschaulichen Bekenntnissen fehlt es – Gott sei Dank – nicht an Gegenpositionen:

»Bei der gegenwärtigen Debatte um die Wiederaufstellung des Marx-Monuments wird vergessen, dass die Plastik genau an der Stelle platziert wurde, wo vor der Sprengung der Universitätskirche der Altar gestanden hatte. Dies geschah nicht ohne Absicht und war symbolisch gemeint. Es sollte der neue Altar sein, auf dem die Kirche geopfert worden war« (Ulrich Stötzner, Paulinerverein, LVZ v. 21.2.08).

»Marx wurde in der DDR von der herrschenden SED-Kaste als Ersatzgottheit instrumentalisiert. Folge dessen waren in Leipzig die bilderstürmerische Sprengung der Paulinerkirche und die bewusste Errichtung des Hauptgebäudes der Karl-Marx-Universität an ihrem Platz inklusive Anbringung des wenig schönen und vor Ideologie triefenden Marx-Reliefs. Nach dem Zerbröckeln und schließlichem Verschwinden der DDR ist es nur folgerichtig, dass die Symbole des einstigen Machtapparats dorthin kommen, wo sie hingehören: Auf den Müllhaufen der Geschichte« (Jan Adolf, Leipzig, LVZ v. 21.2.08).

So sehr eine solche leidenschaftliche Debatte um ein Bauprojekt von den am Baufortschritt interessierten Personen wohl vor allem als zusätzliche Belastung empfunden werden mag, so gut ist es zugleich, dass die Debatte um die Bedeutung von Marx, um die Rolle von Marx in der DDR-Ideologie usw. überhaupt einmal geführt wird. Wie gut wäre es, wenn der künftige zentrale Raum der Universität auch ein Ort für solche – hoffentlich qualifizierte – Debatten werden könnte!

b) Wissenschaft und Religion

In den Auseinandersetzungen um das zentrale symbolische Gebäude der Universität spielt immer wieder der Verdacht eine Rolle, es könne mit einem zeichenhaft an eine Kirche erinnernden Bau die Unabhängigkeit der Wissenschaft in Frage gestellt werden. So wird Pfarrer Wolff unterstellt, der von der neuen Universitätskirche als »geistig-geistlichem Zentrum für Universität und Stadt« gesprochen hatte, er vertrete

»genau das geistige Weltbild des Mittelalters. Wenn Herr Wolff dieses jetzt vertritt, als hätte es die Aufklärung nie gegeben, zeigt er, was zumindest von seiner Seite hinter der oft unsachlichen Argumentation gegen das Paulinum steht. Ich denke, dass demgegenüber die Mehrzahl der Leipziger im Weltbild der Neuzeit angekommen ist« (Herwart Ambrosius, Leipzig, LVZ v. 12.11.2008).

»Der religiöse Wahn dieser Zeit verbietet es mir, ein Gotteshaus als geistiges Zentrum der Universität Leipzig auch nur ansatzweise zu akzeptieren... Für mich ist das geistige Zentrum einer staatlichen europäischen Universität immer noch Aufklärung und tätiger Humanismus« (Werner Rose, Leipzig, LVZ v. 22.5.08).

Auch in der schon erwähnten Stellungnahme von Prof. Seiwert wird der Aula-Kirchen-Raum allein als Aula reklamiert, und zwar im Interesse der »Autonomie und Freiheit der Wissenschaft«. Vermutlich treffen sich in diesem Interesse, im zentralen Bau der Universität auch symbolisch die Freiheit der Wissenschaft dargestellt zu finden und keine undurchsichtige Mixtur oder gar Dominanz von religiösen oder gar kirchlich-konfessionellen Zeichen zuzulassen, viele marxistisch oder humanistisch-säkular denkende Leipziger mit der Meinung vieler Studierender und Lehrender an der Universität, auch mit der Meinung vieler, die aus den alten Bundesländern nach Leipzig gekommen sind. Deshalb liegt ihnen daran, den eher kleinen primär gottesdienstlichen Bereich vom großen, primär für die Aulafunktionen bestimmten säkularen Bereich durch eine Glaswand trennen zu können.

Der Text von Prof. Seiwert ist ins Internet gestellt worden und hat vielen Interessenten die Möglichkeit eröffnet, sich mit dieser Position zu identifizieren. Diese Möglichkeit hat beispielsweise der »Internationale Bund der Konfessionslosen und Atheisten« mit einer Äußerung von Martin Hergert genutzt (http://ibka.org/artikel/kirche-uni-leipzig), in der es heißt: »Doch im Kern geht es um etwas anderes: den unverhohlenen Anspruch von Teilen der Kirche, Einfluss auf den Universitätsbetrieb zu nehmen.«

In einem Handzettel von einer studentischen Gruppe, der mit der Überschrift »Wir fordern eine Uni ohne Kirche!« im Sommer 2008 im Zentrum der Stadt verteilt wurde, heißt es sogar: »Die Ablösung der Forschung und des Staates vom Glauben und von der Kirche ist zentrales Ergebnis der Aufklärung und der bürgerlichen Revolutionen. Wir, die Studenten, fordern eine Universität für alle, unabhängig von Herkunft und Glauben. Vergesst nicht die Jahrtausende der Herrschaft der Pfaffen und ihrer Schergen!«

Doch so sehr die Position der Trennung von Religion und Wissenschaft als Erbe der Aufklärung einen wissenschaftlichen Fortschritt bedeutet hat, so sehr entspricht diese Sicht nicht mehr dem heutigen Niveau der wissenschaftstheoretischen Debatte. Deutlich ist inzwischen, dass es keine Wissenschaft ohne irgendeinen zugrunde liegenden »Glauben« gibt, auch wenn es sich dabei nicht um einen religiösen Glauben handeln muss. Gerade dort, wo die Wissenschaft nach ihrem Beitrag für die Zukunft des Menschen und der Welt gefragt ist, wird sie sich auch auf die ihr jeweils zugrunde liegenden Wurzeln und Werte besinnen müssen.

In einer Stellungnahme der Theologischen Fakultät vom Sommer 2008 heißt es deshalb: »Die Trennung von Glaube und Vernunft halten wir für eine wissenschaftstheoretische Position, die dem gegenwärtigen Diskurs über Wissenschaft und Religion nicht mehr gerecht wird.« Außerdem wird in dieser Erklärung auf die notwendige Freiheit von Forschung und Lehre verwiesen und zugleich auf die Tradition der Leipziger Universität, zu der der Bezug auf den christlichen Glauben unverwechselbar hinzugehörte. Programmatisch wird weiter ausgeführt: »Die Leipziger Universität hat sich mit ihrer Universitätskirche Jahrhunderte lang auf den christlichen Glauben bezogen. Zu dieser Tradition bekennen wir uns. Nur wer die eigene Tradition und Geschichte kennt und pflegt, wird auch den Herausforderungen der Zukunft gerecht. Eine dieser Herausforderungen ist der interreligiöse Dialog, der in dem Neubau unbedingt einen Ort haben sollte. In diesem Dialog kommt es aber gerade darauf an, die eigene Tradition aktiv und offen einzubringen und nicht zu verleugnen«.[13]

Auch wenn die Probleme von Wissenschaft und Religion, von Vernunft und Glaube in diesen öffentlichen Debatten nur verkürzt und in polemischer Form angesprochen werden, zeigt sich dennoch, dass das damit bezeichnete Problemfeld im Rahmen der Universität – vermutlich nicht nur: der Universität Leipzig – dringend der sachlichen Erörterung bedarf. Auch diese Debatte wird mit dem symbolisch sprechenden Neubau in ihrer Weise provoziert, und es wäre gut, wenn sie in ihm auch künftig fest installiert würde.

c) Gottesdienstliche und akademische Feiern

Das dritte Phänomen ist primär emotionaler Natur, obwohl – in üblicher akademischer Manier, über Empfindungen lieber nicht zu sprechen – dazu kaum Äußerungen vorliegen: Es geht um die Frage, ob man in einem Raum, der durch seine Grundstruktur und weitere Raumzeichen ziemlich klar als gottesdienstlicher Ort erkennbar ist, auch akademische Feiern und andere universitäre Veranstaltungen, wie z.B. Immatrikulationen oder Ehrenpromotionen, abhalten könne. Universitätsrektor Häuser bestand in seiner Amtszeit auf einer deutlichen Trennung, die durch eine massive Glaswand zwischen dem Chorraum und dem Schiff zum Ausdruck kommen sollte. Es mag sein, dass ihn persönlich – er ist Glied der römisch-katholischen Kirche – dabei auch eher religiöse Motive geleitet haben, religiös geweihte und säkulare Räume klar zu trennen. Faktisch vertrat er aber mit diesem Anliegen zugleich diejenigen Professorinnen und Professoren, die eher aus einem säkular-atheistischen oder laizistischen Motiv heraus für eine deutliche Trennung der Räume votieren. Das Trennungsmotiv, wie auch immer es inhaltlich untersetzt ist, hat sich im Streit um den Aula-Kirchen-Raum als außerordentlich stark erwiesen und erklärt den Einbau der Glaswand ebenso wie die Entschiedenheit der Universitätsleitung, außerhalb des Chorraumes, also im Aula-Bereich, weder einzelne Epitaphien aufzunehmen noch hier die historische Kanzel aufstellen zu lassen. Dass viele andere Raumzeichen auch ursprünglich religiöser Art sind (Orgel und Orgelempore, gotische Fenster und Gewölbestruktur, Durchblick auf einen Altar), wird von ihnen zwar in Kauf genommen, darf aber keinesfalls durch weitere Zeichen verstärkt werden, die als »noch mehr Kirche« gedeutet werden könnten. Evangelische Kirchenraumtheorien, die die Heiligkeit des Raumes weithin auf den jeweiligen gottesdienstlichen Vollzug begrenzen, haben sich nicht als hinreichend erwiesen, um Bedenken bei den Personen zu zerstreuen, die sich akademische Feiern an einem weithin als Kirchenraum erscheinenden Ort schwer vorstellen können. Solche und ähnliche Argumente konnten und können ja nur die rational-argumentative Ebene erreichen, weniger die betroffenen Empfindungen. Sie kann man nicht einfach rational wegdiskutieren, sondern muss sie offensichtlich ernstnehmen, auch wenn sie meist hinter juristischen oder technischen Argumenten versteckt werden.

Ich halte es für bedauerlich, dass die Kontroverse über das jeweilige Empfinden in zeichenhaft besetzten Räumen während des Baues nie geführt worden ist, sondern dass stattdessen in der öffentlichen Debatte mit schwerem Geschütz aufeinander »gefeuert« wurde:

Einerseits heißt es: »Zu DDR-Zeiten wollten die Genossen keine Kirche im Zusammenhang mit der Universität und ließen sie 1968 sprengen. Heute soll möglichst erst gar keine entstehen. Die Fassade, die an eine Kirche erinnert, hat Feigenblattfunktion. Im Inneren soll nach wie vor die kahle Mehrzweckhalle mit ›zuschaltbarem‹ museumsartigen Andachtsraum entstehen. Die Trennwand ist der Schlüssel für dieses ideologische Vorhaben, an dem Ulbricht seine Freude hätte« (Gerd Mucke, Leipzig, LVZ v. 22.10.08).

Andererseits wird entschieden für die Notwendigkeit der Trennwand plädiert: »Es ist eigentlich erschreckend, wie kirchliche Kreise ihre Meinung der überwiegend atheistischen Bevölkerung aufdrängen wollen. Die Trennung von Kirche und Staat ist im Grundgesetz festgeschrieben und die Uni Leipzig ist nun einmal keine kirchliche Einrichtung. Wir brauchen nicht noch mehr Kirchen ...« (Bernd Roth, Leipzig, LVZ v. 22.10.08).

In den neueren Debatten gehen beispielsweise auch evangelische Kirchenpädagogen davon aus, dass Kirchenräume »predigen« oder »sprechen«[14], dass ihre zentralen Strukturen oder die in ihnen vorhandenen religiösen Kunstwerke zu den Besucherinnen und Besuchern in eine nonverbale Kommunikation treten. Deshalb habe ich ein gewisses Verständnis dafür, dass es das Bedürfnis gibt, zu bestimmten Gelegenheiten den primär kirchlichen Bereich zu verdecken oder abzutrennen. Die Form, die man von diesem Trennungsbedürfnis her findet, müsste freilich nicht in einer riesigen Glaswand Ausdruck finden, sondern hätte auch in einer leichteren Weise baulich aufgenommen und umgesetzt werden können, wie z. B. durch einen großen Vorhang. Dabei rücke ich einmal das Klimatisierungsargument in den Hintergrund, das zugunsten der Glaswand von Rektorat und Kustodie oft gebraucht wurde (die Epitaphien benötigten eine dauerhafte Luftfeuchte und Temperatur, die aus Kostengründen nur im Chorraum herzustellen sei). Ich misstraue diesem Argument deswegen etwas, weil auch die im Aula-Raum befindliche große Orgel relativ ähnliche Luftbedingungen brauchen dürfte.

Inzwischen ist die Glaswand eingebaut. Liturgische und akademische Feiern werden damit im Regelfall unterschiedlichen Bereichen zugewiesen. Und immer wieder wird die trennende Wand geöffnet werden, um einen großen Gottesdienst zu halten, um einem Oratorium des Universitätschores oder einem Konzert zu lauschen. Dennoch bin ich davon überzeugt, dass die unmittelbare Nähe der beiden Bereiche, die Transparenz des Geistlichen bei akademischen Feiern – man wird den Altar hinter der Glaswand sehen können – und des Akademischen bei den kleineren Gottesdiensten im Chorraum, die jeweiligen Feiern prägen wird. Der Universitätsgottesdienst wird sich noch stärker als bisher als universitäre gottesdienstliche Feier profilieren müssen und können. Was das konkret heißt, werden die dafür Verantwortlichen noch zu entwickeln haben. Und die akademischen Feiern werden ihre Schönheit und Würde auch durch die spezifische Raumsprache mit ihren eigentümlich gebrochenen Zeichen einer Kirche im Aula-Raum selbst (gotisches Gewölbe, gotische Fenster, Orgelempore, Orgel, evtl. Kanzel) und im unmittelbar neben ihm befindlichen Raum (Altar, Epitaphien, Taufstein) erhalten. Das Miteinander von geistlicher und weltlich-akademischer Funktion lädt außerdem dazu ein, die Räume zu öffentlichen Bildungsangeboten zu nutzen, in denen das Miteinander und Gegeneinander Dialog und gemeinsames Lernen provoziert. Viel von dem muss erst noch entdeckt und entwickelt werden, was in den künftigen Räumen am Leipziger Augustusplatz geschehen soll. Es wird sich dabei vermutlich bald herausstellen, dass nicht die jetzigen heftigen Debatten die hauptsächliche Herausforderung für die Universität, die Theologische Fakultät und den Universitätsgottesdienst in Leipzig bilden. Vielmehr wird sich zeigen, dass die eigentliche Bewährungsprobe darin liegt, wie die neuen Räume mit Leben erfüllt werden und wie Vieles vom dem, was bisher kontrovers diskutiert wurde, in sie und in ihre Gottesdienste einerseits, aber auch in ihr akademisches Feier- und Bildungsprogramm andererseits konstruktiv integriert werden kann.

[1] Passagen dieses Aufsatzes erschienen 2009 unter dem Titel »Universitätsaula und Universitätskirche« in der praktisch-theologischen Zeitschrift »Pastoraltheologie« (H. 7/2009).

[2] In der alten Leipziger Universität war das Paulinum ein universitär verschieden genutztes Gebäude, das an anderer Stelle stand. Der Namensvorschlag stammt aus dem Rektorat der Universität, um den Bezeichnungsstreit Universitäts-Aula bzw. Universitätskirche zu überwinden. Er wurde bei der Suche nach einer Verständigung im Jahr 2008 als übergeordnete Bezeichnung offiziell bestätigt und erhielt die beiden Unterbezeichnungen »Aula« und »Universitätskirche St. Pauli«.

[3] Thomas Topfstedt: Die bauliche Entwicklung der Universität Leipzig seit 1990. In: Geschichte der Universität der Universität Leipzig 1409-2009, Bd. 5, 513-590, Zit. 576.

[4] Christoph Dieckmann: Nachbeben einer Barbarei, DIE ZEIT v. 25.3.2004; Evelyn Finger: Gibt es was zu feiern?, DIE ZEIT v. 10.12.2009.

[5] Dankwart Guratzsch: Gottesdienst in Paulinerkirche wird zur Demo, DIE WELT v. 08.12.2009.

[6] Topfstedt, a. a. O., 569-590. Der Autor erwähnt allerdings nirgendwo, was die Verantwortlichen für den Universitätsgottesdienst oder die Theologische Fakultät im Laufe dieses Prozesses baulich vorgeschlagen haben.

[7] Die hier in diesem Abschnitt zitierten Dokumente finden sich in maschinenschriftlicher Form in den universitären Unterlagen von Rektorat, Theologischer Fakultät oder der Stadt Leipzig, vgl. auch die Belege bei Topfstedt, a. a. O., 569-590.

[8] Protokoll der 3. Sitzung vom 20.5.2014.

[9] http://www.evlks.de/aktuelles/nachrichten/23599, eingesehen am 30.03.2017s.

[10] Protokoll der 5. Sitzung vom 2.2.2015.

[11] Vgl. zu den Epitaphien: Rudolf Hiller von Gaertringen (Hrsg.): Restauro. Epitaphien aus der Universitätskirche St. Pauli, Leipzig 2013.

[12] LVZ vom 22.1.07.

[13] Zehn offene Worte. Stellungnahme der Theologischen Fakultät zum Neubau auf dem Augustusplatz vom 16.10.2008 (masch.).

[14] Vgl. Hermann Geyer: »Sprechende Räume«? Fragmente einer ›Theologie‹ des Kirchenraumes. In: S. Glockzin-Bever/ H. Schwebel: Kirchen-Raum-Pädagogik, Münster 2002, 31-98.

Matthias Petzoldt
ZUM VERHÄLTNIS VON GLAUBE UND WISSENSCHAFT – EIN BEITRAG AUS THEOLOGISCHER SICHT

1. PROBLEMSTELLUNG

Als im Mittelalter aus Kloster- und Domschulen die Universitäten hervorgingen, bildeten christlicher Glaube und wissenschaftliches Forschen eine selbstverständliche Einheit. Dieser Zusammenhang spiegelte sich in ihrer Gliederung wider, insofern zu ihren Wissensgebieten neben den Sieben Freien Künsten, dem Recht und der Medizin auch die Theologie gehörte. Im Fall der Universitätsgründung in Leipzig 1409 spielten die Magister der Theologie eine aktive Rolle (Bünz;

→ Paulinerkloster und Kirche

Miethke); wie dann auch die Reformation – nicht nur mit denkwürdigen Predigten Martin Luthers zu Pfingsten 1539 in der Thomaskirche und 1545 (wenige Monate vor seinem Tod) in der Universitätskirche, sondern auch mit dem Wirken Melanchthons – die Reform des Universitätswesens vorantrieb (Rudersdorf).

Im Kontrast dazu steht das ideologische Klima zur Zeit der DDR, in dem auf Anordnung staatlicher Stellen 1968 die Universitätskirche gesprengt wurde. Der marxistische Philosoph Olof Klohr zum Beispiel hat 1976 in der Zeitschrift »Wissenschaftlicher Atheismus« unter dem Thema »Unvereinbarkeit von wissenschaftlicher Weltanschauung und religiösem Glauben« ein Heft zusammengestellt und dort (S. 13 und 14) programmatisch formuliert: »Alles, was der Mensch mit Hilfe rationalen Erkennens als wahr nachweist, ist kein Glaube, sondern Wissen. Die ›Gegenstände‹ des Glaubens sind somit nicht rational, sondern irrational […] es gibt kein Wissen von Glaubensdingen und keinen Glauben in der Wissenschaft.«

Der Wiederaufbau der Universitätskirche beinhaltet eine eindeutige Verurteilung der Sprengung als Unrechtsakt. Jedoch haben die Diskussionen um die Gestaltung des neuen Gebäudes und seine Nutzung Wortmeldungen auf den Plan gerufen, die eine deutliche

→ Universitätsgebäude mit Marx-Monument

Trennung von Glaube und Wissenschaft fordern. So wurde für die vorliegende Festschrift ein Beitrag erbeten, der das Verhältnis von Glaube und Wissenschaft aus theologischer Sicht beleuchtet. Wollen sich die nachfolgenden Ausführungen dieser Aufgabe stellen, müssen sie trotz gebotener Kürze einen dritten Faktor dieser Verhältnisbestimmung in die Überlegungen einbeziehen: die Theologie selbst als wissenschaftliche Reflexion über den Glauben.

2. GLAUBE IM VERHÄLTNIS ZUM WISSEN

Am Anfang muss die Feststellung stehen, dass der Begriff »Glaube« weit über seine religiöse Bedeutung hinaus in Gebrauch ist. Mit dem Verb »glauben« und seinen fremdsprachlichen Äquivalenten gehen alle Menschen um, auch die, welche nichts mit Religion und christlichem Glauben zu tun haben wollen. Dieser weitverbreitete Gebrauch weist markante Varianten auf, welche zum Gegenstand sprachanalytischer Untersuchungen geworden sind (z. B. Wittgenstein 1980, Wittgenstein 2000, Kutschera, Dalferth 1974, Schulz, Petzoldt 2013).

Da ist zum einen der doxastische Sprachgebrauch in den Formulierungen von »*ich glaube, dass...*«, der mit dem Wort »glauben« ein *Meinen, Vermuten und Fürwahrhalten* zum Ausdruck bringt und darin einen defizienten Modus von »Wissen« anzeigt (wir wissen es nicht so genau, deshalb wählen wir die vorsichtigere Variante »wir glauben«). An Formulierungen von »*ich glaube, dass...*« denkt man allermeist zuerst, wenn nach dem Sinn des Wortes »glauben« gefragt wird. Dabei wird übersehen, dass für die Beziehungssprache viel elementarer der fiduzielle Sprachgebrauch ist: Mit dem Satz »*ich glaube dir*« spricht jemand einer Person sein Vertrauen aus. Hier geht es um den *Vertrauensglauben*, der ein *personaler Glaube* ist. Schließlich ist ein dritter Sprachgebrauch geläufig, der sich in der Wendung ausdrückt »*Ich glaube an...*«. Man kann an den Fortschritt oder an das Gute im Menschen glauben. Ein Volk glaubte einst an den Endsieg, oder eine Ideologie glaubte an den Sieg der Arbeiterklasse. Man kann an die Heilkraft der Natur und an die Selbstregulierungskraft des Marktes glauben, an den Erfolg dieses oder jenes Sportlers oder dieses oder jenes Stars der Popszene. Weitere Beispiele ließen sich anfügen. Das »Glauben an...« schließt den doxastischen Glauben ein: »Ich glaube, dass das möglich sein wird.« Und doch ist darin mehr als bloß ein Vermuten und Fürwahrhalten enthalten; es geht darüber hinaus um ein festes *Überzeugtsein* etwa von einem Erfolg oder von einem Sieg, wenngleich gegen den Augenschein, der im Moment es gar nicht nach einem Erfolg oder Sieg ausschauen lässt. Das »Glauben an...« schließt auch den fiduziellen Glauben ein: »Ich glaube an dich« – das Vertrauen auf eine Person. Und doch ist auch hier mehr enthalten als bloß ein Vertrauen, nämlich die *Erwartung* an die Person, dass sie dieses oder jenes schon fertig bringen wird, wenngleich solche Erwartung übermenschliche Züge und Formen der Verehrung annehmen kann. Im Ganzen meldet sich hierin der transzendierende Sprachgebrauch zu Wort, der über den doxastischen und fiduziellen Glauben hinausreicht. Es handelt sich um ein Hoffen und Erwarten über das Vorfindliche und Normale hinaus. Im *transzendierenden Glauben* wird über den ›gesunden Menschenverstand‹ hinaus Faszinierendes, Höchstes (Höchstleistung etwa) oder Letztes (Rettendes) von einem Menschen oder von Dingen (etwa in Magie und Aberglaube) erwartet. Wie sehr an dieser Stelle im alltäglichen Sprachgebrauch des Verbs »glauben« eine religiöse Dimension aufleuchtet, fällt dabei sofort ins Auge.

Alle drei Sprachgebräuche finden sich auch im christlichen Glauben: den doxastischen »Ich glaube, dass«, den fiduziellen »Ich glaube dir« und den transzendierenden »Ich glaube an«. Diese drei Weisen stehen aber im christlichen Glauben nicht einfach nebeneinander, sondern bilden einen Zusammenhang von personaler Grundebene und darauf aufbauenden Reflexionsebenen. Auf seiner Grundebene ist christlicher Glaube das Vertrauen auf die Person des Jesus von Nazareth. Doch schon auf der personalen Grundebene nimmt der Glaube faktisch, d. h. im Vollzug transzendierende Dimension an, insofern sich der Christ ganz und gar auf diese eine Person verlässt, so dass er auch sprachlich dieses Vertrauen als »an Christus glauben« formuliert und darin seine Überzeugung ausdrückt, dass der, welcher damals in Galiläa gelebt hat und in Jerusalem hingerichtet wurde, auch den Menschen heute wie auch künftigen Generationen gegenwärtig ist. Solche Bekenntnisse in der Form des doxastischen wie des transzendierenden Glaubens sind Reflexionen des Glaubens, der auf seiner Grundebene ein personales Vertrauen darstellt und auf seinen Reflexionsebenen ins Nachdenken darüber kommt, was dieses grundlegende Vertrauen bedeutet und wie es zu verstehen ist. Wie wir wissen, sind solche Reflexionen schon in den Anfangszeiten des Christentums in Gang gekommen: als Nachdenken in der Form sog. christologischer Hoheitstitel (Christus, Kyrios, Menschensohn, Gottes Sohn, Gott usw.), als sog. Pistisformeln (z. B. Röm. 10,9) und als erste Bekenntnisformeln. Sie entwickelten sich weiter zu Glaubensbekenntnissen, kirchlichen Dogmen und theologischen Hypothesen in heutigen Diskursen. Immer wird die grundlegende Erfahrung der Begegnung mit der Person Jesu gedanklich mit den Verstehensmustern der jeweiligen Zeit verknüpft, etwa mit Mythen und den Vorstellungen jüdischer Apokalyptik, später mit Substanzkategorien hellenistischer Philosophie und heute mit den Paradigmen gegenwärtiger Sichtweisen und mit dem Wissen unserer Zeit. So ist wie in der Religionswissenschaft auch in der Theologie Gott nicht »Gegenstand« der wissenschaftlichen Untersuchung, sondern kritisch reflektiert sie die Redeweisen von Gott in den christlichen Glaubenszeugnissen.

Angesichts dieser differenzierten Bedeutungsgehalte sowohl beim allgemein-menschlichen Glauben als auch speziell beim christlichen Glauben stellt sich das Verhältnis zwischen Glaube und Wissen viel komplexer dar (vgl. Petzoldt 2000), als dies gemeinhin mit pauschalisierenden Urteilen in der einen oder anderen Richtung gekennzeichnet wird.

Schon beim allgemein-menschlichen Phänomen Glauben ist Wissen in allen drei Sprachpraxen impliziert. Diese Vielschichtigkeit und zugleich Unterschiedlichkeit kann hier nur in aller Kürze angedeutet werden. So ist dem Alltagswissen wie auch dem in den institutionalisierten Wissenschaften gewonnenen Wissen immer ein Fürwahrhalten des doxastischen Glaubens inhärent als die subjektive wie intersubjektive (scientific community) Überzeugung vom Wahrsein der in Aussagen formulierten Kenntnis. Auch wenn sich wissenschaftliche Arbeit auf die Überprüfbarkeit der gewonnenen Erkenntnisse stützt, wäre sie ohne ein Sich-verlassen auf vorliegendes Wissen, d. h. ohne Fürwahrhalten von Hypothesen bis sie falsifiziert sind und ohne Kreativität des Meinens und Vermutens in der Fragestellung nicht möglich. Und umgekehrt ist im doxastischen Glauben Wissen enthalten als Kenntnisse, auf deren Grundlage Behauptungen für wahr gehalten und Vermutungen geäußert werden.

Reziproke Beziehungen finden sich gleichfalls im fiduziellen Glauben. So ist Glaube als Vertrauen notwendig für Wissen, weil erlebtes Vertrauen zwischen Menschen ausschlaggebend dafür ist, dass sie sich für die Wirklichkeit – für die Mitmenschen und für die Dinge – überhaupt öffnen. Und umgekehrt schließt das Vertrauen auf eine Person in irgendeiner Weise immer Kenntnisse um diese Person ein. Weitergehend erwachsen aus Vertrauen kommunikative Erkenntnisse: Ich lerne dich kennen; ich lerne mich dabei kennen; ich gewinne darüber Menschenkenntnis, bis hin zum Orientierungswissen der praktischen Philosophie und bis hin zu Schnittstellen mit dem Verfügungswissen von Wissenschaften wie Psychologie und Soziologie.

Bei aller Ähnlichkeit von doxastischem und fiduziellem Glauben in ihrem reziproken Verhältnis zum Wissen besteht aber zwischen beidem ein gravierender Unterschied. Während der doxastische Glaube wie das Wissen eine Disposition des Subjekts darstellen und sich das Wissen vom Glauben lediglich in den Gewissheitsgraden kraft der Bewährung von kritischen Prüfungsstandards unterscheidet, handelt es sich beim fiduziellen Glauben um eine intersubjektive Realität zwischen Personen kraft kommunikativer Rationalität der Interaktionen, wie sie beispielsweise von der Sprechakttheorie untersucht werden.

Dieser strukturelle Unterschied wirkt weiter im transzendierenden Glauben, wo sowohl in Überzeugungen von Sachzusammenhängen als auch in Erwartungen, die auf Personen gerichtet sind, jeweils über das Vorfindliche und Fassbare hinausgegriffen wird. Auch für den transzendierenden Glauben muss wieder eine reziproke Bestandsaufnahme des Verhältnisses zum Wissen gemacht werden. Transzendierender Glaube ist in Form von Grundüberzeugungen (basic beliefs) notwendig für Wissen, weil grundlegende Überzeugungen überhaupt erst zur Orientierung und zur Erkenntnis befähigen. Und zugleich ist er als ahnendes Ausgreifen in Unbekanntes für Wissen notwendig, weil solches ahnende Vorstoßen die Erkenntnis über die aktuellen Wissensgrenzen hinaus vorantreibt. Umgekehrt ist im transzendierenden Glauben Wissen enthalten als Einsicht in Zusammenhänge und Entwicklungen, die selbst über die Grenzen des Wissbaren hinaus hoffen lassen.

Sosehr jene Differenzierungen im Verhältnis vom allgemein-menschlichen Phänomen Glaube zum Wissen auch im Verhältnis des christlichen Glaubens zum Wissen eine Rolle spielen, kommen darüber hinaus auf Grund der oben beschriebenen inneren Struktur des christlichen Glaubens hier spezifische Zusammenhänge zum Tragen. Auf seiner personalen Grundebene als Christusvertrauen ist Wissen um die Person Jesus von Nazareth involviert; und seinerseits erwächst aus dem Vertrauen kommunikative Erkenntnis. Überhaupt ist kennzeichnend für seine Struktur von personaler Grundebene und darauf aufbauenden Reflexionsstufen, dass in mehrfacher Hinsicht der christliche Glaube auf seinen Reflexionen sich selbst zum Gegenstand wird, zum Beispiel: im Sich-zu-verstehen-suchen (Anselm von Canterbury: fides quaerens intellectum) des Glaubens (in der Glaubenslehre), oder im kritischen Prüfen des Glaubens (etwa in der Christologie mit der Wissenserweiterung durch die historisch-kritische Jesus-Forschung) oder in dem Sich-in-Beziehung-setzen des Glaubens zu den sonstigen je erlebten kommunikativen Erfahrungen und je zuhandenen lebensweltlichen und wissenschaftlichen Erkenntnissen. Aus all den Reflexionen entsteht Orientierungswissen (etwa in der Lehre von der Schöpfung, in der sich das glaubende Wissen darum, dass sich die eigene Existenz sowie alles Dasein als Schöpfung dem Schöpfer verdanken, mit dem naturwissenschaftlichen Wissen der Gegenwart verbindet). Solches Orientierungswissen des christlichen Glaubens interpretiert die Wirklichkeit sub specie Dei und setzt sich wie alles Wissen dem Falsifikationskriterium aus.

3. THEOLOGISCHE WISSENSCHAFT

Drei Modelle sollen den weitgespannten Rahmen anzeigen, in dem sich Definitionen von Theologie als Wissenschaft bewegen.

3.1. Zu Beginn des 19. Jahrhunderts erklärte Friedrich Schleiermacher die christliche Theologie als den »Inbegriff derjenigen wissenschaftlichen Kenntnisse und Kunstregeln, ohne deren Besitz und Gebrauch eine zusammenstimmende Leitung der christlichen Kirche […] nicht möglich ist« (Schleiermacher, 2). Mit dieser funktionalen Begründung kann Schleiermacher einerseits an die jahrhundertlange Tradition der drei oberen Fakultäten (Theologie, Jurisprudenz, Medizin) an den Universitäten anknüpfen (s. 1.), die als Institutionen zur Ausbildung für die jeweilige Berufspraxis fungieren, im Falle der Theologie für den kirchlichen Beruf. Andererseits legt Schleiermacher im Kontext des deutschen Idealismus jener Zeit betontermaßen darauf Wert, Theologie »als eine positive Wissenschaft« zu begreifen und zu behandeln, nämlich als einen solchen »Inbegriff wissenschaftlicher Elemente, welche ihre Zusammengehörigkeit nicht haben, als ob sie einen vermöge der Idee der Wissenschaft notwendigen Bestandteil der wissenschaftlichen Organisation bildeten, sondern nur sofern sie zur Lösung einer praktischen Aufgabe erforderlich sind« (Schleiermacher, 1). Damit trägt er zugleich dem Prozess Rechnung, der schon zu jener Zeit zu einer tiefgreifenden Ausdifferenzierung der theologischen Teildisziplinen gemäß ihrer Aufnahme von Arbeitsmethoden anderer Wissenschaften geführt hatte und der sich bis heute weiterentwickelt hat.

3.2. In der ersten Hälfte des 20. Jahrhunderts erlebte Karl Barth die fortschreitende Säkularisierung einerseits als auch die Verfälschungen der christlichen Botschaft durch den nationalsozialistischen Ungeist andererseits als Herausforderungen für ein strenges Konzentrieren der Theologie auf die Christusoffenbarung. Der Philosoph und Mathematiker Heinrich Scholz sah in dieser Konzeptionalisierung einer Tendenz zur Verabschiedung der Theologie aus dem interdisziplinären Dialog der Wissenschaften heraufziehen und hielt Barth sechs Postulate entgegen, welche die Theologie erfüllen müsse, um den Standards von Wissenschaft zu entsprechen: Satz-, Kohärenz- und Kontrollierbarkeitspostulat als nicht umstrittene Mindestforderungen, Unabhängigkeits- und Konkordanzpostulat als umstrittene Mindestforderungen und als Höchstforderung das Postulat, wonach Wissenschaft aus Axiomen, deren Wahrheit vorausgesetzt wird, und den daraus abgeleiteten Theoremen zusammengefasst sein muss (Scholz, 231–259). Barth hat diese Postulate für die Theologie »rundweg« abgelehnt (Barth, 7), war aber in der eigenen Definition von Theologie als Wissenschaft den ersten drei Forderungen dennoch entgegengekommen (Barth, 6). Im Ganzen hat sich dieser offenbarungstheologische Ansatz in der Theologie nicht durchsetzen können.

3.3. Der Mainstream heutiger Konzeptionen bewegt sich im breiten Spektrum von Interpretationswissenschaft (vgl. z. B. Dalferth 2004): von der Deutung spezifisch biblischen Überlieferungsgutes, über die Interpretation von Geschichte und Gegenwart aus der Perspektive christlicher Kultur bis hin sowohl zur Auslegung gelebter Religion in der Vielfalt individueller und gesellschaftlicher Lebenswelten als auch zur Analyse des Selbstbewusstseins auf seine unhintergehbar religiöse Struktur hin. Die methodischen Zugangsweisen sind dabei höchst verschieden. Die hermeneutischen Schulen können textwissenschaftlich, historisch, phänomenologisch oder sozialwissenschaftlich ausgerichtet sein. Andere Entwürfe arbeiten transzendentalphilosophisch.

In Weiterführung des analytischen Befundes zur Sprachpraxis des christlichen Glaubens (s. 2.) kennzeichnen die hier vorgelegten Überlegungen Theologie als Auslegungswissenschaft des von Jesus von Nazareth ausgelösten Anerkennungsgeschehens, das in der

Performanz des Christusvertrauens durch die Zeiten und Räume sich ausbreitet. Als hermeneutische Wissenschaft weist die Theologie eine Nähe zu vielen Wissenschaften auf: zu Kommunikationswissenschaften, näherhin zu Sprachwissenschaften, aber auch zur Geschichtswissenschaft. In der Reflexion auf den Glauben als religiöses Phänomen arbeitet die Theologie mit Religionswissenschaft und Kulturwissenschaften zusammen, einschließlich der Soziologie. Insofern aus dem Überdenken des Anerkennungsgeschehens deutende und handlungsorientierende Konsequenzen hervorgehen, steht Theologie im Diskurs mit Rechtswissenschaft, Wirtschaftswissenschaften und Politologie. Selbstverständlich ist die Philosophie ein ständiger Gesprächspartner der Theologie.

Abgesehen vom offenbarungstheologischen Modell (3.2.) ergeben sich an den Universitäten die vielfältigsten Kooperationen der Theologie mit anderen Wissenschaften: in Form von interdisziplinären Seminaren, Tagungen, Ringvorlesungen, Sonderforschungsbereichen, gemeinsamen Publikationen, Kooptierungen theologischer Lehrstuhlinhaber in andere Fakultäten der Universitäten und umgekehrt Kooptierungen von Lehrstuhlinhabern anderer Wissenschaften in die Theologischen Fakultäten.

4. »KONKORDANZ« ZWISCHEN THEOLOGIE UND NATURWISSENSCHAFTEN?

Im Zusammenhang der unter 3.2. erwähnten sechs Wissenschaftspostulate gab Heinrich Scholz der Theologie das Konkordanzpostulat mit auf den Weg. »In einer Wissenschaft dürfen nur Sätze auftreten, die das physikalisch und das biologisch Unmögliche respektieren; das soll heißen: nur Sätze, die den Sätzen ›unserer‹ Physik und ›unserer‹ Biologie nicht widersprechen« (Scholz, 235). An die theologische Wissenschaft gewendet verlangt diese Forderung von ihr, dass sie z.B. im Rückgriff auf biblische Schöpfungszeugnisse in der Schöpfungslehre nicht Behauptungen zur Entstehung der Welt aufstellt, die aus dem Kenntnisstand der gegenwärtigen (»unserer«) Naturwissenschaften nicht möglich sind. Damit wird nun nicht ein Anpassen biblischen Gedankenguts an den Zeitgeist verlangt, sondern umgekehrt geht es darum, jene Texte der Antike nicht anachronistisch unter den modernen Zeitgeist naturwissenschaftlicher Erkenntnisse zu zwingen. Vielmehr kommt es darauf an, dass die wissenschaftliche Bibelauslegung mit den Mitteln philologischer, historischer, kulturgeschichtlicher Wissenschaften und religionsgeschichtlicher Vergleiche die je verschiedenen Eigenheiten allein schon der ersten drei Kapitel der Genesis ans Tageslicht fördert. So zielt Gen 1,1–2,4a auf die Begründung des Sabbatheils; dieses soteriologische Anliegen verschafft sich dort im Kontext kritischer Auseinandersetzung des Jahweglaubens jüdischer Deportierter mit dem damaligen mythologischen Weltwissen im Herrscherland Babylon Ausdruck. Und in Gen 2 (von 2,4b an) bis 3 grübelt der Jahweglaube über die Frage, wie die vor Gott versagenden Menschen dennoch vor ihm weiter bestehen können. Eine Antwort sucht sich der Glaube dort in einer besonders für die Antike typisch mythischen Denkweise: im Erzählen eines Ursprungsgeschehens zu erklären, wie es zu jenem Problem gekommen sein könnte. Gemeinsam ist den beiden so unterschiedlichen Beispielen die Klärung unterschiedlicher soteriologischer Problemstellungen. Und beide suchen Antwort auf ihre Fragen im Zusammenhang der Überzeugung des alttestamentlichen Glaubens, dass Jahwe Schöpfer des Menschen und der ganzen Welt ist. Wie Jahwe aber im Entstehen und Bestehen der Welt schöpferisch wirkt, das können sich die biblischen Überlieferungen sehr unterschiedlich ausmalen. Niemand hat diese Verschiedenheit damals gestört, weil es nicht das Interesse der alttestamentlichen Glaubenszeugnisse war, eine widerspruchsfreie Lehre über die Weltentstehung zu liefern. Selbst als in der Antike der alttestamentliche Kanon erstellt wurde, hat man die beiden Beispiele in den ersten drei Kapiteln einfach nebeneinander stehen lassen. Darüber hinaus finden sich in der Bibel noch weitere und wieder sehr andere Zeugnisse des Schöpfungsglaubens. Im Neuen Testament, wo der Christusglaube in den Mittelpunkt rückt, tritt der Schöpfungsglaube mit dem Gedankengut jüdischer Apokalyptik auf. In späteren Jahrhunderten versucht er sein Schöpfungszeugnis auf den Denkwegen griechischer Philosophie unter Rezeption der aristotelischen Gottesbeweise besonders in ihrer Argumentation der Denknotwendigkeit des unbewegten Bewegers zu verstehen, seit der Neuzeit im Gespräch mit den Naturwissenschaften, die im Zeitalter der Aufklärung vornehmlich im Denkrahmen eines mechanistischen Weltbildes forschten, hingegen in »unserer« Gegenwart unter dem Paradigma Evolution. Ein Beispiel für solchen wissenschaftlichen Dialog mit den Naturwissenschaften und mit der Philosophie lieferte die Theologie, also sie im Rahmen des Forums »Naturwissenschaften – Philosophie – Theologie« im Wintersemester 2005/06 und Sommersemester 2006 zum Thema »Paradigma Evolution« an der Universität Leipzig eine interdisziplinäre Ringvorlesung durchführte, die später auch veröffentlicht wurde (Beck-Sickinger/Petzoldt).

Das von Heinrich Scholz angemahnte Konkordanzpostulat zeigt also die stetige Aufgabe der Theologie an, das aus dem Christusvertrauen erwachsende Schöpfungszeugnis des christlichen Glaubens immer neu mittels der Erkenntnisse der auch ihrerseits immer weiter sich entwickelnden Naturwissenschaften zum Verstehen zu bringen (Becker/Diewald, Petzoldt 2012).

5. UNIVERSITÄRES THEOLOGIESTUDIUM FÜR DIE AUSBILDUNG ZU BERUFEN IN KIRCHLICHER VERANTWORTUNG

Neben dem rein wissenschaftlichen Studium der Theologie im Diplomstudiengang dient das gleiche Theologiestudium der Ausbildung zum Beruf des Pfarrers bzw. der Pfarrerin. Vom Diplomstudiengang unterscheidet sich der Pfarramtsstudiengang allein dadurch, dass die Abschlussprüfungen in der Rechtshoheit der Kirche, im Falle der Theologischen Fakultät der Universität Leipzig in der Hoheit der Ev.-Luth. Landeskirche Sachsens als kirchliches Examen abgelegt werden. Wenn danach die Absolventen in den kirchlichen Dienst übernommen werden, folgt die zweite Ausbildungsphase, die nach erfolgreichem Abschluss in die Ordination zum Pfarrer bzw. zur Pfarrerin führt. Im Unterschied dazu schließt das Lehramtsstudium im Fach Evangelische Religion mit dem Staatsexamen ab. Hier wirkt die Landeskirche insoweit mit, als an den Prüfungen der theologischen Fächer ein Vertreter der Landeskirche teilnimmt. Denn soweit der künftige Lehrer bzw. die Lehrerin im Schuldienst das Fach Evangelische Religion unterrichten werden, braucht er bzw. sie dazu die kirchliche Vokation, weil nach Art. 7 III 2 GG der Religionsunterricht an öffentlichen Schulen unbeschadet des staatlichen Aufsichtsrechtes in Übereinstimmung mit den Grundsätzen der Religionsgemeinschaften erteilt wird.

Jene differenzierte kirchliche Mitverantwortung am Pfarramts- und am Lehramtsstudiengang an einer Theologischen Fakultät einer staatlichen Universität bildet den Hintergrund für die in Staat-Kirche-Verträgen vereinbarten Mitspracherechte der Landeskirchen bei der Einrichtung und Besetzung von Professuren (sog. nihil obstat). Auf diese Weise wird der bewährten Tradition kirchenpraktischer Funktion des Theologiestudiums Rechnung getragen (s. 1. und 3.1.). Zugleich ist dem Theologiestudium mit seiner institutionellen Verankerung an staatlichen Universitäten die Wissenschaftsfreiheit gewährleistet, die für alles Forschen und Lehren notwendige Voraussetzung ist und die (neben weiteren einflussreichen Triebfedern) in der Wirkungsgeschichte der Reformation zum gesellschaftskulturellen Horizont neuzeitlicher Pluralität geworden ist.

6. DISKURSIVITÄT UND SPIRITUALITÄT

Vornehmlich von der Theologie war in den letzten Punkten die Rede. Damit stand die Diskursivität der Glaubensreflexionen im Mittelpunkt, die in ihrer Teilhabe an der Rationalität kritisch-kontrollierender Standards die Wissenschaftlichkeit der theologischen Arbeit ausmachen. Ihnen zugrunde liegt aber mit dem Christusglauben ein personales Vertrauen, welches die spirituelle Dimension des christlichen Glaubens und aller seiner theologischen Reflexionsarbeit kennzeichnet (vgl. 2.). Dieser Unterschied fällt bereits sprechakttheoretisch ins Gewicht. Während auf der personalen Grundebene in der ermutigenden und befreienden Zusage, im bittenden und dankenden Gebet, im hymnischen Lob und in der meditativen Konzentration die performative Rede dominiert, wird die deskriptive und kritisch-prüfende Reflexionsarbeit der Theologie von konstativer Sprache beherrscht, so fließend die Übergänge im Einzelnen sein mögen. Auch räumlich kann man diesen Unterschied festmachen. Die Wissensvermittlung und der kritische Diskurs der theologischen Wissenschaft finden vornehmlich im Hörsaal und im Seminarraum statt, die gottesdienstliche Feier hingegen im gottesdienstlichen Raum. Freilich stellt diese Zuordnung gerade in der protestantischen Tradition keine kategoriale Scheidung dar. Selbstverständlich stehen Kirchengebäude auch für die öffentliche Nutzung offen und sind – angefangen in der Schlosskirche in Wittenberg – auch zu akademischen Veranstaltungen genutzt worden. Umgekehrt kann in einem Seminarraum auch eine Andacht gehalten werden. Überhaupt sind die Zusage der Anerkennung Jesu Christi und das Gespräch mit Gott überall am Platz. Ungeachtet aller sachlichen Vorläufigkeit räumlicher Zuordnungen für wissenschaftlichen Diskurs und spirituelle Praxis bleibt allerdings der gottesdienstliche Raum der bevorzugte Ort für die liturgische Feier. Insofern war es sehr begrüßenswert, dass von Beginn der Planungen an (1997) in die Neugestaltung des Universitätscampus am Augustusplatz ein gottesdienstlicher Raum einbezogen wurde. Darin zeigen sich nicht nur ein Respekt gegenüber einer verpflichtenden Tradition (s. 1.) und eine wertvolle Erinnerung an die zerstörte Universitätskirche, welche den Unrechtsakt der Sprengung von 1968 wachhält, sondern es findet zugleich darin der Entschluss seinen Ausdruck, gegenwärtig und zukünftig auch der Praktizierung von Spiritualität an der Universität Leipzig Raum zu geben. Und nicht nur den Lehrenden und Lernenden an der Theologischen Fakultät steht der gottesdienstliche Raum zu Verfügung,

→ Augusteum/Paulinum Hofansicht

sondern allen an der Universität Leipzig, ganz gleich in welchen Wissenschaften sie tätig sind, die aber Gottesdienst feiern wollen. Forderungen nach einer Trennung von Glaube und Wissenschaft, wie sie besonders im Umfeld der Streitigkeiten um die Errichtung einer Glaswand laut wurden, zeugen von Ahnungslosigkeit davon, wie das Wissen mit dem allgemeinen Phänomen Glaube, an dem jeder Mensch teilhat, vernetzt ist und wie speziell christlicher Glaube und Wissenschaft ineinandergreifen. Nicht selten sind solche Forderungen auch von atheistischer Voreingenommenheit gekennzeichnet.

Darüber hinaus steht hinter solchen Forderungen eine Verkennung der gesellschaftlichen Ausdifferenzierung, welche die moderne Pluralität autopoietisch agierender Teilsysteme wie Politik, Recht, Wirtschaft, Wissenschaft, Religion usw. beispielsweise als Festlegung der Wissenschaft auf Atheismus missversteht, währenddessen die Subsysteme funktional zusammenspielen. Hierbei handelt es sich um einen Prozess, der am Ausgang des Mittelalters maßgeblich durch die Reformation mit ihrer Unterscheidung von geistlich und weltlich in der Emanzipation der Religion von der Politik und der Emanzipation der Politik von der Religion vorangetrieben worden ist, und der sich strukturell immer weiter ausgebreitet hat. In der Ausdifferenzierung der Moderne fällt die religiöse Funktion dem Teilsystem Religion zu: lutherisch mit Artikel VII der Confessio Augustana (»Von der Kirche«) von 1530 formuliert: das Evangelium zu verkünden und die Sakramente zu feiern. Demgegenüber ist die Aufgabe des Teilsystems Recht, zwischen Recht und Unrecht zu entscheiden; und die Funktion des Teilsystems Wirtschaft ist, in der Knappheit der Güter die Güterbedürfnisse der Menschen zu befriedigen. Oder die Aufgabe des Teilsystems Wissenschaft besteht darin, im je fachspezifischen Zugriff auf Sektoren der Wirklichkeit die Hypothesen der Theorien auf wahr und falsch hin zu überprüfen und weiterzuentwickeln. Über ihre Leistungen fungieren die autonomen Teilsysteme in der Gesamtgesellschaft zusammen. In der Logik dieser systemtheoretischen Einsicht wäre es der modernen Ausdifferenzierung angemessen gewesen, wenn der Wiederaufbau der Universitätskirche unter der Trägerschaft der Institution Kirche vorgenommen worden wäre. Dazu bestand auch die Möglichkeit. Denn Anfang 2003 hatte die Regierung des Freistaats Sachsen der Ev.-Luth. Landeskirche Sachsens Grund und Boden der zerstörten Universitätskirche unter gleichzeitigem Kompensationsangebot an die Universität angeboten. Auf engstem Raum hätten dann die Subsysteme Wissenschaft und Religion agieren können. Darüber hätten Diskursivität und Spiritualität funktional auf dem Campus zusammengewirkt. Ein entsprechender Vorschlag war damals aus der Theologischen Fakultät gekommen (dokumentiert bei Petzoldt 2010, 28–33). Doch hat man sich anders entschieden; und es verwundert nicht, dass seitdem um die Ausgestaltung und Nutzung des Gebäudes ununterbrochen Auseinandersetzungen geführt werden. Möge mit der Wiedereinweihung der Zeitpunkt kommen, dass an der wiedererrichteten Universitätskirche Spiritualität und Diskursivität zu einem gedeihlichen Zusammenwirken finden.

LITERATUR

Barth, Karl: Die kirchliche Dogmatik Bd. I/1, München 1932.

Beck-Sickinger, Annette G. und Matthias Petzoldt (Hrsg.): Paradigma Evolution. Chancen und Grenzen eines Erklärungsmusters, Frankfurt/M. 2009.

Becker, Patrick und Ursula Diewald (Hrsg.): Zukunftsperspektiven im theologisch-naturwissenschaftlichen Dialog, Göttingen 2011.

Bünz, Enno: Gründung und Entfaltung. Die spätmittelalterliche Universität Leipzig 1409-1539, in: Geschichte der Universität Leipzig 1409-2009 Bd. 1, Leipzig 2009, S. 21-330.

Dalferth, Ingolf U.: Sprachlogik des Glaubens. Texte analytischer Religionsphilosophie und Theologie zur religiösen Sprache, München 1974.

Dalferth, Ingolf U.: Evangelische Theologie als Interpretationspraxis. Eine systematische Orientierung (ThLZ.F 11/12), Leipzig 2004.

Kutschera, Franz von: Vernunft und Glaube, Berlin / New York 1991.

Miethke, Jürgen: Universitätsgründung in Leipzig. Europäische Gelehrtenkultur, landesfürstliche Politik und kirchliche Krise, in: Matthias Petzoldt (Hrsg.): Europas religiöse Kultur(en). Zur Rolle christlicher Theologie im weltanschaulichen Pluralismus. Ein interdisziplinärer Diskurs an der Theologischen Fakultät anlässlich der Sechshundertjahrfeier der Universität Leipzig, Leipzig 2012, S. 13-38.

Petzoldt, Matthias: Art. Glaube und Wissen. I. Fundamentaltheologisch, in: RGG[4] Bd. 3, Berlin/New York 2000, Sp. 985-986.

Petzoldt, Matthias: Differenzen über Religion in ausdifferenzierten Gesellschaften, in: Reinhard Hempelmann (Hrsg.), Religionsdifferenzen und Religionsdialoge. Festschrift - 50 Jahre EZW, Berlin 2010, S. 25-43.

Petzoldt, Matthias (Hrsg.): Theologie im Gespräch mit empirischen Wissenschaften (VWGTh 35), Leipzig 2012.

Petzoldt, Matthias: Zur Frage nach der Rationalität von »glauben«, in: Aleksandar Fatić (Hrsg.): Denkformen. FS Dragan Jakovljević, Belgrad 2013, S. 340-371.

Rudersdorf, Manfred: Weichenstellung für die Neuzeit. Die Universität Leipzig zwischen Reformation und Dreißigjährigem Krieg 1539-1648/1660; in: Geschichte der Universität Leipzig 1409-2009 Bd. 1, Leipzig 2009, S. 331-515.

Schleiermacher, Friedrich: Kurze Darstellung des theologischen Studiums zum Behuf einleitender Vorlesungen (Nachdr. der 3. Aufl. von 1910), hrsg. von Heinrich Scholz, Darmstadt 1993.

Scholz, Heinrich: Wie ist eine evangelische Theologie als Wissenschaft möglich? In: Zwischen den Zeiten 9 (1931), 8-35, zitiert nach dem Wiederabdruck in: Gerhard Sauter (Hrsg.), Theologie als Wissenschaft. Aufsätze und Thesen, München: Kaiser 1971, S. 221-264.

Schulz, Heiko: Theorie des Glaubens, Tübingen 2001.

Wittgenstein, Ludwig: Philosophische Untersuchungen, 2. Aufl., Frankfurt/M. 1980.

Wittgenstein, Ludwig: Vorlesungen und Gespräche über Ästhetik, Psychoanalyse und religiösen Glauben, Frankfurt/M. 2000.

Erick van Egeraat
ERINNERUNGEN FÜR DIE ZUKUNFT

I.
ARCHITEKTUR, RELIGION ODER IDEOLOGIE?

In meiner Arbeit versuche ich, die gegenwärtige Symmetrie und Ordnung hinter mir zu lassen und stattdessen Asymmetrie und Disharmonie einzuführen, allerdings befreit von deren offensichtlich negativen Konnotationen. Für mich ist es eine Spannung, die man erlebt, wann immer man etwas Unbekanntem und Undefinierbarem begegnet; die Provokation aller Regeln der Präsentation, die es ermöglicht, das Unpräsentierbare und Undefinierbare darzustellen. Architektur ist mehr als ein reiner Absolutismus, mehr als nur eine Sache anstatt einer anderen. Architektur ist sowohl/als auch, nicht entweder/oder. Sie ist eher inklusiv als exklusiv. Sie handelt von einer Reihe von Möglichkeiten. Es geht ihr nicht um simplifizierend geplante Gewissheiten.

Wir machen es leider immer so; wir urteilen voreilig. So tun wir das, und das ist nicht unbedingt falsch. Man erwartet es, dass wir uns so verhalten. Meistens ist dies sehr nützlich und auch sogar eine bloße Notwendigkeit. Aber warum diese Ignoranz in Momenten, in denen wir uns Zeit nehmen können? Wenn wir zum Beispiel über die baulichen Errungenschaften unserer Gesellschaft reflektieren? Wenn wir die Wichtigkeit dessen verstehen wollen, was unsere Eltern oder Vorfahren taten? Selbst und sogar dann scheinen wir unnötig schnell und hart zu urteilen. Wir wissen gleich, nicht nur ob dieses oder jenes gut oder nicht gut sei, sondern auch warum dem so ist. Dass wir mit diesem harten Urteil die Ideologie einer Gesellschaft mit dem verwechseln, was sie hervorbringt, ihre Architektur zum Beispiel, ist höchstwahrscheinlich Einigen von uns klar. Vielleicht verständlich, es bleibt aber ein gravierender Fehler, der häufig begangen wird.

Die Lage wird entschieden verwirrender, wenn wir heutzutage Gebäude explizit im Kontext der Politik der letzten Epochen betrachten. Wir scheiden Gut von Böse ohne viel Federlesens, wir teilen Gebäude rasch in Opfer oder Täter auf; sie werden dramatisch »letzte Zeugen« oder gar weniger zurückhaltend »willige Vollstrecker« und »korrupte Parteigänger« ihres Zeitgeistes genannt. Es stört uns kaum, dass wir dabei unsere eigenen fragmentarischen Ansichten auf diese Gesellschaften auf die Gebäude übertragen, die diese Gesellschaften einst errichteten. Aber können Steine oder Mörtel eines Gebäudes wirklich radikal, konventionell, religiös oder atheistisch sein!? Können Bauwerke wirklich gut oder böse, falsch oder richtig sein?! Wir müssen genauer hinschauen.

Was sehen wir, wenn wir ein Gebäude betrachten? Können wir über unsere Faszination für die Kultur, dessen Teil es war, hinausschauen? Sehen wir, was uns diese Gebäude heute bringen und was sie den Menschen gebracht haben? Oder stellen wir uns bloß vor und projizieren auf die Gebäude dasjenige, was wir von der Gesellschaft, deren Teil sie einst waren, zu wissen glauben? Es ist ein bisschen zu einfach zu sagen, dass dies alles von der Betrachtungsweise abhängt. Das würde bedeuten, alles sei virtuell und der materiale Wert der Gebäude bedeutungslos; dass geschöpfliche Kreationen der Menschheit ohne Belang wären?! Das ist eine kaum hinnehmbare These.

Wir können und sollten offener und differenzierter umgehen mit den Gesellschaften, über die wir reflektieren. Der Wert einer Gesellschaft und ihre Bedeutung in der Geschichte ist nicht notwendigerweise durch deren Intentionen, Politik oder Ideologie bemessen, sondern durch ihre kulturellen Errungenschaften. Einfacher gesagt dadurch, was diese Gesellschaft geschaffen hat. Die Geschichte hat uns dies unbestreitbar gelehrt; das nämlich nennen wir Kultur. Die Politik dieser Gesellschaften beinhaltet bestimmte Ideologien. Das ist etwas ganz Anderes als Kultur. Und ob es gefällt oder nicht: einzelne Bauten, unabhängig von ihrer Qualität und Bedeutung, haben nichts mit diesen Ideologien zu tun.

Gebäude sind bestenfalls *Produkte* dieser Gesellschaften und nicht die Verkörperung von deren Ideologie! Was sie aber sehr wohl darstellen, jedes für sich und als Ganzes, ist eine Reihe von Referenzpunkten. Sie sind Produkte ihrer Zeit, und wenn wir sogar durch Kriege hindurch das respektieren, was von früheren Generationen vollbracht wurde, dann bleiben diese Gebäude über Jahrhunderte für uns erhalten. Diese Bauwerke sind bestenfalls Zuschauer mit Hintergrund, die im Gegensatz zu uns Sterblichen die Fähigkeit haben, ihre eigenen Zeiten zu überdauern. Aber aufgepasst! Wir sollten Bauwerken auch nicht mehr zuschreiben als ihnen zukommt. Gebäude mögen genetischer Abdruck ihrer Zeit sein, doch weder in ihren Materialien noch in ihren Teilen stehen sie für die Ideologie der Zeit, zu der sie gehört haben. Stein bleibt Stein und ein Architrav nichts mehr als ein verzierter Balken!

RICHTIG ODER FALSCH

Robert A. M. Stern hatte Recht, als er feststellte, dass stilistische, formale und technologische Entwicklungen und Erfindungen – in der Architektur und anderswo – grundverschiedenen politischen Systemen dienen können. Auf dieser Grundlage erlauben wir uns offenbar, dasselbe Gebäude in einem System als gut und in einem anderen als schlecht zu beurteilen; selbst wenn das Gebäude ansonsten unverändert beeindruckend, innovativ oder schlichtweg langweilig bleibt. Gesellschaften und ihre politischen Systeme haben leider ein noch größeres Unterscheidungsproblem was Form und Wert, Bedeutung und Kontext anbetrifft.

Die Vernichtung der Leipziger Paulinerkirche im Mai 1968 ist ein schmerzliches Beispiel dieser Dichotomie. Schauen wir uns z. B. das Hauptgebäude der Karl-Marx-Universität an, 1972 errichtet als Ersatz für die Paulinerkirche und das Augusteum nach deren brutalem Abriss.

Gebaut, so sagt man, um Walter Ulbrichts persönliche Vision eines neuen politischen und kulturellen Zentrums im Herzen von Leipzig zu verwirklichen. Dieses Gebäude, der Sitz des Rektorats und der Zentralen Verwaltung, war auch bei mildestem Urteil nicht mehr als ein armseliges Moderne-Haus. Interessant, dass es im selben durchaus zeitgenössischen Architekturstil erbaut wurde, wie damals unterschiedslos in Ost- und Westdeutschland angewandt: eine Spielart der Moderne, die unablässig zitiert wurde, sowohl in der »freien« amerikanisierten westlichen Welt als auch hinter dem »Eisernen Vorhang« der kommunistischen Staaten.

Dieses Gebäude, ein spätes Zeugnis des Internationalen Stils, ist ein Musterbeispiel dafür, dass Architektur unfähig ist, Ausdruck oder Verkörperung irgendeiner Ideologie zu sein. Dieser Internationale Stil und alle seine besseren und schlechteren Abklänge, die in der Nachkriegszeit folgten, wurden von vielen Architekten und Auftraggebern während eines Großteils des letzten Jahrhunderts forciert. Über drei Generationen hinweg konzentrierte man sich auf die gleichen stilistischen Grundsätze, sich von der jüngeren und älteren Vergangenheit absetzend, mit dem Anspruch, grundlegend neue Werte zu vermitteln. Niemand schien zu bemerken, geschweige denn sich daran zu stören, dass die bejubelten Werte dieser befreienden Architektur der Moderne völlig konträr waren zu dem, wofür sie gehalten wurden, ob im Osten oder im Westen.

POLITISCH KORREKT

Alle paar Jahre wieder kommen internationale Diskussionen auf zum Thema der Rolle und der Verantwortung von Architekten und der Architektur. Solche Debatten entzünden sich oft an den Olympischen Spielen und anderen großen Sportveranstaltungen, besonders wenn es um große Summen (öffentlichen) Geldes geht und sich die Frage stellt, wer von alledem profitiert.

So hat der polnisch-amerikanische Architekt Daniel Libeskind kurz vor den Olympischen Spielen in Peking 2008 weltweit Architekten aufgefordert, nicht an der Umsetzung dieser Veranstaltung mitzuwirken.

Rem Koolhaas, der Gründer des Office for Metropolitan Architecture (OMA), sah sich wiederholt schweren Vorwürfen ausgesetzt ob der ethischen Vertretbarkeit seines Entwurfs für das CCTV-Gebäude des Chinesischen Staatsfernsehens in Peking. Ich selbst wurde über Jahre mehrfach von den Medien angesprochen, die meinen Standpunkt in solchen Debatten wissen wollten – ich habe mich immer geweigert, eine wertende Position einzunehmen. Nicht weil ich keine eigene Meinung hatte, sondern weil ich der Weisheit folge, dass es niemandem von uns zustehe – am wenigsten den international agierenden Architekten – irgendjemanden zu richten, über Menschen zu urteilen, die anders sind als diejenigen in unseren Gesellschaftsformen.

Architekten, die grenzübergreifend tätig sind, profitieren von den Unterschieden, die uns umgeben: Wäre es nicht ein wenig heuchlerisch, eine bestimmte Sichtweise als einer anderen überlegen oder als verbindlicher anzusehen? Sollten solche Entscheidungen nicht aufgrund von persönlicher Verantwortlichkeit und Auswahl gefällt werden? Ist solches Aburteilen gut für unsere gegenwärtige Welt, in der Vielfalt und friedlicher Pluralismus uns mehr zu bringen scheinen als Moralkeule und Dogmen? Haben wir nicht des Extremismus genug? Müssen wir uns wirklich wieder hinter neuen nationalistischen oder sogar rein anti-nationalistischen Dogmen verbergen? Dabei geht es keineswegs nur um Architekten; wir alle gewinnen oder können gewinnen von den einzigartigen Möglichkeiten, die die Welt in den letzten Jahrzehnten erworben hat. Nie zuvor in der Menschheitsgeschichte standen wir einer Welt ohne Grenzen näher! Allerdings nur dann, wenn wir akzeptieren, dass das Bejahen von Unterschieden nicht gleichbedeutend ist mit »anything goes«, dass das Wesentliche in der Achtung der anderen liegt und nicht im Gefallen-Lassen.

Mit diesem Warnhinweis könnte die grundsätzliche Bejahung des Wertes des Andersseins als eine der größten Errungenschaften unserer Zeit gelten! So gesehen ist sie möglicherweise einer der größten Werte unserer Zeit. Niemals zuvor konnten wir es uns leisten, unsere Unterschiede so rundheraus anzunehmen, nicht länger gezwungen zu werden, Verschiedenheiten zu verurteilen. Unsere gegenwärtige, globalisierte Welt ist schon fast ein schrankenloser Ort, an dem eine schier endlose Zahl von Standpunkten, sich komplementär ergänzend, vertreten werden. In manchen Fällen stehen sie offensichtlich auch in Widerspruch zueinander, sie fördern jedoch potenziell Aufklärung und Verständnis. Natürlich führt das Anderssein unvermeidlich auch zu Missverständnissen und leider auch zu Konflikten, doch anders als mehrheitlich noch in den 1980er und 1990er Jahren gedacht, hat die Globalisierung nicht zu einer Welt geführt, in der alles mehr oder weniger dasselbe ist! Das Gegenteil ist wahr. Man kann darüber nur froh sein.

WERT VERMEHREN UND VERBESSERN

Selten zuvor sprach man über unsere Unterschiede so deutlich wie in unserer Zeit, und das ist nur den neu entwickelten sozialen Medien zuzuschreiben. Leben und Wirken in diesem Zeitalter des Austausches wurden für mich zum inspirierendsten und interessantesten Aspekt, wodurch mir die eigene hochprivilegierte Position erst in ganzer Tiefe bewusst wurde.

Heute können wir eine ganze Bandbreite von Werten nachvollziehen, ohne sie ablehnen oder annehmen zu müssen. Einen chinesischen Stein können wir ansehen und wertschätzen, ohne mit der chinesischen Gesellschaft, die ihn hergestellt hat, übereinzustimmen. Wir können aufhören, die Welt vereinfachend in »gut« oder »schlecht« aufzuteilen; es geht nicht länger um ein »entweder«/»oder«, sondern um das »sowohl«/»als auch«! Die Welt sollte genommen werden, wie sie ist, mit all ihren Facetten, ihrer ganzen Schönheit und auch der Hässlichkeit. Jeder von uns sollte sich anstrengen, sie zu verbessern und das Wertvolle in ihr zu vermehren.

Das versuche ich mit jedem meiner Gebäude: Alles zu tun, um Schönheit zu vermehren und fassbare Qualität und Wert zu steigern. So gesehen geht der Aufruf an Architekten, für »weniger statt mehr« einzutreten, völlig am Ziel vorbei. So zu arbeiten wäre eine wahre Verschwendung meiner Fähigkeiten. Stattdessen aber anzunehmen, dass ein Architekt (auch der Talentierteste unter uns), über die geistigen Werte unserer gemeinsamen Errungenschaften urteilen kann, stellt eine schmerzliche Überschätzung seiner Rolle in der Gesellschaft dar.

DEBATTE

Über die Gestaltung des neuen Paulinums ist bereits reichlich geschrieben worden, zumeist servil und befürwortend, aber auch dogmatisch und aggressiv. Man schreibt über meine Arbeit in jedem möglichen Ton. »Kaum ein Gebäude hat in Deutschland so viele Diskussionen ausgelöst wie Erick van Egeraats Neubau des Paulinums am Augustusplatz in Leipzig«, bekundete einer. Es ist schwierig, diese Aussage objektiv zu überprüfen und sie ist auch nicht besonders relevant, um den Wert des Projektes für die Stadt Leipzig zu bestimmen. Für mich kann ich jedoch sicher bestätigen, dass es das meistdiskutierte Gebäude ist, an dem ich bisher gearbeitet habe, und es wohl auch für einige Zeit bleiben wird: Viele meiner Entwürfe und Bauten haben Diskussionen in der Öffentlichkeit ausgelöst, aber nie so laut und anhaltend wie die öffentlichen Debatten über den Entwurf für die Universität Leipzig.

→ Entwurf des Innenraums

Betrachtet man eine Universität als Ort des Gedankenaustausches *per definitionem*, kann dies als Kompliment gelten. Aber das ist hier eindeutig nicht der Fall. Diese öffentliche Diskussion war anders. Nicht nur wegen ihrer Intensität, sondern vor allem wegen ihrer Vielfalt und wegen ihrer vielfältigen Ursprünge. Menschen aus den unterschiedlichsten Bildungsschichten und Berufen, aus verschiedensten politischen und historischen Hintergründen bildeten sich ihre Meinungen und machten diese in den Medien und in öffentlichen Veranstaltungen jedermann kund, diskutierten und verteidigten den jeweils eigenen Standpunkt. Ich wurde von jedem »Müller, Meier, Schulze« persönlich angesprochen, negativ und positiv. Ebenso beeindruckend war die Nachhaltigkeit der Diskussionen, was man mit dem Projekt machen oder was man lassen sollte. Debatten dieser Art dauern bis zum heutigen Tag unvermindert an.

Sicherlich sind viele Kommentare aufgrund persönlicher und/oder politischer Interessen abgegeben worden. Man lernt, das zu akzeptieren. Aber es war auch die ungewöhnlich (und eigentlich unnötig) lange Bauzeit, die enorm zu dem neuen städtischen Mythos, zu dem dieses Gebäude in Leipzig geworden ist, beigetragen hat. All die Bedenken, die Gerüchte, die Sorgen; ist es das Haus, welches einst versprochen war? War es der Mühen wert? Mögen wir es? Und ist dieser holländische Architekt wirklich so unfähig wie behauptet wird oder ein völlig verkanntes Genie – wer weiß? Jetzt ist das Haus fast fertig und diese Fragen können, wie trivial sie manchem auch erscheinen mögen, endlich eine Antwort finden.

Meine Antwort? – Ja, das neue Paulinum ist genau das geworden, was es eigentlich werden sollte und es war definitiv eine Menge Arbeit, es so hinzubekommen!

KONSENS

In der akademischen Welt spielen Traditionen eine Rolle, aber im Kern geht es um das Sammeln und den Ausbau von Wissen. Dies führt zwangsläufig dazu, Traditionen infrage zu stellen: Wenn sie nicht ihrer ursprünglichen Bestimmung dienen oder wenn sie im Grunde keine neuen gültigen Bestimmungen darstellen. In den Niederlanden gelten Traditionen nicht als eine Qualität an sich; Routine ist keine maßgebliche Wertvorstellung. Wir Holländer sind oft zu sehr besorgt, nicht an Traditionen festzuhalten, wenn neue Umstände uns dazu zwingen, traditionelles Urteil und Brauch über Bord zu werfen. Und die Gefahr, aus Gründen bloßer Traditionshaftung zu viel auszugeben, lässt die Holländer Zuflucht in Kompromissen suchen. Manche sehen das als große Tugend; andere hingegen betrachten es als eine Schwäche, niemals aufs Ganze zu gehen oder für den Erhalt bestehender Werte einzustehen. Ob meine Arbeit als die eines typischen holländischen Architekten bezeichnet werden kann, bleibt eine offene Frage; mir jedoch passt es, vor jedem Einsatz Ideen, Traditionen und Methoden stets aufs Neue zu bewerten.

Dieses Projekt in Leipzig wäre woanders schwer vorstellbar; auf jeden Fall nicht in den Niederlanden. Allein schon die bloße Tatsache, dass das Wiederauferstehen oder das Neuinterpretieren eines alten Gebäudes teurer und unpraktischer sein könnte als ein nackter Neubau, hätte das Projekt gleich zum Erliegen gebracht. Deutschland und Leipzig sind anders, und genau darin liegt der größte Wert des Projektes. Man könnte es politische Stabilität oder auch Sturheit nennen.

Hier kam dem Projekt die außergewöhnliche Aufgabe zu, jedem zu ermöglichen, sich zumindest mit einem Teil dieses Projektes zu identifizieren. Niemand ist der alleinige Eigentümer des Ergebnisses; niemand wird alles als angemessen, fein oder schön ansehen, dafür ist für jeden von uns etwas dabei.

Eine Erinnerung, eine Kirche, eine Aula, ein wiederauferstandener Raum oder ein neues Gebäude – was sollte es sein? Es war offensichtlich nicht möglich, einfach etwas komplett Neues hinzustellen, als wäre hier nie etwas vorgefallen. Für mich war auch der Wiederaufbau der einstigen Kirche keine Option: Dies hätte die Existenz all derer geleugnet, die dagegen waren; aus der Paulinerkirche wäre eine Opfergabe gemacht, sowie gleichzeitig all dasjenige der Universität, was neu, zukunftsgewandt und innovativ ist, abgestritten worden. So ein Wiederaufbau würde uns, die wir im Jahre 2017 leben, April 1968 vorgaukeln und, was wohl am wichtigsten ist, auch die vielen anderen Seiten und Bedeutungsquellen ablehnen, die die Universität in sich birgt und noch hervorbringen wird. Darum wurde dieses Gebäude so gemacht, wie es heute aussieht, nicht ausschließlich für den einen oder anderen Geistesstand, sondern alle einschließend – was nicht gleichbedeutend ist mit »all inclusive« des Pauschalurlaubs.

KONTROVERSE

Beim so gesetzten Ziel konnte dieses Gebäude nichts anderes als eine sehr schwierige Umsetzung sein. Im Nachhinein betrachtet erscheint es nun, dass nicht etwa wegen, sondern vielmehr dank der Dickköpfigkeit der sächsischen Beamten das Projekt am Ende so fertiggestellt wurde, wie es auch entworfen war. Zu sagen, dass es nicht ganz leicht war, wäre eine kräftige Untertreibung. Und es wird wohl für immer verborgen bleiben, ob alle Beteiligten, inklusive der Staatsbeamten, von Anfang an ahnten, welche Herausforderungen vor ihnen lagen. Das Projekt provozierte ernsthafte Kontroversen; nicht nur über die Ziele, sondern mehr noch über die Wege, wie diese Ziele zu erreichen seien. Leider wurden auch die Gerichte mit einbezogen: Es ist nicht gerade üblich bei öffentlichen Projekten dieser Art Gerechtigkeit in Gerichtsverfahren zu suchen.

Doch es spricht für die deutsche Gesellschaft, dass das Projekt trotz dieser Hindernisse entsprechend Entwurf und Intentionen doch verwirklicht wurde: ein wahrer Erfolg für alle Beteiligten. Für mich kann ich nur feststellen – den Bedeutungsgehalt des Paulinums kurz aus den Augen lassend – dass es ungeheuer interessant war, dieses Gebäude in Deutschland, wo die Bauqualität ohne Bedenken weltweit am höchsten ist, zu errichten.

Was vielleicht auch für das Projekt sprach, war die Qualität des Baus als »Gesamtkunstwerk«: Man kann das Gebäude entweder sehr gut bauen oder gar nicht. Ändern oder Anpassen des Entwurfs hieße, die Pointe – und noch wichtiger: die höheren Werte und Ambitionen – des Projektes völlig verpasst zu haben. Deshalb bin ich zufrieden, dass dieses Gebäude gemäß dem Entwurf, an dem wir alle so lang und kräftezehrend gearbeitet haben, korrekt fertiggestellt wurde.

EINE ERINNERUNG WIEDERAUFBAUEN

Bei diesem Entwurf ging es nie darum, eine Kirche wiederaufzubauen. Es ging auch nicht darum, den Wert des Wiederaufbaus abzulehnen: Die Frage, eine Lösung aus vielen auszuwählen, stellte sich nicht in dieser Einfachheit. Für mich ging es bei diesem Entwurf darum herauszufinden, was angesichts der Geschichte und der Würde dieses Ortes als wahrhaftig angesehen wird. Was bedeutete dieser Ort den vielen Menschen und Parteien, die sich ihm verbunden fühlten?

Mit Schuld oder Ausgleich hatte es auch nichts zu tun; es ging ums Ausloten aller möglichen Perspektiven dieses Ortes. Zu einfach wäre es, schnell zu urteilen, wie es so oft geschieht – ich habe dies von Anfang an abgelehnt und mich stattdessen zurückgehalten. Nicht aus Schwäche oder des Nicht-Wählen-Wollens, sondern um einen Ansatz zu finden, der die Erinnerung wiederaufbaut und nicht bloß ein Gebäude. Schon in der Aufgabenstellung des ersten Wettbewerbs ging es um eine Aula und einen Andachtsraum. Der Entwurf des neuen Paulinums vereint die architektonische Einheit mit funktioneller Vielfalt, mit ihm ist für die Universität am Augustusplatz die Erinnerung an die Kirche gerettet worden, ohne die alte Kirche Stein für Stein wiederaufzurichten. Deshalb besteht mein Entwurf nicht in einer Rekonstruktion der alten Kirche St. Pauli. Stattdessen ist er die gebaute Erinnerung einer reichen, faszinierenden und vor allem abwechslungsreichen Geschichte. Die Neuinterpretation dieses einzigartigen intellektuellen und spirituellen Zentrums ermöglichte es, eine Brücke zu schlagen zwischen den Anhängern eines Wiederaufbaus und den Verfechtern eines neuen innovativen Gebäudes. Das Projekt war in der Tat hochgradig umstritten, aber seine Umsetzung hat zum Glück auch zur Beilegung des fast 50 Jahre andauernden Streits über die Vergangenheit und Zukunft dieses Ortes geführt.

II.
DIE SPRENGUNG

Bis 1968 wurde die Westseite des Augustusplatzes in Leipzig von der Klosterkirche St. Pauli dominiert. Die zur Universität gehörende Paulinerkirche hatte den Zweiten Weltkrieg nahezu unbeschädigt überstanden. Erst im Mai 1968 wurde sie nach einem Beschluss des SED-geführten Rathauses mitsamt dem südlich angrenzenden Augusteum gesprengt, um für ein simples Universitätsgebäude Platz zu machen.

Ein vorgeschobener praktischer Grund mit dem Versuch, das wirkliche Motiv zu verbergen: Die Paulinerkirche war damals schon einige Zeit ein Zufluchtsort und Podium für alle nicht »Liniengetreuen«, sehr zum Leidwesen der kommunistischen Parteiführer.

Und so mussten durch eine Explosion Jahrhunderte des breitgefächerten intellektuellen, kulturellen und theologischen Denkens Platz machen für streng auf Linie gebrachte Politik und Kultur: weniger ein Schritt gegen ein einzelnes Gebäude, sondern gegen die ganze Bevölkerung: gegen ihren Hunger nach Vielfalt, Bedachtsamkeit und Toleranz. Seit 1990 arbeite ich fast ununterbrochen in früheren sozialistischen Ländern, so war ich auf Risiken aus gegensätzlichen kulturellen und politischen Hintergründen gefasst. Bei diesem Projekt jedoch stellte ich erstmalig fest, dass ich es zu tun hatte mit zahllosen Altersgenossen, Mandats- und Entscheidungsträgern und anderen Interessengruppen.

Ihre Erinnerungen an die späten 1960er Jahre würden bei den einen übereinstimmen und bei den anderen völlig konträr sein. Die Sprengung fiel nicht zufällig mit den Studentenunruhen im Westen zusammen, einer höchst lebendigen Zeit, die alle als Kinder oder Jugendliche miterlebt haben, mich selbst eingeschlossen. Mir war sofort klar, dass hier eine tiefgehende, aber auch äußerst zermürbende Aufgabe vor mir und meinen Mitarbeitern stand.

DER WETTBEWERB

In den Plänen eines politisch-kulturellen Zentrums Leipzigs im Jahr 1968 war keinerlei Raum für die Universitätskirche St. Pauli. Da war es offensichtlich bedeutungslos, dass diese Kirche seit Jahrhunderten das Herzstück der Leipziger Universität bildete. Allerdings war die brutale Zerstörung nicht ganz beispiellos.

In europäischen Großstädten, holländische nicht ausgenommen, machten damals viele innerstädtische Altbauten und ganze Viertel Platz für die neue heile Welt der Einkaufszentren und Autobahnen. Die Paulinerkirche und das benachbarte Augusteum wurden am 30. Mai 1968 gesprengt. Das 600-jährige Jubiläum der Leipziger Universität im Jahre 2009 und die ohnehin geplante Neugestaltung des Universitätsgeländes wurden zum Anlass für eine grundlegende Korrektur: Im März 2004 entschied die Jury, meinen Entwurf am ehemaligen Kirchenstandort umzusetzen.

Die Kontroversen um die Leipziger Universitätskirche St. Pauli, die seit ihrer mutwilligen Zerstörung schon bald 50 Jahren andauern und seit den frühen 1990er Jahren unaufhaltsam um sich griffen, sind – ganz egal welche Position man in der Sache einnimmt – ein kaum zu übersehendes Zeichen ihrer historischen Bedeutung. Darüber hinaus wurden im Wettbewerb die gegenwärtigen und zukünftigen Anforderungen deutlich, denen man gerecht werden musste, sowohl der Universität, als auch der Leipziger Bürger. Die Hauptfrage betraf jedoch klar das kollektive Gedächtnis: Um wessen Gedächtnis ging es und wovon? Für mich die wichtigste Frage. Und dann das Technische: Die Analyse der Bestandsfassaden legte offen, dass weder das Gebäude aus den 1960er Jahren, noch der ursprüngliche Wettbewerbsentwurf von Behet Bondzio Lin den Anforderungen genügten, die für ein Gebäude an einer solch herausgehobenen Stelle gelten.

DAS ERBE

Die Liste des Kulturerbes des Leibniz Campus der Leipziger Universität ist lang – die Universität ist die zweitälteste Deutschlands. Die ersten Bauten der 1409 gegründeten Universität gingen zunächst nach Westen in Richtung Innenstadt; erst mit der Anlage eines Stadtplatzes im Jahre 1785 (1839 Augustusplatz genannt) öffnete sich der Campus auch nach Osten. Erst durch diese städtebauliche Maßnahme wurden die Ostfassaden der Universitätskirche St. Pauli und des Augusteums bedeutsam.

In der Universitätsgeschichte spielte die Kirche indes immer eine besondere Rolle: Seit ihrer Errichtung im Mittelalter überstand sie in gut 700 Jahren zahllose Kriege und Katastrophen, bevor ihr im Jahre 1968 das DDR-Regime ein Ende setzte.

Der Neubau greift die Stadtentwicklung auf und formt das neue Gesicht der Universität zum Augustusplatz hin, während rückseitig die Anknüpfung des Campus in Textur und Architektur an die städtische Struktur erfolgt. Vertraute Stadtmotive wie Arkaden und Lichtschächte dienen als Verbindungslinien, um den Campus der Universität mit dem Stadtzentrum zu verschmelzen. Das großzügige Foyer des Neuen Augusteums vereint in sich einen halböffentlichen Raum, einen Ort des Gedenkens und eine Schnittstelle zum universitären Leben. Die Achtung des Bestands und die Anspielungen auf historische Ereignisse sind die Leitmotive bei der Neufassung des Ortes und der Wiederauflage der geschlossenen Augustusplatz-Fassade: Es ging nie bloß um Stil, sondern immer um Akzeptanz! Mit meinem Entwurf hoffe ich eine Architektur zu schaffen, die vielen vertraut erscheint, zugleich aber in der Lage ist, Menschen für die Zukunft zu begeistern.

DAS NEUE

Die Erneuerung des innerstädtischen Universitätsquartiers umfasst vier Bauabschnitte, und in diesem vierten Bauabschnitt gibt es nochmals drei Teile: die Anlage des früheren Augusteums/Hauptgebäudes und die damit verbundenen frühere Universitätskirche und das Café Felsche. Die Aula, das Audimax, der Innenhof und der gesamte Campus werden von der Mitte her entwickelt. Städtebaulich definieren die Aula samt Anbau dieses Ensemble in Anlehnung an das historische Gebäudeschema, als eine Referenz an die Vergangenheit und als ein Signal für die Zukunft der Leipziger Innenstadtlandschaft. Die Fassaden des neuen Gebäudes zollen damit den verschiedenen benachbarten architektonischen Idiomen Tribut: der Renaissance des Augusteums, der Neugotik der Kirche St. Pauli und dem Klassizismus des Café Felsche.

Die Materialien stammen aus der Umgebung und kombinieren Klarglas mit bedrucktem Glas, Schiefer mit Sandstein. Verschiedene Gebäudeteile heben sich durch eigene Öffnungen und Farbnuancen voneinander ab, bekrönt von der alles umfassenden Dachkontur. Ihre Form spielt auf die zerstörte Universitätskirche an und lässt die Kräfte der historischen Struktur zu einer neuen Skulptur heranwachsen. Die Fassade aus Schiefer, Zink und Glas öffnet sich zunehmend und wird transparent; durch die gesamte Aula und ihr Dach reicht ein großer Lichtschlitz. Die dem Platz zugewandte Dachpartie wird zur fünften Fassade des Hauses und ist prägend für den Stadtraum. Zum Innenhof neigt sich das Dach von der Aula und der St. Pauli-Halle und wird dank der Oberflächen-Komposition zum raumgliedernden Element mit einem Verweis zum Augustusplatz. So wird aus dem Innenhof in Verbindung mit dem eingelassenen Volumen des Audimax ein Herzstück des Leipziger Campus. Das Gebäude des Café Felsche mit seinen Gastronomie-, Büro- und Wohnräumen vermittelt durch seine Fassadenstruktur und Dachform zwischen dem Augustusplatz und der umliegenden Bebauung.

ERINNERUNG AN DAS AUGUSTEUM UND DIE KIRCHE ST. PAULI

Der Ausgangspunkt des Entwurfs stellt eine Verschmelzung des Alten mit dem Neuen, von Bedeutung und Funktion dar: Die Stützpfeiler der Zwischengeschoss-Galerie des Hauptgebäudes zieren die »Tugenden des Fürsten«, vier allegorische Gipsstatuen aus dem Jahre 1833. Sie erinnern an das frühere Foyer, wo sie vor der Zerstörung von St. Pauli und des Augusteums auf Balustraden standen. Das frühere Schinkeltor, vom Berliner Meisterarchitekten Karl Friedrich Schinkel als Hauptportal des Augusteums entworfen, bereits im Zuge der Neugestaltung des Campus 2004 wiedererstellt und konserviert, markiert nun den Zugang zum Innenhof. Im Bauteil zwischen der Aula und dem Audimax wird ein historischer Klostergang neu interpretiert; an der Außenwand der Aula finden die restaurierten Gedenktafeln ihren Platz und mit dem Turm, in den die Aufzüge eingebaut sind, entsteht wieder ein Orientierungspunkt für die Stadt. Wo einst die St. Pauli-Kirche stand, entsteht mit dem Paulinum ein neues Zentrum des universitären Lebens. Die Bandbreite der hier denkbaren Veranstaltungen ist vielfältig.

Der Raum wird durch einen imponierenden großzügigen Lichtschacht mit Stufen, durch Schiebewände und Vorhänge, die an den 15,5 Meter hohen Wänden drapiert sind, in Aula und Chorraum unterteilt. Die riesigen in voller Höhe transparenten Schiebetüren unterhalb des zum Himmel reichenden Lichtschlitzes lassen die beiden Räume als ein Ganzes, aber auch separat erleben und benutzen. Die im Chorraum ausgestellten Epitaphien unterstreichen seine eher abgeschlossene Atmosphäre, während der Hauptraum mit der erhöhten Empore Aufgeschlossenheit ausstrahlt. Die Flexibilität der Aula-Nutzung wird gewährt durch drei Säulenpaare, die nicht zum Boden reichen. Zugleich können das Podium sowie der Bühnenbereich durch Hinzuschaltung des Chorraumes erweitert werden: beste Voraussetzungen für universitäre Veranstaltungen und Gottesdienste, für Konzerte und Ausstellungen. Darüber wölbt sich das neue Kreuzrippengewölbe, die verschiedenen Raumzonen zu einem Ganzen vereinend.

Die Fassade formt ein neues Erinnerungsbild, die Universität kehrt heim zu ihrer einstigen Hausanschrift am Augustusplatz und bekundet damit einmal mehr ihre urbane Präsenz. Die Kirche mit ihrer ikonischen Gestalt ist wieder ein identitätsstiftendes Element in der Stadtlandschaft. Der Hauptkörper des Neubaus folgt im Wesentlichen der Fassade des früheren Universitätskomplexes, Vor- und Rücksprünge betonen funktionale Strukturen und gehen auf die Straßengestaltung ein. Auch die Silhouette zeichnet die Dächer des einstigen Ensembles nach: mit dem Kirchengiebel als höchstem Punkt, dem Giebel als Erinnerung an die historische und kulturelle Bedeutung der alten Kirche St. Pauli und auch an deren Zerstörung durch die Sprengung. Im entstandenen Ensemble wird Vergangenes nicht geleugnet, es wird kombiniert und führt zum spannenden Gesamtergebnis.

IM GEDENKEN AN DIE ALMA MATER LIPSIENSIS

Mit meiner Architektur versuche ich, scheinbar Unvereinbares zu verbinden – Neuland zu entdecken, ohne dabei Zeit- und Raumgefühl zu verlieren. Denn nur die Architektur, die in der Gegenwart bewundert oder zumindest respektiert wird, wird auf längere Sicht bestehen.

Während der Innenausbau des Hauptgebäudes den Formen nach eindeutig modern ist, bezieht sich das Innere des Paulinums genauso klar auf die alte Universitätskirche, in Form und Material jedoch neu interpretiert. Die übernommene Gewölbeform erschafft die ursprüngliche Atmosphäre neu und wird zur Design-Matrix eines neuen räumlichen Ganzen.

Die Aula/Universitätskirche St. Pauli vermeidet es gekonnt, als Museum durchzugehen und wird stattdessen ein multifunktionaler Raum für einen zeitgemäßen Gebrauch. Modern sind auch die Materialien der Einrichtung: Glas von verschiedener Durchlässigkeit und Putz in Porzellan-ähnlicher Qualität, dazu die variabel anpassbare Beleuchtung. Sie erschaffen einen charaktervollen hellen weißen Raum und bieten einen respektvollen Hintergrund für alle universitären Veranstaltungen wie auch für die Kunstschätze, die aus der älteren Kirche gerettet sind. Die Aula ist die Kirche und die Kirche ist die Aula.

III.
KIRCHE, AULA ODER BEIDES

Bei der Vorstellung des Entwurfs an die Wettbewerbsjury musste ich ziemlich weit ausholen, um dieses Konzept, aber auch um genau den besonderen Charakter unseres Vorschlags deutlich zu machen. Als ich anführte, der Entwurf sei Kirche für diejenigen, die eine Kirche sehen wollten, und eine Universitätsaula für die anderen, die eine solche sehen möchten, wurde dies von einigen als eine schlaue Verkaufsstrategie aufgefasst. Mit der Zeit wurde meine Begründung jedoch weniger fragwürdig. Ganz im Gegenteil, sie wurde zu einer wahrlich um sich greifenden Aussage; der Reichtum des Vorschlages wurde allmählich von Vielen begrüßt.

Ein Haus zu konzipieren, das das Andenken eines Ortes aufrichtig wertschätzt, war jedoch nicht das Schwierigste dieser Aufgabe. Tatsächlich zu den folgenden Planungsphasen überzugehen und das gesamte Projekt sowohl passend als auch richtig gebaut zu bekommen, erwies sich als außergewöhnlich komplex. Dies sogar im einem gut organisierten Land wie Deutschland.

Die Paulinerkirche präzise Stein-für-Stein wiederaufzubauen, oder genau im Gegenteil etwas komplett Neues hinzustellen, wäre wohl einfacher gewesen. Die vielen extra Jahre für die Realisierung dieses Bauwerkes und dessen extra Aufwand haben von allen Beteiligten ungemein Vieles gefordert. All diese zusätzlichen Jahre boten aber auch grenzenlose Möglichkeiten für Spekulationen in der Presse und für die öffentliche Meinungsbildung.

Nun, da das Gebäude schon größtenteils benutzt wird und jetzt auch die Eröffnung näherrückt, bin ich überzeugt, dass jeder seine Hoffnungen bestätigt sehen und für sich ansprechende, sogar herausragende Räume entdecken wird.

Niemals zuvor habe ich an einem so anstrengenden Projekt gearbeitet; Leipzig hat sich etwas Einzigartiges und Großartiges erbaut. Wer baut heute schon solch opulente Räume, die bloßen rechnerischen Universitäts- und städtischen Bedürfnisse übersteigend? Wo konstruiert man solcherlei in Zeiten der Knappheit? Welche Stadt in der Welt fördert heutzutage neugotische Gebäude? Wo sonst werden die unterschiedlichsten und gegenzeitlichsten Meinungen in der Öffentlichkeit so großzügig beantwortet? – Leipzig tat all dies.

Wir haben gebaut aus Erinnerungspflicht an die zerstörte Universitätskirche und an all das, wofür sie stand. Die Einsicht der Entscheidungsträger, dass die Erschaffung eines solchen Bauwerkes enormen Wert in sich trägt, der die kurzfristigen Sorgen um die Finanzen und die bloße Notwendigkeit übersteigt, verdient Lob. Leipzig, die Universität und der Freistaat Sachsen entschieden sich, aus mehrerlei Sichten etwas Einzigartiges zu schaffen. Mit dem neuen Paulinum wird der Augustusplatz – ehemals Leipzigs schönster Ort – wieder komplett. Die Anlage kann zugleich als zeichenhafte zeitgenössische Architektur und traditionsverpflichtender Bau betrachtet werden. Den traditionsbewussten Geistern gibt sie der Stadt ihr Herz zurück – zugleich ist sie für die Universität, die Stadt Leipzig und darüber hinaus ein zukunftsgewandtes Zentrum.

Dieses Projekt umzusetzen, war von Anfang an kompliziert, Entwurf und Bau mussten einiges überstehen, die Haltung bewahren zwischen Geschichte und Zukunft, zwischen ideologischen Differenzen, Stilen und sich widersprechenden Ansätzen über Wiederaufbau, Innovation und Tradition. Politik und öffentliche Meinungen sind auch nicht zu vernachlässigen gewesen.

Für mich war es wichtig, Wege zu finden, akzeptiert zu werden in der Vielfalt der Empfindungen aller Leipziger. Am wichtigsten war für mich aber, eine Gedenkstätte der Verschiedenheit kreieren zu dürfen, in einer Zeit, in der die Akzeptanz des Andersdenkens unter großem Druck steht. Am Ende gehen alte Erinnerungen und auch neue Gedanken immer wieder verloren, oder werden einfach vergessen. Ikonen des Neuen und Andersdenkens werden bei uns bleiben; natürlich nur für diejenigen, die großzügig genug sind, sie zu akzeptieren.

Martin Petzoldt

DER SPÄTGOTISCHE PAULINER-ALTAR DER UNIVERSITÄTSKIRCHE ST. PAULI[1]

Bis Mai 1968 hatte der spätgotische Altar in der Leipziger Universitätskirche St. Pauli seinen Platz. Nach unsachgemäßer Bergung, die ihn immerhin auf Betreiben des Landesamtes für Denkmalpflege noch vor der Sprengung am 30. Mai 1968 rettete, war er im Keller des Reichsgerichts, des damaligen Dimitroff-Museums, eingelagert. Nach langwierigen Verhandlungen begann man mit seinem Wiederaufbau 1982 in der Thomaskirche. Nach der vorläufigen Indienstnahme am 2. Advent 1984 – noch in unvollständigem Zustand – wurde er restauriert; seine endgültige Einweihung konnte am 1. Pfingsttag 1993 gefeiert werden. Er stand hier als Dauer-Leihgabe der Universität Leipzig. Seitens des Staates und der Universität war man über diese Lösung erleichtert, weil man sich doch nach und nach bewusst gemacht hatte, dass seine Vernichtung oder auch nur seine Nichtbeachtung ein schwerer Fehler gewesen wäre. Die Thomaskirche hat sich mit der leihweisen Übernahme und der Bereitschaft, diesem wertvollen Gegenstand Schutz und gottesdienstlichen Gebrauch zu gewähren, große Verdienste erworben. Nach der politischen Wende von 1989/90 konnten noch vorhandene zahlreiche Epitaphe und Kunstwerke der Universitätskirche von der Universität Zug um Zug zurückgenommen werden. Die Evangelisch-Lutherische Landeskirche hatte dafür mit dem »Depot Heilandskirche« ausreichenden Raum zur Verfügung gestellt. Diesem Umstand verdankt die Universität und die Öffentlichkeit die Rettung der Epitaphien und weiterer Kunstgegenstände. Auch der Altar kehrt im Zusammenhang mit der baulichen Fertigstellung der neuen Universitätskirche St. Pauli an seinen angestammten Ort zurückgekehrt.

Damit wird der Altar wieder geistliches Zentrum der Universitätsgottesdienste in der neuen Universitätskirche St. Pauli zu Leipzig und künstlerisches Zentrum der dieses gleichermaßen als Aula zu nutzenden Raumes sein.

ZUR ENTSTEHUNG

Über die Entstehung des Paulineraltars ist wenig Gesichertes zu sagen: Die Überlieferung meint zu wissen, dass die Reliefs der Feiertagsseite und die Gemäldetafeln der Passionsseite bis 1912 einzeln aufbewahrt waren. Da die ältere, aber unbekannt gebliebene Rahmung nicht mehr vorhanden war und mit ihr auch das exakte Wissen um die Anordnung des Altars fehlte, kam es 1911/12 zu getrennter Rahmung und Aufstellung der Feiertagsseite und der Passionsseite.[2] Rahmung bzw. Schrein der Feiertagsseite von 1912 stammt von Franz Schneider. Im Vollzug der Restaurierung in den Jahren nach 1984 stellte man aufgrund von nach-

→ Abb. 1: Paulineraltar in der Thomaskirche, Festtagsseite

vollziehbaren Indizien einen Zusammenhang der Reihung der Reliefs und Bildwerke her, der aller Wahrscheinlichkeit nach Anspruch auf Originalität hat. Der erreichte Zustand entbehrt lediglich der zwei zweiseitig bemalten Tafeln mit Bildern der Petrus- und Pauluslegende.[3] Die Reliefs werden gern mit dem länger in Erfurt tätigen Bildhauer Linhart Koenbergk (um 1490/1500) in Verbindung gebracht, was aber neuerdings mit Hinweisen auf niederrheinische Einflüsse wieder in Frage gestellt wurde. Auf jeden Fall dürften wir mit den Plastiken und Reliefs das Werk eines südthüringischen oder nordfränkischen Meisters und Bildschnitzers um 1500 zu tun haben.

Für die Gemälde des Passionszyklus nahm man gern Kupferstiche Martin Schongauers (um 1445–1491) als Vorlage in Anspruch. Bemerkenswert erschien, dass Schongauer – vor seiner Bildungsreise durch Burgund und die Niederlande – 1465 an der Leipziger Universität immatrikuliert war. Die direkte Beziehung der Gemälde zu Vorlagen Schongauers ist neuerdings problematisiert worden. Zu wenig habe man berücksichtigt, dass Schongauer selbst häufig auf frühere graphische Vorlagen zurückgriff, die auch bei anderen Meistern vorkommen, so dass alle Zuweisungen einer detaillierten Einzelüberprüfung zu würdigen sind,[4] was inzwischen geleistet worden ist.

Dass der Altar schon in vorreformatorischer Zeit als Haupt- bzw. Hochaltar der Dominikanerklosterkirche St. Pauli zu Leipzig gedient habe, scheint unbezweifelbar. Unbestätigte Annahmen berichten von der Entfernung des Altars von seinem Standort und seiner Zerlegung in Einzelteile im 18. Jahrhundert. Mindestens zwei Abbildungen des Chorraumes der Universitätskirche im 19. Jahrhundert lassen aber einen anderen Gang der Dinge wahrscheinlich werden: Die eine Abbildung zeigt den Chorraum der Kirche bei der Trauerfeier für Felix Mendelssohn Bartholdy am 7. November 1847. Es handelt sich um einen Stahlstich in der »Leipziger Illustrirten Zeitung« vom 20. November 1847, der nur am linken Rand etwa zwei Drittel des Altars sehen lässt: Danach waren auf drei Ebenen je drei Darstellungen angeordnet, die sich als Reliefs des spätmittelalterlichen Paulineraltars erweisen, aber dennoch nur mit großer Vorsicht identifiziert werden können. Sichtbar sind der Mittelteil und der rechte Seitenflügel des Altars. Der Mittelteil beherbergt drei Darstellungen übereinander, von denen die untere deutlich als Kreuzigung, die im Mittelfeld als Mariae Tempelgang und die im oberen Feld (verkleinert durch überwölbendes Gesprenge) wohl als Auferstehung Christi erkennbar ist. Der rechte Seitenflügel zeigte – wie es aussieht – im unteren Feld die Marienkrönung, was die figürliche Anordnung und die Freistelle der bis heute fehlenden Engelsfigur wahrscheinlich macht; darüber die Verkündigung an Maria und oben den zwölfjährigen Jesus im Tempel. Nun bleiben für den nicht sichtbaren linken Seitenflügel nur noch die Reliefs von der Geburt Jesu und von der Ausgießung des Geistes zu Pfingsten. Was die neunte Fläche enthielt, ist ungewiss, da heute nur acht Reliefs bekannt sind (außer zwei Bildwerken der Paulusgeschichte an der Vorderseite des Altars: Paulusstatue und Paulus stürzt vor Damaskus).

Bei der anderen Abbildung handelt es sich um eine lavierte Zeichnung von Carl Ferdinand Sprosse (1819–1874). Die äußere Form des Altars gleicht der des Stahlstiches von 1847, aber die Segmentierung stimmt nicht überein. Wir haben hier die Anordnung von je zwei Bildwerken übereinander, die nicht exakt bestimmen lässt, ob es sich um Gemälde oder um Reliefs handelt. Hinzu kommt ein Bildwerk in der Predella, die bei dem Stich von 1847 nicht sichtbar ist. Die Zeichentechnik erweckt den Eindruck, als ob es sich um Gemälde handelt. Unbestreitbar ist auf der mittleren Tafel der unteren Etage über der Predella die Kreuzigung zu sehen. Dass aber die Gemäldetafel der Kreuzigung in der formalen Anordnung dem Eindruck des Kreuzigungsreliefs sehr nahe kommt, macht die Entscheidung schwerer. Lediglich die Form des Lichteinfalls hinter dem Kreuz deutet auf das Relief (aufscheinender Goldhintergrund des Reliefs). Dazu würde aus guten Gründen auch das Bildwerk in der Etage darüber stimmen; es kommt dem des Tempelgangs Mariae sehr nahe. Nur ein Bildwerk auf einer noch darüber befindlichen Etage ist nicht erkennbar. Gründe für diese Zuordnung des Altarmittelteils sind nicht mehr erfahrbar.

ZUR KÜNSTLERISCHEN UND THEOLOGISCHEN KONZEPTION

Der Paulineraltar bietet auf seiner Festtagsseite einen Jesus-Maria-Zyklus, auf seiner Passionsseite acht Tafelbilder der Passion Christi, dazu Bildwerke aus der Vita Pauli. Die vorhandenen Reliefs und Bilder sind je für sich Manifestationen mehrerer Geschehensabläufe. Für die Beschauer solcher Altäre setzte man das Vermögen voraus, über mentale Bilder der dargestellten biblischen Geschichte zu verfügen und die in den Darstellungen enthaltenen Geschehensabläufe in sachgerechter Weise einander zuzuordnen. Die Geschichten waren als Bilder im Gedächtnis abgelegt und jederzeit erneut reproduzierbar. Die Bilder selbst erweisen sich dabei als Grenzgänger zwischen der Welt des Sichtbaren und des Unsichtbaren. Sie sind in der Lage, einen vorgegebenen Deutehorizont zu mobilisieren und erneut zu sprechenden Bildern zu werden. Auf den Paulineraltar trifft alles das ebenso zu. Im Blick auf den vorgegebenen Deutehorizont fehlen allerdings bei vielen heutigen Zeitgenossen Kenntnisse und Materialien. Deshalb soll der Versuch gemacht werden, die Bildwerke und die Gesamtkomposition des Altars zu betrachten und zu deuten. Das Beieinander von biblischem und legendenhaftem Stoff bietet für sich bereits die Überschreitung der überlieferten Geschichten und Legenden hin zur Deutung für die Zeit seiner Entstehung an, aber auch für jede andere Zeit.

FESTTAGSSEITE

Außer der Paulusstatue in der Mitte mit Schwert und Buch und außer der auf die Bekehrung des Paulus bezogenen Predella haben wir acht Reliefs vor uns, die einen sogenannten Jesus-Maria-Zyklus bilden. Jesus und Maria sind in dem Zyklus weniger als Mutter und Sohn zu begreifen; vielmehr enthält die Darstellung beider zusammen die Verknüpfung von Jesus als Glaubensgrund und Maria als prototypischer Glaubensperson. Biblisch fand man diese Beziehung gültig in den beiden Personen des biblischen Hohenliedes Salomonis dargestellt, wo in der Form althebräischer Liebeslieder das Verhältnis von Frau und Mann, von Freundin und Freund, von Braut und Bräutigam besungen wird. Die vertrauende Liebe dieser beiden gibt zutiefst wieder, was biblisch als »Glaube« bezeichnet wird. In dieses Verhältnis des glaubenden Menschen zu seinem Herrn Jesus Christus sind die acht Reliefszenen und ihre Deutung eingebettet. Die heutige Rahmung des Schreins stammt von 1912, hat neugotisches Gepräge und fügt die Reliefs in eine gedachte chronologische Reihe ein, der die nachfolgende Interpretation folgt. Es scheint geraten, die künstlerische Absicht bei der Formung der Gestalten und ihrer Bekleidung zu beachten.

1. Mariens erster Tempelgang [oben links]: Es ist das erste von nur zwei legendenhaften Bildwerken, d.h. ohne biblische Grundlage (vgl. Relief 12). Es rechnet mit dem Deutehorizont der Genealogie Christi, allerdings in ihrer mittelalterlich-legendenhaften Ausschmückung.

Da sind Joachim, der Vater der Maria, und ihre Mutter Anna zu sehen. Von beiden wird berichtet, dass sie Maria dem Tempel geweiht hätten. Joachim, der Vater, will Maria bereits als Zwölfjährige, Anna, die Mutter, will sie erst als Vierzehnjährige zum Tempel geben. Die Mutter setzt ihren Willen durch. Joachim richtet ihr zu Hause einen völlig mit Samt ausgeschlagenen Raum ein, in welchem sie die restlichen zwei Jahre ver-

→ Abb. 2: Mariens erster Tempelgang

→ Abb. 3: Joachim und Anna

→ Abb. 4: Maria wird dem Tempel geweiht

→ Abb. 5: Verkündigung Mariae

bringt. Dann feiert man ihren Tempelgang, der nun direkt dargestellt wird. Wir sehen einen thronartigen Sessel, zu dem sie emporschreitet, daneben begleiten die Eltern und Verwandte diesen bedeutsamen Augenblick.

Da sich der spätmittelalterliche Betrachter in Maria selbst sehen gelernt hat, reflektiert er in dem Bildwerk zugleich seine erste Begegnung mit dem Heiligtum.

2. Verkündigung an Maria [zweites Relief oben von links]: Im näheren stellt das Relief die Begegnung Marias mit dem Erzengel Gabriel nach Lk 1,26–38 dar. Der Erzengel kommt in Marias Wohnhaus in Nazareth, sie selbst wird mit einem Gebetbuch sitzend dargestellt.

Die Mittelachse des Bildwerkes wird durch das gebietende Zepter des Erzengels gebildet, dem unten – halb verborgen – eine Art kleines Blumentöpfchen entspricht, die Wurzel Jesse.

Sie lässt sich durch verschiedene alttestamentliche Referenzstellen angeben: Jes 4,2; 11,1; 53,2; 1 Sam 16,1–13. »Jesse« ist die latinisierte Form des Namens des Vaters von David, Isai. Der Glaube der Maria ist das große Thema dieses Bildes; er wird als Schwangerschaft mit dem heiligen Geist gedeutet. Auf Jesus wird vorausgeblickt, der selbst durch die Begabung mit dem Heiligen Geist und der Geburt durch Maria zum Sohn Gottes wird. Maria wird mit gehaltenem Blick als Empfängerin jener himmlischen Botschaft dargestellt, vom Erzengel Gabriel soeben überbracht.

Interessant sind die Blickachsen, die sowohl menschliche Nähe als auch ewige Distanz beider Gestalten zeigen.

3. Geburt Christi [zweites Relief unten von links]: Hier ist deutlich, wie mehrere Geschehensabläufe in ein Bildwerk gebracht werden; es sind die aus Lk 2,1–20. Zu sehen sind Joseph, Maria, mittig das Kind auf einem Gewandzipfel der Maria liegend, Ochse und Esel (nach Jes 1,3). Das Stallgemäuer bildet die räumliche Begrenzung zwischen Vorder- und Hintergrund.

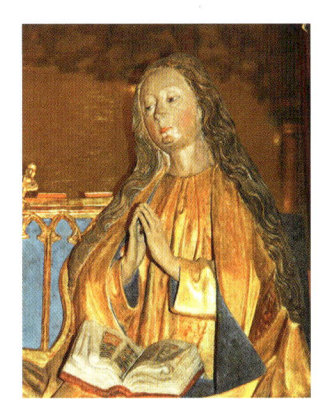

→ Abb. 6: Maria mit Gebetbuch

→ Abb. 7: Erzengel Gabriel mit Zepter

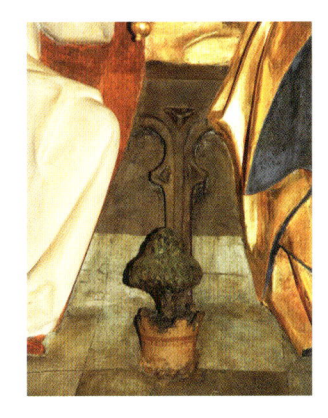

→ Abb. 8: Wurzel Jesse

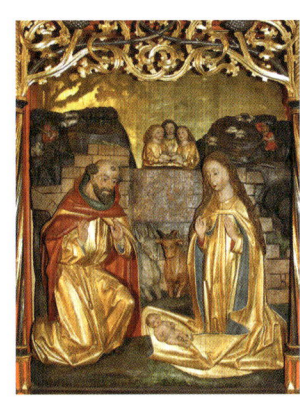

→ Abb. 9: Geburt Christi

→ Abb. 10: Joseph    → Abb. 11: Maria 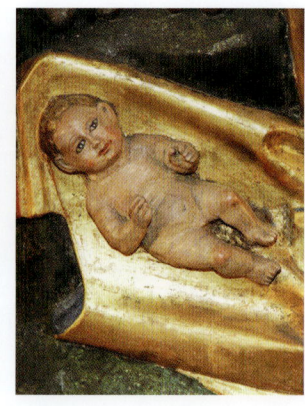   → Abb. 12: Jesuskind    → Abb. 13: Ochs und Esel

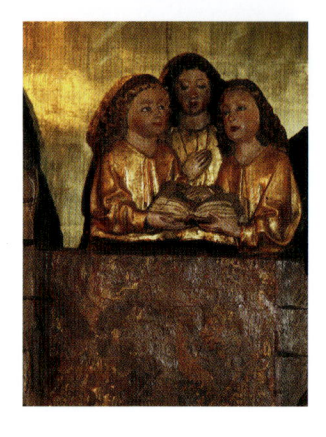

→ Abb. 14: Engel    → Abb. 15: Hirte mit Dudelsack    → Abb. 16: Zwölfjähriger Jesus im Tempel

Im zweifachen Hintergrund sind die Engel auf der Erde des Hirtenfeldes und auf dem Dach des Gemäuers zu sehen, rechts und links im zweiten Hintergrund Schafe und Hirten, sinnig den Zusammenhang zwischen der Welt der Hirten und der himmlischen Welt als Verhältnis von Verheißung und Erfüllung abbildend, der mit den Urhirten Abraham und David noch bis in Bachs Weihnachtsoratorium reicht (Abb. 14 – 16).

4. Zwölfjähriger Jesus im Tempel [zweites Relief oben von rechts]: Die Szene gibt Lk 2,41–52 wieder; in der Mitte halb oben ist der verkleinert dargestellte Jesusknabe »inmitten« der Schriftgelehrten und Lehrer zu sehen. Er sitzt auf einem thronartigen Stuhl, der mit einem kostbaren Teppich belegt ist. Die Schriftgelehrten sind sehr verschiedenartig gestaltet: mit Büchern und Schriften, zuhörend, nachdenklich und überrascht.

Von rechts hinten treten Maria und Joseph hinzu; der verwunderte Blick der Maria enthält die vorwurfsvolle Frage: Mein Sohn, warum hast du uns das getan? Maria und Jesus sind in dem übereinstimmenden Gestus der über der Brust zusammengelegten Hände verbunden. Kulturgeschichtlich hochinteressant ist, dass unter den Schriftgelehrten ein Brillenträger zu sehen ist, der ein Täfelchen mit hebräischen Schriftzeichen hält, die gleichwohl ohne Hebräischkenntnisse entstanden sind; doch ist unverkennbar auch ein antijudaistischer Anteil in den ausgebildeten Hakennasen zu bemerken. Der links Dargestellte stützt sich auf ein Buch und gibt deutlich seine Verblüffung zu erkennen. Rechts unten ist ein Schriftgelehrter zu sehen, der eine Papyrusrolle mit griechischen Zeichen über seinem Knie zerreißt, eine Geste, die wohl die Nichtigkeit der Weltweisheit gegenüber der göttlichen Kraft zeigen

→ Abb. 17: Jesus mit Schriftgelehrten

→ Abb. 18: Die Eltern Jesu

→ Abb. 19: Verblüffter

→ Abb. 20: Schriftgelehrter mit Brille

→ Abb. 21: Schriftgelehrter mit Papyrusrolle

soll. Überraschend für den heutigen Betrachter ist die Gleichzeitigkeit unterschiedlicher Medien und ihrer Relativität: Schrifttafel, Schriftrolle und gebundenes Buch als Träger der weltumspannenden Botschaft. Man meint, den Gedanken des Apostels Paulus zu vernehmen, wenn er sagt: Wir haben solchen Schatz in irdenen Gefäßen (1 Kor 4,7).

5. Kreuzigung Jesu [zweites Relief unten von rechts]: Die Szene verbindet deutlich Lk 23,49–56 mit Joh 19,25.38–39: Von links her stehen die zwei Marien und Johannes unter dem Kreuz, von rechts her treten Joseph von Arimathia und Nikodemus hinzu.

Die traditionelle Mittelstellung des Kreuzes selbst betont den *Christus crucifixus*, wie er im Abendland im gotischen Gestus zur Darstellung kommt. Sowohl der Querbalken des Kreuzes (in fast gleicher Länge wie der vertikale Balken!) als auch die überdimensionierten Arme des Gekreuzigten umschließen die Weinenden und Trauernden mit den Fürsorgenden unter dem Kreuz. Ganz unten unter den Füßen des Gekreuzigten ist ein Totenschädel zu sehen, der ein Symbol für den alten Menschen ist, Adam.

Der Berg Golgatha soll nach alter Überlieferung die Begräbnisstätte Adams gewesen sein. Schon Paulus reflektiert das Verhältnis des alten zum neuen Menschen in der Gegenüberstellung Adam und Christus (Röm 5,18–19).

6. Auferstehung Jesu [erstes Relief oben von rechts]: Dem Relief liegt Mt 28,2–4 zugrunde. Der Auferstandene ist mit segnender Geste zu sehen. Aber wen segnet er? Fehlt hier die Gestalt der Maria Magdalena? Oder segnet er den glaubenden Betrachter? Dann wäre

→ Abb. 22: Kreuzigung Jesu

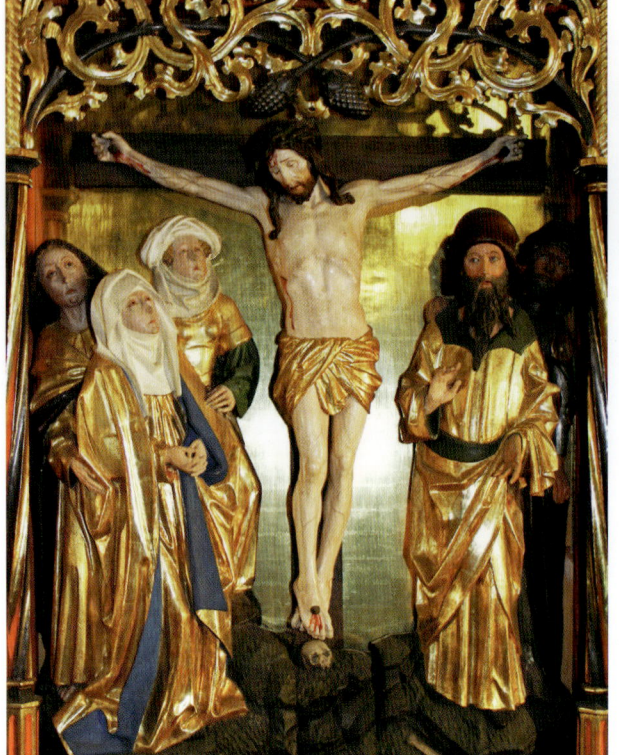

→ Abb. 23: Zwei Marien und Johannes

→ Abb. 24: Joseph von Arimathia und Nikodemus

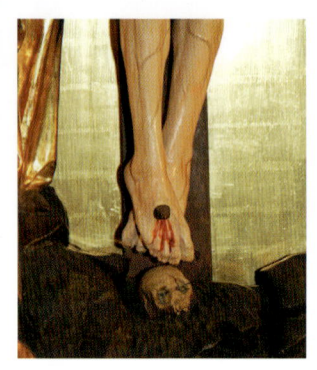

→ Abb. 25: Totenschädel unter dem Kreuz

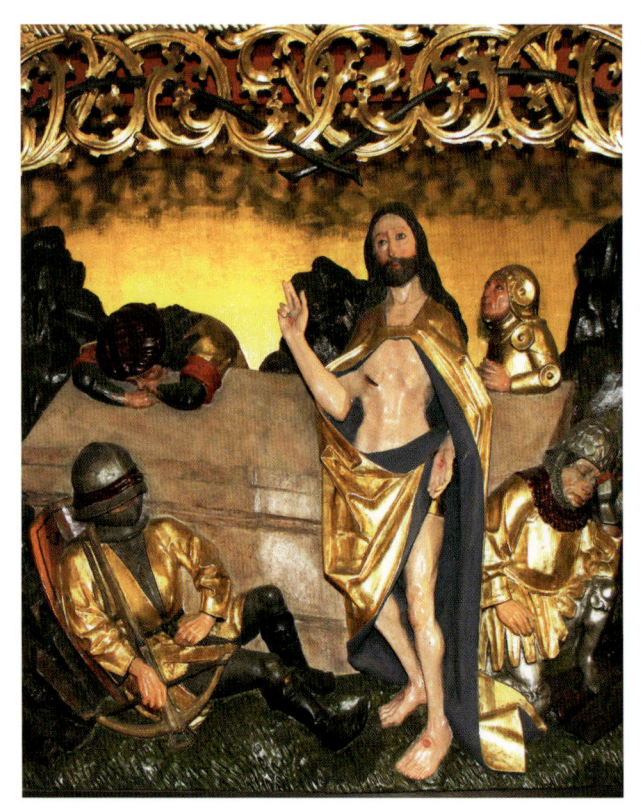

→ Abb. 26: Auferstehung Jesu

→ Abb. 27: Schlafende Soldaten

→ Abb. 28: Schlafende Soldaten

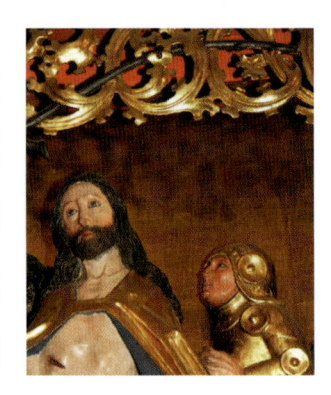

→ Abb. 29: Erstaunter Wächter

es die einzige Darstellung, die sich ausdrücklich nach außen wendet. Ausgeprägt sind die Wächter des Grabes, drei liegen, als wären sie tot oder zumindest schlafend. Nur einer, rechts hinten, blickt erstaunt den Auferstandenen an – womöglich eine Erinnerung an den bekennenden Hauptmann unter dem Kreuz (Mt 27, 54), während rechts unten ein schlafender Soldat schutzlos sich präsentiert, indem er seinen Fuß auf seinen Schild stellt. Jesus zeigt dem Betrachter Nägelmale, Hände und Füße sowie die Seitenwunde, ein Vorgriff auf die Begegnung Jesu mit dem zweifelnden Thomas in der Ostergeschichte des Johannesevangeliums (Joh 20, 24–31).

7. Pfingsten [erstes Relief unten von links]: Das Relief verbindet Apg 1, 13–14.26 mit 2, 1–4. Insofern bietet es die Szene in traditioneller Faktur ab, die bis in die altlutherische Ikonographik des 17. Jahrhunderts reicht: nach Auferstehung und Himmelfahrt Jesu versammelten sich die Jünger im Obergemach der Maria zum Gebet. Es sind bereits wieder zwölf Jünger beisammen, die Nachwahl des Matthias ist also vorausgesetzt; Maria befindet sich thronend in der Mitte des Bildes.

Auffällig ist die fehlende Geistsymbolik; so, als ob die hoheitliche Kraft der Maria die Jünger um sich versammelte. Ihre Gebetshaltung deutet, im Unterschied zu den Jüngern, ihre vorbetende und fürbittende Funktion an. Petrus – mit Buch und zwei Schlüsseln (vgl. Mt 16, 19a) im Vordergrund zu ihrer Linken – ist an repräsentativer Stelle zu sehen und bildet mit dem Doppelinsignium deutlich ein Pendant zum anderen Apostelfürsten Paulus mit Schwert und Buch. Gleichsam im Gegenüber zu Petrus ist der Lieblingsjünger zu sehen, der ein Buch trägt.

8. Mariae Krönung, *regina coeli* [erstes Relief unten von rechts], gibt eine legendenhafte Szene wieder. Zumindest künstlerisch korrespondiert sie mit der Verkündigungsszene. Dort sind es der Engel Gabriel und Maria im Gegenüber, Gabriel mit Zepter und segnendem Gestus, hier ist es der Weltherrscher Christus mit Weltkugel und segnender Geste im Gegenüber zu Maria, die ebenso in demütig betender Haltung, aber mit

→ Abb. 30: Pfingsten

→ Abb. 31: Maria inmitten der Jünger

→ Abb. 32: Lieblingsjünger

→ Abb. 33: Petrus

→ Abb. 34: Krönung Mariae

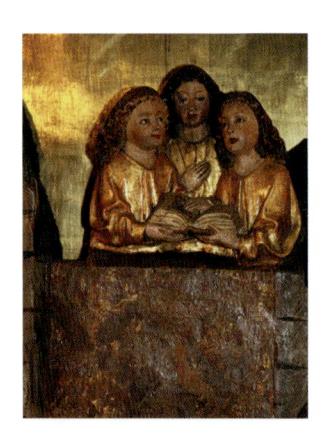

→ Abb. 35: Christus als Weltherrscher

→ Abb. 36: Maria als Himmelskönigin

→ Abb. 37: Laute spielender Engel

→ Abb. 38: Schwert und Buch Pauli

→ Abb. 39: Festgewand Pauli

→ Abb. 40: Apostel Paulus

herrscherlicher Krone gezeigt wird. Dort ist sie des Herrn Magd, hier ist sie die erste, die von Christus die Herrlichkeit des Himmels erhält. Eine biblische Anlehnung kann allenfalls zu Offb 11,19a und 12,3–6 und 10 geführt werden. Zwei Kirchen – heute die römisch-katholische und die orthodoxe Kirche – begehen den 15. August als Tag der Himmelfahrt Mariae und ihrer Inthronisation (Oktavtag des Festes Mariae Himmelfahrt am 22. August). Ein wundersames Detail bedarf der Deutung: Christus ist barfuß, Maria mit Schuhen gezeigt; sollte damit die durch Maria im Himmel anwesende Erdenwirklichkeit angezeigt werden, die man in mittelalterlicher Zeit einseitig mit Maria verband? Luther wird dagegen viel Wert darauf legen, dass es Christus ist, der die ganze Menschheit und damit die Erdenwirklichkeit mit in den Himmel nimmt und so in der Lage ist, uns als Menschen vor Gott zu vertreten: »Maria ist mir sehr lieb, aber sie darf nicht die Ehre Christi haben« (Luther in seiner zweiten Galaterbriefauslegung, 1531). Auf der rechten Seite ist ein lautespielender Engel abgebildet, dessen Gegenstück auf der linken Seite leider verlorengegangen ist.

Seit 1912 ist der Adressat des Altars, der **Apostel Paulus**, in die Mitte der Festtagsseite gestellt. Es gibt Vermutungen, dass der verlorengegangene Schrein auch eine Figur des Apostelfürsten Petrus enthielt. Doch existiert dazu – außer weiteren vorhandenen vier Tafelgemälden zur Petrus- und Pauluslegende[5] – keinerlei Anhaltspunkt. Paulus hält sowohl ein zweischneidiges Schwert als auch ein Buch in den Händen, Zeichen für die Kraft des Wortes Gottes nach Hebr 4,12: »Denn das Wort Gottes ist lebendig und kräftig, und schärfer, denn kein zweischneidig Schwert; und durchdringet, bis dass es scheidet Seele und Geist, auch Mark und Bein; und ist ein Richter der Gedanken und Sinnen des Herzens.«

Zu dem mit einem zweischneidigen Schwert verglichenen Wort Gottes zitierte man gern den lateinischen Rhetoriker und christlichen Apologeten *Lactantius* (um 250 – um 320) aus seinen siebenbändigen *Divinae Institutiones* (Bd. III, de falsa sapientia, cap. 6): »*Tanta divinae sapientiae vis est, ut in hominis pectus infusa, matrem delictotum stultitiam, uno semel impetu expellat*« [So groß ist die Kraft der göttlichen Weisheit, dass sie einem, in die menschliche Brust eingedrungen, die Mutter der Erklärungen ist, auf einmal durch kräftiges Verlangen die Torheit austreibt]. Den Hebräerbrief hat erst die kritische Schriftexegese als ein Buch eines Apostelschülers und nicht als Brief des Paulus ausgemacht. Das Mittelalter wie auch die Reformation gingen von der Verfasserschaft des Apostels Paulus aus, die man vor allem in solchen Stellen wie Hebr 10,34 belegt sah. In dem Buch, das Paulus in seiner rechten Hand hält, erkennt man größere Schriftzeichen, die aber nur am Anfang als »*Sanctus Paulus*« zu lesen sind. In außerordentlicher Schönheit ist das Gewand des Apostels gearbeitet.

PASSIONSSEITE

Bei einmaliger geschlossener Veränderung sind 8 Tafelbilder der Passion Christi zu sehen. Sie zeigen:

(v. l. n. r. obere Reihe)
Gethsemane, Gebet Christi,
Mt 26,37–44 aus 26,36–56, und Lk 22,43
Gefangennahme Christi,
Mt 26,47–50 aus 26,36–56
Geißelung Christi,
Mt 27,26 aus Mt 27,11–31
Dornenkrönung Christi,
Mt 27,28–29 aus Mt 27,11–31
(v. l. n. r. untere Reihe)
Handwaschung Pilati,
Mt 27,32 aus Mt 27,32–50, und Lk 23,27–31
Kreuztragung Christi,
Mt 26,47–50 aus 26,36–56
Kreuzigung Christi,
Joh 19,25–30
Grablegung Christi,
Mt 27,57–60 und Joh 19,38–42

Es handelt sich durchweg um die Darstellung biblischer Geschichten, weitgehend auf der Grundlage der matthäischen Passionserzählung; insbesondere das Kreuzigungsbild und das Grablegungsbild sind evangelienharmonisch durch die johanneische Erzählung ergänzt.

1. Gebet Christi in Gethsemane: Wie auf der Mehrzahl der Passionstafeln befindet sich Christus in einem hellrot pastellfarbenen Gewand in der Mitte der Szene. Er kniet betend, nach rechts blickend, vor ihm auf einem Felsvorsprung ist ein Kelch zu sehen. Mit ihm – in geringer Entfernung – sitzen die drei Jünger auf dem Boden und schlafen; gut zu erkennen ist Petrus im schwarzen Unter- und rotem Obergewand, der bereits das Schwert in der Hand hält, mit dem er später Jesus verteidigen will, dazu die zwei Söhne des Zebedäus. Der Kelch vor Jesus symbolisiert die Stärkung Jesu durch einen Engel vom Himmel, wie es das Lukasevangelium in der Gethsemaneerzählung berichtet. Im Hintergrund sind Türme einer Stadt zu sehen. Von dort kommt die Schar der Hohepriester und Diener der Pharisäer, ihnen voran – man vergleiche seine Gestalt auf dem zweiten Bild – Judas im weißen Gewand, wie sie unter seiner Anführung bereits das Tor des Gartens Gethsemane durchschritten haben. Zeittypisch sind verschiedene Einzelgeschehnisse in einem Bild zusammengefasst, die gleichsam zeitgleich zur Darstellung kommen.

2. Verrat und Gefangennahme Christi: In der Mitte des Bildes Christus, wie er von Judas durch einen Kuss verraten, jedoch von Christus sehr vertraut angesehen und angesprochen wird. Links von dieser Mittelgruppe Petrus, wie er die Wehrlosigkeit des gestürzten Soldaten Malchus ausnutzt, um ihm das Ohr abzuschlagen. Von rechts und von hinten treten einzelne Gestalten der Häschergruppe hinzu, um alsbald den Verratenen zu verhaften und wegzuführen. Die Diener zu beiden Seiten Christi halten ihn am Arm fest und treffen Vorbereitung zum Fesseln der Hände. Die Szene wird nach hinten wieder durch die Silhouette der Stadt begrenzt, die aber gegenüber der des ersten Bildes variiert.

3. Geißelung Christi: Dieses und die zwei folgenden Bilder stützen sich jeweils auf eine kurze Bemerkung des Passionsberichts. Hier geht es nur um die eine Bemerkung, Pilatus habe nach der spektakulären Freigabe des Mörders Barabbas Christus geißeln lassen. Dazu steht Christus in der Mitte mit dem Rücken an der Gei-

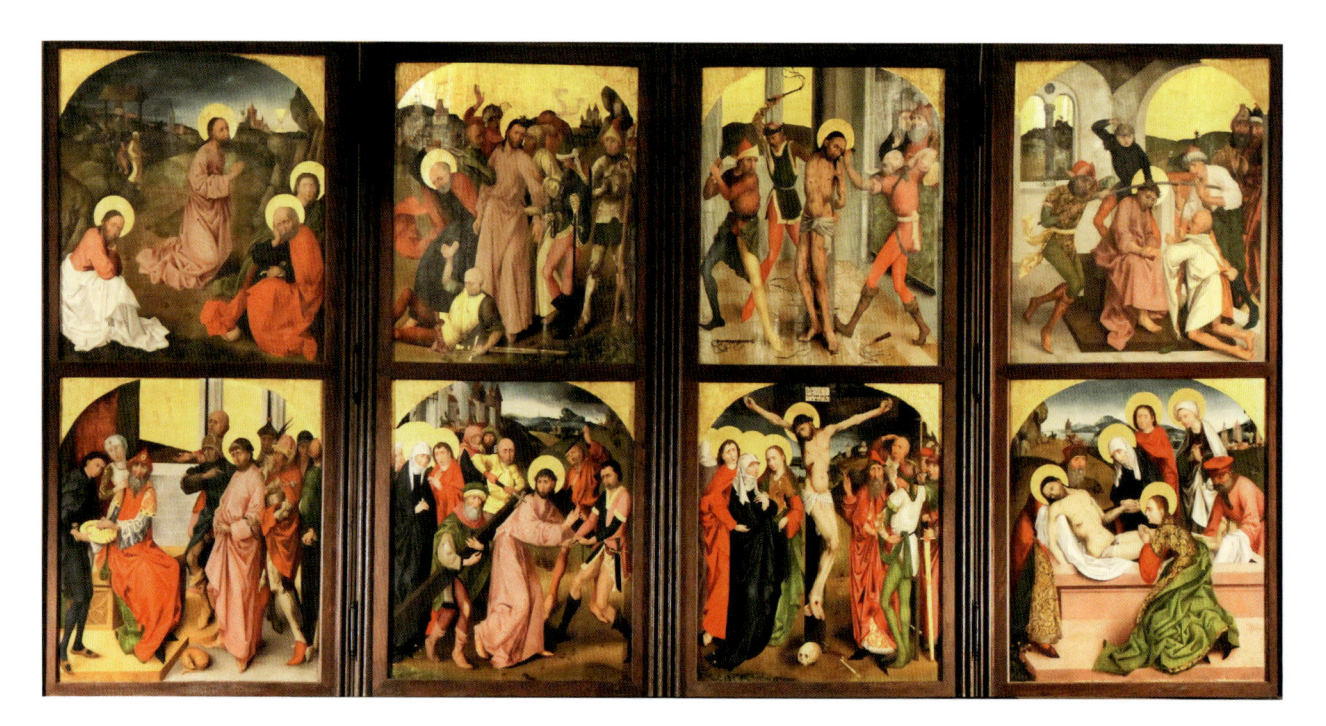

→ Abb. 41: Passionsseite total

ßelsäule, um die herum nach hinten seine Hände zusammengebunden sind. Die Geißelung ist in vollem Gange, was nicht nur an den Bewegungen der Peiniger, sondern auch an dem blutüberströmten Leib des Leidenden zu sehen ist; dazu liegen zwei weitere Geißeln als Ersatz vorn auf dem Fußboden. Ein Vergleich mit den unmittelbaren Akteuren des Bildes von der Gefangennahme wiederholt die dort gezeigten Männer: rechts einer in roter Bekleidung, der eine Geißel schwingt und gleichzeitig mit seiner Linken dem Opfer zu drohen scheint; links von Christus ebenfalls einer mit einer Geißel, in roter Hose und grünem Obergewand, sich mit seinem linken Arm an der Säule abstützend; links außen einer in grüngelber Hose und rotem Obergewand, der im Begriff ist, mit einem Rutenbündel zuzuschlagen. Rechts leicht im Hintergrund Pilatus mit Kopfbedeckung, neben ihm offenbar einer der Hohepriester, wie beide sich die Szene beschauen.

4. Dornenkrönung Christi: In dieser Szene sind Dornenkrönung, Verspottung und Misshandlung Christi vereint. Dem in der Mitte auf einer Bank, diese auf einem Podest leicht erhöht, sitzenden Christus im pastellfarbenen roten Gewand – der Bemerkung zum ironisierenden Purpurgewand entfremdet (Mt 27, 28) – wird von zwei Soldaten durch einen an beiden Seiten herniedergedrückten langen Stab die Dornenkrone kräftig auf das Haupt gepresst, während von hinten einer im schwarzen Obergewand mit der Faust zuschlägt und vorn einer im gelben Habit vor Christus niederkniet und spottend die Proskynese vollzieht. Rechts sind als Beobachter wieder Pilatus und wohl einer der Hohepriester zu sehen. Im Hintergrund wird der Blick durch die Fenster – wie schon bei der vorangehenden Szene – in die Landschaft freigegeben.

5. Handwaschung Pilati: Womöglich müsste sich dieses Bild vor den beiden letzten auf der oberen Reihe befinden, da sein Inhalt gemäß dem Gang der Erzählung der Geißelung und der Dornenkrönung vorausgeht. Denn die Handwaschung des Pilatus gibt ein Detail wieder, das noch die Unentschlossenheit des Pilatus, ja sogar seine eigene Unschuldsbeteuerung an der Be-

→ Abb. 42: Gebet Christi in Gethsemane

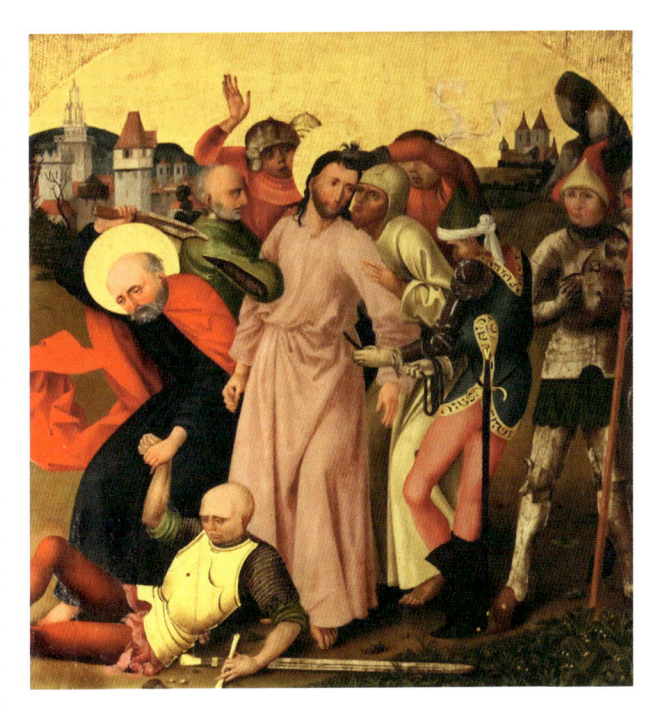

→ Abb. 43: Verrat und Gefangennahme Christi

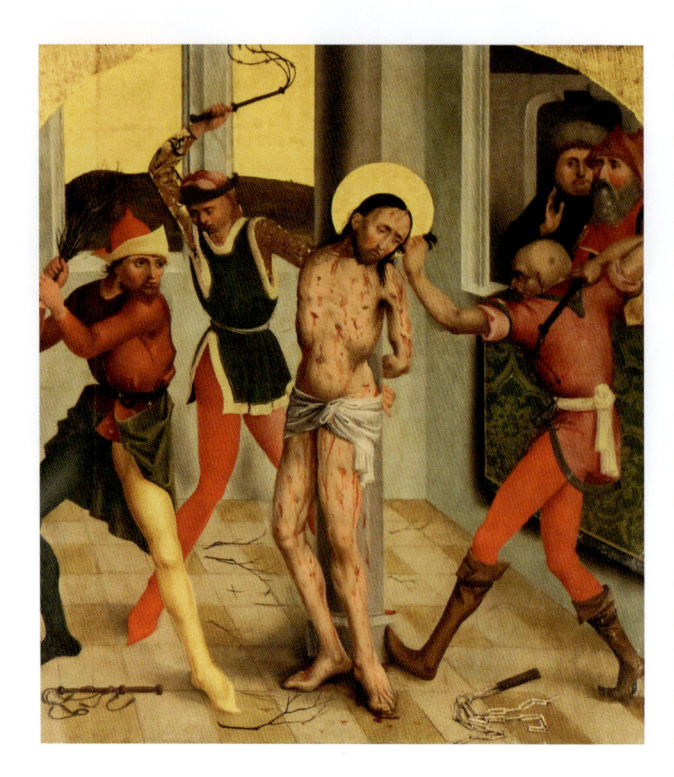

→ Abb. 44: Geißelung Christi

→ Abb. 45: Dornenkrönung Christi

schuldigung Christi mitteilt. Erst nach seiner Bereitschaft, die ihm zustehende Entscheidungsgewalt aus der Hand zu geben, folgen Geißelung und Dornenkrönung, das eine auf Verfügung des Pilatus, das andere als Willkürakt der Soldaten. Die Szene wird durch zwei Gruppen gebildet: Auf der rechten Seite wird Christus durch eine Gruppe Ankläger und ihre soldatischen Helfer mit gebundenen Händen herangeführt; im Hintergrund sind die Hohepriester und Ältesten zu sehen, vorn wird Christus durch zwei Soldaten vorgeführt. In der Bildmitte hinten ist jener Glatzkopf anwesend, der auf Bild 2 als Malchus zu sehen war; er ist es auch, der auf Bild 3 von rechts kommend kräftig mit der Geißel zuschlägt; jetzt gehört er zu den anklagend Argumentierenden. Detailreicher ist die linke Gruppe: Vorn reicht ein Diener in Schwarz dem Pilatus die Handwaschschüssel, während dahinter die Frau des Pilatus zu erkennen ist, von deren Traum das Matthäusevangelium erzählt. Die ungleiche Gruppierung beider Personenkreise auf dem Bild zeigt die realen Machtverhältnisse an, unter denen verhandelt wird: Pilatus befindet sich mit seiner Unschuldsvermutung – unterstützt durch den Traum seiner Frau – in der Defensive, ihm kommt nur ein Drittel der Bildbreite zu. Die Verkläger haben sich bereits über zwei Drittel ausgebreitet und zeigen das Urteil an.

6. Kreuztragung Christi: Das Bild wird graphisch in der Diagonale durch den Längsbalken des Kreuzes geteilt, das Jesus trägt. Der Querbalken trennt die beiden verbliebenen Peiniger von allen anderen Personen: Der eine zieht Christus an einem Strick voran, der andere scheint das Kreuz aufzuhalten; nach hinten ist eine Landschaft und die bereits verlassene Stadt zu sehen. Die Gruppe auf der linken Seite ist heterogen: Einerseits ist wieder der Glatzkopf zu sehen, Malchus, der Christus mit einem Hammer in den Rücken stößt, andererseits treten erstmals die vor allem durch den johanneischen Passionsbericht gemeinsam erwähnte Mutter Maria und der Lieblingsjünger Johannes ins Bild – Maria schwarzgekleidet, Johannes in rot –, dazu hinten links eine weitere Maria und weiter rechts wohl die klagenden Frauen von Jerusalem (Lk 23,27–31).

Im Vordergrund links Simon von Kyrene, der Jesus das Kreuz tragen hilft; er ist von Christus durch den Kreuzesbalken getrennt und zugleich verbunden, eine Symbolik, die nicht besser dargestellt werden könnte, da er gezwungenermaßen das Kreuz trägt.

7. Kreuzigung Christi: Das Gemälde erscheint in formaler Anordnung identisch mit dem Relief der Feiertagsseite. Es verbindet ebenso Joh 19, 25.38–39 mit Lk 23, 49–56, doch sind in der linken Gruppe unter dem Kreuz nicht nur die Mutter Maria mit dem Lieblingsjünger Johannes zu sehen, sondern auch Maria Magdalena – mit langem Haar und rot-grünem Gewand – und eine weitere Maria links im Hintergrund. In der rechten Gruppe fällt vorn der Rotgewandete auf, der dem Typus nach den Pilatusdarstellungen der Geißelung, der Dornenkrönung und der Handwaschung entspricht. Freilich zeigt er bedeutungsvoll auf den Gekreuzigten und müsste demnach Joseph von Arimathia sein, der schon in dem Relief zur Darstellung kam. Darauf deutet ebenso das gleiche kunstvoll gestickte Untergewand hin, das an der Josephfigur der Grablegung zu sehen ist. Neben und hinter ihm handelt es sich um Soldaten und andere Menschen, die der Kreuzigung zuschauen. Unter dem Kreuz liegen wieder Schädel und Knochen (vgl. dazu die Bemerkungen zum Relief Nr. 5). Der gekreuzigte Christus ist in ähnlicher Weise wie im Relief dargestellt; die Beine sind stärker ausgestellt, die hängende Haltung des Oberkörpers tritt stärker hervor und die Seitenwunde ist auffälliger. Während das Relief ihn bereits als einen Gestorbenen zeigt, wirkt auf dem Gemälde das Gesicht lebendiger, wenn auch der Geschehensablauf – Zufügung der Seitenwunde – auf den gestorbenen Christus hinweist. Das Gemälde ermöglicht auch hier einen Blick auf die Stadt rechts im Hintergrund.

8. Grablegung Christi: Die Bettung des Leichnams Christi auf einer steinernen Bank zeigt zunächst alle traditionellen Beteiligten und deren Haltungen (man vergleiche das Predellenbild des ehemaligen mittelalterlichen Altars der Thomaskirche, jetzt Plauener Altar). Joseph von Arimathia und Nikodemus sind unmit-

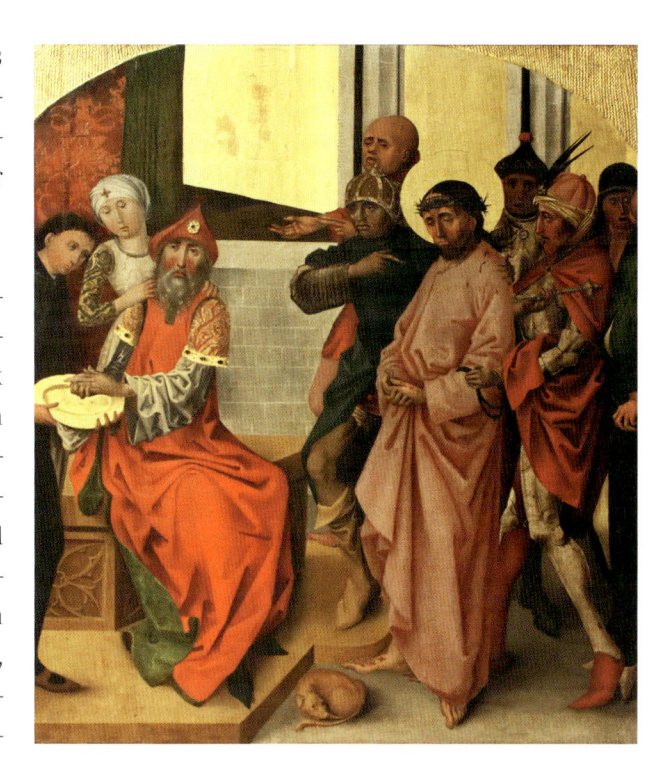

→ Abb. 46: Handwaschung Pilati

→ Abb. 47: Kreuztragung Christi

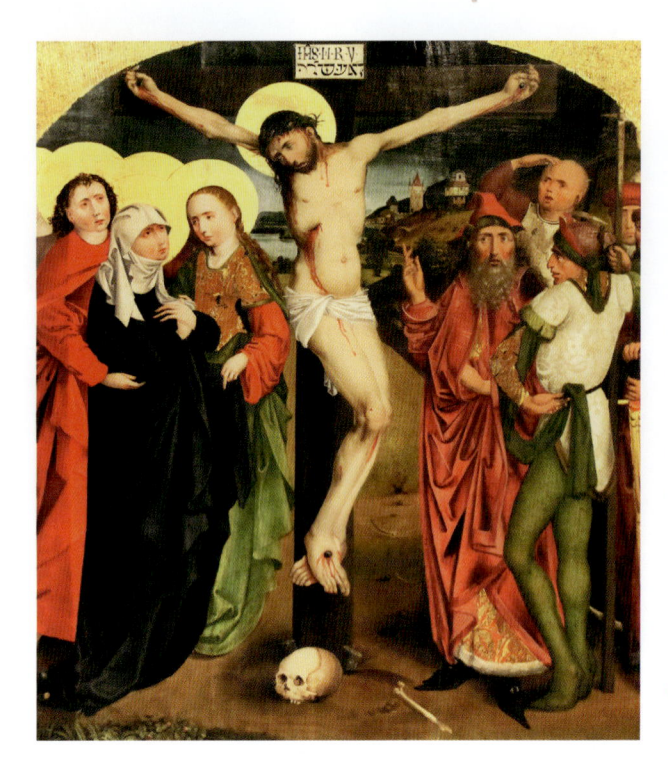

→ Abb. 48: Kreuzigung Christi

→ Abb. 49: Grablegung Christi

telbar dabei, den Leichnam Jesu zu betten. Joseph als Besitzer des zur Verfügung gestellten Grabes kam der Legende nach das Recht zu, den toten Jesus an den Schultern zu fassen, während Nikodemus die Beine ergreift. Der fast völlig bloße Leib Christi ist ganz hell gezeigt, was durch die weiße untergelegte Leinwand noch unterstrichen wird. Ganz vorn kniet an der Bank vor Christus in betender Haltung Maria Magdalena, während die Bildmitte hinter der Steinbank von der Mutter Maria und dem Lieblingsjünger bestimmt wird. Dazu tritt von rechts noch die andere Maria heran. Der Betrachter erhält den Eindruck, dass sich diese Szene am Eingang des Grabes vollzieht und sich so der Blick hinaus ins Freie ergibt mit Landschaft und Stadt im Hintergrund.

GESCHLOSSENER SCHREIN:

Der völlig geschlossene Schrein zeigt zwei Szenen aus der Pauluslegende. Sie ist in den apokryphen Paulusakten enthalten, die aus den ersten nachchristlichen Jahrhunderten stammen.[6] Auf einer rechten Tafel ist der Apostel Paulus lehrend zu sehen. Paulus befindet sich in einer spätgotischen Halle wie er doziert. Nach hinten wird der Blick in die Landschaft und auf eine Stadt freigegeben. Die apokryphen Paulusakten reden von einer Scheune, die Paulus außerhalb Roms gemietet habe, um die Menschen zu versammeln und sie zu lehren:

Es erwarteten aber den Paulus in Rom Lukas, der aus Gallien, und Titus, der aus Dalmatien gekommen war. Als Paulus sie sah, freute er sich, so daß er außerhalb Roms eine Scheune mietete, in der er mit den Brüdern das Wort der Wahrheit lehrte. Es wurde aber weithin bekannt, und viele Seelen wurden dem Herrn hinzugetan, so daß man in ganz Rom davon sprach und eine zahlreiche Menge von Gläubigen aus dem Hause des Kaisers bei ihm war und große Freude herrschte. Ein gewisser Patroklus aber, ein Mundschenk des Kaisers, der zu spät in die Scheune gekommen war, und wegen der Volksmenge nicht zu Paulus hineingelangen konnte, saß auf einem hohen Fenster und hörte ihm zu, wie er das Wort Gottes lehrte. Da aber der böse Teufel eifersüchtig war auf die

Liebe der Brüder, fiel Patroklus vom Fenster herab und starb, was eiligst dem Nero gemeldet wurde.

Die Paulusakten berichten dann von der Wiedererweckung des Patroklus durch Paulus. Nero hört von dem Christusbekenntnis des Patroklus und anderer seiner Vertrauten. Darauf lässt er diese alle, wie auch Paulus, verhaften und foltern. Anschließend gibt er Befehl, die zum Glauben gekommen waren, mit Feuer zu verbrennen, Paulus als römischen Bürger aber zu enthaupten. In der Gefangenschaft wird Paulus von dem Präfekten Longus und dem Centurio Cestus bewacht, die ihn freigeben wollen. Ihnen kann Paulus noch das Wort Gottes weitergeben. Währenddessen protestieren die Bürger Roms gegen das Christusmorden des Kaisers. Paulus lässt sich aber nicht auf den Fluchtplan seiner Bewacher ein, sondern kann Longus und Cestus dafür gewinnen, am Morgen nach seinem Tode sein Grab aufzusuchen.

Oberhalb des Lehrstuhles Pauli sind musizierende Engel auf Konsolen aufgestellt, die als Instrumente eine Handharfe, ein Regal und eine Laute spielen. Die vorderste der Konsolen ist mit einer Fiale geschmückt. Die Sinngebung ist wohl in der Hochschätzung der theologischen Lehre bei den Dominikanern zu suchen, die Theologie als himmlische Wissenschaft betrieben und priesen. Paulus sitzt auf einer Bank mit gepolsterter Lehne, wieder – wie die Mittelfigur der Feiertagsseite – ausgestattet mit dem zweischneidigen Schwert und einem Buch als Zeichen seiner geistlichen Lehrvollmacht. Das rote Gewand gibt nur nach vorn das dunkle Innenfutter frei. Die rechte Bildseite wird von einer hörenden Gruppe eingenommen, die mit sichtbarer Bewegung dem Lehrvortrag des Apostels folgt. Es handelt sich offensichtlich um recht unterschiedliche Menschen. Im Vordergrund trägt einer einen Rosenkranz, dessen Gebet er gerade unterbrochen hat, rechts von ihm zwei kostbar gekleidete Personen, die – wie andere auch – die Hände betend formieren. Stärker im Hintergrund sind sowohl Jungfrauen als auch verheiratete Frauen zu sehen. Soll diese Gruppe die Sendung des Paulus als Völkerapostel ins Bild setzen? Auffällig

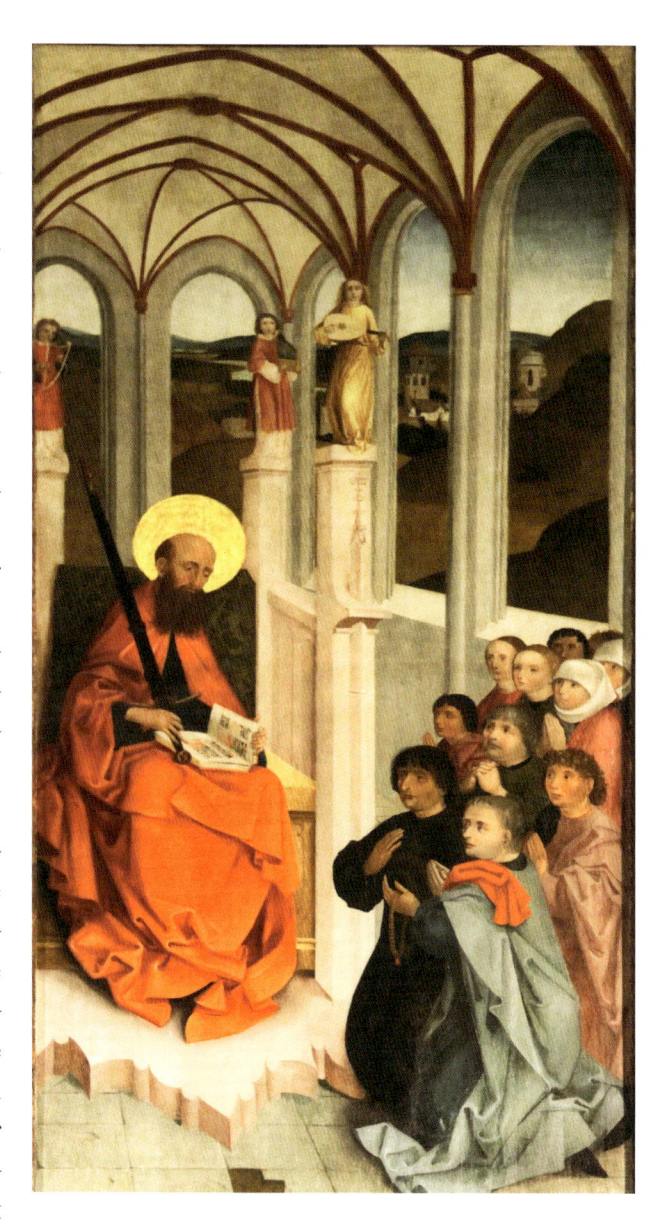

→ Abb. 50: Apostel Paulus lehrend

ist im Vordergrund die zerbrochene Fußbodenfliese in einem sonst architektonisch ordentlich erhaltenem Haus, eventuell letzter Rest des Hinweises, dass es sich nur um eine Scheune gehandelt habe, in der Paulus lehrte. Oder haben wir ein Symbol vor uns, dass der Böse unter denen Raum gewonnen habe, die das Wort Gottes hörten, was die Paulusakten mit dem Tod des Patroklus, des Mundschenks des Nero, in Verbindung bringen?

→ Abb. 51: Instrumente spielende Engel

→ Abb. 52: Hörende Menschen

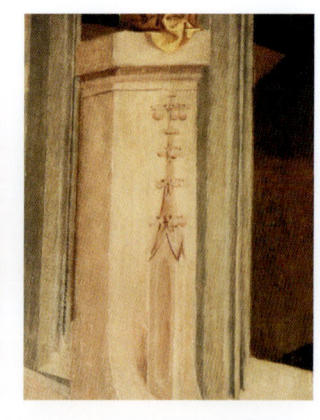

→ Abb. 53: Schmuckfiale

→ Abb. 54: Paulus mit Schwert und Buch

→ Abb. 55: Zerbrochene Fußbodenfliese

→ Abb. 56: Haupt Pauli

Die linke Tafel zeigt das Martyrium des Apostels Paulus. Mitten in einer weiten Landschaft mit Stadt und Burg, aus der soeben zwei Ritter – eventuell Longus und Cestus – hervorkommen, ist im Vordergrund die unmittelbar zuvor geschehene Hinrichtung des Paulus mit dem Schwert abgebildet. Der links stehende Henker, ohne Obergewand, steckt gerade das Schwert wieder in die Scheide zurück. Der Leib des Paulus liegt verkrümmt am Boden, abwärts zu drei Wasserlöchern mit vorsichtig angedeuteten Pflanzen, das abgetrennte Haupt mit dem Heiligenschein ein wenig davon entfernt.

Gebundene Hände und heruntergezogenes Obergewand lassen die zuvor geschehene Vorbereitung zur Hinrichtung noch ahnen. Rechts stehen die offiziellen Personen, die der Hinrichtung von Rechts wegen beizuwohnen haben. Die mittlere Person mit Krone, Zepter und Reichsapfel repräsentiert die Halsgerichtsbarkeit und stellt den Kaiser Nero dar, unter dem die Hinrichtung geschehen sein soll:

Darauf stellte sich Paulus hin gegen Osten gerichtet und erhob die Hände zum Himmel und betete lange; und nachdem er im Gebet auf Hebräisch mit den Vätern sich unterredet hatte, neigte er den Hals, ohne noch weiter zu sprechen. Als aber der Henker ihm den Kopf abschlug, spritzte Milch auf die Kleider des Soldaten. Der Soldat aber und alle, die dabei standen, wunderten sich, als sie das sahen, und priesen Gott, der dem Paulus solche Herrlichkeit gegeben hatte. Und sie gingen hin und berichteten dem Kaiser, was geschehen war.

Zu Nero tritt der totgeglaubte Paulus und verkündet diesem ein schweres Ende; dieser lässt daraufhin bestürzt Patroklus und die anderen Gefangenen frei.

Und Longus und der Centurio Cestus machten sich, wie Paulus angeordnet hatte, in der Morgenfrühe auf und kamen voll Furcht zum Grab des Paulus. Als sie aber hinzutraten, sahen sie zwei Männer im Gebet und in ihrer Mitte Paulus, so daß sie beim Anblick des unglaublichen Wunders vor Schrecken außer sich gerieten, während Titus und Lukas, als sie Longus und Cestus auf sich zukommen sahen, von menschlicher Furcht ergriffen, sich zur Flucht wandten, worauf diese aber ihnen nachliefen und ihnen zuriefen: »Wir verfolgen euch nicht, um euch zu töten, wie ihr wähnt, ihr seligen Männer Gottes, sondern um zu leben, damit ihr uns gebt, wie uns Paulus verheißen hat, den wir eben mitten unter euch im Gebet stehen sahen«. Und als Titus und Lukas das von ihnen gehört hatten, gaben sie ihnen mit großer Freude das Siegel im Herrn und priesen den Gott und Vater unseres Herrn Jesu Christi, dem Ehre sei in alle Ewigkeit. Amen.

PREDELLA:

Als Predella ist eine Darstellung von Apg 9,1–9 wiedergegeben: Saulus/Paulus vor Damaskus, gerade vom Pferd stürzend, getroffen von einer himmlischen Erscheinung Christi, in deren Folge er für drei Tage blind sein und nachfolgend von dem Christen Ananias getauft werden wird. Gerahmt wird diese Szene durch Wein- und Eichenlaubverzierungen, die durch zahlreiche Vögel im Schatten des Blattwerks verlebendigt werden.

Die Festtagsseite begleitet die Betrachter das ganze Jahr über, ausgenommen die Fastenzeiten. Als solche gelten die Advents- und Passionswochen. In diesen ist der Gemäldezyklus mit den acht Szenen der Passion Christi zu sehen. Die Gedenktage des Apostels Paulus – Pauli Bekehrung (25. Januar) und Petrus und Paulus (29. Juni) – werden zum Anlass genommen, um den Schrein vollständig zu schließen und dadurch jene drei Bildwerke zur Geschichte und Legende des Paulus sichtbar zu machen. Der Altar bietet sich heute in seiner Faktur von 1912 dar. Wir kennen seine ehemalige Anordnung nicht. Aber die Konzentration auf Jesus

→ Abb. 57: Nero mit Reichsinsignien

→ Abb. 58: Reichsinsignien

Christus, den Glaubensgrund, und auf Maria, die prototypische Glaubensperson, vermag durchaus die römisch-katholische mit der evangelisch-lutherischen Glaubensüberzeugung zu verbinden. Glaube ist der Liebe sehr nahe, insofern beide zutiefst das Vertrauen miteinander verbinden: Wo Vertrauen fehlt, fehlt der Glaube und kommt es nicht zur Liebe. Ein Jesus-Maria-Zyklus wirbt für solches Vertrauen.

VERSCHLIESSUNG DER PREDELLA

Zur Verschließung der Predella haben einst wohl zwei doppelseitig bemalte Tafeln gedient, die bereits 1912 in jenen zweiten Altar, der im Nordchor der Universitätskirche Aufstellung gefunden hatte, einbezogen waren und auch im Zusammenhang des Neuaufbaus des Paulineraltars in der Thomaskirche unberücksichtigt geblieben sind.[7] Auf der einen Seite zeigen die beiden Tafeln Szenen der Paulusgeschichte, die auch biblisch nachvollziehbar sind:

Paulus vor dem Landpfleger Felix (Apg 24),
Rettung des Paulus vor einem Schlangenbiss auf der Insel Malta (Apg 28,1-6);
auf der anderen Seite sind zwei Ereignisse aus der Petruslegende zu sehen:
Verehrung des Petrus Martyr,
Martyrium des Petrus Martyr.

→ Abb. 59: Vogel im Blattwerk

Heute ist die Predella nicht verschließbar. Zu allen drei Wandlungen ist die Paulusbekehrung sichtbar.

Der Paulineraltar erscheint heute – nach dem ersten Versuch von 1912 – in optimaler Fassung zusammengefügt. Letzte Unsicherheiten hinsichtlich der Anordnung der Reliefs und der Gemälde bleiben. Doch darf auf den erreichten sinnvollen Zusammenhang hingewiesen werden, der die herausgearbeiteten Akzente setzt: Zum einen führt die Auswahl der Themen für den Jesus-Maria-Zyklus der Festtagsseite zu einem erstaunlichen biblischen Gehalt, den man dem späten 15. Jahrhundert kaum zutrauen mag. Zum anderen zeigt die Passionsseite zwar in der Auswahl der Themen eine gewisse Einseitigkeit, indem diese in einem gewissen Segment womöglich an den traditionellen

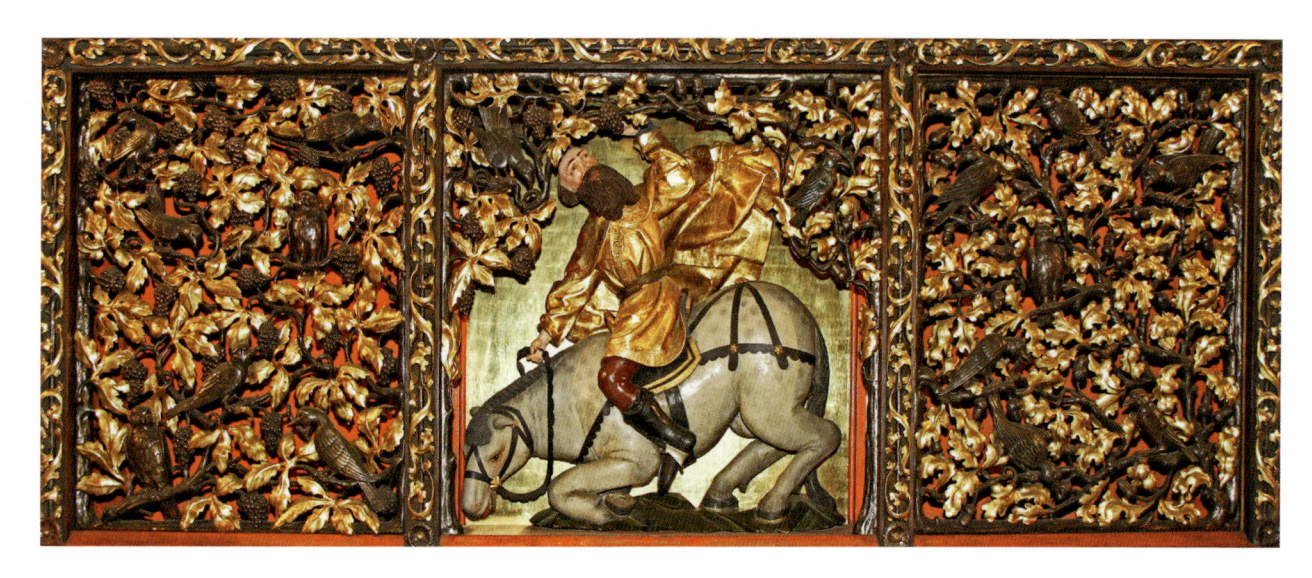

→ Abb. 60: Paulus vor Damaskus

Kreuzwegstationen orientiert zu sein scheint. Ihre evangelienharmonische Verpflichtung machte sie aber gleichermaßen auch den theologisch-reformatorischen Einsichten zugänglich.

Überraschenderweise verknüpft die Grundbestimmung des Altars, als dem Apostel Paulus geweiht, unmittelbar die Verehrung des Paulus durch den Dominikanerorden mit der Hochschätzung des Apostels durch die Wittenberger Reformation. Das eine – der Altar des Dominikanerordens – fügt sich ein in die Inanspruchnahme des Paulus als Theologen und als Prediger, beides Tätigkeiten, die von Anfang an für den Dominikanerorden zentral waren; in der Lebensgeschichte des Apostels Paulus spiegelte sich zudem für die Dominikaner die eigene Ordensgeschichte: Sie fühlten sich als die Kleinen und Jüngsten, die zunächst nicht Erlaubten (Verbot auf dem Laterankonzil 1215) unter den mittelalterlichen Ordensgründungen. Die Erlaubnis der Neugründung erfolgte nach und nach zwischen 1216 und 1220 unter Papst Honorius III. (1216–1227). Das Leipziger Kloster ist – wahrscheinlich von Grimma her – bereits im Jahr 1229/30 gegründet. Der Apostel Paulus, der »Kleine«, dachte über seinen Namen und seine eigene Herkunft aus dem Stamm Benjamin nach (Phil 3,5), dem jüngsten Sohn des Erzvaters Jacob. Die Grundsteinmedaille des Leipziger Dominikanerklosters[8] – gleichwohl erst von 1519 – zitiert auf dem Revers jenen Spruch aus Ps 68,27–28, der dieses reflektierte Selbstverständnis unmissverständlich wiedergibt:

Benedicite in excelsis, Deo Domino, de fontibus Israel, ibi Beniamin, adoloscentulus in mentis excessu.
Lobt Gott den Herrn in den Versammlungen von dem Brunnen Israel;

Da herrscht unter ihnen der kleine Benjamin.

Auf dem Avers der Medaille ist zu lesen: *Paulus Apostolus vas electionis* (Paulus, Apostel, Gefäß der Erwählung), eine Bezeichnung, die traditionell nur der Mutter Maria zustand. Noch in nachreformatorisch-lutherischer Zeit werden zu Ps 68 die Zusammenhänge innerbiblisch hergestellt:[9]

... weil er uns den Brunnqvell seines Worts/seines heiligen Geistes und der Tauffe gegeben Joel. 3/18. Joh. 4/14. Esa. 12/3. darum wir ihn auch billich aus seinem Brunnen/und mit den Worten deß heiligen Geistes 1.Cor. 2. aus der heiligen Grund = Sprache loben ...

Benjamin der kleine Sohn und der fast ausgerottete Stam[m] B. Richt. 20/44.

Zair [hebr.: klein sein]. Ps 119/141. sonderlich aber Paulus (dessen Nahme klein heisset) gleichwie Saul aus dem Stamm Benjamin zum Königreich kam 1.Sam. 15/17. denn die Letzten werden die Ersten Mat. 20. und Benjamin zu erst ins rothe Meer getreten / wie die Juden meinen.

Die Darstellung des Paulus auf dem Altar führt als Insignien das Bibelbuch und das Schwert vor. Das eine weist auf die Predigt des Wortes Gottes hin, das andere sowohl auf das Martyrium des Paulus mit dem Schwert – nicht durch das Kreuz wie Petrus, was als ehrenvoller galt – als auch auf die Schärfe des Gotteswortes (nach Ps 45,4; Eph 6,17; Hebr 4,12, Offb 2, 12.16). Die Betonung des Gotteswortes und seiner zweischneidigen Schärfe entsprach der theologischen Anschauung der Wittenberger Reformation. Trotz stark ausgebildeter eigener Marienfrömmigkeit stritten die Dominikaner gegen die Ansichten der Franziskaner von der immaculata conceptio Mariae. Noch 1671 bezieht sich der Leipziger Dogmatiker Johann Adam Schertzer (1628–1683) in seiner Dissertation De conceptione maculata an immaculata Mariae auf das theologische Urteil der Dominikaner von der Bestreitung der Sündlosigkeit der Maria und verweist auf die gemeinsame Gebetstätigkeit der Apostel und Mariens, wie sie Apg 1,14 berichtet und im Pfingstrelief der Festtagsseite eindrücklich dargestellt wird.

LITERATUR

Edgar Hennecke, Neutestamentliche Apokryphen in deutscher Übersetzung, hrsg. von Wilhelm Schneemelcher. II. Band: Apostolisches, Apokalypsen und Verwandtes. Tübingen und Berlin 1966.

Heinrich Magirius u.a. [hrsg. und bearb.], Die Bau- und Kunstdenkmäler von Sachsen. Stadt Leipzig. Die Sakralbauten, 2 Bde. München und Berlin 1995.

Johann Olearius, Biblische Erklärung, Bd. III, Leipzig 1679.

Martin Petzoldt, Die Altäre der Thomaskirche zu Leipzig, Taufstein und Kanzeln. Leipzig 2012.

[1] Überarbeitete Fassung von Teil 4. Der spätgotische Pauliner-Altar in der Thomaskirche, in: Martin Petzoldt, Die Altäre der Thomaskirche zu Leipzig, Taufstein und Kanzeln. Leipzig 2012, 59–83.

[2] Die Feiertagsseite stellte man im Chorraum der Universitätskirche auf, also gleichsam als Hochaltar, die Passionsseite befand sich zu einer Art Altar zusammengestellt an der Südwand des Nordchores, vgl. Heinrich Magirius, 555–557.

[3] H. Magirius, 260 und 266–267.

[4] Iris Ritschel, Sakrale Tafelmalerei im ehemaligen Bistum Merseburg zwischen 1470 und 1520 unter Ausschluss des Werkes von Lucas Cranach und seinem Kreis. Leipzig 2002, insbesondere zum Paulineraltar 88–116 (Quellenauszüge 525–544). Ich danke Frau Dr. Ritschel für den ausdrücklichen Hinweis auf ihre Arbeiten sowie auf weitere kunsthistorische Spezialforschungen (Alfred Stange 1960 und Angela Bonhag 1994).

[5] Vgl. H. Magirius, 267–268.

[6] E. Hennecke/W. Schneemelcher, 265–268.

[7] H. Magirius, 266–267.

[8] Die Medaille ist im Jahr 2009 von der Stiftung Universitätskirche St. Pauli in einer nummerierten Anzahl von 500 Stück neu geprägt worden und wird an verdienstvolle Förderer der Stiftung ausgegeben.

[9] J. Olearius, Bd. III, 376.

Ulrich Stötzner
DIE KANZEL DER UNIVERSITÄTSKIRCHE

1545 wird die Paulinerkirche mit der Einführung des evangelischen Gottesdienstes durch Martin Luther zur ersten deutschen evangelischen Universitätskirche geweiht und gewinnt damit für den deutschen Protestantismus ihre Einmaligkeit. Als theologische Bildungsstätte war die Universitätskirche im europäischen und außereuropäischen Raum weit bekannt. Unter diesem Aspekt kommt der Kanzel eine wichtige Stellung im universitären Gebrauch zu.

Beim barocken Umbau der Kirche im 18. Jahrhundert, also in der Leipziger Wirkungszeit Johann Sebastian Bachs, wurde 1738 eine neue Kanzel von Valentin Schwarzenberger geschaffen und aufgestellt. Der Tag der Einweihung der neuen Kanzel in der Universitätskirche war der 24. Juni, der Festtag Johannis des Täufers. Mit der Kanzel wurde die barocke Ausgestaltung des Predigtraumes vollendet.

Valentin Schwarzenberger wurde 1693 in Frankfurt am Main geboren. Sein Vater war Bernsteinschneider. Er ging nach Dresden und wurde hier Meisterschüler Balthasar Permosers. Ab 1720 war er in Leipzig. Hier hatte er selbst einen Kreis von Schülern, deren Wirkung bis nach Berlin reichte. 1740 schuf er eine Kanzel für die Thomaskirche. Diese wurde 1888 abgebrochen und ist seitdem unauffindbar. Somit ist unsere Kanzel das einzige erhaltene Werk Valentin Schwarzenbergers in Leipzig. Er starb am 5. Februar 1754 in Leipzig.

Die Kanzel der Universitätskirche ist ein kunstvoll ornamentiertes hölzernes Werk. Es ist eine künstlerisch herausragende Leistung, in ihrer barocken Formensprache und filigranen schnitzerischen Ausführung von hoher Qualität. Für die damalige Zeit war sie eher »ein schlichtes, in den Einzelformen zurückhaltendes Kunstwerk« (Dehio 1965).

Den Aufgang zierte eine Flammenvase als Symbol des göttlichen Feuers. Über unregelmäßigem Grundriss erhebt sich die geschweifte Brüstung des Kanzelkorbes, getragen von der Kuppa, die in einem quastengeschmückten Knauf endet. Voluten bildendes Akanthuswerk betont die Kanten von Kuppa und Brüstung in der Weise, dass beide optisch miteinander verbunden werden. Die Stirnseite der Brüstung ist unter dem Lesepult mit einer Kartusche geschmückt. Vergoldete Bandornamente, Blumen- und Fruchtgehänge sowie beweglich angebrachte Lambrequins heben sich vom weißen Grund ab.

Der reich profilierte Schalldeckel, der den Umriss des Kanzelkorbs wiederholt, ist ebenfalls mit einer Kartusche, Valuten und Lambrequins verziert. Ein Kin-

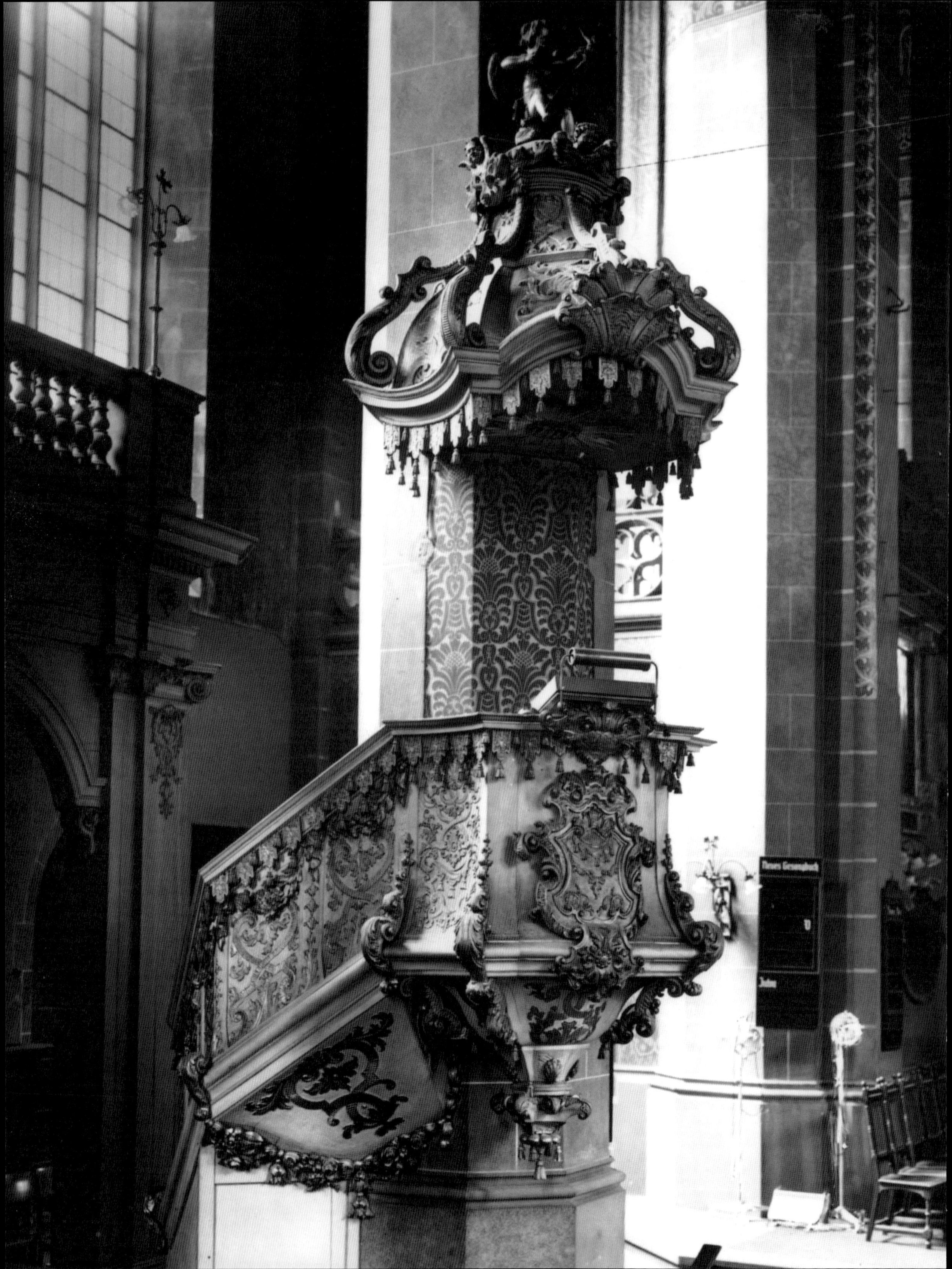

→ Engel mit Kruzifix vom Kanzeldeckel

← Die Kanzel der gesprengten Universitätskirche

derengel mit einem Kruzifix in der linken und einem Neuen Testament in der rechten Hand, sitzt auf dem geschwungenen Schalldeckel (vgl. Abb.). Auf dessen Unterseite leuchtet in einer Sonne der alttestamentliche Gottesname »Jehovah« in hebräischer Schrift.

Bis zur Zerstörung der Universitätskirche 1968 war die barocke Kanzel zuletzt im Mittelschiff an dem vorderen Pfeiler der nördlichen Reihe angebracht. Sie trug eine weiße und goldene Bemalung seit der letzten Restauration von 1897–1899. Unter dieser Bemalung befindet sich noch die teilweise erhaltene barocke Fassung.

Der Altar, die Kanzel und ein großer Teil der Epitaphien wurden 1968 innerhalb einer Woche vor der Sprengung aus der Universitätskirche gerettet. Steinmetze aus dem Baukombinat waren mit der Bergung der Kunstgegenstände beauftragt. Am 27. Mai 1968 kam einer, der noch einmal in der Kirche gewesen war, und erzählte, sie hätten mit dem Presslufthammer versucht, die Kanzel herauszubrechen. Dabei sei der Schalldeckel zerbrochen.

Auch der Landeskonservator Hans Nadler und die Denkmalpflegerin Elisabeth Hütter waren noch einmal drin. Sie nahm sich eine Quaste vom Schalldeckel mit und bewahrte diese bis zuletzt. Als beide die Kirche nicht verlassen wollten, bemühte man ein paar Hunde. Die Teile der Kanzel verschwanden im Keller des Reichsgerichts unter völlig unzureichenden klimatischen Bedingungen. Am 15.4.1981 wandte sich der Chefkonservator Professor Hans Nadler in einem Brief an die Universität: »[...] bitten wir Sie noch einmal um Auskunft, was mit den für die Denkmalpflege wichtigsten Ausstattungsstücken, nämlich dem Altar und der Kanzel, geschehen soll. An der Wiederverwendung dieser Stücke [...] ist uns ja insbesondere gelegen.«

Im Kunstkonzept der Universität vom Juni 2005 ist die Kanzel mit folgenden Bemerkungen vorgesehen: »Kunsthistorisch ist die Kanzel wertvoll, aber nicht von allerhöchster Priorität. Materiell ist ihre Wiederherstellung möglich. Ihre Wiederverwendung ist grundsätzlich wünschenswert [...]. Sinnvoll ist eine Integration der Kanzel in die neue Aula vor allem dann, wenn eine Nutzung als Predigtpult in Aussicht steht. [...] Hinsichtlich der Klimatisierung müssen Kompromisse gemacht werden, um die Aufstellungsmöglichkeiten nicht weiter einzuschränken.«

Bei der Planung des Neubaus wurde – auch nach der späteren Entfernung von sechs der ursprünglich vorgesehenen Pfeiler – die Kanzel an dem nördlichen der verbliebenen vorderen Pfeiler im Langhaus angeordnet, also genau da, wo sie bis 1968 stand. In dem zunächst völlig schmucklosen Kirchenschiff ist die Kanzel somit das einzige originale Zeugnis aus der völlig erhaltenen, jedoch sinnlos und mutwillig zerstörten gotischen Hallenkirche im Langhaus des Neubaus.

Die Kanzel, bestehend aus Kanzelkorb, Schalldeckel und Treppenanlage ist im Wesentlichen in ihrer originalen Gestalt erhalten. Der gewaltsame Ausbau bei der Bergung hatte jedoch starke Schäden an den vormals zusammenhängenden Baugruppen zur Folge. Dennoch ist es heute 49 Jahre nach der Vernichtung der Universitätskirche als ein großes Glück anzusehen, dass es gelang, die Kanzel vor der Sprengung unter enormem Zeitdruck vollständig zu bergen. Durch verschiedene Zwischenlagerungen war der Zustand der Kanzel so, dass eine Restaurierung zwingend erforderlich wurde. Eine restauratorische Untersuchung und ein Konzept zur Restaurierung und Wiederaufstellung (Schaefer 2011) war hierfür die Grundlage. Der Paulinerverein hatte sich bereits 2005 verpflichtet, für die Finanzierung der Restaurierung Sorge zu tragen und Spenden einzuwerben.

Neben dem genannten hohen kunsthistorischen Wert ist die Kanzel allein durch ihre bedeutenden Prediger ein geschichtsträchtiges Symbol. In den Jahren 1913 und 1914 hat Nathan Söderblom nachweislich von dieser Kanzel gepredigt. Es sind bekannte Namen aus dem 20. Jahrhundert wie Franz Lau, Hanns Bardtke, Dedo Müller, Ernst Sommerlath, der von den damaligen Machthabern ins Gefängnis geworfene Studentenpfarrer Siegfried Schmutzler, Pater Gordian, Ernst-Heinz Amberg und zuletzt der Rundfunkpfarrer Heinz Wagner, die in ihren Predigten während zweier Diktaturen durch eine klare Verkündigung auch gegen den herrschenden Zeitgeist ein freies Wort von dieser Kanzel riskierten. Über 230 Jahre lang haben alle in Leipzig ausgebildeten Theologen in den ohne Unterbrechung allwöchentlich stattfindenden liturgisch-homiletischen Gottesdiensten von hier aus die erste Predigt ihres Lebens vor kritischen Ohren gehalten.

Im März 2008 ging Landesbischof Jochen Bohl aus Anlass des bevorstehenden 40. Jahrestages der Sprengung der Universitätskirche auf die Gründe der Zerstörung, auf das Gedenken und auf offene Gestaltungsfragen des Neubaus ein. Der Bischof wies darauf hin, dass sich die Auffassung, der christliche Glaube sei mit der wissenschaftlichen Weltsicht der Moderne unvereinbar, infolge des Gesprächs der Theologie mit den Naturwissenschaften während der letzten Jahrzehnte weitgehend überlebt habe. Auch für die historisch wertvolle Kanzel gelte, dass sie im lutherischen Sinne nicht allein der geistlichen Rede vorbehalten sei, sondern überhaupt die Bedeutung des freien Wortes symbolisiere und daher auch für Vorträge genutzt werden könne.

Eine Vereinbarung zwischen der Evangelischen Landeskirche, dem Freistaat Sachsen, der Stadt Leipzig, der Universität und der Deutschen Stiftung Denkmalschutz vom Dezember 2008 enthält den Passus: »Es besteht schließlich Einigkeit darüber, die vor der Sprengung 1968 geretteten Teile der Universitätskirche St. Pauli nach ihrer Restaurierung an den historischen Ort zurückzubringen, um sie dort auch der Öffentlichkeit in einem würdigen Rahmen zugänglich zu machen. Sie sind untrennbar mit der langen Universitätsgeschichte verbunden und sollen auch in ihrer kulturhistorischen Bedeutung gewürdigt werden.«

Dies bestätigte der Landeskonservator a. D. Prof. Dr. Heinrich Magirius im November 2011: »[...] Der Raum soll als Gottesdienststätte, als Konzertraum und als Universitätsaula dienen. Nicht zuletzt aber werden hier die 1968 unter schwierigen Bedingungen aus der Kirche geretteten Kunstwerke, vor allem mehr als 50 Epitaphe, Bilder und Skulpturen, die zurzeit mit großem Aufwand restauriert werden, museal gezeigt werden. Dazu gehört nicht zuletzt die 1738 von Valentin Schwarzenberger geschaffene Barockkanzel. Denkmalwert im Sinne des Denkmalschutzgesetzes sind allein diese historischen Kunstwerke. Sie müssen in dem neuen, aber dem historischen Zustand angenäherten Raum nicht nur konservatorisch verantwortbar, sondern auch ihrer kunsthistorischen Bedeutung entsprechend zur Wirkung gebracht werden. Seit dem 18. Jahrhundert waren die Epitaphe und Bildwerke vor allem im Chorbereich konzentriert aufgestellt. Die Kanzel stand an einem der nördlichen Pfeiler. Im Sinne der beabsichtigten Erinnerungsarchitektur wäre es falsch, den Chor als Gottesdienstraum und ›Museum‹ vom Langhaus als ›Aula‹ und ›Konzertraum‹ durch eine Glaswand abzutrennen. Es käme vielmehr gerade darauf an, den gesamten Raum als einen historisch geprägten erlebbar zu machen. Dabei hat – das zeigen die Fotos aus der Zeit vor 1968 – die Kanzel eine entscheidende Rolle als Bindeglied zwischen dem Chor und dem Langhaus gespielt. Eine andere Stelle als die historisch vorgegebene ist für die Kanzel kaum denkbar. Es scheint völlig unverständlich, wenn heute die historische Kanzel nicht aufgestellt werden dürfte. Selbst in der Zeit der DDR gelang es, liturgische Ausstellungsstücke in zu Konzertsälen umgestalteten Kirchenräumen zu erhalten. [...]«

Die Wiederaufstellung der historischen Kanzel ist über ihre Bedeutung für die Universität und für die Landeskirche hinaus auch für die Stadt Leipzig, die Bürger der Stadt und deren Gäste von hohem geschichtlichem, kunsthistorischem und symbolischem Wert. Sie ist in Anbetracht ihrer Funktion als Predigtstätte selbst in der Zeit von Kirchenkampf und geistiger Unterdrückung ein Symbol des freien Wortes gewesen. »Gerettete Kunstgegenstände können letztlich erst dann als gerettet betrachtet werden, wenn sie auch in ihrer ursprünglichen Nutzung wiedergewonnen sind« (Prof. Dr. Klaus Fitschen, Dekan der Theologischen Fakultät am 30. Mai 2013).

QUELLEN

Dehio, G. (1965): Handbuch der deutschen Kunstdenkmäler. Berlin: Akademie-Verlag.

Hütter, E. (1993): Die Pauliner-Universitätskirche zu Leipzig. Weimar: Verlag Hermann Böhlaus Nachfolger.

Hütter, E., Magirius, H., Werner, W. (1995): Stadt Leipzig. Die Sakralbauten. München, Berlin: Kunstverlag GmbH.

Mai, H. (2009): Geschichte der Universität Leipzig 1409–2009/ Band 5 Leipziger Universitätsverlag.

Nadler, H. (1963): Die Pauliner-Universitätskirche zu Leipzig Gutachten (unveröffentlicht).

Petzoldt, M. (2012): Die Altäre der Thomaskirche zu Leipzig, Taufstein und Kanzeln. Leipzig: Evangelische Verlagsanstalt.

Schaefer, J. (2011): Restauratorische Untersuchung, Konzept zur Konservierung, Restaurierung und Wiederaufstellung (unveröffentlicht).

Rudolf Hiller von Gaertringen

DIE EPITAPHIEN DER UNIVERSITÄTSKIRCHE ST. PAULI ZU LEIPZIG

ZUR ERINNERUNGSKULTUR DER UNIVERSITÄT

Das Areal des historischen Dominikanerklosters, gegründet 1229, im Jahre 1543 im Rahmen der Moritzschen Schenkung in seiner Gesamtheit an die Universität Leipzig übergegangen, war schnell zum eigentlichen Zentrum der Hochschule avanciert. Auch nachdem im Verlauf des 19. Jahrhunderts die letzten Nutzbauten des Klosters niedergelegt und durch moderne Universitätsgebäude ersetzt worden waren und östlich des historischen Stadtkerns ein modernes Universitätsviertel mit medizinischen und naturwissenschaftlichen Instituten entstanden war, blieb dieser Bereich der eigentliche Identifikationsort der Körperschaft. Tragende Säulen des universitären Selbstverständnisses waren bis in jüngere Zeit die von den Dominikanern erbaute Universitätskirche in ihrer spätmittelalterlichen Form einerseits und das Hauptgebäude Augusteum in seinen Fassungen von 1836 und 1898 andererseits.

Diese beiden Gebäudekomplexe entfalteten schon allein durch ihre Architektur eine prachtvolle, repräsentative Wirkung, welche durch hier auf- und ausgestellte, bedeutende ältere und jüngere Kunstbestände weiter gesteigert wurde. Über mehrere Jahrhunderte war auch die Universitätsbibliothek im Mittelpaulinum, wo bis zu deren Abriss 1892-1894 umfangreiche Porträtbestände ausgestellt waren, ein zentraler Ort der Selbstvergewisserung. Die älteste historische Schicht jedoch bildete die Universitätskirche St. Pauli.[1] Auf der einen Seite blieben noch zu Zeiten der Dominikaner geschaffene Kunstwerke in oftmals modifizierter Form und an verändertem Ort weiter präsent, auf der anderen Seite richtete sich die traditionelle Bestattungstätigkeit, verbunden mit der Stiftung von Epitaphien, zusehends stärker auf die Universitätsangehörigen aus: Ab 1545 wurde hier im Sinne eines Privilegs eine zunehmend universitäre Elite bestattet, bis um 1782 die Begräbnisse eingestellt wurden.[2] Der in diesem Zusammenhang geschaffene Denkmälerbestand, der in größeren Teilen 1968 vor der Sprengung bewahrt werden konnte, steht hier im Zentrum der Betrachtung.

DER EPITAPHBESTAND AB 1543 UND SEINE WIEDERANBRINGUNG

Die Universitätskirche fungierte nicht nur als Ort liturgischer Handlungen im Rahmen der Universitätsgottesdienste und bei Begräbnissen, sondern auch als geistlicher Erinnerungsort. Während die künstlerische Hinterlassenschaft der Klosterzeit in bestimmten Hauptwerken weiter präsent blieb, schoben sich die zahlreichen Verweise auf dort Bestattete in Form von Grabplatten und Epitaphien im Laufe der Jahrhunderte immer weiter in den Vordergrund, bis sie schließlich zu der den Raum bestimmenden Kunstgattung geworden waren. Da seit Einführung der Reformation in Leipzig 1539 eine Bestattung im außerstädtischen Johannisfriedhof den Normalfall bildete, wurde eine Bestattung in der Universitätskirche zu einem Privileg, das nur einer handverlesenen städtischen und universitären Elite zuteilwurde. Für Epitaphien ist eine räumliche Beziehung zur Grabstelle nicht zwingend erforderlich, doch bildete in der Universitätskirche die Nähe zu im Kirchenboden befindlichen Grabstellen den Normalfall.[3] Bei der Erschaffung des jeweiligen Monuments standen zweifellos das Schicksal und die Glaubensgewissheiten des oder der Erinnerten im Vordergrund, als Ensemble dienten die Epitaphien auch der Selbstdarstellung der Körperschaft. Der Epitaphkomplex ist nicht nur sozialgeschichtlich besonders interessant, er zeichnet zugleich ein anschauliches Bild der Universitätsgeschichte zwischen etwa 1550 und 1770.

Die Monumente gliedern sich zum einen in etwa türblattgroße, wandgebundene Grabplatten, teils mit figürlichen, lebensgroßen Darstellungen des Verstorbenen, eher knappen Texten und oft auch Wappendarstellungen, und zum anderen in die Epitaphien im eigentlichen Sinne, Erinnerungsmalen, bei denen die begriffsbestimmende, inhaltlich zentrale Erinnerungsinschrift mit biografischen Angaben vielfach durch mehr oder minder aufwändige Bildapparate ergänzt, flankiert oder zuweilen auch überschattet wurde.[4] Angesichts der Wirkmächtigkeit der Bilder wurden die Glaubensbotschaften dadurch eher noch verstärkt.

Der einstige Umfang und die ursprünglichen Anbringungsorte der Epitaphien sind im Detail oft schwer zu bestimmen. Dies gilt nicht nur für die Frühzeit, sondern für Teilbereiche des Bestandes sogar noch für das 20. Jahrhundert. So ging beispielsweise eine Serie von – offenbar bereits stark verwitterten – Grabplatten an der Nordflanke der Kirche im Rahmen der Sprengung 1968 unter, ohne dass diese zuvor fotografisch genauer dokumentiert worden wären. Erschwerend kommt hinzu, dass die bauliche Form der Kirche im Detail ständig verändert wurde. Für die Epitaphien sind insbesondere Anbau und Abriss verschiedener Familienkapellen an der Nordseite der Kirche von Belang,[5] da diese neben Gräbern auch Epitaphien enthielten. Die Erhöhung der »Chorwände« auf eine Höhe von ca. 5,50 m, die im Sinne einer barocken Hängung dicht mit Epitaphien versehen wurden und unsere Vorstellung des Chorraumes prägen, scheint hingegen im Zusammenhang mit der Einrichtung des regelmäßigen Universitätsgottesdienstes im Jahre 1710 erfolgt zu sein.[6] Erst ab dieser Zeit also waren die Epitaphien im Chorbereich zusammengezogen worden. Die vorher nur ca. 2,50 m hohen Chorwände konnten bis dahin allenfalls kleinformatige Epitaphien aufnehmen. Die meisten der in den Übersichten des Landesamts für Denkmalpflege dokumentierten 56 Epitaphien an den Chorwänden[7] datieren deutlich vor 1710 und müssen demnach ursprünglich andere Standorte eingenommen haben. Hinweise auf die Situation im späten 17. Jahrhundert liefert Salomon Stepners Inschriftensammlung »Leipziger Lorbeerblätter«, die vielfach Rückschlüsse auf den Anbringungsort einzelner Epitaphien erlaubt. Manche Ortsveränderung kann hingegen nur noch aus dem materiellen Bestand des jeweiligen Objektes erschlossen werden. Das monumentale Holzepitaph für Heinrich Heideck[8] (†1603), welches ursprünglich für eine Anbringung in Augenhöhe konzipiert worden war, war zuletzt in einer Höhe von vermutlich mindestens 5 Metern angebracht,[9] wobei dem

→ Blick in den Chor der Universitätskirche um 1955

»Sarkophag« zum Ausgleich für die sich so ergebende optische Verkürzung ein etwa 15 cm hoher Holzkasten unterfüttert wurde.

In letzter Konsequenz ist, wie sich zeigt, allein der Zeithorizont von 1968 einigermaßen zuverlässig dokumentiert: Er wurde daher als der eigentliche historische Bezugspunkt für die künftige Wiederanbringung der Epitaphien gewählt. Die gewaltsame Zerstörung legt ebenfalls nahe, an den Zustand von 1968 anzuknüpfen. Andererseits handelt es sich angesichts des fehlenden historischen Kirchengebäudes nicht um eine denkmalpflegerische Aufgabe im engeren Sinne. Bei aller Nähe zur mittelalterlichen Universitätskirche bietet der Neubau im Detail architektonisch und funktional so stark veränderte Rahmenbedingungen, dass auch die Einbringung der Kunstwerke weitreichenden Anpassungen unterworfen ist. Der 1968 zerstörte Zustand lässt sich auch in diesem Bereich de facto nicht wiederherstellen. Die Herangehensweise bei der Einbringung der Kunstwerke ist am Ende also eher als eine historisierende Neuinterpretation zu charakterisieren und bildet hierin eine sinnfällige Parallele zum gestalterischen Ansatz des Architekten. Sie ist insofern durch geschichtliche Parallelen legitimiert, als die Umgestaltung des Chorbereiches um 1710 für die Anordnung der Epitaphien einen wohl noch weitreichenderen Eingriff dargestellt hat, wie überhaupt die Bewahrung jeglicher »Tradition« de facto immer auch mit Umgestaltung verbunden ist (lat. tradere = hinübertragen).

Der Wert der nun erfolgten Rückkehr ausgewählter Epitaphien kann m. E. nicht hoch genug angesiedelt werden.[10] Das nun Umgesetzte war anfangs so kaum zu erhoffen gewesen. Gerade die monumentalen Epitaphien hatten aufgrund ihres Platzbedarfs keine Perspektive für eine anderweitige Wiederanbringung, schon gar keine, die auch nur einen Bruchteil der nun wiederzugewinnenden Informationsdichte aufgewiesen hätte. Mit ca. 30 Erinnerungsmalen im Innenraum und 16 Grabplatten an der Südseite des Paulinums im nördlichen Seitenfoyer des Augusteums ist ein beträchtlicher Teil dieses künstlerischen Erbes an seinen angestammten Ort zurückgekehrt. Wesentliche Rahmenbedingungen wie Betrachterabstände und Lichtsituation kommen der Situation in der zerstörten Kirche denkbar nahe.

BERGUNG UND RESTAURIERUNG

Nach dem Beschluss der Leipziger Stadtverordnetenversammlung vom 23. Mai 1968, der unter dem Euphemismus »Neugestaltung des Augustusplatzes« zugleich die Sprengung der Universitätskirche und des Augusteums verabschiedete,[11] verblieben gerade noch sieben Tage für eine Bergung sämtlicher Kunstwerke, die unter normalen Umständen mehrere Wochen gedauert hätte. Dr. Hans Nadler und Dr. Elisabeth Hütter vom Institut für Denkmalpflege in Dresden waren mit scharfen Hunden des Gebäudes verwiesen worden. Unter diesen Umständen erstaunt es, dass die Entnahme der Werke immerhin toleriert wurde. Angeleitet durch Prof. Dr. Peter Findeisen, zu dieser Zeit befristet beschäftigt am Institut für Denkmalpflege in Dresden und von dort mit der kunsthistorischen Betreuung der Bergung beauftragt, widmete sich eine Gruppe von Handwerkern aus der Abteilung Denkmalpflege der Stadt Leipzig unter Leitung von Hubert Maas der diffizilen Bergung der Objekte. Insbesondere die Abnahme der Steinepitaphien auf den ca. 5,50 m hohen Chorwänden stellte eine Herausforderung war, da hier Gerüste gestellt, die einzelnen Bauteile von der Wand gelöst und mit Seilzügen abgelassen werden mussten. Dem besonderen Engagement aller Beteiligten ist es zu verdanken, dass am Ende doch noch ein vergleichsweise hoher Prozentsatz von Werken geborgen werden konnte. Während man anfangs noch in der Lage war, einzelne Epitaphien in ihrer Gesamtheit zu bergen, musste man sich in der Spätphase der Bergungsaktion auf eine teilweise Entnahme beschränken. So konnten beispielsweise im Falle des aus Alabaster gefertigten Epitaphs für Michael H. Horn[12] (†1681) die Figuren und die Wappen, nicht aber der Rahmen und die Inschrifttafel geborgen werden. Erhalten sind – in unterschiedlichen Vollständigkeitsgraden – ca. 45 Epitaphien, von denen jeweils ca. 15 Werke, d. h. etwa ein Drittel aus Stein, Holz oder Metall bestehen.

Die geborgenen Werke wurden auf Lastwagen verladen und improvisiert im Keller des damaligen Dimi-

DEO O... S.
HENRICVS HEIDECK IC PATRE DANIELE MATRE ANNA A KRAHN
DOLA AN M D LXX D V ID FEBR NATVS PRIMVS IN ACADEM IPSI IVLEA LIB
ET INGOLST SALAN FIDEL B HVMANIORIB AIGE VSVS PID DE XCVII VS ET AB
HAC DOCTOR GRAD IN VI AN XCIIV ORNATVS POST AN XCVI BORNSTADIA MA
NSFELD CANCELLARIVS XCIIX SCHWARB SAXO CONSILIARIVS A D HEPPONIN
CIAL DICASTERII HVIVS ASSESSOR ET AN IIII ALA ARCHIPRAESVLA IVS MAGDE
BVR CONSILIAR DELECTVS E MEDIO VITA HVIVS LAVDABILIS CVRSV AD
BEATORVM SEDEM POSTQVAM CVM VXORE IESTI FRIA SCHWARTZ AN
VII IN MATRIMONIO VIXISSET ET EX EA MASCVLVM ET BINAS
FOEMELLAS SVSCEPISSET IDIB XBR
AN M DC II AVOCATVR

troff-Museums im einstigen Reichsgericht eingelagert. Nachdem das Museum alsbald auf die Räumung der Lagerflächen zu dringen begonnen hatte, konnten die Kunstwerke im Winter 1982/83 in ein Kunstdepot der evangelisch-lutherischen Landeskirche überführt werden.[13] Quellen zufolge sollten einzelne Werke auf Leipziger Kirchen verteilt werden. Die Aufstellung des Paulineraltars, des Epitaphs für Elisabeth von Sachsen, der Grabplatte für Nickel Pflugk und das Grabmonument für Diezmann von der Hand Ernst Rietschels in der Thomaskirche geht offenbar auf dieses Konzept zurück. Andere Hauptwerke, darunter die lebensgroße polychrome Holzplastik des Dietrich von Wettin, genannt Diezmann, aus der Zeit um 1310 oder die sogenannte »Böhmische Tafel« aus der Zeit um 1400 fanden in Museen oder bei der Denkmalpflege Unterschlupf. Bergung, Lagerung und Restaurierung stellen keine Selbstverständlichkeit dar, sodass die Universität Leipzig den Betreffenden sehr zu Dank verpflichtet ist. Dies gilt umso mehr, als die Kunstwerke der Universitätskirche zu Zeiten der DDR als – politisch missliebige – Verschlusssache galten[14] und jedweder Einsatz für ihre Erhaltung ein persönliches Risiko darstellte. Zugleich muss man sagen, dass sowohl die übereilte Bergung als auch die über weite Strecken wenig fachgerechte Lagerung an den Objekten teilweise deutliche Spuren hinterlassen haben. In der Nachwendezeit restaurierte auch die Kustodie der Universität einzelne Werke, darunter das Epitaph für Johann Goritz oder jenes für Joachim Camerarius, die in der Kunstsammlung im Rektoratsgebäude einen dauerhaften Präsentationsort gefunden haben.

Ab dem Sommer 2002 wurde vom Autor dieser Zeilen in Kooperation mit der Hochschule für Bildende Kunst in Dresden, Fachklasse Restaurierung, namentlich Prof. Dr. Ulrich Schiessl, eine Sichtung der vorhandenen Baugruppen und Fragmente unternommen und so erstmalig der Erhaltungsgrad der einzelnen Werke genauer bestimmt. Insbesondere bei den Holzobjekten wurde die Erhaltung des Bildträgers und der Fassungen kartiert.[15] Diese Übersichten bildeten die Grundlage für die Konservierungs- und Restaurierungsarbeiten der folgenden Jahre. Nach Ertüchtigung geeigneter universitärer Depotflächen in der Leipziger Innenstadt wurden die Werke im Frühjahr 2004 in die Obhut der Kustodie der Universität Leipzig zurückgegeben. Für die vertrauensvolle Zusammenarbeit ist an dieser Stelle Kirchenbaurat a. D. Dr.-Ing. Gerhart Pasch zu danken.

Im Sommer 2003 wurde die Restaurierung des monumentalen Holzepitaphs für Heinrich Heideck[16] als Dresdener Diplomprojekt begonnen[17] und in den darauffolgenden Jahren mit Spendengeldern und Haushaltsmitteln vollendet. Grundlage war eine vorrangig konservierende Herangehensweise. In der Folge wurden Schritt um Schritt alle Werke aus Holz, Stein und Metall überwiegend mit Hilfe freiberuflicher Restauratoren bearbeitet. Angesichts fehlender Haushaltsmittel musste die Finanzierung durch einzuwerbende Spenden erfolgen, wobei die Kustodie durch das Ortskuratorium Leipzig der Deutschen Stiftung Denkmalschutz, insbesondere Frau Dipl.-Ing. Brigitte Kempe-Stecher, nunmehr Ortskuratorin, tatkräftig unterstützt wurde. So konnte über die Jahre eine Vielzahl von Stiftungen und Privatpersonen für das Vorhaben gewonnen werden, die in der Regel Patenschaften für einzelne Objekte übernahmen. Besondere Förderung erfuhr das Projekt durch die Dr. Ing. h. c. Ferdinand Porsche AG in Stuttgart sowie durch die Ostdeutsche Sparkassenstiftung in Berlin (in Zusammenarbeit mit der Sparkasse Leipzig).[18]

Zu den Vorbereitungen der Anbringung zählte auch die Suche nach einer geeigneten Hängetechnologie. Die Lösung bestand in der Verwendung spezieller Edelstahlkonstruktionen, die objektbezogen für das Einzelwerk entworfen und gebaut werden.[19] Ein lange erörtertes Problem betraf die Frage, wie teilweise notwendige Ergänzungen realisiert werden können. Eine allzu textgenaue Rekonstruktion wurde von der Kunstkommission mit Hinweis auf die Verunklärung der Überlieferungssituation verworfen. Die Lösung bestand schließlich in der Anfertigung abstrahierter Aluminiumformen, die farbig eloxiert und im Falle figürlicher Plastik auf der Basis historischer Schwarzweißaufnahmen gerastert bedruckt werden, um die Details der Form wiederzugeben. Diese Vorgehensweise wurde

← Epitaph für Heinrich Heideck, Zustand 2009

von dem Hallenser Metallkünstler Thomas Leu speziell für das Leipziger Epitaphprojekt entwickelt und wurde materialübergreifend für Objekte aus Stein und aus Holz angewendet.[20]

DAS RINGEN UM DIE KÜNFTIGE AUFSTELLUNG

Parallel zu den Arbeiten an den Kunstwerken galt es, eine Konzeption für die künftige Hängung zu entwickeln und in das Baugeschehen einzubringen. Glücklicherweise schrieb sich im Zusammenhang des zweiten Architekturwettbewerbs vom Oktober 2003[21] der damals frisch gewählte Rektor Prof. Dr. Franz Häuser das Projekt auf seine Fahnen und trug dafür Sorge, dass den teilnehmenden Architekten auch eine Liste der zu berücksichtigenden historischen Kunstwerke übergeben wurde. Zugleich setzte er eine universitäre Kunstkommission ein, die Ideen entwickeln sollte, wie mit den mit dem Areal verbundenen künstlerischen Zeugnissen umzugehen sei.[22] Ergebnis der Überlegungen waren die »Empfehlungen für die Integration universitären Kunstbesitzes [...] in den Neubau am Augustusplatz«[23] vom Sommer 2005, die den Architekten einen Überblick über den Bestand und Hinweise für die besonderen Anforderungen der einzelnen Werke lieferten. Außerdem wurde vorgeschlagen, die historisch mit dem Areal verknüpften Kunstwerke in fünf »Erinnerungskomplexe« zu organisieren, die einen Bogen vom Mittelalter bis in die Zeit der DDR schlugen, und den einzelnen Komplexen historisch sinnvolle Raumeinheiten zuzuordnen, wo die betreffenden Werke in gestalterisch überzeugender Weise zusammengefasst würden. Alle Werke sollten in öffentlichen Bereichen aufgestellt und gewissermaßen »zum Betrachter gebracht« werden.

Die Kunstwerke der Universitätskirche stellten den von Anfang an gewichtigsten Erinnerungskomplex und das eigentliche Kernstück des Kunstkonzepts dar. Im Zuge der Restaurierungen war zwischenzeitlich deutlich geworden, dass die Epitaphien – sofern man am Prinzip der bis 1968 erhaltenen barocken Hängung festhalten wollte – eine Klimatisierung mit kontrollierter Luftfeuchte erfordern würden. Insbesondere die Holzobjekte mit farbiger Fassung und/oder Vergoldung waren durch ihr Schicksal in einer Weise vorgeschädigt, die sie noch sensibler auf Klimaschwankungen reagieren ließ, als »normale« Kunstwerke.[24]

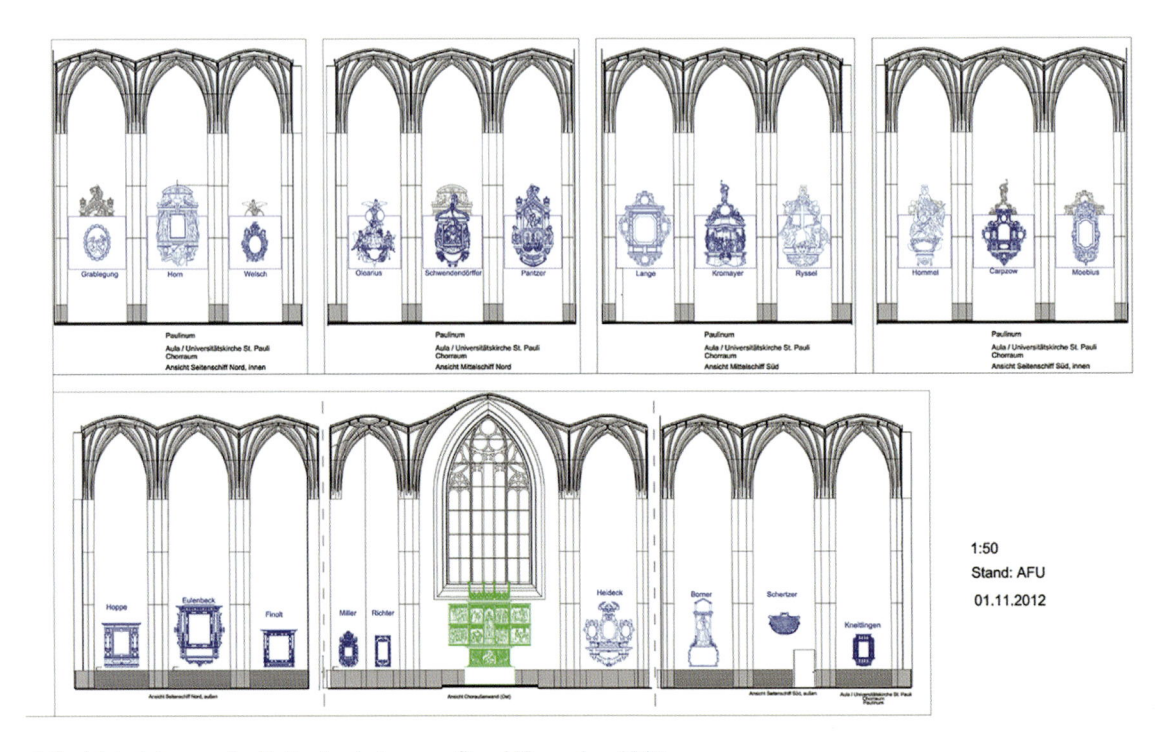

→ Projektzeichnung der Epitaphanbringung, Stand November 2012

→ Epitaph für Johannes Olearius, Zustand April 2014

Auf der Basis einer konkretisierten Architekturplanung des vom Freistaat beauftragten Büros von Erick van Egeraat aus Rotterdam galt es nun, die Kunstwerke in dem künftigen Raum zu verorten. Nachdem der Chorbereich zunächst nur zwei Joche umfasst hatte, wurde er schließlich auf drei Joche erweitert, was den Kunstwerken eine der ursprünglichen Anordnung entsprechende Wandlänge einräumte. Besondere Bedeutung für die Möglichkeiten der Epitaphhängung kam der Frage zu, ob und in welcher Form die im Chorbereich ursprünglich vorhandenen Chorwände nachgebildet werden könnten. Ohne dieselben hätte sich die Zahl der anzubringenden Werke auf nur neun große Hängeflächen entlang der Außenwände verringert.

Daher war es von entscheidender Bedeutung, dass mit dem Architekten Einigkeit darüber erzielt werden konnte, zwischen den Pfeilern schwebende Hängeflächen für weitere Kunstwerke auszubilden. Obschon sich deren Höhe an den ehemaligen Chorwänden orientierte, ergaben sich gegenüber der historischen Situation zwei entscheidende Unterschiede, welche die Hängemöglichkeiten einschränkten: Erstens traten die Wandflächen, die in ihrer barocken Form eine durchlaufende, unstrukturierte Fläche in der Ebene der Pfeilerfrontseiten geboten hatten, auf Wunsch des Architekten in die Mittelachse der Pfeiler zurück. So wurden die Pfeiler als durchlaufende Stützen stärker herausgearbeitet mit dem Ergebnis einer deutlichen Jochbildung. Zweitens wurden unten große Portalöffnungen vorgesehen, welche die Einheit von Mittel- und Seitenschiffen herstellten. So entfielen weitere, in der Paulinerkirche einst genutzte Hängeflächen. In der Summe ergaben sich 21 Hängepositionen, die einer entsprechenden Zahl monumentaler oder einer etwas höheren Zahl kleinerer Werke Platz boten. Deshalb konnten längst nicht alle, aber immerhin eine Auswahl der schönsten und wichtigsten Epitaphien an den Augustusplatz zurückkehren.[25] Im Ergebnis steht ein künstlerisch dichter Raum, in dem die moderne Architektur und die historische Kunst in einen spannungsreichen Dialog eintreten und der viel über die Geschichte des Ortes und die historischen Brüche zu erzählen weiß. Dabei überbringen die Epitaphien facettenreiche Botschaften, die es zu entschlüsseln und zu vermitteln gilt.

DIE BESONDERE BEDEUTUNG DER EPITAPHIEN

Die Epitaphien aus der Universitätskirche sind historisch in zweierlei Hinsicht besonders bedeutungsvoll: einerseits als authentische Zeugnisse ihrer Entstehungszeit, welche die jeweilige Epoche in unmittelbarster Weise schlaglichtartig erhellen, und andererseits als Zeugnisse der Ereignisse von 1968, die Kulturschande der Kirchensprengung und den Umgang des SED-Regimes mit kirchlichen Belangen im Allgemeinen und der kirchlichen Kunst im Besonderen. Während der zuletzt genannte Aspekt im Spannungsfeld von Architektur und Kunst sowie in den Verletzungen und Fragmentierungen der Werke offensichtlich wird und zur geschichtlichen Reflexion anregt, sind die Aussagen über die jeweilige Entstehungszeit schwerer zu entschlüsseln. Fünf Bedeutungsebenen können hier genannt werden, die im Rahmen dieses Aufsatzes allerdings nur beispielhaft illustriert werden können:

→ Blick in das Modell des Kirchenraumes

1. Eine vergleichsweise offensichtliche Bedeutungsebene der Epitaphien ist die theologische: Sowohl Texte als auch Bilder sind Ausdruck persönlicher Lebens- und Glaubenswirklichkeiten sowie damit verbundener Hoffnungen und Ängste. Manche Botschaften liegen offen zu Tage, wie etwa bei den Epitaphien für Daniel Eulenbeck[26] (†1587) und für Georg Tobias Schwendendörffer[27] (†1681), wo im Medium der Malerei bzw. der Skulptur als bildliches Leitmotiv jeweils die *Auferstehung Christi* dargestellt ist. Es liegt auf der Hand, dass hier die im Glauben begründete Hoffnung auf die Wiedererweckung des Verstorbenen (und des Betrachters) ausgedrückt werden soll. Andere Werke sind geradezu verrätselt, wie etwa das linke Medaillon des Epitaphs für Heinrich Heideck[28] (†1603), in dem sich ein bärtiger älterer Mann über eine Krippe mit einem Kind beugt. Vermutlich handelt es sich dabei um den Propheten Elias, der den gerade verstorbenen Sohn der ihn beherbergenden Witwe durch seine Gebete wieder zum Leben erweckt (1. Könige 17, 17–24). Heideck, der im Alter von 33 Jahren verstarb, hinterließ neben Frau und Kindern auch seine Mutter, deren einziges Kind er war. Dies bildet den biographischen Anknüpfungspunkt zur Witwe der biblischen Begebenheit, deren verstorbener Sohn gleichfalls ihr einziges Kind darstellte. Wieder andere Epitaphien beschränken sich – den Wurzeln der Gattung entsprechend – auf einen Text, der aber meist ebenfalls von Glaubensgewissheiten geprägt ist.

2. Eine weitere Bedeutungsebene ist die historische. Besonders augenscheinlich sind die Verweise auf die damalige Zeitgeschichte bei dem aus Gusseisen gefertigten Epitaph für Magdalena Richter[29] (†1633) aus der Zeit des Dreißigjährigen Krieges, deren Leichnam der Epitaphinschrift zufolge vor der Bestattung beinahe verbrannt wäre, weil die Schweden Leipzig mit »Fewerballen« bombardierten. Unmittelbarer könnten die Schrecken der Belagerung kaum vermittelt werden. Der Dreißigjährige Krieg bildet ebenfalls den Hintergrund für ein ausdrucksstarkes Emblem im Epitaph für Johannes Hoppe[30] (†1654). Vor einem Landschaftsfond ist unten links ein geflügeltes Herz eingefügt, das – von Dornenranken niedergehalten – seine Hoffnung im Glauben sucht. Als Mediziner muss Hoppe die Leiden der Leipziger Zivilbevölkerung, aber auch der Soldaten hautnah miterlebt haben.

3. Die Epitaphien der Universitätskirche und ihre Inschriften sind wissenschaftsgeschichtlich von Bedeutung, da hier vielfach Wegbereiter ihres Faches erinnert werden. Die enge Verknüpfung dieser Gelehrten mit der Universitätsgeschichte prädestinierte sie in besonderer Weise, das institutionelle Selbstbewusstsein der Universität und ihrer Angehörigen zu stärken. Erwähnenswert ist hier der Jurist Benedikt Carpzow[31] (†1666), der als Begründer des deutschen Strafrechts gilt und

→ Kirchenraum mit Epitaphien im Frühjahr 2016

→ Linkes Medaillon des Epitaphs für Heinrich Heideck, Zustand 2009

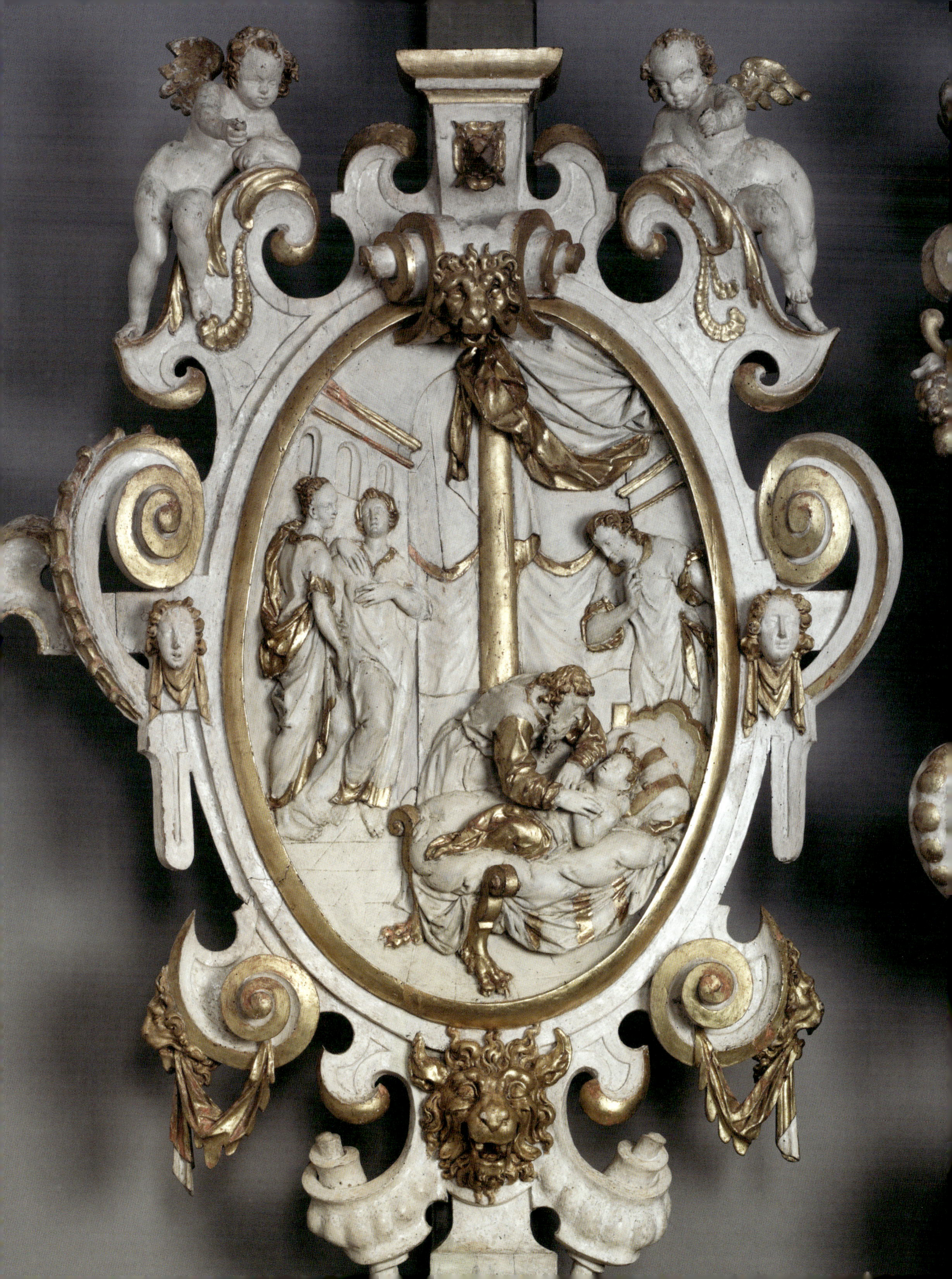

dessen Vita sowohl die Bedeutung der Juristenfakultät der Universität Leipzig als auch die traditionelle Rolle der Stadt als Standort wichtiger Gerichte illustriert. Den Stellenwert der Medizin als Keimzelle heute selbstständiger naturwissenschaftlicher Disziplinen führt die Biographie Michael Heinrich Horns[32] (†1681) vor Augen, der zusätzlich zu seiner ordentlichen Professur der Medizin 1668 zum außerordentlichen Professor für Chemie berufen wurde, eine der frühen Professuren dieses Faches in Deutschland.[33] Interessant ist auch, dass Mediziner im 17. Jahrhundert vielfach zu einer ausgedehnten akademischen Bildungsreise aufbrachen. Christian Lange[34] (†1662) etwa bereiste zwischen 1640 und 1643 unter anderem Österreich, Italien, Frankreich, England und die Niederlande, was einen selbst aus heutiger Sicht bemerkenswerten Grad an Internationalisierung darstellt.

4. Auch sozialgeschichtlich vermitteln die Epitaphien manche interessante Erkenntnis. So gehörte die überwiegende Mehrzahl der so erinnerten Universitätsangehörigen einer der drei höheren Fakultäten Theologie, Medizin oder Jurisprudenz an. Auffällig ist, dass sie bei ihren Erinnerungsmalen keineswegs vor teilweise monumentalen Dimensionen und einer gewissen Prachtentfaltung zurückschreckten, was als Ausdruck ihres Selbstbewusstseins gedeutet werden darf. Bemerkenswert ist auch, dass der der Innung vorstehende Chirurg Daniel Schmidt[35] (†1734) als Vertreter einer eher dem Handwerk zuzurechnenden, außeruniversitären Berufsgruppe dennoch in der Universitätskirche bestattet werden durfte. Einen drastischen Hinweis auf die hohe Kindersterblichkeit liefert das Epitaph für die Kinder der Familie des Tobias Moebius (um 1660).[36] Die Grabplatte, welche die fünf verstorbenen Kinder bildlich darstellt, gehört zu den anrührenden Zeugnissen, die jede zeitliche Distanz transzendieren.

5. Bereits jetzt sind zahlreiche Werke aus dem Epitaphkomplex als kunsthistorisch bedeutend identifiziert worden. Das Epitaph für Daniel Eulenbeck[37] beispielsweise ist das wichtigste – signierte und datierte – Werk des aus Antwerpen stammenden Johann de Perre, der um 1570 zusammen mit seinem Vater Nikolaus wohl aufgrund der dortigen Hugenottenverfolgung nach Leipzig übersiedelte und hier schnell zu einem der führenden Maler aufstieg. Das Epitaph für Heinrich Heideck[38] wurde jüngst überzeugend in das Œuvre Valentin Silbermanns eingeordnet[39] und avancierte so zur bedeutendsten erhaltenen Arbeit des wohl führenden Bildhauers jener Zeit. Das Epitaph für den Theologen Johannes Olearius[40] (†1713) hingegen, welches nach dem Zweiten Weltkrieg nicht wieder aufgebaut worden war, ist nach seiner Restaurierung und Ergänzung wieder als Hauptwerk des Permoser-Schülers Valentin Schwarzenberger erkennbar, zu dessen bedeutendsten Leipziger Hervorbringungen es zählt. Natürlich muss auch das Ensemble, das eine Vielzahl von Entwicklungen des Epitaphs als Gattung dokumentiert, als höchstbedeutend eingestuft werden.

Diese wenigen Bemerkungen mögen genügen, um das hohe identitätsstiftende Potenzial des Epitaphensembles vor Augen zu führen, verweist es doch in vieler Hinsicht auf eine existenzielle Ebene, die Zeit und Raum transzendiert. Die aufgeworfenen Themen wie beruflicher Erfolg, Eheglück, aber auch Schicksalsschläge und Tod sind von zeitloser Relevanz. Hier klingt eine überzeitliche Gemeinschaft der Universi-

→ Epitaph für Johannes Hoppe, Zustand 2008

tätsangehörigen an, wie sie in anderen Kontexten nicht so ohne weiteres erlebbar ist.

Im Hinblick auf die Ereignisse von 1968 wird deutlich, dass die Epitaphien zu den anschaulichsten Relikten des verlorenen Kirchengebäudes zählen. In ihren Verletzungen dokumentieren sich die Brutalität der Zerstörung, die Zeitnot der Bergung und die Fährnisse schlechter Lagerung. Aus diesem Grund müssen die Schäden bis zu einem gewissen Grad weiter sichtbar bleiben, um auch nachfolgende Generationen zu einer Reflexion über die DDR und ihren Umgang mit religiösen Fragen anzuregen.

EINBETTUNG DER EPITAPHIEN IN DAS KUNSTKONZEPT

Als künstlerische Ausstattung der Universitätskirche kommt den Epitaphien eine zentrale Rolle innerhalb des Kunstkonzepts für den Campus am Augustusplatz zu. Zugleich sollen sich die Kunstwerke aus der Universitätskirche mit Beständen anderer Erinnerungskomplexe zu einem Gesamtbild fügen, das Nutzern und Besuchern in anschaulicher Weise bestimmte historische Kapitel der Universitätsgeschichte vermittelt, soweit sie sich mit Hilfe der erhaltenen Kunstwerke eben schildern lassen. Bezüge ergeben sich z. B. zur Porträtgalerie der Universitätsbibliothek, die zahlreiche Bildnisse der Epitaphstifter enthält.[41] Hier entstehen in Ansätzen ursprünglich intendierte Zusammenhänge z. B. zwischen Grabmonumenten und Porträtgemälden wieder. Wie früher sind sämtliche Werke in den zentralen Universitätsgebäuden künftig wieder im öffentlichen Raum angesiedelt und in der täglichen Erfahrung der Universitätsangehörigen verankert, allerdings – im Gegensatz zu früher – unter Berücksichtigung konservatorischer Belange.

Es dürfte deutlich geworden sein, in welch hohem Maß die Kunstwerke das Selbstbild der verfassten Körperschaft Universität prägen, die sich über Jahrhunderte als einen in vieler Hinsicht privilegierten Teil der Gesellschaft begreifen durfte. Die Kunstwerke zeichnen ein verdichtetes Bild der Universitätsgeschichte und des akademischen Selbstverständnisses, wie es sich hier in einem wechselseitig profitablen Austausch mit der prosperierenden und kultivierten Handelsstadt Leipzig entwickelt hat. Trotz der Einbettung der Universitätsgeschichte in die Geschichte Leipzigs im Allgemeinen klingen in den hier gezeigten Beständen vielfach Saiten an, die in anderen Sammlungen der Stadt so nicht erfahrbar sind. Der spannungsreiche Dialog zwischen moderner Architektur und historischer Kunst stellt eine Besonderheit dar, um die man Leipzig andernorts zu Recht beneiden wird. Zugleich kann die historische Selbstvergewisserung dazu beitragen, die Universität Leipzig in die Zukunft zu entwickeln.

→ Epitaph für den Chirurgen Daniel Schmidt, Zustand 2014

NEUBAU / Rudolf Hiller von Gaertringen

ANMERKUNGEN ZU DEN ABBILDUNGEN

S. 224: Blick in den Chor der Universitätskirche auf die Epitaphien der südlichen Chorwand, um 1955 (Foto Kustodie: Herbert Zschunke, Institut für Kunstgeschichte).

S. 226: Epitaph für Heinrich Heideck (†1603), ausgeführt von Valentin Silbermann, Zustand 2009, nach Restaurierung und Probehängung im Kunstdepot (Foto Kustodie: Marion Wenzel).

S. 228: Projektzeichnung der Epitaphanbringung, Stand November 2012. Diese Konzeption wurde vollumfänglich umgesetzt wie gezeichnet, an einigen Stellen doch um weitere Stücke ergänzt. (Hängeplan: Kunstkommission und Kustodie der Universität Leipzig; Reinzeichnung als CAD: Dezernat für Planung und Technik der Universität Leipzig; Reinzeichnung der einzelnen Epitaphien: Dipl. Ing. Thomas Bolze, Potsdam).

S. 229: Arbeitsstand der Ergänzungen des Epitaphs für Johannes Olearius, Zustand April 2014 (Foto Kustodie: Marion Wenzel). Hier wird die Zusammenfügung von Originalteilen und Ergänzungen erprobt. Die Aluminiumergänzungen sind bereits goldfarben eloxiert und auf der Basis historischer Fotos bedruckt. Zahlreiche weitere Originalteile, darunter zwei Gemälde auf Kupfer, sind an diesem Punkt noch nicht integriert.

S. 230 oben: Blick in das Modell der Universitätskirche im Maßstab 1 : 50. Das in Lindenholz ausgeführte Raummodell diente der Visualisierung der Epitaphanbringung nebst der sich ergebenden Blickbeziehungen, z. B. im Hinblick auf das Zusammenspiel von Mittelschiff und Seitenschiffen (Modell: ARGE Rudolf.Hanke.Hengst, Weimar; Foto Kustodie: Rudolf Hiller von Gaertringen).

S. 230 unten: Blick in den Kirchenraum nach Osten im Frühjahr 2016. Der Paulineraltar ist zurückgekehrt, die überwiegende Mehrzahl der Epitaphien gehängt. Die Pfeiler bedürfen noch der – zwischenzeitlich ausgeführten – Glasummantelung.

S. 231: Linkes Medaillon des Epitaphs für Heinrich Heideck, Zustand 2009, nach der Restaurierung (Foto Kustodie: Marion Wenzel). Die Darstellung wurde gedeutet als die Wiedererweckung des Sohns der Witwe, die den Propheten Elias bei sich aufgenommen hatte.

S. 232: Epitaph für Johannes Hoppe (†1654), Kunstbesitz der Universität Leipzig, Zustand 2008 nach der Restaurierung, Probehängung im Depot (Foto Kustodie: Marion Wenzel).

S. 233: Epitaph für den Chirurgen Daniel Schmidt (†1734), Zustand 2014 nach der Wiederanbringung im Foyer des Neuen Augusteums (Foto Kustodie: Marion Wenzel).

[1] Angesichts räumlicher Beschränkungen und vor dem Hintergrund der überaus komplexen Geschichte des Epitaphbestandes, des bereits recht umfangreichen Schrifttums und zahlreicher Fragestellungen, die es erst noch zu erforschen gilt, können manche Sachverhalte an diesem Ort nur stark vereinfacht und ohne Nachweise wiedergegeben werden. Hierfür bitte ich um Verständnis. Ohne Anspruch auf Vollständigkeit wird auf folgende Literatur hingewiesen: Cornelius Gurlitt, »Beschreibende Darstellung der Bau- und Kunstdenkmäler des Königreiches Sachsen: Stadt Leipzig, Heft XVII, 1. Theil«, hrsg. auf Kosten der K. Staatsregierung vom K. Sächsischen Altertumsverein, Bd. XVII), Dresden 1895, 3–256; ders., ›Beschreibende Darstellung der Bau- und Kunstdenkmäler des Königreiches Sachsen: Stadt Leipzig, Heft XVIII, 2. Theil‹, hrsg. auf Kosten der K. Staatsregierung vom K. Sächsischen Altertumsverein, Dresden 1896, 257–292; Elisabeth Hütter, Die Pauliner-Universitätskirche zu Leipzig. Geschichte und Bedeutung, hrsg. vom Landesamt für Denkmalpflege Sachsen (= Forschungen und Schriften zur Denkmalpflege, Bd. 1), Weimar 1993; Katrin Löffler, Die Zerstörung. Dokumente und Erinnerungen zum Fall der Universitätskirche Leipzig, Leipzig 1993; Stadt Leipzig – Die Sakralbauten, bearb. v. Heinrich Magirius, Hartmut Mai, Thomas Trajkovits, Winfried Werner, mit Beiträgen von Johannes Gerdes, Matthias Gretzschel, Werner Heinrich, Elisabeth Hütter, Thomas Topfstedt, Cornelia Wendt, 2 Bde., (= Die Bau- und Kunstdenkmäler von Sachsen, hrsg. vom Landesamt für Denkmalpflege Sachsen), München-Berlin 1995, Bd. 1, 483–515, unten zitiert als BKD SB; Christian Winter, Gewalt gegen Geschichte. Der Weg zur Sprengung der Universitätskirche Leipzig, Leipzig 1998; Restauro 1. Epitaphien aus der Universitätskirche. Neue Projekte (Ausstellung in der Galerie im Hörsaalbau der Universität Leipzig, 14. April – 25. Mai 2005), hrsg. von Rudolf Hiller von Gaertringen, Leipzig 2005 (= Kunststücke. Die kleine Reihe der Kustodie der Universität Leipzig, Heft 2); Rudolf Hiller von Gaertringen, »Die Kunstwerke aus der Universitätskirche«, in: Zum Gedenken an die Sprengung der Universitätskirche St. Pauli am 30. Mai 1968, hrsg. vom Rektor der Universität Leipzig Franz Häuser, Leipzig 2008, 39–47; Hartmut Mai, »Die Universitätskirche St. Pauli«, in: Geschichte der Universität Leipzig. 1409–2009, hrsg. v. d. Senatskommission zur Erforschung der Leipziger Universitäts- und Wissenschaftsgeschichte, 5 Bde., Bd. 5: Geschichte der Leipziger Universitätsbauten im urbanen Kontext, hrsg. v. Michaela Marek und Thomas Topfstedt, Leipzig 2009, 77–132; Rudolf Hiller von Gaertringen, Cornelia Junge, Simone Schulz: »Kustodie«, in: Geschichte der Universität Leipzig 1409–2009 (s.o.), Bd. 4: Fakultäten, Institute, Zentrale Einrichtungen, 2. Halbband,

Leipzig 2009, 1514–1541; Rainer Kößling, Doreen Zerbe: Ade Welt, ich bin nun daraus. Memoriale Inschriften auf Grabsteinen und Epitaphien der Universitätskirche St. Pauli zu Leipzig, hrsg. v. Rudolf Hiller von Gaertringen, (= Beiträge zur Leipziger Universitäts- und Wissenschaftsgeschichte, Reihe A, Bd. 7), Leipzig 2011; Restauro. Epitaphien aus der Universitätskirche St. Pauli. Arbeitsstand und Perspektiven, hrsg. von Rudolf Hiller von Gaertringen, Leipzig 2013. Restauro. Epitaphien aus der Universitätskirche St. Pauli. Das Restaurierungsprojekt und seine Ergebnisse, hrsg. v. Rudolf Hiller von Gaertringen, 5. überarb. Auflage, Leipzig 2016; Rudolf Hiller von Gaertringen, Zurück aus dem Schattendasein. Die Epitaphien der durch das DDR-Regime zerstörten Universitätskirche St. Pauli zu Leipzig, in: Restauro. Zeitschrift für Konservierung und Restaurierung, Heft 4 (2016), S. 18–25. Einen Überblick über das Inventar der Universitätskirche bietet ferner die digitale Objektdatenbank der Kustodie, vgl. http://service.uni-leipzig.de/eMP/eMuseumPlus, dort unter »Erweiterte Suche« unter »Sammlungsbereiche« in der Dropdownliste den Begriff »Universitätskirche St. Pauli, Inventar« aufrufen. Dort finden sich auch Angaben, wo das betreffende Werk ausgestellt ist.

[2] Vgl. Doreen Zerbe, »Die Paulinerkirche als Begräbnisplatz und Stätte des Totengedenkens«, in: Kößling/Zerbe (2011, wie Anm. 1), 15–55, v. a. 19–21.

[3] Zugleich muss man von zahlreichen Begräbnissen ausgehen, die an der Oberfläche keinerlei Hinweise hinterließen.

[4] Zur Textebene der Epitaphien vgl. Kößling/Zerbe (2011, wie Anm. 1).

[5] Vgl. hierzu Hütter (1993, wie Anm. 1), bes. den Abschnitt »Kapellenanbauten«, 50–56.

[6] Vgl. ebd., bes. den Abschnitt »Chorschranken«, 98–111.

[7] Vgl. BKD SB (1995, wie Anm. 1), 539–550, ferner Hiller von Gaertringen (2008, wie Anm. 1), 39–47.

[8] Kunstbesitz der Universität Leipzig (Inv.-Nr. 1913:245), vgl. BKD SB (1995, wie Anm. 1), 609–611, Kat. Nr. 80; Kößling/Zerbe (2011, wie Anm. 1), 159–163; Restauro. Das Restaurierungsprojekt und seine Ergebnisse (2016, wie Anm. 1), 74–79.

[9] Diese Schlussfolgerung ergibt sich aus dem Kapitell eines ebenfalls monumentalen Steinepitaphs in der linken unteren Ecke des Fotos.

[10] Die Montage der ersten Steinepitaphien begann im Juli 2014 und wurde im April 2017 abgeschlossen.

[11] Vgl. hierzu Thomas Topfstedt, »Die bauliche Entwicklung der Universität Leipzig von 1946–1989« in: Marek/Topfstedt (2009, wie Anm. 1), 441–514, im Besonderen den Abschnitt »Absage an die Geschichte. Der neue Hauptgebäudekomplex der Karl-Marx-Universität am Karl-Marx-Platz«, 484 ff; vgl. ferner Löffler (1993, wie Anm. 1), 136–143 sowie Winter (1998, wie Anm. 1), 178–215.

[12] Kunstbesitz der Universität Leipzig (Inv.-Nr. 1913:284), vgl. BKD SB (1995, wie Anm. 1), 645–647, Kat. Nr. 115; Kößling/Zerbe (2011, wie Anm. 1), 247–252; Restauro. Das Restaurierungsprojekt und seine Ergebnisse (2016, wie Anm. 1), 126–129).

[13] Vgl. hierzu Hiller von Gaertringen/Junge/Schulz, Kustodie (2009, wie Anm. 1), 1531–1532 mit Quellenangaben.

[14] Vgl. hierzu beispielsweise Karin Asche und Irene Persch, Katalog der Kunstschätze der Karl-Marx-Universität Leipzig. Die Pauliner-Universitätskirche, unveröffentliche Kollektiv-Diplomarbeit (Sektion Kulturwissenschaften und Germanistik, Karl-Marx-Universität Leipzig) 1970; Textband und Fotoanhang Bd. I-II. Im Gutachten von Rainer Behrends heißt es, »Die Arbeit ist vertraulich zu behandeln.«

[15] In diesem Zusammenhang entstand die unpublizierte Seminararbeit von Johannes Schaefer, Altenburg, mit dem Titel »Erfassung und Untersuchung der Epitaph Ausstattung aus der zerstörten Universitätskirche in Leipzig«, 2 Bde., datiert auf den 26. Mai 2003 (Archiv der Kustodie).

[16] Vgl. Anm. 8.

[17] Vgl. hierzu die unpublizierte Diplomarbeit von Johannes Schaefer, Altenburg, mit dem Titel »Konservierung und Restaurierung des rechten Reliefs des Heideck-Epitaphs aus der zerstörten Universitätskirche in Leipzig« (praktische Arbeit) sowie »Wiederaufstellung der Epitaphien aus der zerstörten Universitätskirche in Leipzig – Aspekte der präventiven Konservierung« (theoretische Arbeit), datiert auf den 14. Juni 2004 (Archiv der Kustodie).

[18] Zu einer Übersicht der bislang tätigen Spender und Sponsoren vgl. Restauro. Das Restaurierungsprojekt und seine Ergebnisse (2016, wie Anm. 1), 208.

[19] Vgl. hierzu Restauro. Das Restaurierungsprojekt und seine Ergebnisse (2016, wie Anm. 1), 31.

[20] Vgl. hierzu ebd., 26, 81 und 119.

[21] Vgl. Neu- und Umgestaltung des innerstädtischen Universitätskomplexes am Augustusplatz der Universität Leipzig. Qualifizierungsverfahren zum Bereich ehemaliger Standort Paulinerkirche für die Neubebauung mit einer Aula/Kirche. Aufgabenstellung, vom Oktober 2003 (Archiv der Kustodie).

[22] Zur Zusammensetzung der Kommission und ihren Zielen, vgl. die »Empfehlungen«, 3–5, s. auch http://www.zv.uni-leipzig.de/kustodie/besuchen-sie-uns/kunst-auf-dem-campus.html, hier in der rechten Spalte Download Kunstkonzept (letzter Zugriff 20.02.2017).

[23] Ebd., 6ff.

[24] Vgl. hierzu den theoretischen Teil der unpublizierten Diplomarbeit von Johannes Schaefer, Altenburg, mit dem Titel »Wiederaufstellung der Epitaphien [...] – Aspekte der präventiven Konservierung« (wie Anm. 10).

[25] Weitere Epitaphien können zusammen mit besonders wertvollen Kunstwerken aus dem Inventar der Universitätskirche

in der Kunstsammlung im Rektoratsgebäude (Ritterstraße 26) besichtigt werden, vgl. http://www.zv.uni-leipzig.de/kustodie/besuchen-sie-uns/kunstsammlungen-im-rektoratsgebaeude.html (letzter Zugriff 20.02.2017).

[26] Kunstbesitz der Universität Leipzig (Inv.-Nr. 1913:328), vgl. BKD SB (1995, wie Anm. 1), 607, Kat. Nr. 75; Kößling/Zerbe (2011, wie Anm. 1), 145-148; Restauro. Das Restaurierungsprojekt und seine Ergebnisse (2016, wie Anm. 1), 68-73.

[27] Kunstbesitz der Universität Leipzig (Inv.-Nr. 0010/90), vgl. BKD SB (1995, wie Anm. 1), 643-645, Kat. Nr. 114; Kößling/Zerbe (2011, wie Anm. 1), 253-257; Restauro. Das Restaurierungsprojekt und seine Ergebnisse (2016, wie Anm. 1), 130-135.

[28] Vgl. Anm. 8.

[29] Kunstbesitz der Universität Leipzig (Inv.-Nr. 1913:339/440), vgl. BKD SB (1995, wie Anm. 1), 615-616, Kat. Nr. 80; Kößling/Zerbe (2011, wie Anm. 1), 185-187; Restauro. Das Restaurierungsprojekt und seine Ergebnisse (2016, wie Anm. 1), 86-88.

[30] Kunstbesitz der Universität Leipzig (Inv.-Nr. 1913:329A-C), vgl. BKD SB (1995, wie Anm. 1), 625-628, Kat. Nr. 99; Kößling/Zerbe (2011, wie Anm. 1), 199-202; Restauro. Das Restaurierungsprojekt und seine Ergebnisse (2016, wie Anm. 1), 94-99.

[31] Kunstbesitz der Universität Leipzig (Inv.-Nr. 1913:297), vgl. BKD SB (1995, wie Anm. 1), 625, Kat. Nr. 98; Kößling/Zerbe (2011, wie Anm. 1), 219-223; Restauro. Das Restaurierungsprojekt und seine Ergebnisse (2016, wie Anm. 1), 106-111.

[32] Vgl. Anm. 12.

[33] Vgl. Lothar Beyer, Rainer Behrends, De Artes Chemiae. Chemiker und Chemie an der Alma Mater Lipsiensis. Kunstschätze, Buchbestände und Archivdokumente der Universität Leipzig und anderer Sammlungen, mit einem Geleitwort von Volker Bigl, Rektor der Universität Leipzig, Leipzig 2003, 78-82.

[34] Kunstbesitz der Universität Leipzig (Inv.-Nr. 1913:326), vgl. BKD SB (1995, wie Anm. 1), 630-632, Kat. Nr. 105; Kößling/Zerbe (2011, wie Anm. 1), 213-218; Restauro. Das Restaurierungsprojekt. Zur Biographie vgl. Kößling/Zerbe (2011, wie Anm. 1), 217-218 sowie Rudolf Hiller von Gaertringen und Nadja Horsch mit Maja Albert, Jennifer Diener, Johannes Gebhardt, Josephin Heller, Song-En Luo, Stefanie Mühlbauer sowie Elisabeth Schaber, »Incitamenta animi. Die Professorengalerie des 17. und 18. Jahrhunderts der Universitätsbibliothek Leipzig«, in: Das Porträt als kulturelle Praxis, hrsg. v. Eva-Bettina Krems und Sigrid Ruby, Berlin-München 2016, 281-299 (= Transformation des Visuellen, Bd. 4).

[35] Kunstbesitz der Universität Leipzig (Inv.-Nr. 1913:344), vgl. BKD SB (1995, wie Anm. 1), 664-647, Kat. Nr. 132; Kößling/Zerbe (2011, wie Anm. 1), 305-306.

[36] Kunstbesitz der Universität Leipzig (Inv.-Nr. 1913:347), vgl. BKD SB (1995, wie Anm. 1), 629-630, Kat. Nr. 103; Kößling/Zerbe (2011, wie Anm. 1), 206-208; Restauro. Das Restaurierungsprojekt und seine Ergebnisse (2016, wie Anm. 1), 146-151.

[37] Vgl. Anm. 26.

[38] Vgl. Anm. 8.

[39] Vgl. Moritz Lampe, Zwischen Endzeiterwartung und Repräsentation. Das Epitaph des Heinrich Heideck (1570-1603) aus der Leipziger Universitätskirche St. Pauli. Leipzig 2009.

[40] Kunstbesitz der Universität Leipzig (Inv.-Nr. 1913:295), vgl. BKD SB (1995, wie Anm. 1), 645-647, Kat. Nr. 115; Kößling/Zerbe (2011, wie Anm. 1), 296-300; Restauro. Das Restaurierungsprojekt und seine Ergebnisse (2016, wie Anm. 1), 170-178.

[41] Diese ursprünglich in der ursprünglichen Universitätsbibliothek im Mittelpaulinum in unmittelbarer Nachbarschaft zur Kirche präsentierten Porträtbestände werden nun in Auswahl in einer Porträtvitrine im Foyer des Neuen Augusteums präsentiert, vgl. hierzu Hiller von Gaertringen/Horsch (2016, wie Anm. 34), 281-299. Einen Überblick über diese Porträtgalerie der Universitätsbibliothek bietet ferner die digitale Objektdatenbank der Kustodie, vgl. http://service.uni-leipzig.de/eMP/eMuseumPlus, dort unter »Erweiterte Suche« unter »Sammlungsbereiche« in der Dropdownliste den Begriff »UB-Porträtgalerie 17. Jh.« aufrufen. Dort finden sich auch Angaben, ob, bzw. wo das betreffende Werk ausgestellt ist.

Horst Hodick
DIE NEUEN ORGELN IN DER AULA/UNIVERSITÄTSKIRCHE ST. PAULI DER UNIVERSITÄT LEIPZIG

Es muss als ausgesprochener Glücksfall bezeichnet werden, dass sich im Rahmen des Neubaus der Aula/Universitätskirche St. Pauli die Möglichkeit bot, zwei Orgeln parallel planen und bauen zu können. Die sowohl im architektonischen als auch im Nutzungskonzept des Raumes fest verankerte Glaswand zwischen Aularaum und Chorraum bedingte von Anfang an eine Planung von zwei Instrumenten, um musikalische Veranstaltungen oder Gottesdienste mit Orgel sowohl im Gesamtraum bei geöffneter Glaswand als auch im Chorraum bei geschlossener Trennwand durchführen zu können. Da die räumlichen Gegebenheiten für den Einbau der Orgel auf der Westempore bereits in der Entwurfsplanung der Aula relativ frühzeitig erkennbar waren, wurde seitens der Orgelkommission der Universität[1] zunächst die Planung dieser Orgel vorangetrieben. Die Beratungen zur Orgel im Chorraum, für die zeitgleich ein grundlegendes Konzept von Prof. Schrammek erstellt wurde, mussten zunächst zurückgestellt werden, bis die schwierige Standortfrage und damit die Frage nach dem zur Verfügung stehenden Platz für das Instrument geklärt werden konnte.

Da bei der Planung beider Instrumente stets auch die mehr als 500jährige Geschichte der Orgeln der Paulinerkirche eine wichtige Rolle spielte, wird sie kursorisch den Beschreibungen der Orgeln vorausgeschickt.

DIE SCHWALBENNEST-ORGEL IM CHORRAUM
Bereits im 15. Jahrhundert war in der Paulinerkirche eine Orgel vorhanden, über deren Struktur jedoch nur wenig bekannt ist.[2] Ihr Standort war nicht die Westempore, sondern eine Seitenempore, wie aus einer Dresdner Dispositionssammlung der ersten Hälfte des 18. Jahrhunderts hervorgeht:

»Ob nun wohl in gewißer Maaße diese Orgel ein sehr alt Werck zu nennen, indem solche noch vor der Reformation Lutheri schon in dieser Kirche, an der Seiten gegen Mitternacht, nach dem Altar zu gestanden.«[3]

Der Komponist und Musikgelehrte Michael Praetorius beschreibt im Jahr 1619 dieses vermutlich in der Zwischenzeit mehrfach umgebaute Instrument recht ausführlich.[4] Besonders hebt er hervor, dass die Orgel ein Rückpositiv, d.h. ein vom Hauptgehäuse getrenntes kleineres Orgelwerk im Rücken des Organisten, besaß:

»Vor neunzig Jahren ist man den Sachen aber näherkommen [...] So hat man auch zu der zeit die Invention der RückPosi-

→ Schwalbennest-Orgel

tiffen speculiret; Wie derer grossen Orgelwercke unter andern zu Leipzig in der Pauliner Kirchen an jetzo noch eins stehet / welches Principal im Pedal von 16.f. Thon / im Manual von 8:f. Thon gewesen; hat Grobgedackt uff 8.f. / Octava von 4.f. Superoctava 2.f. Quinta 3.f. Rauschpf.Zimbeln / Mixtur 12. Fach auff einer besondern Laden.

Im RückPositiff; Principal 4.f. Mittel Gedackt 4.f. Zimbeln/klein Octaevelein / und ein groß Blechen KälberRegal. Sein ManualClavir vom D angefangen / und in zweybestrichenem c̄ sich geendet; Sein Pedal vom C zum c' gemachet / und mit 12. Spanbälgen belegt gewesen; hat auch in der Brust ein MessingRegall, und im Pedal Posaunen gehabt.«

Dieser Textabschnitt enthält wesentliche Aussagen über die Gesamtkonzeption des Instruments: Es besaß zwei Manuale, ein selbständiges Pedal, ein Rückpositiv, eine ungewöhnlich große, auf eigener Windlade stehende Mixtur, ein Regal (eine Zungenstimme) auf einer eigenen Windlade in der Brust (unmittelbar über dem Spielschrank) und eine beachtlich große Balganlage mit zwölf Spanbälgen. Auch die Disposition und damit die klangliche Struktur wird weitgehend zweifelsfrei genannt; offen bleibt allerdings bei einigen Registern die Fußlage und die grundsätzliche Frage nach der konkreten Bauform und Klanglichkeit der Register. So ist z. B. weder die Besetzung der großen Mixtur bekannt noch die Bauform des »groß Blechen KälberRegals«, dessen Name singulär in der Orgelbaugeschichte ist. Bei der großen Mixtur ist Praetorius' Ergänzung »auff einer besondern Laden« von großem Interesse. Möglicherweise deutet diese Bemerkung auf den Rest eines ehemaligen Blockwerks, wie es im 15. Jahrhundert vorhanden war, hin.[5] Bei Blockwerken gab es keine Aufteilung des Pfeifenwerks in einzelne Register, sondern nur die Unterteilung in den Principal, d. h. die sichtbaren Pfeifen im Prospekt, und in den dahinter stehenden, unsichtbaren und meist vielchörigen Hintersatz. Es ist denkbar, dass die erwähnte zwölffache Mixtur ehemals ein solcher Hintersatz war, der bei späteren Umbauten der Orgel eine Wiederverwendung fand. Dieser und andere Hinweise lassen vermuten, dass das von Praetorius im Jahr 1619 beschriebene Instrument bereits das Ergebnis mehrerer Umbauten einer älteren Orgel war.

Die Frage, weshalb Praetorius in der Disposition zunächst Principal 16' im Pedal nennt, danach die übrigen Register aufzählt und am Schluss wiederum eine Pedalstimme erwähnt, ist vielleicht durch Informationen aus den Akten des Universitätsarchivs zu klären. Dort findet sich in einem Reparaturanschlag von Josias Ibach von um 1622 der Hinweis auf einen

»Principahlbas 16 Fußton, manualiter und pedaliter, muss eins absonderlichs Bassregister, das es pedaliter alleine zu gebrauchen«.[6]

Es war demnach ein Principal 16' vorhanden, der im Manual und Pedal erklingen konnte, allerdings immer nur in beiden Werken zusammen. Dies weist auf die im

16. und 17. Jahrhundert gängige Praxis der Transmission von Registern hin: Eine Pfeifenreihe, hier der besonders aufwändige und teure Principal 16', war sowohl im Manual als auch im Pedal spielbar. Die Pedalregister standen dann gemeinsam mit den Manualregistern auf der gleichen Windlade, der Principal 16' vermutlich sogar im Prospekt, was möglicherweise Praetorius dazu bewogen hat, an erster Stelle den Principal 16' zu nennen.

Ebenfalls geht aus späteren Reparaturakten hervor, dass im Rückpositiv eine »Trommet 8'« stand[7]; ob es sich dabei nur um eine andere Bezeichnung für das »groß Blechen Kälber-Regal« handelt oder um ein neu angefertigtes Register, ist nicht bekannt. Allerdings weist der Namenszusatz »groß« auf die 8'-Lage des Registers und der Zusatz »Blechen« auf dem Ton entsprechend lange Becher aus Eisenblech hin. Der Name Kälber-Regal zielt vermutlich nicht so sehr auf eine lautmalerische Beschreibung des Klanges dieses Registers, sondern rührt möglicherweise von einer etymologischen Verwandtschaft der Wörter »Kalb« und »Kolben« her, so dass hier ein kolben- oder keulenförmiger Becheraufsatz gemeint sein könnte.

Die besondere Bedeutung, die Michael Praetorius der Orgel der Paulinerkirche zumaß und die Tatsache, dass weder in Sachsen noch in Mitteldeutschland ein vergleichbares Werk erhalten ist, veranlassten die Orgelkommission, dem Vorschlag von Prof. Schrammek zu folgen und die Planung einer Orgel in Angriff zu nehmen, die der Struktur der erwähnten alten Pauliner-Orgel so nahe wie möglich kommen soll. Wegen fehlender Hinweise auf konkrete Baudetails sowie fehlender Referenzinstrumente im mitteldeutschen Raum ist dieser Nachbau keine »historisch getreue Rekonstruktion«; es handelt sich um einen Neubau mit starker Anlehnung an die textlich überlieferten historischen Strukturen.

Nach ausführlichen Beratungen über den zu wählenden Standort der Orgel für den Chorraum wurde letztlich entschieden, das Instrument als Schwalbennest-Orgel an der Südwand anzubringen. Dort bestand die Möglichkeit, von hinten durch ein Treppenhaus einen Zugang zur Orgel zu schaffen und somit den emporenlosen Chorraum von zusätzlichen Einbauten oder Treppenaufgängen frei zu halten. Auch lag diese Aufstellungsvariante nahe, da im 15. und 16. Jahrhundert die Form der Schwalbennest-Orgel sehr beliebt war. Wie die Orgel der Paulinerkirche im 16. Jahrhundert aussah und ob es sich dabei um eine Schwalbennest-Orgel handelte, ist nicht bekannt.

Die Gehäuseform der neuen Orgel im Chorraum lehnt sich in ihren Grundzügen an Schwalbennest-Orgeln des 16. Jahrhunderts an, ohne diese im Detail zu kopieren. Die kleine, zwischen zwei Pfeilervorlagen eingespannte Empore bietet lediglich dem Organisten und ggf. zwei Musikern oder Sängern Platz, die durch eine hinter der Orgel liegende Tür und eine schmale abwärtsführende Treppe zum Spielschrank gelangen. Direkt über dem Notenpult des Organisten befindet sich das sogenannte Brustwerk, das nur aus dem Register Messingregal 8' besteht. Da dieses für die Orgel der Renaissance mit seinem hell-obertönigen Klang essentielle Register einer sehr sorgfältigen und vor jedem Gebrauch notwendigen Stimmung bedarf, wurde es in unmittelbarer Nähe zum Organisten aufgestellt, so dass dieser die Stimmung von seinem Platz aus selbst vornehmen kann. Über dem Brustwerk befindet sich das Oberwerk, in dem sich die Register des Obermanuals und des Pedals auf einer Windlade befinden. Der aus drei Rundtürmen und zwei zweigeschossigen Zwischenfeldern gebildete Prospekt des Oberwerks besteht aus den Pfeifen von Groß-Principal 16' ab dem Ton F. Die Pfeifen sind, wie auch der Prospekt des Unterpositivs, aus einer 82-prozentigen Zinnlegierung hergestellt. Alle dahinter stehenden Register sind aus einer 35-prozentigen bzw. die gedeckten Pfeifen aus einer 13-prozentigen Zinnlegierung. Die große Mixtur steht, ähnlich einem hochgebänkten Cornett, auf einem separaten Pfeifenstock über den anderen Registern etwa in Höhe der Pfeifenstöcke der oberen Zwischenfelder, so dass sie klanglich und akustisch eine herausgehobene Position einnimmt.

Da die Architektur forderte, das Instrument so flach wie möglich zu gestalten, um nicht durch die Gehäusekubatur den Blick durch die Längsachse des Seitenschiffs zu stören, wurde entschieden, statt eines Rückpositivs ein Unterpositiv zu bauen. Dieses Werk befindet sich nicht im Rücken des Organisten, wodurch die Bautiefe der Orgelempore größer geworden wäre, sondern unter dem Platz des Organisten. Die klangliche Funktion des Unterpositivs ist jedoch die gleiche wie die eines Rückpositivs; sie kommt jedoch wegen der besonderen Raumstruktur des Paulinums und dem sehr hohen Standort der Orgel akustisch sogar besser zur Geltung als bei einem Rückpositiv. Das gesamte Orgelgehäuse einschließlich der Empore, des Gerüstwerks und der Windladen besteht aus Eichenholz. Das Instrument steht auf einer an der Betonwand angebrachten Konsole unter dem Unterpositiv und trägt sich selbst. Das Gewicht beträgt ca. 6000 kg.

Hinter der Orgel befindet sich in einer schmalen Kammer, durch die der Zugang zur Orgel erfolgt, die Balganlage, die aus zwei Schöpfbälgen und einem Hauptbalg besteht. Die Orgel kann mit Hilfe der Schöpfbälge und der Muskelkraft eines Bälgetreters auch ohne Strom gespielt werden. Die von Praetorius erwähnten zwölf Spanbälge waren aus Platzgründen nicht realisierbar.

Die Ausführung dieses an den Orgelbauer besondere Ansprüche stellenden Projekts wurde in die Hände der bereits mit mehreren Neubauten von Schwalbennest-Orgeln erfahrenen Orgelbauwerkstatt Metzler in Dietikon bei Zürich gelegt.

Da aus finanziellen Gründen ein vollständiger Bau der Orgel in einer Etappe nicht möglich war, wurde entschieden, einen Teilausbau in Angriff zu nehmen. In der ersten Bauetappe wurde das gesamte Gehäuse einschließlich der notwendigen Treppen, Brüstungen und technischen Einrichtungen fertiggestellt. Klanglich stellt sich die Orgel in diesem Bauabschnitt als ein Werk des späten 15. oder frühen 16. Jahrhunderts dar, das durch einen großen Principalchor (16'+8'+4') im Oberwerk einschließlich der großen Mixtur als Hintersatz gebildet wird (in der unten stehenden Disposition mit * gekennzeichnet). In den später folgenden Baustufen werden sukzessiv die noch fehlenden Register ergänzt, bis das von Michael Praetorius 1619 beschriebene Werk vollständig erklingt. So werden die Baugeschichte dieses Instruments und die Wandlungen des Klangstils und der liturgisch-musikalischen Nutzung von der Spätgotik bis ins Frühbarock – in zeitlich geraffter Form – nachgezeichnet.

Die Disposition der Schwalbennest-Orgel lautet dann:

Nr.	REGISTER		
	OBERWERK	C/E-c³ (kurze Oktave), II. Manual	
*1	Groß-Principal	16'	ab F im Prospekt
*2	Principal	8'	
3	Rohrflöte⁸	8'	
*4	Octava	4'	
5	Quinta	3'	
6	Superoctava	2'	
7	Rauschpfeif-Zimbeln	2fach	
*8	Mixtur	7-12fach	
	REGALWERK »in der Brust« C/E-c³ (kurze Oktave), II. Manual		
*9	Messing Regall	8'	

NEBENREGISTER UND SPIELHILFEN

Koppeln:
I-II; I-Ped; II-Ped

Schleifladen

mechanische Spiel- und Registertraktur

Tremulant aufs ganze Werk

Zimbelsterne (vorbereitet)

Vogelgesang

Stimmungsart:
mitteltönig nach Praetorius
(¼ syntonisches Komma)

	Unterwerk	C/E-c³ (kurze Oktave), I. Manual		**Stimmton:**
10	Grobgedackt⁹	8'		Chorton (a¹ = 466 Hz bei 21°C)
*11	Principal	4'	im Prospekt	
12	Mittel Gedackt	4'		
13	Klein Octävelein	2'		
14	Zimbeln	2f		
15	groß blechen Kälber Regal	8'		

	Pedal	C/E-d¹ (kurze Oktave)	
*	Groß-Principal	16'	Transmission aus Oberwerk
16	Subbass¹⁰	16'	auf separater Lade
17	Posaunen	16'	Metallbecher¹¹
*	Principal	8'	Transmission aus Oberwerk
18	Bauernflöte	2'	

DIE ORGEL AUF DER WEST-EMPORE

Geradezu als Gegenpol zur Schwalbennest-Orgel wird die Orgel auf der Westempore ein Instrument mit sehr breit gefächerten klanglichen Eigenschaften vor allem für die Musik nach 1700 und mit einer Öffnung zu neuen klanglichen Mitteln des 21. Jahrhunderts sein. Auch bei diesem Instrument wurde von der Orgelkommission zunächst nach Anknüpfungspunkten in der Geschichte der Pauliner-Orgeln gesucht. Das oben beschriebene Instrument des 16., vielleicht sogar des 15. Jahrhunderts wurde im Laufe des 17. Jahrhunderts mehrfach umgebaut und schließlich 1711–1716 durch einen Neubau, bei dem allerdings wieder zahlreiche alte Materialien (Pfeifen, Windladen) wiederverwendet werden mussten, ersetzt. Dieses von dem Leipziger Universitätsorgelbauer Johann Scheibe (um 1675–1748) geschaffene Werk erhielt eine gewisse Prominenz durch die von Johann Sebastian Bach erfolgte Abnahmeprüfung am 16.12.1717. Allerdings fiel diese nicht sonderlich glanzvoll aus. Bach weist, die Verantwortung des beauftragten Orgelbauers Scheibe für das Resultat des Umbaus deutlich relativierend, im Abnahmeprotokoll darauf hin, dass es sich um die Prüfung eines »theils neu verfertigten, theils reparirten Orgelwercks [...]« gehandelt habe.¹² Demnach war das Instrument schlecht zugänglich, windstößig, unausgeglichen intoniert und die Mechanik schwergängig. Auch Johann Andreas Silbermann, der in Straßburg ansässige Neffe Gottfried Silbermanns, der das Instrument im März 1741 besichtigte, war enttäuscht:

»Alles war entsetzlich schwer zu trücken, und musste Herr Emilius¹³ alle Gewalt anwenden, sagte mir auch ins Ohr: Ich kann fast nicht mehr, helfen Sie mir trücken.

Ich war unten im Corpore, und fande, dass die Regierung eben nicht zum propersten gemacht war, und lieffe ziemlich confus durcheinander. [...] Der Thon und Arbeit trifft mit dem Gutachten des H(errn) Capellmeisters Bach nicht wohl überein, das Pedal Zungen Werck ist kein Teufel nutz.«¹⁴

Vermutlich wäre dieses, die Widrigkeiten, die Scheibe beim Bau der Orgel entgegenstanden, ausblendende Urteil von Johann Andreas Silbermann weniger scharfzüngig ausgefallen, wenn die Universität 1710 auf das Angebot seines Onkels Gottfried eingegangen wäre, für die Paulinerkirche ein ganz neues Orgelwerk zu bauen.¹⁵

Neben der umfangreichen und in zahlreichen Details eigentümlichen Disposition der Scheibe-Orgel war eine technische Einrichtung bemerkenswert, die es – wie bereits bei der Vorgänger-Orgel des 16. Jahrhunderts – ermöglichte, mehrere Register des Hauptwerks zugleich als Pedalregister zu nutzen:

»Sechs Register, die durch eine neue und sonderliche Erfindung des Orgelmachers – wodurch ins künftige bey dergleichen Orgelbau ein ziemliches zu erspahren sein soll – auf den großen Manualwindladen mit ins Pedal angebracht worden.«[16]

Man kann vermuten, dass Johann Scheibe, der aus finanziellen Gründen gezwungen war, sehr viel altes Material der Vorgänger-Orgel zu übernehmen, diese zuvor genau untersucht hatte und dadurch inspiriert wurde, in dem neu zu bauenden Instrument ebenfalls Transmissionen vom Hauptwerk ins Pedal anzuwenden. Neben Groß Quinta-Thön 16' wurde die gesamte Principalpyramide außer Octavina 2', beginnend vom Prospekt-Groß-Principal 16' bis zur 5-6fachen Mixtur, ins Pedal transmittiert.

Trotz dieser technischen Raffinesse war dem Werk kein sonderlich langes Dasein gegönnt: 1844 wurde die Scheibe-Orgel, deren Gehäuse als historische Reminiszenz in der äußeren Gestalt der Woehl-Orgel der Leipziger Thomaskirche (am falschen Ort) anklingt, durch einen vollständigen Neubau des Leipziger Orgelbauers Johann Gottlob Mende ersetzt. Dieses mit 56 Registern beachtliche Werk wurde im 19. und 20. Jahrhundert unter Beibehaltung des Prospekts mehrfach umgebaut und erweitert, u. a. durch Friedrich und Oskar Ladegast, Julius und Johannes Jahn und Hermann Eule. Zuletzt verfügte das Instrument über vier Manuale und achtzig Register.[17] Einige Register der Orgel konnten noch vor der Sprengung der Kirche geborgen werden. Der Rest ging 1968 unter.

Da ein Anknüpfen weder an die Scheibe-Orgel von 1716 noch an die nachfolgenden Instrumente bzw. Bauzustände der Mende-Orgel den zu erwartenden Anforderungen an eine neue Orgel im Aulabereich gerecht geworden wäre, wurden in der Neukonzeption nur wenige historische Bezüge aufgenommen und ein zeitgenössisches Instrument entwickelt.

Die neue große Orgel steht an der gleichen Stelle wie ihre Vorgängerin. Allerdings hat sie nicht wie diese ein großes Fenster im Rücken, was bereits Johann Sebastian Bach beim Bau der Scheibe-Orgel kritisiert hatte[18], sondern steht an der nun vollständig geschlossenen Westwand des Raumes. Links neben der Orgelkammer befindet sich der Balgraum, in dem sowohl die Windversorgung als auch die Treppen (keine Leitern, wie im Orgelbau sonst üblich) und seitlichen Zugänge zum Orgelwerk untergebracht sind. Anders als bei Scheibes Orgel wurde nun besonderer Wert auf eine gute Zugänglichkeit zum Orgelwerk gelegt, um es optimal pflegen und damit langfristig erhalten zu können; außerdem sollte Studierenden im Rahmen ihrer instrumentenkundlichen Ausbildung ein sicherer Zugang zum Orgelwerk ermöglicht werden.

Das Orgelwerk ist in drei Etagen übereinander angeordnet. Auf Emporenniveau befinden sich mittig die Spielanlage und unmittelbar darüber das Brustwerk in einem Schwellkasten mit sichtbaren Jalousien. An der Rückwand der Orgelkammer stehen und hängen die Pfeifen des Groß-Pedals; an den Seitenwänden ist Raum für die Windladen von Violon 16' und für die Klein-Pedal-Laden. In Höhe von 3,4 m über dem Emporenboden liegen die Hauptwerksladen unmittelbar über dem Brustwerk, Principal 16' bildet ab E den Prospekt. Die Prospektpfeifen sind nicht wie üblich poliert, sondern mattiert, um einen weichen, hellen Glanz zu erhalten. In den Seitenfeldern steht – ungewöhnlich und an Orgelentwürfe der 50er und 60er Jahre des 20. Jahrhunderts erinnernd – die Zungenstimme Posaune 16' mit konischen Bechern.

In Höhe der oberen kleinen Zwischenfelder befindet sich unsichtbar hinter den Prospektpfeifen das Schwellwerk etwa 6,8 m über Emporenniveau und reicht bis in das Gewölbe hinauf. Die Gesamthöhe der Orgel beträgt 10,3 m und das Gesamtgewicht etwa 11.000 kg.

Die Disposition beschränkt sich, bedingt durch die vorhandene finanzielle Begrenzung, auf die wichtigsten Klangfunktionen, die von dem Instrument im liturgischen und konzertanten Gebrauch abgedeckt werden müssen. Eine Anlehnung etwa an die Disposition der Scheibe-Orgel erschien wegen deren Umfang und den dort mehrfach vorhandenen Doppelungen von Klangfunktionen weder sinnvoll noch möglich. So wurde in Zusammenarbeit mit der Orgelbauwerkstatt Jehmlich aus Dresden, die das Instrument baute, eine neue, vielseitige, deutlich mitteldeutsch geprägte Disposition entwickelt. Lediglich der Einsatz von zwei Transmissionen vom Hauptwerk ins Pedal (Großprincipal 16' und Kleinprincipal 8') sowie die Gestaltung des ganz in weiß gehaltenen Orgelprospekts mit sieben Gehäuseachsen und den geschwungenen Gehäusebekrönungen können als Reminiszenzen an die Scheibe-Orgel von 1716 gesehen werden.

Um die Orgel auch für Begleitzwecke in historischen Stimmtönen nutzen zu können ist das Brustwerk mechanisch von 415 auf 440 und 466 Hz transponierbar. Alle labialen Pedalstimmen außer Weitoktave 4' sowie Oktave 8' werden entsprechend transportiert elektrisch angesteuert.

Eine Öffnung zur zeitgenössischen Entwicklung im Orgelbau wird durch die Einbindung einer MIDI-Schnittstelle geschaffen, sodass dass externe digitale Klangerzeuger vom Spieltisch (I. Manual) der Orgel aus angespielt und das Hauptwerk der Orgel über eine externe MIDI-Klaviatur etwa vom Kirchenschiff aus angespielt werden können.

→ Emporen-Orgel

Die Disposition der Orgel lautet:

Nr.	REGISTER		
	I. Brustwerk	**HH–b³**	schwellbar, mechanisch transponierbar 415/440/465 Hz
1.	Holzgedackt	8'	
2.	Quintadena	8'	
3.	Salicional	8'	C–H zusammen mit Holzgedackt 8'
4.	Prinzipal	4'	
5.	Rohrflöte	4'	
6.	Nasat	2 ⅔'	
7.	Oktave	2'	
8.	Terzflöte	1 ⅗'	
9.	Larigot	1 ⅓'	
10.	Scharff 4fach	1'	
11.	Krummhorn	8'	nach Gottfried Silbermann
	Tremulant		
	II. Hauptwerk	**C–a³**	
12.	Großprinzipal	16'	Prospekt ab E
13.	Kleinprinzipal	8'	
14.	Flûte allemande	8'	
15.	Gemshorn	8'	
16.	Oktave	4'	
17.	Spitzflöte	4'	
18.	Quinte	2 ⅔'	
19.	Oktave	2'	
20.	Kornett 5fach	8'	ab g⁰
21.	Großmixtur 5fach	2'	
22.	Fagott	16'	
23.	Trompete	8'	
	III. Oberwerk	**C–a³**	schwellbar
24.	Bordun	16'	
25.	Prinzipal	8'	
26.	Hohlflöte	8'	
27.	Viola da Gamba	8'	
28.	Lamento	8'	ab c⁰, höher schwebend
29.	Oktave	4'	
30.	Querflöte	4'	ab g⁰ überblasend
31.	Fugara	4'	

NEBENREGISTER UND SPIELHILFEN

Normalkoppeln:
I/II, III/II, III/I, I/P, II/P, III/P
(mechanisch und elektrisch)

Suboktavkoppeln:
III/I, III/II (elektrisch)

Superoktavkoppeln:
III/II, III/P (elektrisch)

Pistons:
  Normalkoppeln
  I/II, III/II, III/I, I/P, II/P, III/P
  Generalkoppel
  Handregister zur Walze
  Koppeln aus Walze
  Sequenzer (< / >)
  Crescendo an
  Tutti

Crescendowalze
Schwelltritt Brustwerk
Schwelltritt Oberwerk

Stimmungsart:
gleichstufig

Stimmtonhöhe:
a^1 = 441 Hz bei 22 °C

Nr.	Register		
32.	Philomela	2'	
	Piccolo	1'	Auszug aus 33.
33.	Mixtur 3-6fach	2'	
34.	Hautbois	8'	
	Tremulant		
	Pedal	**C – g¹**	Alle labialen Register außer Weitoktave 4' sind in 415, 440 und 465 Hz transponierbar.
35.	Untersatz	32'	
	Großprinzipalbaß	16'	Transmission von 12.
36.	Violon	16'	
	Subbaß[19]	16'	Extension von 35.
	Oktave[20]	8'	Transmission von 12.
	Cello	8'	Extension von 36.
	Bordun[21]	8'	Extension von 35.
37.	Weitoktave	4'	
38.	Posaune	16'	Prospekt, Zinn
	Trompete	8'	Extension von 38.
39.	Trompete	4'	

[1] Daniel Beilschmidt, Ulrich Böhme (bis 2006), Veit Heller (seit 2009), Christoph Krummacher, Helmut Loos, Martin Petzoldt, Michael Schönheit, Winfried Schrammek, David Timm.

[2] Ulrich Dähnert: Historische Orgeln in Sachsen. Leipzig 1980, 182.

[3] Paul Semts (Hrsg.): Orgeldispositionen. Eine Handschrift aus dem XVIII. Jahrhundert, im Besitz der Sächsischen Landesbibliothek, Dresden. Kassel 1931, 42–43. Es handelte sich allerdings nicht um die Nordwand, wie aus der Handschrift hervorzugehen scheint (»an der Seiten gegen Mitternacht, nach dem Altar zu gestanden«), sondern um die Südwand, an der sich die Orgel befand. Vgl. dazu: Veit Heller: »Eine kleine Ehr« – Zum Status der Orgelbauer an der Universität Leipzig zwischen 1685 und 1850. In: Eszter Fontana (Hrsg.): 600 Jahre Musik an der Universität Leipzig. Leipzig 2010, 120, Anm. 52.

[4] Michael Praetorius: Syntagma musicum. Bd. II. Wolfenbüttel 1619, 115–116.

[5] Eine Blockwerks-Orgel bestand aus mehreren Pfeifenchören pro Taste, die nur gemeinsam gespielt werden konnten. Die einzelnen Chöre waren in Quinten und Oktaven zum Grundton gestimmt und wiederum in sich mehrfach in gleicher Tonhöhe besetzt.

[6] Universitätsarchiv Leipzig, Rep. II/III B I: »Verzeichnis des Pauliner Orgelwerks, was dabey verbessert […]«, o. D. und Unterschrift, vermutlich Josias Ibach, 1622. Frdl. Hinweis von Veit Heller.

[7] Universitätsarchiv Leipzig, Rep. II/III B I: »Verzeichnis des Pauliner Orgelwerks, was dabey verbessert […]«,

[8] Dieses Register ist zu der von Praetorius genannten Disposition hinzugefügt worden.

[9] Bei Praetorius im Oberwerk genannt; späteren Quellen zufolge stand Grobgedackt jedoch im Rückpositiv.

[10] Praetorius nennt den Subbass noch nicht. Dieses Pedalregister wurde erst später, möglicherweise 1626 durch Iosias Ibach, auf einer separaten Lade »hinter dem Werk« eingebaut.

[11] Vgl. Salomone Stepner: Inscriptiones Lipsienses. Leipzig 1675, 26. In diesem Verzeichnis wird erwähnt, dass sich mehrere Inschriften in der Orgel befanden, u. a. »Auffn ungestrichnen Fiß im Posaunen Baß«; als Material, auf der sich die

Inschrift befindet, wird »gegossen« angegeben (frdl. Hinweis Martin Petzoldt).

[12] Bach-Archiv Leipzig (Hrsg.): Bach-Dokumente. Band I: Schriftstücke von der Hand Johann Sebastian Bachs. Leipzig 1963, 163–168. Vgl. auch: »Eine kleine Ehr« – Zum Status der Orgelbauer an der Universität Leipzig zwischen 1685 und 1850. In: Eszter Fontana (Hrsg.): 600 Jahr Musik an der Universität Leipzig. Leipzig 2010, 121–124.

[13] Lt. Mitt. von Johann Andreas Silbermann war Emilius Organist der Nikolaikirche. S. Marc Schaefer (Hrsg.): Das Silbermann-Archiv. Der handschriftliche Nachlaß des Orgelmachers Johann Andreas Silbermann (1712–1783). Winterthur 1994, 173).

[14] Marc Schaefer (Hrsg.): Das Silbermann-Archiv. Der handschriftliche Nachlaß des Orgelmachers Johann Andreas Silbermann (1712–1783). Winterthur 1994, 156–158.

[15] Vgl. Ernst Flade: Gottfried Silbermann. Ein Beitrag zur Geschichte des deutschen Orgel- und Klavierbaus im Zeitalter Bachs. Leipzig 1953, 91–94 sowie Werner Müller: Gottfried Silbermann. Persönlichkeit und Werk. Frankfurt/Main 1982, 365–367.

[16] Zit. nach: Marc Schaefer (Hrsg.): Das Silbermann-Archiv. Der handschriftliche Nachlaß des Orgelmachers Johann Andreas Silbermann (1712–1783). Winterthur 1994, 157. Vgl. auch: Bach-Archiv Leipzig (Hrsg.): Bach-Dokumente. Band I: Schriftstücke von der Hand Johann Sebastian Bachs. Leipzig 1963, 167 sowie: Christoph Ernst Sicul: Anderen Beylage zu dem Leipziger Jahrbuche, aufs Jahr 1718. Leipzig 1718, 195–198.

[17] Fritz Oehme: Handbuch über die Orgelwerke in der Kreishauptmannschaft Leipzig – 1905. Neu hrsg. und ergänzt von Wolfram Hackel. Berlin 1994, 349–353.

[18] Bach-Archiv Leipzig (Hrsg.): Bach-Dokumente. Band I: Schriftstücke von der Hand Johann Sebastian Bachs. Leipzig 1963, 165: »Nun kann schließlichen nicht ohnerinnert lassen, dass 1.) das Fenster, so weit es nehmlich hinter der Orgel in die Höhe steiget vermittelst einer kleinen Mauer, oder eines starcken eisernen Bleches von inwendig verwahret, und dadurch der noch mehr zu besorgende Wetter-Schade verhütet werden möchte.«

→ Emporen-Orgel, Spielanlage

GOTTESDIENST
INMITTEN DER UNIVERSITÄT

Reinhard Schmidt-Rost · Christoph Krummacher
Daniel Beilschmidt · Alexander Deeg
Peter Zimmerling

Reinhard Schmidt-Rost
ÜBER DIE ROLLE UND BEDEUTUNG VON UNIVERSITÄTSGOTTESDIENSTEN[1]

I. AM 30. MAI 1968

Am gleichen Tag, als die SED die Universitätskirche in Leipzig sprengen ließ, war die westdeutsche Öffentlichkeit auf einen Vorgang konzentriert, der die Aufmerksamkeit vom Geschehen in Leipzig und dem Widerstand gegen die Zerstörung der Pauliner-Kirche abzog. Im Bonner Parlament wurden am gleichen 30. Mai 1968 von der regierenden Großen Koalition die »Notstandsgesetze« verabschiedet. Die auch im Westen Deutschlands damals noch ungewöhnlichen Demonstrationen, insbesondere die Hofgarten-Demonstration am 11. Mai, beschäftigte die Bevölkerung mehr als die Ereignisse im anderen Teil Deutschlands.

Äußerlich verbindet diese beiden Vorgänge zunächst nur das Datum. Im Rückblick nach über 40 Jahren aber lässt sich eine bemerkenswerte Gemeinsamkeit erkennen: Beide Maßnahmen sollten der Konservierung der Staatsmacht dienen. Just in dem Moment, da das konservative politische System im Osten, im Glauben, es sei fortschrittlich, den steinernen Zeugen christlicher Kultur im Zentrum Leipzigs zertrümmerte, meinte eine ihrem Selbstverständnis nach positiv mit dem christlichen Glauben und den Kirchen verbundene Regierung im Westen durch strikte gesetzliche Vorkehrungen die Zukunft des Staates gegen befürchtete radikal-politische Angriffe auf die Verfassung sichern zu können. Beide Maßnahmen erreichten ihr Ziel nicht, wie man als Zeitzeuge mit Erleichterung feststellen kann.

Die Vorgänge vom 30. Mai 1968 wirkten in beiden deutschen Staaten gerade nicht so, wie zunächst gedacht. Sie konservierten den Status quo nur äußerlich. In Westdeutschland aber erzeugte die Aufregung um die Notstandsgesetzgebung einen Riss zwischen den Generationen und brachte in der Bevölkerung einen Bewusstseinswandel hervor, der die individuelle Freiheit für die Nachkriegsgeneration zu einem zentralen Wert werden ließ. Über die Entwicklung im Osten lässt sich von einem Bürger Westdeutschlands wenig sagen. Es soll aber bei aller Vergleichbarkeit nicht der Eindruck entstehen, als hätten die Deutschen im Westen trotz Radikalen-Erlass nicht eine unvergleichlich größere persönliche Freiheit genießen können.

Sollte nun die Einweihung der wieder errichteten Leipziger Universitätskirche in Verbindung mit der Aula ein Zeichen dafür sein, dass die Überzeugung lebendig erhalten wurde, der Geist des christlichen Glaubens werde auch in Zukunft zur stetigen Erneuerung der Gesellschaft beitragen können, gerade im Zusammenwirken mit den Wissenschaften, wie es seit der Gründung der Universität Leipzig geschehen war?[2]

II. VOM NUTZEN DES EVANGELIUMS FÜR DIE GESELLSCHAFT

Dies aber gilt zweifellos in einer modernen Wissenschaftsgesellschaft in jedem politischen System: Eine christliche Kirche, architektonisch eingebunden in das Zentrum einer Universität, stellt eine beträchtliche Herausforderung einer säkularen Gesellschaft dar, nicht nur in Leipzig. Eine solche Verbindung stellt die Welt der Wissenschaften und die christlichen Kirchen dauerhaft vor die Frage nach dem Nutzen von Wissenschaft und Christentum für eine moderne, humane Gesellschaft[3]. Die Frage nach der *Rolle und Bedeutung von Universitätsgottesdiensten* setzt eine Antwort auf diese Grundfrage voraus.

Das Evangelium von Jesus Christus, wie es im Neuen Testament bereits vielstimmig verzeichnet ist, hat von der Frühzeit der Christenheit an eine in antiken Gesellschaften bereits vorhandene spezifische, aber wenig dominante geistige Bewegung konzentriert und universalisiert, die Tendenz nämlich, Vorstellungen, die zur Förderung der Grunddimensionen humaner Gesellschaften Freiheit, Gerechtigkeit und Solidarität beitragen, unaufhörlich in die öffentliche Kommunikation einzuspielen. Das Evangelium bewegt jede Gesellschaft durch seine drei Grundgedanken,

- dass alle Menschen von Gott mit Leben beschenkt sind, es sich nicht selbst geben können,
- dass sie deshalb gerade in ihrer Verschiedenheit alle lebenswürdig sind,
- dass schließlich eine humane Gesellschaft nur aus der Kraft der Vergebung, nicht aus Vergeltung leben kann,

zu einem schonenden Umgang mit den Differenzen zwischen ihren Gliedern und zu einem flexiblen Umgang mit Ordnungen, die als Ordnungen immer auf Vereinheitlichung hinwirken, also Differenzen gerade zu überwinden trachten.

Der Nutzen dieses Kommunikationsprozesses ist es, dass Ordnungen flexibilisiert werden und dadurch die Grunddimensionen humaner Gesellschaften fördern. Sie tragen damit zu einer weiteren Evolution der jeweiligen Gesellschaft sowohl in ihren einzelnen Gliedern, als auch des gesellschaftlichen Klimas insgesamt bei.

Ein Problem ist allerdings, dass die flexible Gestaltung von Ordnungen ihren Missbrauch nicht hindern kann, denn je differenzierter Gerechtigkeit, Freiheit und Solidarität entwickelt werden, umso diffiziler ist ihr Gebrauch, zumal in modernen, also hochindividualisierten, komplexen Gesellschaften.[4]

Die Aufgabe von Universitätsgottesdiensten könnte und müsste es sein, die Grundgedanken des Evangeliums kommunikativ auch im Reich der Wissenschaften zur Geltung zu bringen, um die genannten Dimensionen gesellschaftlichen Lebens zu fördern.

III. SCHLEIERMACHERS ERBEN

Eine aktuelle Übersicht über die Praxis von Universitätsgottesdiensten an deutschen Universitäten in der Gegenwart spricht im Untertitel ausdrücklich von »Gottesdienstliche(r) Vielfalt im kontextuellen Spannungsfeld von Hörsaal – Kirche – Stadt & Kultur«.[5] Die Gestaltung von Universitätsgottesdiensten wird, so ergab das Symposion der im November 2012 in Heidelberg versammelten Universitätsprediger, mit der Zuversicht betrieben, einen gewichtigen Beitrag zum kulturellen Leben in einer Universitätsstadt zu leisten, dies aber gerade nicht zur Konservierung bestehender staatlicher oder kirchlicher Ordnungen, – etwa gar als verkappte Verbindung von Staat und Kirche, sondern als kritischer Impuls für eine moderne Wissenschaftskultur. Es geht um die weitere Entfaltung der Vielfalt des Lebens und damit um einen anspruchsvollen Kontrapunkt zur Grundtendenz von Konkurrenz, zur Vereinheitlichung, dem cantus firmus der modernen Leistungsgesellschaft, auch der akademischen.

Viele Zeitgenossen, gerade auch an Universitäten tätige, fürchten dagegen, in christlichen Kirchen verbreite sich ein Geist der Restauration, der der akademischen Freiheit entgegenwirke. Sie vermuten, es werde in Universitätsgottesdiensten die Mentalität eines akademiefremden, religiösen Konservatismus gepflegt. Dafür aber steht die Praxis dieser Gottesdienste in der

Gegenwart nicht. Christliche Gottesdienste, von wissenschaftlichen Theologen im Auftrag und für die societas academica verantwortlich gestaltet, sind Veranstaltungen eines (selbst-)kritischen Geistes, Universitätskirchen sind Sprachlabore für aufklärende und weiterführende Worte, Bühnen, auf denen humane Vorstellungen gepflegt und Menschheitsszenen von Adam und Eva an frisch aufgeführt werden. Das Veranstaltungsprogramm, das Universitätsprediger entwerfen, orientiert sich selbstverständlich an der Botschaft des Jesus von Nazareth von der entgegenkommenden Liebe Gottes und stellt damit unvermeidlich ein Kontrastprogramm sowohl zum spezialisiert normierten Ausbildungsbetrieb à la Bologna wie zum dogmatisierten Forschungsbetrieb der Quantitäten und Exzellenzen dar.

Ihrem Selbstbewusstsein nach sind die Gestalter von Universitätsgottesdiensten Erben des Erneuerers der Preußischen Bildung, Friedrich Schleiermacher, des so wortgewaltigen wie gewaltfreien Revolutionärs der Universität. Auf seinen Spuren streben sie nach einer produktiven, in eine humane Zukunft weisenden Begegnung von Wissenschaft und Christentum, »Unglauben und Barbarei« meidend durch eine sinnreiche und sinnstiftende Verbindung von Glauben und Wissen.[6] Nicht unberührt von den unaufhörlichen Forderungen nach nützlichen Leistungen für die Gesellschaft suchen die für Universitätsgottesdienste Verantwortlichen Vorstellungen und Vollzüge, die das Licht des Geistes Gottes durch Wort und Klang in die Welt der Wissenschaften zu deren Belebung hineindringen lassen. Mag es eine akademische Nische sein, in der dieses Licht entzündet, dieser Klang gemischt wird, die christliche Botschaft kann keine öffentliche Dominanz im akademischen Leben anstreben, denn sie ist auf das Prinzip sine vi, sed verbo verpflichtet.

Diese grundsätzlichen Überlegungen zur Rolle von Gottesdiensten an Universitäten im deutschen Sprachraum haben sich aus Beobachtungen und Versuchen an zwei Orten verdichten können, an denen die kritische Koexistenz von Wissenschaft und christlichem Glauben einen besonderen akademischen Raum gefun-

→ Universitätskirche von Kiel

den hat, der neu erwachsenen Situation an der Universität Leipzig vergleichbar.[7]

IV. RÄUME KRITISCHER KOEXISTENZ

Bis zur Einweihung des Leipziger Neubaus gehörten nur zwei Kirchbauten an deutschen Universitäten der Universität selbst, die Universitätskirche in Kiel und die Schlosskirche in Bonn. Von diesen beiden ist zu berichten, weil dort die Wechselwirkung von Wissenschaft und Glaube architektonisch gestaltet wie selbstverständlich zur Wahrnehmung und Deutung drängt.

Kiel 1965 – Zum Jubiläum eine Universitätskirche.

Wer den Kieler Universitätscampus auf dem Westring ansteuert, ob von Osten oder Westen, wird als erstes Bauwerk die Universitätskirche wahrnehmen, ein markantes Dreieck aus Glas und Beton, wie ein Segel oder ein Schiffsbug in den unablässig wehenden Ostseewind gestellt. Audimax, Verwaltungshochhaus und Universitätsbibliothek treten mit ihren gewohnteren Formen hinter das eindrucksvolle Segel-Dreieck der Kirche zurück.

Dieser Bau wurde 1965 zum 300. Jubiläum der Universität Kiel eingeweiht, geplant wurde er seit 1959 von einigen Angehörigen des Lehrkörpers, die sich zu einem »Bauverein Universitätskirche Kiel e. V.« zusammengeschlossen hatten. Aber bereits in der frühen Planungsphase für die neue Kieler Campus-Universität um 1950 war eine »städtebaulich eindrucksvolle architektonische Gesamtgestaltung« gefordert worden, die »nach außen schon dokumentieren müsse«, dass sie dem Auftrag einer modernen Universität diene, »nämlich Geist und Wissenschaft für die Förderung der Menschheit zu vermitteln«[8]. Dass es den »Initiatoren des Kirchenbaues – vorwiegend Professoren anderer Fakultäten als der Theologischen und interessierte Bürger der Stadt Kiel – darum ging, mit dem Kirchenbau einen deutlichen Kontrast und Kontrapunkt zu den anderen Universitätsgebäuden zum Ausdruck zu bringen«[9] und einer dauerhaften Anfrage an das Selbstverständnis der Universität zeichenhaften Ausdruck zu verleihen, stellt einer der führenden Köpfe dieser Initiative im Rückblick auf die Einweihung unmissverständlich fest:

»Versteht sich die Universität selbst heute als eine Heilsanstalt und ihre Lehre damit als Konkurrentin der christlichen Botschaft? Verkündet sie wie diese Wahrheit, oder begnügt sie sich damit, als ihr Ziel den Weg zur Wahrheit anzuerkennen? Auch im eigensten Bereich der Universität, im Denken, wird die Kirche dadurch zum Skandalon, zum Anstoß, der nicht wegdiskutiert werden kann, sondern der uns zur Besinnung auf unsere eigene Stellung und zur Antwort auf die vorgelegten Fragen ständig auffordert.«[10]

Wenige Jahre später aber stellt Joachim Scharfenberg, Universitätsprediger seit 1971, einigermaßen resignierend fest: »Freilich, es sieht nicht so aus, als ob die Institution eines Universitätsgottesdienstes diese Funktion (– eines kritischen Gesprächspartners der Wissenschaften –) gegenwärtig und in der nahen Zukunft übernehmen könne.«[11]

War diese Resignation wohl auch von der Riten- und Mythenkritik der 68er bewegt, Scharfenberg war tiefenpsychologisch ausgebildeter Therapeut, so gaben weder er selbst noch seine Nachfolger bis heute den Auftrag der Initiatoren auf, »kritischer Wegbegleiter der Universität und ihrer verschiedenen Wissenschaften zu sein,«[12] und haben dafür immer wieder nach neuen Formen gesucht. Der ausdrucksvolle Kirchenbau selbst bleibt für diesen kritischen Dialog das öffentlich wirkende Symbol.

Bonn 1822–1870–2014

Auf eine solche optisch-öffentliche Wirkung kann die Bonner evangelische Schlosskirche nicht bauen. Sie imponiert mehr durch ihre Geschichte, durch ihre zentrale Lage im Hauptgebäude der Universität und durch ihre geheimnisvolle Verborgenheit.

Die Baugeschichte dieser Kirche wirkt bis in die Gegenwart: Am 15. Januar 1777 brennt das Bonner Stadtschloss der Erzbischöfe zu Köln vollständig nieder. Die alte große Schlosskirche wird völlig zerstört; an anderer Stelle im Bereich der Anlage wird in bescheidenen Dimensionen ein neuer Andachtsraum, die Schlosskirche, im Stil der Zeit errichtet. Nach Kriegszerstörung

→ Glockenturm der Schlosskirche Bonn

(1944) und Wiederaufbau (1957) zeigt sie kaum verändert gegenüber 1779 ihren spezifischen Charakter als ein Bauwerk der Louis-XVI.-Epoche: Ein heller, leicht wirkender Festsaal. Dieser Raum, ins Schlossgeviert integriert, äußerlich nicht erkennbar, überrascht jeden bei Tageslicht Eintretenden mit seiner lichten Klarheit. Die 2012 neu geschaffene Klais-Orgel unterstreicht die Gesamtwirkung des Raumes als eines der europäischen Aufklärung zugewandten Festsaals, kein Fremdkörper im Reich der Wissenschaften.

Die Nutzung der Schlosskirche unterstreicht diese Raumwirkung: Nach einer kurzen, aber musikalisch bedeutenden Phase als Bischofskirche mit Ludwig van Beethoven als zweitem Hoforganisten (seit 1784) und einer vorübergehenden Zweckentfremdung als Lager und als Tempel der Vernunft in der Besatzungszeit durch Napoleons Truppen folgte ab November 1816 eine zunächst unautorisierte, wenig später von Friedrich Wilhelm III. von Preußen dekretierte Nutzung als Gemeindekirche. Nach der Universitätsgründung 1818 wurde die Schlosskirche als vereinigte Pfarr- und Universitätskirche anerkannt. Nach dem Bau der Kreuzkirche am Kaiserplatz 1870 verblieb die Nutzung durch die evangelische akademische Bürgerschaft.

Die Schlosskirche wurde somit 1870 zur Wirkungsstätte des evangelischen Universitätspredigers allein, ein Amt, das an allen preußischen Universitäten nach 1810 vermutlich nach Göttinger Vorbild und auf Anregung Friedrich Schleiermachers eingerichtet wurde. Der königliche Auftrag lautete zunächst, die evangelische akademische Jugend zu einem frommen Leben zu erziehen, es war also ein Erziehungsauftrag, wie man ihn an einer preußischen Fachschule für Beamte als selbstverständlich erwartete. Dieser Auftrag veränderte sich mit dem Wandel der preußischen Universitäten von Stätten der Beamtenbildung zu wissenschaftlichen Forschungsstätten in einen Bildungsauftrag, den die deutschen Universitäten insgesamt im Laufe des 19. Jahrhunderts entwickelten und dann auch verkörperten und verantworteten.

Die konfessionelle Akzentuierung der Nutzung der Schlosskirche als evangelischer Gottesdienstraum blieb bis heute de jure erhalten und wurde nach außen strikt gewahrt. An jedem Sonntag im Semester findet um 11 Uhr ein akademischer Gottesdienst statt, in dem jeweils ein Mitglied der Evangelisch-Theologischen Fakultät predigt; seit über zwei Jahrzehnten sind diese Gottesdienste in thematische Reihen gefasst; das Thema im Sommer 2014: Evangelium und Politik.

Da die Schlosskirche aber zugleich als ein Teil der ganzen Schlossanlage der Bonner Universität gehört, werden in ihr nicht nur Gottesdienste im engeren Sinn abgehalten. Vielmehr fanden gelegentlich Feiern von politischen Institutionen statt: Jubiläen der jungen Bundesrepublik, Trauerfeiern, Feiern zum Beginn von Sitzungsperioden des Rates der Stadt Bonn. Auch eine Reihe von Schlosskirchenvorträgen wurde seit den 1970er Jahren veranstaltet. Als akademisch-ökumenischer Festsaal diente sie bei internationalen Weihnachtsfeiern und bei ökumenischen Absolventengottesdiensten.

Selbstverständlich war die Schlosskirche mit ihrer eindrucksvollen Akustik immer auch Konzertsaal – nicht nur für geistliche Musik, sondern für jede Musik, die diesem Raum angemessen ist, womit sich ein künstlerischer Ermessensspielraum öffnete.

Seit der Jahrtausendwende wurde die Gestaltung eines Kulturprogramms immer wichtiger. Die drei Schlosskirchen-Projekte seit 2000, die diese Kirche als Raum der Kunst, der Literatur und des experimentellen evangelischen Ausdrucks zur Geltung brachten (Credo-Projekt [2000], Amen. Bonner Bürger beten [2002], mein Paradies [2004]) wie die Beteiligung an den Bonner Wissenschaftsnächten erwiesen mehr und mehr die Eignung der Schlosskirche als Begegnungsraum für und Übergangsraum zwischen Wissenschaft, Kirche und Öffentlichkeit.

Mit ihren thematischen Predigtreihen lassen die Universitätsgottesdienste die Schlosskirche als Denkraum und »Sprachlabor« erscheinen. Auch der Ökumenische Predigtpreis, mit dem seit 15 Jahren Christen verschiedener Konfessionen und Professionen für ihre evangelische Predigtweise in der Bonner Schlosskirche geehrt werden, stellt eine Verbindung von wissenschaftlicher Forschung, christlicher und gesellschaftlicher Praxis dar.[13]

→ Schlosskirche Bonn, Orgel

Ein besonderes Format der künstlerisch-gelehrten Vermittlung von Wissenschaft und christlichem Glauben bilden die über vierzig Literarisch-musikalischen Abende in der Schlosskirche, die seit nunmehr sieben Jahren die Prägung des aufgeklärten Geistes durch christliche Glaubensgedanken immer neu und originell ins Bewusstsein heben.[14]

V. TRANSFORMATION UND VERTRAUENSBILDUNG – UNIVERSITÄTSGOTTESDIENSTE HEUTE[15]

Universitätsgottesdienste stehen an großen Universitäten kaum je im Zentrum der Aufmerksamkeit. Das ändert aber nichts an dem hohen Anspruch, den die verantwortlichen Gestalter an ihre Arbeit stellen.[16] Diese gilt zunächst der Transformation des Evangeliums in eine Ausdrucksgestalt in Wort, Ton und Bild, die einer modernen, von den Wissenschaften geprägten Gesellschaft plausibel erscheinen kann und ihr zugleich einen Kontrapunkt hinzufügt. In diesem ist der weitergehende Anspruch enthalten, eine gesellschaftliche Praxis durch öffentliche Kommunikation solcher Deutungen von Welt und Menschenleben zu fördern, die das Vertrauensklima in der Gesellschaft insgesamt, vor allem aber in der Universität selbst pflegen.

Das Nachdenken über die Lehre des Jesus von Nazareth und die Hingabe Christi für das Leben der Menschheit zu deren Heil und die tägliche Bitte um Vergebung für jedes individuelle Handeln ist, wie verborgen auch immer, ein wesentliches Ferment zur Bewahrung und weiteren Entfaltung des individuellen wie des sozialen Lebens. Dass dieses Deuten der christlichen Glaubensgedanken im institutionellen Zusammenhang einer Universität auf dem Niveau wissenschaftlicher Theologie und damit zugleich in wacher Wahrnehmung des Zeitgeschehens zu geschehen hat, lässt sich im Gedenken an den 30. Mai 1968 und seine Folgen immer wieder in Erinnerung rufen und in Universitätsgottesdiensten pflegen.

Der Predigt als zentralem Ort der Suche und Veröffentlichung von Bedeutungen fällt im evangelischen Universitätsgottesdienst eine besondere Rolle zu: Jede evangelische Predigt soll in je individueller Weise den Sachverhalt vorstellen und bezeugen, dass alles menschliche Leben durch entgegenkommende Liebe allererst ermöglicht wird. Sie konfrontiert dabei das Hauptprogramm jeder Gesellschaft seit dem Neolithikum mit charakteristischen Kontrapunkten: Güte gegen Gewalt, Gnade gegen Gesetz, Vergebung gegen Vergeltung.[17] Die Lebenskraft des Evangeliums wirkt sich bei solchen anspruchsvollen Kommunikationsbemühungen in treffenden, klärenden, stärkenden, befreienden Einsichten aus, von den Gleichnissen Jesu bis zu erhellenden Worten von Literaten der Gegenwart.[18]

---

[1] Zum Ganzen vgl. Konrad Hammann, Universitätsgottesdienst und Aufklärungspredigt. Die Göttinger Universitätskirche im 18. Jahrhundert und ihr Ort in der Geschichte des Universitätsgottesdienstes im deutschen Protestantismus, Tübingen 2000.

[2] Über die Skepsis dem Neubau gegenüber berichtet in aller Nüchternheit Jacques Poumet, Die Universitätskirche Leipzig, in: Martin Sabrow (Hrsg.), Erinnerungsorte der DDR, München 2009, 536–544, bes. 544.

[3] Vgl. Reinhard Schmidt-Rost, Vom Nutzen des Evangeliums für eine moderne Gesellschaft, Königswinter 2013.

[4] Vgl. Schmidt-Rost (2013), 5.

[5] Tanja Martin, Der Universitätsgottesdienst in Deutschland? Gottesdienstliche Vielfalt im kontextuellen Spannungsfeld von »Hörsaal – Kirche – Stadt & Kultur« (Tagungsbericht), in: Liturgische Konferenz (Hrsg.), Liturgie und Kultur 2-2013, Hannover 21–29.

[6] Vgl. Christian Albrecht, Historische Perspektiven auf Themen und Probleme des Universitätsgottesdienstes. Eine praktisch-theologische Lektüre von Konrad Hammann, Universitätsgottesdienst und Aufklärungspredigt, in: Liturgische Konferenz, Liturgie und Kultur 2-2013, Hannover 5–17.

[7] Der Verf. dieses Textes war von 1992-99 Universitätsprediger in Kiel neben Reiner Preul und ist es seit 1999 in Bonn.

[8] Vgl. Anna Minta, Sakralbaukunst auf dem Kieler Campus: Konzepte und Konflikte, in: Johannes Schilling (Hrsg.), Christiana Albertina (72) 2011, 6–19, hier: 6.

[9] Joachim Scharfenberg, Über die Funktionen der Universitätskirche heute, in: Hans Diller et. al. (Hgg.), Christiana Albertina 15/1973, 15ff., hier: 15.

[10] Horst Braunert, Die Universitätskirche. Gedanken zum Plan und seiner Verwirklichung, in: Hans Diller et. al. (Hgg.), Christiana Albertina 1/1966, 17ff., hier: 19.

[11] Wie Anm. 8.

[12] Ebd.

[13] 2011 wurde der Leipziger Universitätsprediger Rüdiger Lux mit diesem Preis für eine Predigt ausgezeichnet, die besonders kunstvoll persönliche Erinnerung und Vergegenwärtigung des Evangeliums miteinander verband.

[14] Initiiert wurde diese Veranstaltungsreihe von der Literaturredakteurin und Kulturintendantin der Bonner Universität Anja Stadler, die auch die Interpretationen formuliert und vorträgt. Die Themen lassen die Verschränkung von theologischer und literarischer Interpretation ahnen, z. B. »Gottvertrauen.« »... dann leben sie heute noch. Ein Abend bei den Gebrüdern Grimm«/»Reines Gold der Phantasie« oder »Berufsberatung für Theologen«. Ein literarisch-musikalischer Abend um den Pfarrer und Poeten Eduard Mörike/»Rückwarts in die Kindheit« Ein literarisch-musikalischer Weihnachtsbesuch bei dem Dichter, Juristen und Nordfriesen Theodor Storm u. v. a. m.

[15] Vgl. Reinhard Schmidt-Rost, Die Predigt in den Universitätsgottesdiensten, in: Liturgische Konferenz, Liturgie und Kultur 2-2013, Hannover, 16ff.

[16] Davon geben die Internet-Seiten der Universitätsgottesdienste einen vielfältigen Eindruck, ebenso auch die Übersicht von Tanja Martin (vgl. Anm. 5).

[17] Vgl. Reinhard Schmidt-Rost, Massenmedium Evangelium. Das »andere« Programm, VELKD-Text, Hannover 2011 und ders., Programmwechsel. 14 Beispiele zur Praxis des »anderen« Programms, Rheinbach 2011.

[18] Vgl. z. B. Rüdiger Lux, Schild Abrahams – Schrecken Israels. Leipziger Universitätspredigten, Leipzig 2013. – Helmut Schwier, Schöpfung: glauben – loben – handeln. Predigten und Reflexionen zu Natur und Schöpfung; gemeinsam hrsg. mit Michael Welker; Impulse aus der Heidelberger Universitätskirche, 1; Heidelberg 2010.

Christoph Krummacher
KIRCHENMUSIK IN DER UNIVERSITÄTSKIRCHE ST. PAULI

Über die Kirchenmusik, die in der alten Universitätskirche St. Pauli im Laufe der Jahrhunderte erklungen ist, gibt es eine Vielzahl von Einzelstudien. Die folgende Darstellung wird auf diese dankbar zurückgreifen. Sie erhebt nicht den Anspruch, neue Forschungsergebnisse vorzulegen, sondern wird die Fülle des Stoffes komprimieren und allenfalls die eine oder andere Fragestellung etwas schärfer konturieren. Zu verweisen ist vor allem auf den repräsentativen Sammelband zur universitären Musikpflege, den Eszter Fontana zum 600-jährigen Jubiläum der Universität Leipzig herausgegeben hat.[1] Unsere Darstellung wird sich in erster Linie auf die Musik und ihre Voraussetzungen konzentrieren, die innerhalb der Universitätsgottesdienste erklungen ist, obgleich Kirchenmusik im eigentlichen, umfassenden Sinne längst nicht nur dort, sondern ebenso im Rahmen zahlreicher Festveranstaltungen und Universitätsfeiern musiziert worden ist. Auf der anderen Seite sind wir über diese »außerordentliche« Musik hinsichtlich des konkreten Repertoires oft besser und besonders gut anlässlich der stets aufwendig gefeierten Universitätsjubiläen informiert als über die Musik in den Gottesdiensten, da die gottesdienstliche Musik gemeinhin als so selbstverständlich genommen wurde und wird, dass sie nur ausnahmsweise in den Quellen überliefert ist. Ziemlich lückenlos sind indes die musikalischen Akteure bekannt, die in St. Pauli aktiv waren. Mit ihnen lassen sich immerhin die Rahmenbedingungen rekonstruieren, unter denen die Musikpflege in der alten Universitätskirche stattfand.

Selbstverständlich wurde zu allen Zeiten in den Universitätsgottesdiensten musiziert. Bis in die zweite Hälfte des 19. Jahrhunderts wurde diese Musik aber nicht von hauptamtlich bei der Universität angestellten Musikern getragen, sondern war mit anderen Ämtern in der Stadt verknüpft. Dennoch galt die Leipziger Universitätsmusik auch von außen gesehen als besonders reichhaltig und qualitätsvoll.[2] Zu erklären ist dies – will man nicht trivialerweise universitäres Desinteresse dafür verantwortlich machen – wohl nur mit dem Hinweis auf die nahezu singulären Potenzen, die Leipzig in musikalischer Hinsicht im Vergleich zu anderen Universitätsstädten besaß und die von der Universität mitgenutzt wurden. Trotzdem verlief die Kooperation zwischen der Universität und der Stadt mit ihren Hauptkirchen St. Nikolai und St. Thomas keineswegs frei von Konflikten. Jedenfalls lag die Verantwortung für die Musik in St. Pauli bis zur Mitte des 18. Jahrhunderts und mit einer Ausnahme um 1650, von der noch die Rede sein wird, zumeist in den Händen der jeweiligen Thomaskantoren, egal ob sie förmlich den Titel eines Akademischen Musikdirektors resp. Universitätsmusikdirektors trugen. Denn als Thomaskantoren waren sie für das gesamte musikalische Leben der Stadt verantwortlich, folglich und trotz des besonderen rechtlichen Status der Universitätskirche auch für diese.

In vorreformatorischer Zeit fanden die Universitätsgottesdienste in St. Nikolai und nur »bisweilen auch in St. Pauli« statt.[3] Erst 1543 wurde die ehemalige Klosterkirche der Dominikaner nach längeren Verhandlungen der Universität übereignet. Am 12. August 1545 weihte Martin Luther sie zur evangelischen Universitätskirche. 1556 taucht mit Andreß Bergner erstmals ein Universitätskantor auf, während ab ca. 1596 Georg Engelmann d. Ä. als erster Universitätsorganist nachweisbar ist.[4] Im Unterschied zu den Musikdirektoren waren die Kantoren (oft auch als »Praecentores« bezeichnet) nur für die Führung des Gemeindegesanges[5] und den liturgischen Dienst im engeren Sinne verantwortlich. Bei ihnen handelte es sich ebenso wie bei den Organisten in der Regel um Studenten, die auf Grund guter musikalischer Vorbildung in einer der Fürstenschulen, in der Thomasschule oder der Dresdener Kreuzschule die nötigen Voraussetzungen mitbrachten. Mit Sethus Calvisius (1556–1615) befand sich unter diesen Kantoren ein späterer Thomaskantor, des Weiteren sind mit Samuel Rühling (1586–1626) und Christoph Neander (1584–1625) zwei Theologiestudenten und nachmalige Dresdener Kreuzkantoren aktenkundig. In welchem Maße die Thomaskantoren schon im 16. Jahrhundert Dienste für die Universität versahen, ist zwar nicht konkret gesichert, aber für die Funktion eines Universitätsmusikdirektors sind im Unterschied zu den Universitätskantoren und -organisten auch keine anderen Namen überliefert. Thomaskantor Georg Rhau (Thomaskantor zwischen 1518 und 1520) musizierte 1519 zur Eröffnung der Leipziger Disputation zwischen Luther und Johannes Eck, also zu einem akademischen Anlass, in St. Thomas. Dass dabei eine zwölfstimmige Messe aufgeführt worden ist, wie eine Überlieferung lautet, ist höchst unwahrscheinlich, vermutlich handelte es sich eher um einen Gesang *mit* zwölf Sängerstimmen. Denn die einzige zwölfstimmige Messe jener Zeit von Antoine Brumel war in Mitteldeutschland nicht bekannt und Rhau selbst hat nicht komponiert. Calvisius (Thomaskantor 1594–1626) erhielt 1609 zum 200-jährigen Universitätsjubiläum ein Honorar für eine dazu komponierte Festmusik, sein Nachfolger Johann Hermann Schein (Thomaskantor 1616–1630) 1626 ein Honorar für figurale Kirchenmusik. Schein war übrigens der erste Thomaskantor, der mit dem Titel »Director musici chori« unterzeichnete und damit seine städtische Verantwortung offen reklamierte.[6] Johann Schelle schließlich war als Thomaskantor (1677–1701) auch offiziell als Akademischer Musikdirektor für die Universitätsgottesdienste verantwortlich, ebenso dann seine Nachfolger Johann Kuhnau (bis 1722) und Johann Sebastian Bach zwischen 1723 und 1750. Von daher war es (jedenfalls bis 1710, siehe dazu unten) selbstverständlich, dass die Thomaskantoren in den Gottesdiensten mit den Thomasschülern die figurale Kirchenmusik ausführten, unter Hinzuziehung der Stadtpfeifer und städtischen »Kunstgeiger«, die ihnen auch an den Hauptkirchen zur Verfügung standen. Daneben wurden sie zu besonderen akademischen Festlichkeiten und Promotionsfeiern, zu Professorenbegräbnissen und zu den vier Mal im Jahr stattfindenden »Quartalsorationen« verpflichtet und bekamen ein nunmehr ziemlich feststehendes Jahreshonorar sowie ggf. zusätzliche Honorare für außerordentliche Kompositionsanlässe. Zu den Quartalsorationen wurden indes nur Motetten musiziert. Freilich ist nicht ganz zu klären, inwieweit die Thomaskantoren den gottesdienstlichen Pflichten wirklich immer selbst nachkamen oder sich von Präfekten vertreten ließen. Wir werden auf diese Frage zurückkommen müssen. Übrigens waren die genannten Anlässe nicht nur kirchenmusikalischer Natur, denn unter Umständen waren sie auch mit Tafelmusiken u. ä. in anderen Sälen der Stadt ausgeziert.

Eine Ausnahmesituation bestand zwischen 1655/56 und 1679, als Werner Fabricius (1633–1679) die Nebenämter des Universitätsmusikdirektors und Universitätsorganisten übernahm. Seit 1656 unterschrieb er mit »Academiae Musicus« und war somit der erste offizielle Träger dieses Titels. Nach einer erfolglosen Bewerbung um das Thomaskantorat 1657 übernahm er

1658 von Adam Krieger zusätzlich das Amt des Nikolaiorganisten. Beide Ämter bekleidete er bis zu seinem Tode und war weit über Leipzig hinaus hoch geachtet. 1655 komponierte er für die Universität eine große Festmusik zur 100-jährigen Wiederkehr des Augsburger Religionsfriedens[7] sowie 1656 eine weitere zum 71. Geburtstag des sächsischen Kurfürsten Johann Georg II. Schließlich gibt es von ihm auch Musiken zu Weihnachten, Ostern und Pfingsten, die wohl für die an diesen Tagen stattfindenden Universitätsgottesdienste bestimmt waren. Die Universität verdankt Fabricius darüber hinaus eine exquisite Sammlung von Musikerportraits.[8] Fabricius' eigenständiges Wirken für die Universität dürfte sich einerseits den eingeschränkten Möglichkeiten des kränklichen Thomaskantors Tobias Michael (gestorben 1657) verdanken, andererseits der Lücke, die der angesehene und für Michaels Nachfolge an St. Thomas vorgesehene Johann Rosenmüller hinterließ, als dieser 1655 fluchtartig und aus nie völlig geklärten Gründen Leipzig verließ. Fabricius' Amt als Universitätsmusikdirektor wurde nach seinem Tode dem neuen Thomaskantor Schelle übertragen.

Die Gottesdienste und sonstigen akademischen oder landespolitischen Anlässe in St. Pauli sind eben schon aufgezählt worden. Seit 1667 kam zu den Gottesdiensten am ersten Feiertag der drei Hochfeste auch noch das Reformationsfest hinzu. Von einem *regelmäßigen* Universitätsgottesdienst kann trotzdem nur bedingt gesprochen werden. Und dabei ist auch zu bedenken, dass diese Gottesdienste als reine Predigtgottesdienste gefeiert wurden. Erst 1834 wurden gelegentliche Abendmahlsfeiern gestattet, ab 1848 wurde der Universität das Abendmahl uneingeschränkt freigegeben.[9] Diese Beschränkungen hatten mit dem besonderen Status der Universitätskirche zu tun. Denn sie war eben keine Parochialkirche; die Stadtpfarrer legten Wert darauf, die ansässigen Professoren in ihren Gemeinden zu behalten und auch die ihnen zustehenden Beichtgelder (sie wurden erst 1848 abgeschafft) zu kassieren. Außerdem waren offenbar die Theologieprofessoren (die nicht selten zugleich Pfarrer der Hauptkirchen waren) nicht willens, die Kinder der Universitätsangehörigen in eigenen Katechismusstunden zu unterweisen.

Konnte die Wahrnehmung der kombinierten Ämter angesichts des genannten Rhythmus' noch einigermaßen organisierbar sein, so änderte sich die Situation grundlegend, als nach mehrjährigen Bemühungen 1710 der Universität ein *sonntäglicher* (Predigt-)Gottesdienst gestattet wurde. Zwar blieb die musikalische Direktion für die bisherigen Gottesdienste und Feiern (nunmehr als »Alter Gottesdienst« bezeichnet) formal beim Thomaskantor, zunächst Johann Kuhnau und ab 1723 Johann Sebastian Bach. Die sonntäglichen, sogenannten »Neuen Gottesdienste« wurde aber zum Anlass verwickelter Kompetenzstreitigkeiten zwischen Thomaskantor, Universität und Rat der Stadt. Offenbar hatte die Universität die Einrichtung des Neuen Gottesdienstes hinsichtlich seiner musikalischen Betreuung recht sorglos betrieben und die möglichen Konsequenzen nicht bedacht. Die Auseinandersetzungen, die sich bis in Bachs Amtszeit hinein erstreckten, hatten mehrere Aspekte: Zum einen pochte der Thomaskantor als Director Chori Musici auf seine ungeteilte Verantwortung für die Kirchenmusik der Stadt. Zum anderen befürchtete er nicht ganz zu Unrecht eine Einbuße an den von der Universität gezahlten Honoraren. Drittens stellte sich in verschärfter Form die Frage der Koordination der Pflichten in den Hauptkirchen und den Aufgaben in St. Pauli. Wie schon erwähnt mochte eine solche Koordination vier Mal im Jahr mit einigem Aufwand zu leisten sein, allsonntäglich war dies auf die Dauer wohl kaum möglich. Die Gottesdienste in St. Thomas und St. Nikolai dauerten von 7 bis 10 Uhr, gelegentlich auch noch länger. Zwar begann der Gottesdienst in St. Pauli erst um 9 Uhr. Und die figurale Kirchenmusik war dort erst nach der Predigt, also nach 10 Uhr, vorgesehen. Trotzdem ergab sich eine zeitliche Überschneidung, zumal vorher schon die Orgel zu spielen war und dies in den Alten Gottesdiensten zu den Aufgaben des Thomaskantors gehörte. Folglich war nun auch das Amt des Universitätsorganisten neu zu regeln. Schließlich aber verbot der Rat der Stadt die weitere Mitwirkung der Thomasalumnen und städtischen Musiker bei den Universitätsgottesdiensten.[10] Dieses überraschende Verbot erging unmittelbar, nachdem Kuhnau noch zum 31. Oktober 1710 nach herkömmlichem Brauch dort musiziert hatte. Damit war der Figuralmusik in St. Pauli die personelle und materielle Basis entzogen, zumal auch der Gebrauch der in städtischem bzw. kirchlichem Besitz befindlichen Instrumente untersagt wurde. Der Rat trug also seinerseits zur Eskalation des Konflikts bei. Über seine Beweggründe lässt sich nur spekulieren. Einerseits nahm man Anstoß an der Anfangszeit des Universitätsgottesdienstes und an der – als Konkurrenz empfundenen? – dortigen Musikpflege.[11] Andererseits hatte die Universität mit der Ausweitung ihrer Gottesdienste eine neuartige Selbständigkeit signalisiert, die dem Rat der Stadt Anlass gegeben haben könnte, sich im Gegenzug auch nicht mehr mitverantwortlich zu fühlen und alleine der Universität die Konsequenzen zu überlassen. Jedenfalls sah sich Kuhnau in seiner Amtsführung unmittelbar betroffen. Während ihm die Universität die – wie auch immer wahrzunehmende – Verantwortung für die Alten Gottesdienste ausdrücklich bestätigte, traf sie für den Neuen Gottesdienst schrittweise und ohne Beteiligung Kuhnaus eigene Regelungen. Kuhnaus Beschwerden dagegen waren erfolglos. In verschiedenen Eingaben bekräftigte er aber, sich an das Verbot der Ratsherren gehalten zu haben.

Eine förmliche Lösung der Konflikte gab es nicht, sondern nur ein über die Jahre sich entwickelndes stillschweigendes Gewohnheitsrecht. 1710 ernannte die Universität den Studenten Adam Stolle zum Universitätsorganisten, dem weitere Studenten folgten, die das Amt bis zu ihrem Weggang aus Leipzig jeweils nur für kurze Zeit innehatten. Es handelte sich weiterhin um ein Nebenamt, dessen Inhaber aber seit 1718 aus eigenen Mitteln der Universität (gering) honoriert wurden und somit formal nicht mehr als Substituten Kuhnaus gelten konnten. 1720 übernahm der ehemalige Thomaner Johann Gottlieb Görner (1697–1778) für gut ein Jahr diese Funktion, ehe er 1721 Nikolaiorganist und 1729 Thomasorganist wurde. Von seiner anhaltenden Verbindung zur Universität wird noch die Rede sein. Ihm folgte in St. Pauli der Theologiestudent Johann Christoph Thiele (1692–1773), der dieses Amt neben einer Lehrtätigkeit an der Nikolaischule in ungewöhnlicher Kontinuität bis zu seinem Tode versah, wenngleich er sich in seinen letzten Lebensjahren vertreten ließ.

Die Frage der Figuralmusik im Universitätsgottesdienst war damit freilich nicht gelöst. Denn nicht nur für den Alten Gottesdienst fehlten nunmehr die Voraussetzungen, ihre Ausdehnung auf den Neuen Gottesdienst war erst recht ungeklärt. In diese Lücke stieß erstmals ein studentisches Collegium musicum, dessen Leitung der agile Jurastudent Johann Friedrich Fasch (1688-1758, ab 1722 Hofkapellmeister in Zerbst) hatte. Ihm wurde bereits zu Weihnachten 1710 die Durchführung der gottesdienstlichen Musik von der Universität zugebilligt, für einen Gottesdienst also, der eigentlich in die Reihe der Alten Gottesdienste und damit in die Verantwortung des Thomaskantors gehörte. Kuhnaus Ärger darüber ist nachvollziehbar, zumal Fasch als ehemaliger Thomaner Kuhnaus Schüler gewesen war und mit den Studenten seines Orchesters dem Thomaskantor auch noch die übliche Verstärkung für die Musik in den Hauptkirchen entzog. Die Situation muss für Kuhnau umso verdrießlicher gewesen sein, als er bei seinem Amtsantritt 1701 mit dem jungen Jurastudenten Georg Philipp Telemann einen ähnlichen Konkurrenzkonflikt erlebt hatte. Mit Blick auf die dringliche Bestellung der Neujahrsmusik legte Kuhnau bei der Universität Einspruch ein. Fasch hingegen verwies mit erheblichem Selbstbewusstsein darauf, dass Kuhnau gar nicht in der Lage sei, alle Kirchen musikalisch zu versorgen, sein Studentenorchester über die zur Musik nötigen Instrumente verfüge und im Übrigen die Studenten ohnehin nicht bereit seien, unter Kuhnaus Direktion zu musizieren.[12] Zwischen Weihnachten und dem Jahresende beriet daraufhin das Universitätskonzil mehrfach über die verfahrene Situation. Hier regte sich allerdings auch Widerspruch gegen Fasch (nicht zuletzt durch den Thomasschulrektor Professor Johann Heinrich Ernesti), teils wegen seiner – so wurde es empfunden – unverschämten Argumentation gegen Kuhnau, teils und vor allem aber mit dem Vorwurf, Faschs Beteiligung am Gottesdienst sei unschicklich, da er und andere Studenten seines Collegiums sich in den Leipziger Kaffeehäusern und in der Oper hören ließen. Diese Einwände waren immerhin stark genug, um Faschs förmliche Ernennung zum Akademischen Musikdirektor zu verhindern. Spätestens 1713 verließ dieser die Stadt. Klare Regelungen gab es auch in den folgenden Jahren nicht. Formal blieb Kuhnau Universitätsmusikdirektor. Überlieferungen, er habe gelegentlich auch zu normalen Sonntagsgottesdiensten und während der Messewochen in St. Pauli zusammen mit Studenten musiziert, stehen Klagen gegenüber, er habe sich zu oft in seinen Dienstobliegenheiten dort vertreten lassen.[13] Es kann angenommen werden, dass sich damit ein neues Betätigungsfeld für die Universitätsorganisten eröffnete, auch wenn wir über Einzelheiten nicht informiert sind.

Zwischen Kuhnaus Tod am 5. Juni 1722 und Bachs Amtsantritt am 30. Mai 1723 hatte sich eine Entwicklung vollzogen, die den geschilderten Konflikt vielleicht beruhigen sollte, dennoch Züge eines Handstreichs trug, in dessen Konsequenzen Bach hineingezogen wurde. Die Universität hatte zunächst auf Tele-

→ Johann Sebastian Bach, Gemälde von 1746

mann als Nachfolger Kuhnaus gehofft. Nach dessen Absage wurde ihr offenbar das Interim hinsichtlich der eigenen Musik zu lang. Jedenfalls übertrug sie dem Nikolaiorganisten Görner am 3. April 1723 das Amt des Universitätsmusikdirektors. Bach selbst musizierte schon im Rahmen des Alten Gottesdienstes zu Pfingsten (also zwei Wochen vor seinem offiziellen Amtsantritt an St. Thomas) erstmals in St. Pauli. Sei es aus Gründen mangelnder Informiertheit über den inzwischen 13 Jahre währenden Streit, sei es aus Gründen eines für ihn unbezweifelbaren amtlichen Selbstverständnisses beanspruchte er gegenüber der Universität die ungeteilte Verantwortung auch für die Neuen Gottesdienste. Diese hielt an der erfolgten Ernennung Görners fest und bestätigte nur Bachs Zuständigkeit für die Alten Gottesdienste. Daraufhin wandte sich Bach mehrfach mit Petitionen direkt an den Dresdener Hof, der allerdings nach langem Hin und Her 1726 dem Standpunkt der Universität Recht gab. Dieser Schriftwechsel zwischen Bach, dem Hof und der Universität ist bestens belegt und kann hier nicht en detail wiedergegeben werden.[14] Viele der Argumente wiederholen sich. Und was die Koordinationsmöglichkeiten der Ämter anbelangte, so drehte dieses Mal Bach den Spieß um und verwies darauf, er könne durchaus nach seinem Dienst in St. Thomas bzw. St. Nikolai pünktlich in der Universitätskirche sein, während dies dem Organisten Görner nicht möglich sei, da dieser bis zum Schluss des Gottesdienstes in St. Nikolai anwesend zu sein habe ...

Die Verantwortung für den Alten Gottesdienst versah Bach im Prinzip während seiner gesamten Amtszeit. Glöckner hat überschlagen, dass Bach während seiner 27 Leipziger Jahre mehr als 100 Mal in St. Pauli musiziert habe.[15] Diese Zahl mag realistisch sein. Allerdings haben wir über Bachs Aufführungen in den Leipziger Kirchen seit den späten 1720er Jahren nur recht mangelhafte Informationen.[16] Und bereits 1725 beklagte sich der Universitätsorganist Thiele in einer Eingabe an die Universität, Bach ließe sich zu oft in St. Pauli vertreten und weigere sich im Gegensatz zu seinem Vorgänger, bei den Quartalsorationen die Orgel zu spielen.[17] Dennoch stand er in einer stetigen Verbindung zur Universität, die vorzugsweise ihm bei repräsentativen Anlässen gerne Kompositionsaufträge erteilte. Erstmals am 9. August 1723 führte Bach ein eigenes Werk zu einem akademischen Festakt auf.[18] Eine besondere öffentliche Aufmerksamkeit bekam ein Trauerakt der Universität für die verstorbene Kurfürstin Christiane Eberhardine am 17. Oktober 1727, der auf die Initiative des Studenten Hans Carl von Kirchbach zustande kam. Dieser erteilte Bach einen Kompositionsauftrag, woraufhin es zu einem Streit mit dem Universitätsmusikdirektor Görner kam, der sich übergangen fühlte. Kirchbach musste Görner mit einem Honorar entschädigen, Bach aber komponierte die Trauerode *Laß, Fürstin, laß noch einen Strahl* BWV 198 (Text von Johann Christoph Gottsched) und führte sie in der Universitätskirche auf. Da zu Beginn und zum Beschluss des Traueraktes auch die Orgel gespielt wurde, hat Christoph Wolff die Vermutung geäußert, hierzu könne Bach *Präludium und Fuge h-Moll* BWV 544 gespielt haben.[19]

Auch wenn wir, wie gezeigt, über mancherlei Einzelheiten nur unzureichend informiert sind, kann es keinen Augenblick bezweifelt werden, dass die alte Universitätskirche St. Pauli zu den herausragenden Bachstätten Leipzigs gehört hat!

Überblickt man die bis zu Görners Tod bestehende Ämterverbindung zwischen den Hauptkirchen und der Universitätskirche, so kann man sich allerdings fragen, wie diese auf Dauer funktioniert hat. Gerade Görner war ja in St. Nikolai und später in St. Thomas bis ca. 10.30 Uhr (oder länger) nicht abkömmlich. Die Rolle, die entweder von Substituten in den Hauptkirchen oder von den jederzeit installierten Universitätskantoren in St. Pauli eingenommen worden ist, muss de facto wohl doch wichtiger und umfänglicher gewesen sein, als es die erhaltenen Quellen belegen, selbst wenn figurale Kirchenmusik nur relativ selten geboten wurde. Zumal es während Görners Zeit einen eigenen Universitätsorganisten nicht gab.

Mit Görners Tod 1778 trat eine bemerkenswerte Veränderung ein: Zwar wurde das Amt des Universitätsmusikdirektors noch immer kein eigenständiges Amt, aber es wurde nun aus der Verbindung mit den Hauptkirchen gelöst. Stattdessen rekrutierten sich die Universitätsmusikdirektoren aus Musikern oder den Dirigenten des »Großen Concerts«, also des Gewandhauses, beispielsweise Johann Adam Hiller, Johann Georg Häser und Johann Gottfried Schicht. Und war zuvor allermeist die Berufung zum Thomaskantor die Voraussetzung für das universitäre Amt, so wurde umgekehrt im Falle von Hiller und Schicht die Tätigkeit als Universitätsmusikdirektor offenbar zum Qualitätsnachweis für eine nachmalige Berufung zum Thomaskantor. (Hiller war seit 1778 Universitätsmusikdirektor, verließ 1785 Leipzig und kehrte 1789 als Thomaskantor dorthin zurück. Schicht war von 1809 bis 1810 Universitätsmusikdirektor und als solcher, auch mit eigenen Kompositionen, an den Feierlichkeiten zum 400-jährigen Universitätsjubiläum beteiligt. Mit seiner Berufung zum Thomaskantor legte er das Universitätsamt nieder, hat aber offenbar auch danach noch gelegentlich in St. Pauli musiziert.)

Die Gottesdienstmusik in der Universitätskirche nahm sich, jedenfalls an den gewöhnlichen Sonntagen, zu Beginn des 19. Jahrhunderts eher bescheiden aus.[20] Das lag nicht zuletzt an deren mangelhafter Finanzierung. Zwischen 1813 und 1817 kam der Gottesdienst dort gänzlich zum Erliegen, da die Kirche als Lazarett genutzt wurde und nur mühsam wieder hergerichtet werden konnte. 1822 bildete sich der Pauliner-Singverein (Universitäts-Sängerschaft zu St. Pauli), dessen Zweck ausdrücklich auch in der musikalischen Gestaltung der Universitätsgottesdienste bestand. Es handelte sich um einen reinen Männerchor, dem überwiegend Theologiestudenten angehörten. Schon nach wenigen Jahren sang der Chor acht bis zwölf Mal pro Semester.[21] Der Verein stand unter der Leitung des jeweiligen Universitätsorganisten. Mit seiner Gründung und erfolgreichen Entwicklung hatte sich erstmals ein eigenes, aus der Universität hervorgegangenes Ensemble zur musikalischen Mitwirkung in den Universitätsgottesdiensten gebildet. Interessenverschiebungen und Unsicherheiten im Verein führten in den Folgejahren dennoch nicht zu einer dauerhaft befriedigenden Lösung für die gottesdienstliche Musik.[22] Die gelegentliche figurale Kirchenmusik an den Festtagen stand unter der Leitung des Universitätsmusikdirektors Christian August Pohlenz (1790-1843). Dieser war als Gewandhauskapellmeister (von 1827 bis zum Amtsantritt Felix Mendelssohn Bartholdys 1835), Leiter der Singakademie und Thomasorganist (von 1820 bis zu seinem Tod) in der Stadt bestens vernetzt und verfügte über zahlreiche musikalische Ressourcen. Sein Nachfolger Ernst Friedrich Eduard Richter genoss zwar als Professor für Kontrapunkt und Harmonielehre am 1843 gegründeten Konservatorium einen herausragenden Ruf weit über Leipzig hinaus[23] und war seit 1868 ein angesehener Thomaskantor. Seine Pflichten als Universitätsmusikdirektor (1843-1860) und für den Gottesdienst nahm er aber kaum wahr, vielmehr überließ er die gottesdienstlichen Belange weitgehend dem ebenfalls 1843 installierten Universitätsorganisten Hermann Langer (1819-1889), der ihm 1860 auch als Universitätsmusikdirektor folgte. In Langers Person wurden also beide Ämter an St. Pauli vereint (ein Zustand, der auch für seine beiden Nachfolger bis 1906 galt) und zudem mit einer Lehrtätigkeit an der Universität verbunden. Erst von diesem Zeitpunkt an kann man sagen, dass die Universität über ein eigenständiges, hauptamtliches musikalisches Amt verfügte.[24] Langer verließ 1887 die Stadt. Seine Nachfolger, der als Musikwissenschaftler hoch bedeutsame Hermann Kretzschmar (bis 1898) und Heinrich Zöllner (bis 1906) scheinen im Gottesdienst an St. Pauli keine Rolle gespielt zu haben. Für dessen Musik waren nun die Universitätskantoren Albin Fürchtegott Zehrfeld und Hans Hoffmann (bis 1932, im Hauptberuf Schullehrer) verantwortlich. Letzterer gründete 1906, nach der inzwischen erfolgten neugotischen Umgestaltung der Kirche, den Universitätskirchenchor St. Pauli und 1912 ein Studentenorchester. Der Chor war, anders als der Pauliner-Singverein mit seinem naturgemäß eingeschränkten und zunehmend kritisch gesehenen Repertoire, ein gemischter Chor, der alle 14 Tage im Gottesdienst mitwirkte.

Obwohl wir uns hier auf die Gottesdienstmusik konzentrieren, darf die übrige Kirchenmusik die in St. Pauli erklang, nicht vergessen werden. Einiges dazu wurde schon erwähnt. Im 19. Jahrhundert wurde die Universitätskirche - im Gegensatz zu der immer bedrohten regelmäßigen Gottesdienstmusik - auf Grund ihrer guten räumlichen und akustischen Voraussetzungen zu einem immer stärker genutzten Ort für Oratorienaufführungen, andere Kirchenkonzerte und Orgelkonzerte (letztere nach 1843 auch durch Studenten des Konservatoriums). In Leipzig vollzog sich eine Entwicklung zum Kirchenkonzert, wie sie auch anderorts stattfand. Für St. Pauli sind damit aber musikgeschichtlich besonders bemerkenswerte Daten verbunden. Und da der damalige Gewandhaussaal über keine Orgel verfügte, war die Universitätskirche für große Oratorienaufführungen besonders prädestiniert. 1836 dirigierte Mendelssohn mit einem aus mehreren Leipziger Chören zusammengestellten »Projektchor« und dem Gewandhausorchester Händels *Israel in Aegypten* und begann damit eine Reihe jährlicher Oratorienaufführungen, die 1837 und 1838 auch Mendelssohns *Paulus* einbezogen. Daneben kamen regelmäßig Werke Haydns, Mozarts, Beethovens oder der Zeitgenossen Schicht und Friedrich Schneider zu Gehör. Ab 1852 setzte eine Tradition zur Aufführung der *Matthäuspassion* J. S. Bachs ein. Anselm Hartinger hat gewiss mit der Feststellung Recht, wenn er schreibt: »Was der Universitätskirche in der ersten Hälfte des 19. Jahrhunderts an eigenständiger musikalischer Bedeutung abging, wurde durch ihre Rolle als öffentliche Konzertkirche allerdings mehr als wettgemacht.«[25]

Die nur einjährige Tätigkeit Max Regers als Universitätsmusikdirektor (1907/08) nimmt zwar wegen des illustren Namens einen ehrenvollen Platz in den Annalen ein, ist aber doch ziemlich folgenlos geblieben. Sollte diese Berufung neben der Tätigkeit am Konservatorium für Reger ein zusätzliches »Lockmittel« nach Leipzig sein? Immerhin war schon 1906 in St. Pauli Regers Choralkantate *Meinen Jesum laß ich nicht* uraufgeführt worden. Dennoch spricht selbst Fritz Stein in seiner auf uneingeschränkte Bewunderung gestimmten Biographie von der »von Grund auf verfehlte[n] Chorarbeit mit der akademischen Sängerschaft der Pauliner, die Reger zur baldigen Niederlegung seines Universitätsamtes veranlaßte [...].«[26] Dass Reger ohnehin nicht direkt an den Gottesdiensten beteiligt war und auch nur das Amt des Universitätsmusikdirektors, nicht aber des Universitätsorganisten übertragen bekam, hatte natürlich konfessionelle Gründe, bestätigt aber auch, wie die seit Kretzschmars Zeit vollzogene Abkoppelung des Musikdirektors vom Universitätsgottesdienst für selbstverständlich genommen wurde.

Die genannte Tradition der Oratorienaufführungen fand im 20. Jahrhundert bis zur Sprengung der Universitätskirche 1968 eine intensive Fortsetzung, nun aber wenigstens chorisch auf eigener universitärer Basis (und oft mit einem vor allem aus Studenten der Musikhochschule gebildeten Orchester). Friedrich Rabenschlag (1902-1973) hatte, geprägt von den auf die Musik des 16. und 17. Jahrhunderts fokussierten Idealen der Singbewegung, als Student 1926 den »Madrigalkreis Leipziger Studenten« gegründet.[27] 1932 wurde er, mit ausdrücklicher Zustimmung der Universitätsprediger, Universitätskantor, 1933 gründete er die »Universitätskantorei Leipzig«, beide Chöre verbanden sich 1938 zum Leipziger Universitätschor. 1939 schließlich wurde Rabenschlag Universitätsmusikdirektor. Bis zum Ende seiner Dienstzeit hatte er daneben weiterhin das Amt des Universitätskantors inne und war dessen letzter Träger; nach ihm wurde diese Funktion nicht mehr vergeben. Seine Interessen bezogen sich gleichermaßen auf den Universitätsgottesdienst, in dem seine Chöre mit lange nicht erlebter Regelmäßigkeit sangen, wie auf die Pflege oratorischen Repertoires. Eine besondere Tradition begründete Rabenschlag mit jährlichen Aufführungen des Bachschen *Weihnachtsoratoriums*, später auch mit Aufführungen von dessen Passionen. Nach dem Krieg war Rabenschlag wegen seiner NSDAP-Mitgliedschaft von seinen Universitätsämtern suspendiert, wurde aber nach seiner Rehabilitierung 1949 wieder in diese eingesetzt und führte seine Arbeit bis in die 1960er Jahre fort. Bemerkenswert bleibt, dass Rabenschlag sowohl nach 1933 als auch nach 1949 wie selbstverständlich auch den Universitätsgottesdienst in seine Amtsführung einbezog! Sein Repertoire war vom Frühbarock bis zur eigenen Gegenwart (Hugo Distler, Ernst Pepping) weit gespannt. Nach seiner Demission 1966 wurde die gottesdienstliche Musik vor allem vom Engagement einzelner Studenten und von der Evangelischen Studentengemeinde getragen. Und nachdem der Universitätsgottesdienst 1968 seine Heimstatt verloren hatte und nach St. Nikolai ausweichen musste, war es der dortige Kantor Wolfgang Hofmann und seine Kantorei, die auch den Universitätsgottesdienst musikalisch prägten. Eine Mitwirkung des Universitätschores setzte erst unter Universitätsmusikdirektor Wolfgang Unger (1948-2004) seit 1987 und verstärkt nach 1990 wieder ein.

Abschließend ist aber noch auf die Universitätsorganisten hinzuweisen. Ihr Amt war auch im 20. Jahrhundert und ist bis heute ein Nebenamt.[28] Friedrich Högner (1933 bis 1937, in der Nachfolge von Karl Ernst Müller), Heinrich Fleischer (bis 1948) und Robert Köbler (bis zu seinem Tod 1970) waren namhafte Professoren der Musikhochschule. Ihr bis heute in Erinnerung gebliebenes Engagement prägte den Universitätsgottesdienst nachhaltig. Und Wolfgang Hofmann diente in großer Treue dem Universitätsgottesdienst als Organist, ohne formal den Titel führen zu können. Erst mit der Berufung von Arvid Gast, im Hauptamt Professor für Künstlerisches Orgelspiel am wieder gegründeten Kirchenmusikalischen Institut der Hochschule für Musik und Theater, wurde 1993 der Titel eines Universitätsorganisten offiziell wieder vergeben. Und auch wenn mit dem Universitätschor, mit dem Chor der Studentengemeinde oder des Kirchenmusikalischen Insti-

→ Leipziger Universitätschor zum Ewigkeitssonntag 1991 in St. Nikolai

tuts sowie mit anderen freien Ensembles der Universitätsgottesdienst gar nicht so selten wieder mit Vokalmusik gestaltet wird, so liegt seine musikalische Prägung zweifellos insbesondere im Dienst des Universitätsorganisten, der – wegen der zahlreichen wechselnden Prediger und Liturgen – nicht zuletzt auch ein Element personeller Kontinuität darstellt.

Wir hatten gesehen, dass die Kirchenmusik der Universitätsgottesdienste über Jahrhunderte hinweg durch die Verknüpfung mit anderen musikalischen Positionen der Stadt abgesichert worden ist. Ihrer verlässlichen Kontinuität tat dies nicht immer gut. Und als das Amt des Universitätsmusikdirektors gegen Ende des 19. Jahrhunderts ein Hauptamt wurde, löste es sich zusehends aus der Mitarbeit im Gottesdienst. Während die Universitätskantoren anfangs eher engere liturgische Aufgaben hatten, gewannen sie nun an gottesdienstlich-kirchenmusikalischer Verantwortung. Ob dieses Amt, das seit Rabenschlags Zeit nicht mehr vergeben worden ist, angesichts eines inzwischen reichen und ausdifferenzierten Tätigkeitsfelds des Universitätsmusikdirektors und im Interesse des Universitätsgottesdienstes wieder eingerichtet werden muss, sei dahingestellt. Fraglos wird sich aber mit der nun endlich wieder vorhandenen Universitätskirche der Bedarf an Kirchenmusik erhöhen. Mit der neuen Kirche verstärken sich auch die musikalischen Ansprüche und Erwartungen an die Gottesdienste und andere liturgische Feiern. Das sollte Anlass sein, wenigstens das Amt des Universitätsorganisten – neben demjenigen des Universitätsmusikdirektors – auf stabilere Füße zu stellen und zum anteiligen Hauptamt aufzuwerten.

---

[1] *600 Jahre Musik an der Universität Leipzig. Studien anlässlich des Jubiläums*, hrsg. von Eszter Fontana, Verlag Janos Stekovics 2010 (nachfolgend zitiert als: Fontana).

[2] Vgl. Emil Platen, Art. »*Universität und Musik*«, in: MGG² Sachteil Bd. 9, Kassel etc. 1998, Sp. 1165-1186.

[3] Vgl. Martin Petzoldt, *Musik im Universitätsgottesdienst zu Leipzig*, in: Fontana (wie Anm. 1), 173-189, hier 174.

[4] Sofern nicht anders angegeben vgl. zu den im Folgenden genannten musikalischen Amtsträgern: Christiane Arnhold/Stephan Greiner/Martin Petzoldt, *Leipziger Universitätsmusikdirektoren, Universitätsorganisten und Universitätskantoren*, in: *Fontana* (wie Anm. 1), 419-444. Dort finden sich neben einer chronologischen Auflistung auch Kurzbiographien zu den einzelnen Personen. Zu rein biographischen Angaben vgl. ferner auch die entsprechenden Personenartikel in der ersten und zweiten Auflage von *Musik in Geschichte und Gegenwart (MGG)*.

[5] Die Universitätskirche verfügte spätestens seit 1528 über eine Orgel. Der Gemeindegesang fand aber ohne Orgelbegleitung statt und wurde von einem Kantor und ggf. einer Schola angeführt. Dieser Brauch hielt sich in Leipzig – länger als in etlichen anderen Städten – bis in die zweite Hälfte des 18. Jahrhunderts.

[6] Vgl. Michael Maul, *Musikpflege in der Paulinerkirche im 17. Jahrhundert bis hin zur Einführung des ›neuen‹ Gottesdienstes (1710)*, in: *Fontana* (wie Anm. 1), 33-56, hier 36; ferner Adam Adrio, Art. »*Schein, Johann Hermann*«, in: *MGG*, Bd. 11, Sp. 1642-1654.

[7] Martin Petzoldt, a. a. O. (wie Anm. 2), 179, datiert diese Musik auf 1667 (150-jähriges Reformationsjubiläum), während Michael Maul mit überzeugenden quellenkundlichen Gründen 1655 angibt. Vgl. Maul, a. a. O. (wie Anm. 5), 41f.; vgl. ferner ders., *Die musikalischen Ereignisse anlässlich der Erbhuldigung von Johann Georg II. (1657). Ein Beitrag zur Rekonstruktion von Leipziger Festmusiken im 17. Jahrhundert*, in: *Schütz-Jahrbuch 2006*, 89-121.

[8] Vgl. Cornelia Junges Beschreibung dieser Sammlung in *Fontana* (wie Anm. 1), 33-56.

[9] Vgl. Petzoldt, Musik im Universitätsgottesdienst (wie Anm. 2), 183.

[10] Vgl. Andreas Glöckner, *J. S. Bach und die Universität Leipzig – Neue Quellen (Teil I)*, in: *Bach-Jahrbuch 2008*, 159-201, hier 170ff., ferner ders., *Die Musikpflege an der Universitätskirche St. Pauli zur Zeit Johann Sebastian Bachs*, in: *Fontana* (wie Anm. 1), 91-100.

[11] Vgl. Glöckner in *Fontana* (wie zuvor), 95.

[12] Vgl. Glöckner, *Bach-Jahrbuch 2008* (wie Anm. 11), 170f.

[13] Vgl. Glöckner, ebd., 174.

[14] Vgl. die in Anm. 9 genannten Studien von Glöckner; ferner Christoph Wolff, Johann Sebastian Bach, Frankfurt am Main 2000, besonders 334-343. Die entsprechenden Quellen sind zu finden in: *Bach-Dokumente Bd.* I, vorgelegt und erläutert

15. Vgl. Glöckner im *Bach-Jahrbuch 2008* (wie Anm. 9), 179.
16. Vgl. Alfred Dürr, *Zur Chronologie der Leipziger Vokalwerke J. S. Bachs*, in: *Bach-Jahrbuch 1957*, 5-162.
17. Vgl. *Bach-Dokumente Bd. II*, vorgelegt und erläutert von Werner Neumann und Hans-Joachim Schulze, Leipzig 1969, 151. von Werner Neumann und Hans-Joachim Schulze, Leipzig 1963, 30-45.
18. Vgl. Ernst Koch, *Johann Sebastian Bachs Musik als höchste Kunst. Ein unbekannter Brief aus Leipzig vom 9. August 1723*, in: *Bach-Jahrbuch 2004*, 215-220.
19. Vgl. Chr. Wolff (wie Anm. 13), 341f. – So einleuchtend diese Hypothese ist, so fragwürdig erscheint mir Wolffs daran geknüpfte Vermutung, Bach habe sich auf der Scheibe-Orgel in St. Pauli, der größten Orgel der Stadt, auch sonst konzertant hören lassen. Wir wissen zwar von Orgelkonzerten, die Bach außerhalb Leipzigs gegeben hat. Sollten also ausgerechnet die Leipziger von seiner Orgelkunst (mit Ausnahme vielleicht der Alten Gottesdienste) nichts mitbekommen haben? Gegen Wolffs Vermutung spricht aber die Tatsache, dass wir über Leipziger Orgelkonzerte nichts wissen, was vor allem mit Blick auf die von Wolff angenommenen »Messekonzerte« und im Unterschied zu den gut bezeugten Konzerten mit dem studentischen Collegium musicum im Zimmermannschen Kaffeehaus recht schwer zu erklären ist.
20. Vgl. zum Folgenden Anselm Hartinger, *Universitäres Musikleben und öffentliche Musikpflege an der Paulinerkirche in der ersten Hälfte des 19. Jahrhunderts*, in: *Fontana* (wie Anm. 1), 203-222.
21. Vgl. ebd., 208.
22. Vgl. ebd. 209-212, ferner Petzoldt, *Musik im Universitätsgottesdienst* (wie Anm. 2), 184f.
23. Vgl. Christoph Krummacher, *Thomaskantoren und Thomasorganisten in ihrer Beziehung zum Leipziger »Conservatorium der Musik«*, in: *800 Jahre Thomana. Glauben – Singen – Lernen*, hrsg. von Stefan Altner und Martin Petzoldt, Verlag Janos Stekovics 2012, 257-265, hier 259.
24. Die Leipziger Universität holte damit eine Entwicklung nach, die sich an anderen Universitäten seit der zweiten Hälfte des 18. Jahrhunderts vollzog. Vgl. Emil Platen, Art. *»Universität und Musik«*, in: MGG² (wie Anm. 2), hier Sp. 1171f. – Platen nennt allerdings erst Hermann Kretzschmar den ersten hauptamtlichen Leipziger Universitätsmusikdirektor.
25. Hartinger, *Universitäres Musikleben* (wie Anm. 19), 212.
26. Fritz Stein, *Max Reger. Sein Leben in Bildern*, Leipzig 1941, 29.
27. Vgl. zum Folgenden Petzoldt, *Musik im Universitätsgottesdienst* (wie Anm. 2), 186f.
28. Diese Tatsache ist auch im Vergleich zu anderen Universitätsstädten nicht so ungewöhnlich, abgesehen von gelegentlicher Kombination mit dem Amt des Universitätsmusikdirektors – in Leipzig wie andernorts. Eine Ausnahme stellt wohl Rostock dar, wo immerhin der Universitätsorganist seit den 1970er Jahren hauptamtlich in Verbindung mit einer Lehrtätigkeit an der Theologischen Fakultät tätig war. Seit 1994 sind dort die beiden Funktionen zu *einem* Hauptamt verbunden.

Daniel Beilschmidt

LAUS DEO! EIN AUSBLICK AUF DIE KIRCHENMUSIK AN DER NEUEN UNIVERSITÄTSKIRCHE ST. PAULI

Wenn im Folgenden der Versuch unternommen wird, Perspektiven der Kirchenmusik in der Neuen Universitätskirche darzustellen, geschieht das nicht ohne einen einleitenden Rückblick auf die Gepflogenheiten an diesem nach seiner Zerstörung nun wiedererstandenen Haus. Zwei Dinge werden dabei vorausgesetzt: Tradition ist der Ball, der durch die Hände vieler Generationen gespielt wird. Und: Musik – auch Kirchenmusik! – ist zu ihrem besten Teil Spiel. Im Spiel wirken lebendige Kräfte frei und ohne Zwang zum Ergebnis. Das Spiel zwischen Musik und Liturgie riss auch im 48-jährigen Exodus der Universitätsgemeinde in der Nikolaikirche nicht ab. Heute werden die Fäden aus den vorangegangenen Zeiten aufgenommen und gebündelt.

So folgt unsere Ausführung der kirchenmusikalischen Praxis der unmittelbar vergangenen und gegenwärtigen Zeit, um vorgezeichnete wie unbeschrittene Wege für die Zukunft an ihrem alten/neuen Ort zu skizzieren. Dabei wird die Kirche zu Tendenzen in der Stadt in Beziehung gesetzt.

Wie jede Überlegung zu zukünftigen Vorhaben unterliegt auch diese zahlreichen Unwägbarkeiten. Die erklärten Absichten werden sich an ihrer gelingenden Umsetzung messen lassen müssen. Dennoch wollen hier auch Impulse gesetzt werden, die möglicherweise nie in der genannten Form verwirklicht werden, sondern – und das ist zu hoffen – zu neuen Prozessen und Bewegungen anstoßen.

RÜCKBLICK UND BESTANDSAUFNAHME

Bei einem Blick auf die Geschichte der Universitätskirche St. Pauli stellt sich dem Betrachter bald das weitestgehende Fehlen einer institutionalisierten Kirchenmusik sowie deren finanziell prekäre Situation über weite Zeiträume der vergangenen Jahrhunderte hinweg dar.[1] Die prestigeträchtigen Ämter des Universitätsmusikdirektors, Universitätsorganisten und Universitätskantors waren die meiste Zeit ausschließlich nebenberufliche Tätigkeiten, die ergänzend zu anderweitigen Verpflichtungen in der Stadt traten. Nur schrittweise und erst im 20. Jahrhundert entwickelte sich die Position des Universitätsmusikdirektors zu einer hauptamtlichen Anstellung. Jenseits der Personalunion Thomaskantor-Universitätsmusikdirektor war dieses Amt – wie auch jenes des Organisten und Kantors an St. Pauli – eine karrierefördernde Zwischenposition.

Wenn die neue Universitätskirche St. Pauli ihren Platz im Campus am Augustusplatz einnimmt, steht sie als Innenstadtkirche an der Seite von St. Thomas und St. Nikolai, zwei dezidierten Zentren evangelischer Kirchenmusik. In diesem prominenten Trio (in der Musikstadt Leipzig bei weitem nicht die einzigen Verlautbarer geistlicher Musik!) wird es von großer Bedeutung sein, ihre eigene Stimme zu finden. Dazu gehören eine verbindliche Kirchenmusikpflege im liturgischen Rahmen, d.h. in den Universitätsgottesdiensten und Universitätsvespern, sowie konzertante Veranstaltungen, die dem Horizont einer Universität in unmittelbarer Nachbarschaft zu Gewandhaus, MDR, Oper und Nikolaikirche entsprechen.

Die Kontroversen um den Wiederaufbau der zerstörten Universitätskirche und die parallele Ausrichtung von Paulinum/neuer Universitätskirche als geistiges und geistliches Zentrum der Universität erfordern ihrerseits eine Füllung mit relevanten und existenziellen Inhalten – und zwar für Universität und Stadt. Auch musikalisch ist damit ein vielseitig historisch verknüpftes, zeitgemäßes, mutiges und Grenzen überschreitendes Profil gefragt.

Die Notwendigkeit angemessener Honorierung kirchenmusikalischer und koordinierender Aufgaben wird mit der Rückkehr des Universitätsgottesdienstes an seinen angestammten Ort mehr denn je bestehen, steht sie doch in direktem Zusammenhang mit kontinuierlicher Qualität. In Zeiten, in denen die Leipziger Universität langfristig Stellen abbaut und die Schließung von drei Instituten plant,[2] ist sie für dieses Anliegen jedoch kaum der richtige Ansprechpartner. Es muss also nach anderen Lösungen gesucht werden, die sich auf Basis freiwilliger Initiative und Förderung bewegen.

Musikalische Protagonisten seit der Wende

Seit mit den politischen Veränderungen nach 1989 ein Wiederaufbau der Paulinerkirche wahrscheinlicher und der Blick auf deren kirchenmusikalische Traditionen frei wurde, haben sich verschiedene Figuren des Leipziger Musiklebens um eine Bereicherung der Kirchenmusik im Universitätsgottesdienst verdient gemacht. Zunächst ist der Nikolaikantor Wolfgang Hofmann zu nennen, der, obwohl er nie offiziell den Titel eines Universitätsorganisten trug, von 1970–1993 sonntäglich sowohl im Nikolai- als auch im Universitätsgottesdienst die Orgel spielte und dort auch die Nikolaikantorei einband. Mit Wolfgang Unger trat 1991 ein passioniert für die Sache der Universitätskirche einstehender Musiker das Amt des Universitätsmusikdirektors an.[3] Er gründete 1992 das Pauliner Kammerorchester und 1994 das Pauliner Barockensemble, zwei Projektgruppen aus dem gleichen Stamm an Musikern, die sich bis heute durch Kontinuität, Hingabe, Flexibilität und hohe musikalische Qualität auszeichnen. In seine Amtszeit fällt auch die des Universitätsorganisten Arvid Gast (1993–2004), Maßstäbe setzender Orgelprofessor am 1992 wiedergegründeten Kirchenmusikalischen Institut der Hochschule für Musik und Theater. Seit dessen Weggang nach Lübeck bekleidete Prof. Dr. Christoph Krummacher[4] 2004–2009 dieses Amt.

Nach dem viel zu frühen Tode Wolfgang Ungers wurde 2004 David Timm zum Universitätsmusikdirektor berufen.

Diesem vielseitigen und hochbegabten Musiker ist im Zusammenspiel mit zahlreichen Aufgaben der universitären Musikpflege auch die Ausgestaltung von Universitätsgottesdiensten durch den Universitätschor anvertraut. Regelmäßig geschah das in den vergange-

→ Wolfgang Unger, 1987

nen Jahren zum 1. Advent, zur Christvesper am Heiligabend, zum Gottesdienst am ersten Sonntag des Bachfestes im Juni und zu einem der in jedem Semester stattfindenden ökumenischen Semesterabschluss- oder Eröffnungsgottesdienste. Darüber hinaus führt der Universitätschor regelmäßig in der Passionszeit die Bachschen Passionen und in der Adventszeit das Weihnachtsoratorium in der Peterskirche auf sowie zum Ende des Kirchenjahres ein Requiem in der Thomaskirche. Kantatenaufführungen im Gottesdienst (zum 1. Advent und zum Bachfest) werden vom erwähnten Pauliner Barockensemble gewährleistet. Auch vom Universitätsgottesdienst ausgerichtete Trauergottesdienste konnten in der Vergangenheit wenigstens mit einer kleinen Abordnung des Chores rechnen.

Die angestrebte vokale Ausgestaltung der Universitätsgottesdienste einmal pro Monat soll auch unter Hinzuziehung dieses zentral mit der Universität verbundenen, leistungsfähigen Chores gewährleistet werden. Ferner ist zu diesem Zweck eine Universitätskantorei vorgesehen, die sich aus aktiven und ehemaligen Mitgliedern des Universitätschores sowie Freunden und Sympathisanten zusammensetzt.

Zu den von der Universität bestellten Kräften tritt eine Reihe freier, durchaus regelmäßig agierender Protagonisten. Der Chor der Evangelischen Studentengemeinde, der unter der Leitung von Frauke Heinze und Jakob Wolfes in den letzten Jahren zu einem ernstzunehmenden Vokalensemble wurde, wirkte öfters bei Semesterabschluss- oder Eröffnungsgottesdiensten mit, gelegentlich auch im sonntäglichen Universitätsgottesdienst. Gotthold Schwarz, Sänger, Dirigent und Thomaskantor seit 2016, hat sich bereits mehrfach mit dem Sächsischen Barockorchester und der Leipziger Cantorey durch Aufführungen von Bachschen Weihnachtskantaten im Universitätsgottesdienst am 1. Weihnachtstag und als Sänger zu anderen Anlässen profiliert. Wechselnde Gesangs- und Instrumentalsolisten

→ Leipziger Universitätschor unter der Leitung von David Timm, 2011

sowie Gastchöre runden das Bild der Kirchenmusik im Universitätsgottesdienst vor dem Umzug in die Paulinerkirche ab.

Neben dieser sonntäglichen Veranstaltung werden unter der Woche zwei Termine als Kooperation der Theologischen Fakultät mit dem Kirchenmusikalischen Institut der Hochschule für Musik und Theater durchgeführt: die »Universitätsvesper am Paulineraltar« mittwochs 18.00 Uhr während des Semesters im Chorraum der Thomaskirche und »Orgel-Punkt-Zwölf« donnerstags 12.00 Uhr – auch in der Semesterpause – in der Peterskirche. Unter Verantwortung des Universitätsorganisten haben in der Universitätsvesper Kirchenmusik- und Orgelstudierende die Gelegenheit, Ansagen zur Zeit von Universitätsprofessoren und -dozenten an den Orgeln der Thomaskirche musikalisch zu umrahmen. Sowohl hier als auch im sonntäglichen Universitätsgottesdienst kam es gelegentlich zur Mitwirkung des Chores des Kirchenmusikalischen Instituts und zur Durchführung von Prüfungen.

Einen besonderen Gottesdienst stellte zwischen 2006 und 2016 die Leipziger Narrenpredigt von Prof. Dr. Rüdiger Lux dar, inzwischen emeritierter Professor für Altes Testament und vormaliger Erster Universitätsprediger. Diese Veranstaltung suchte in der Region ihresgleichen und zog jährlich am Sonntag vor der Passionszeit über 1000 Besucher an. Zur verbalen, konsequent gehaltvollen Narretei in Reimen gesellt sich eine über die Stränge schlagende, humoristisch-abgründige Orgelmusik mit Anklängen aus der leichten Muse, Volksliedern und verunglimpften Klassikern.

Orgelspiel im Universitätsgottesdienst seit 2009

Die Summe der aufgeführten kirchenmusikalisch Mitwirkenden ist erfreulich und weist auf das Potenzial einer reichhaltigen Kirchenmusik an St. Pauli. Die Universitätsgottesdienste in St. Nikolai waren in der Überzahl dennoch reine Orgelgottesdienste. Die Ladegast-Eule-Orgel von 2004 bereicherte diese Veranstaltung mit der mächtigen und differenzierten Klanglichkeit eines modernen Großinstruments.[5] Ihre vielfältigen Möglichkeiten beeinflussten die Spielweise des Organisten und überdies das Gesamtleben des Gottesdienstes. So war in den vergangenen Jahren die Musik gekennzeichnet von großer stilistischer Bandbreite, Experimentierlust und dem Einsatz der Orgel als einem essentiellen Werkzeug der Liturgie. Mit Improvisation als zentralem Ansatz, sich musikalisch angemessen in liturgischen Zusammenhängen zu äußern[6], entwickelte der Universitätsgottesdienst ein musikalisches Alleinstellungsmerkmal in Leipzig: an vielen Sonntagen wurde dort ausschließlich improvisiert.

DIE NEUEN INSTRUMENTE IN ST. PAULI

Die Musikpflege in einer evangelischen Kirche ist unweigerlich eng mit der in ihr aufgestellten Orgel verzahnt. Die Orgel setzt Impulse im Repertoire der Vokal- und anderweitigen Instrumentalmusik und ergänzt es ihrerseits komplementär. Ihre stilistische Ausrichtung beeinflusst das Profil des liturgischen Orgelspieles, insbesondere die Begleitung des Gemeindegesangs.

In der neuen Universitätskirche St. Pauli stehen zwei neue Orgeln zur Ausgestaltung der Gottesdienste zur Verfügung:[7] die dreimanualige Jehmlich-Orgel auf der Westempore mit 46 Registern und die Schwalbennestorgel an der Südwand des Chorraums, ein Instrument der Schweizer Orgelbaufirma Metzler, das sich stilistisch in Spätgotik und Renaissance einordnet.[8] Dazu kommt ein Orgelpositiv von Kristian Wegscheider[9] aus dem Bestand der Universitätsmusik, das als farbiges Continuoinstrument für Aufführungen im Kirchenraum gedacht und mittels Rollen ebenerdig beweglich ist.

Die Jehmlich-Orgel

Die Firma Jehmlich blickt auf eine über 200jährige Geschichte zurück und gehört zu den prominentesten Orgelbauern des Freistaates Sachsen. Die erste Generation knüpfte im frühen 19. Jahrhundert an Silbermannsche Traditionen an. 100 Jahre später gehörte der erfolgreiche Betrieb zu den technischen und ästhetischen Innovatoren der Orgelwelt.[10] Nach dem Zweiten Weltkrieg kehrte man von den um die Jahrhundertwende gebräuchlich gewordenen pneumatischen und elektropneumatischen Anlagen zu mechanischen Spieltrakturen zurück.

Das neue Instrument in St. Pauli würdigt die Ideale des sächsischen klassischen Orgelbaus: Klarheit, Transparenz, Brillanz, Offensive. Hinzu kommt ein – bewusst nicht französisch-romantisch orientiertes, wohl jedoch grundton- und farbenreiches, schwellbares Oberwerk. Das ebenfalls schwellbare und außerdem transponierbare Brustwerk ermöglicht Musizieren im Bereich des Continuo- bzw. obligaten Orgelspiels mit Ensembles im Kammer- oder Chorton und beherbergt die Farben klassischer Soloregistrierungen. Durch Midischnittstellen erhält die zeitgemäße Erscheinung mit Spielhilfen, Setzeranlage und im Spielschrank versenkbarem Monitor zusätzlich die reizvolle Möglichkeit, elektronische Komponenten von der Orgel aus, oder die Orgel vom Raum aus anzuspielen. Das heißt: bei Anschluss entsprechender Elemente kann das Instrument in Richtung elektronische Klangerzeugung erweitert werden.

Die Jehmlich-Orgel eignet sich für die Wiedergabe von Musik des 18. bis 21. Jahrhunderts. Das schließt die besonderen Traditionen der Universität, die sich an Persönlichkeiten wie etwa Johann Kuhnau, Johann Sebastian Bach, Johann Gottlob Schneider[11] und Max Reger festmachen, ebenso ein wie das generelle Repertoire dieser drei Jahrhunderte. Explizit mit französischen Dispositionen der Belle Époque rechnende Werke werden hier sicher mit Gewinn alternative Darstellungen erfahren können.

Ferner sind die organistischen Traditionen an St. Pauli vom Ende des Zweiten Weltkrieges bis zur Zerstörung der Kirche zu nennen, die sich wieder an diesem neuen Instrument beheimaten können: etwa die des gottesdienstlichen und konzertanten Improvisierens, die maßgeblich mit dem Namen Robert Köbler – Universitätsorganist 1949–1970 und einer der größten Improvisatoren der ehemaligen DDR – verbunden sind. Oder die von Georg Trexler, Kirchenmusiker der katholischen Propsteigemeinde, welche nach der Kriegszerstörung ihrer Kirche von 1946 bis 1968 eine vorübergehende Heimat in der Universitätskirche gefunden hatte. Das Werk dieses herausragenden, heute beinahe in Vergessenheit geratenen Komponisten beeindruckt durch zwingende Energetik und die souveräne technische Beherrschung einer persönlichen, modernen Musiksprache. Der damalige Student an der Musikhochschule Volker Bräutigam vertrat Köbler ab 1958 regelmäßig im Universitätsgottesdienst. Als Professor für Liturgisches Orgelspiel prägte er später ganze Generationen von Absolventen des Leipziger Kirchenmusikalischen Instituts und der Kirchenmusikhochschule Halle. Seine bemerkenswerten Orgelwerke, unter denen das »Epitaph für Maksymilian Kolbe« (1975) besonders hervorsticht, gehören unbedingt in das zukünftige Repertoire der Universitätsorganisten. Ferner sollten sein Gedenkstück zum 40. Jahrestag der Zerstörung der Paulinerkirche »Epitaph« (2008) sowie seine kongeniale Ergänzung der verschollenen Evangelienmusik aus Bachs Markuspassion (1981) von den Musikern am neuen Haus regelmäßig aufgeführt werden. Die Arien und Chöre der Markuspassion wiederum sind aus parodierten Sätzen der Trauerode »Laß Fürstin, laß noch einen Strahl«, BWV 198 rekonstruiert worden, welche Bach 1727 in einer Trauerfeier für Christiane Eberhardine, Kurfürstin von Sachsen und Königin von Polen, in der Paulinerkirche aufführte.[12]

Selbstverständlich ist die neue Jehmlich-Orgel für das Chorsinfonische Repertoire und Werke für Orgel und großes Orchester geeignet. Dieses Instrument kann auch per definitionem zur Begleitung akademischer Feiern und Veranstaltungen herangezogen werden.

Die vielseitig lesbare Disposition der neuen Jehmlich-Orgel jedenfalls regt hoffentlich nicht nur die erste Generation von Musikern und Zuhörern zur Entdeckung bewegender Klangräume an, sondern wirkt auch in Zukunft als inspirierender Fundus.

Die Metzler-Orgel

Mit der Schwalbennestorgel von Metzler wird die Leipziger Orgellandschaft – und die der gesamten Region – um ein höchst originelles Instrument erweitert. Michael Praetorius' Mitteilungen über die Orgel der Paulinerkirche im zweiten Band seines »Syntagma Musicum« (1619) bilden Anregung und Grundlage des Projektes. Er beschreibt eine farbenreiche Renaissanceorgel mit der Besonderheit eines längst aus der Mode gekommenen mittelalterlichen Blockwerks.[13] Jenes wird uns als 7–12-fache Mixtur die selten anzutreffende Klangwelt der Gotik eröffnen. Sicherlich ist das Bewusstsein für differenzierten Orgelklang in den vergangenen Jahrzehnten gewachsen. Lebendiger Wind, Keilbalganlagen, Kanaltremulanten, ungleichstufige Temperaturen; historische Tasten- und Pedalmensuren, Klaviaturumfänge und Traktursysteme – all das ist erfreulicherweise heute Standard beim Umgang mit historischem Bestand in den Kirchgemeinden. Insbesondere besteht breitere Sensibilität für die Epochen vom ausgehenden 17. bis zum frühen 20. Jahrhundert. In Leipzig etwa markierte die Fertigstellung der Woehl-Orgel der Thomaskirche (2000) einen entsprechenden Meilenstein[14].

Unsere Schwalbennestorgel mit kurzer Oktave[15] schlägt allerdings den Bogen zur Musik des 14. bis frühen 17. Jahrhunderts. Da sich diese Klanglichkeit überzeugend nur bei entsprechend temperierten Instrumenten mitteilt (mitteltönig oder pythagoreisch), ist sie bisher – trotz bestehender qualifizierter Aktivitäten – nicht aus ihrer Randlage im barock-klassisch-romantischen Kernrepertoire der Stadt herausgetreten. Mit der neuen prominenten Wirkungsstätte St. Pauli und dem stilistisch eindeutigen Bekenntnis einer Orgel dieser Größe eröffnen sich für die Pflege Alter Musik in Leipzig neue Möglichkeiten. Von der Empore der Schwalbennestorgel werden Klänge ausgehen, die aus so alten Bezügen stammen, dass sie für unsere Ohren neu klingen.

Aus Kostengründen wird die Orgel in zwei Ausbaustufen gebaut. Diese entsprechen auch der vermuteten geschichtlichen Genese, die aus Praetorius' Beschreibung ersichtlich wird: Zuerst muss es ein frühes Instrument – ein Blockwerk oder den großen Hintersatz 12-fach mit Prinzipal(gruppe) – gegeben haben. Später kamen andere Register hinzu; die alte Basis wurde jedoch belassen. Analog dazu besteht die erste Ausbaustufe aus dem Prinzipalchor 16', 8', 4' und Mixtur 7–12-fach, sowie Rohrflöte und Messing Regall 8'. Weitere Zungenregister, Flöten, Aliquoten und Pedalregister folgen in der zweiten Ausbaustufe. Es scheint, dass sich damit die Annäherung an den Frühbarock um 1600 vollzieht. Teilweise ist das auch richtig. Doch bereits die Orgeldispositionen um 1500 kennen die volle Farbvielfalt, und Quellen dieser Zeit beschreiben neben dem obligatorischen Prinzipalchor auch Flöten, Aliquoten und Zungen.[16]

Welches Repertoire wird auf dieser Orgel spielbar sein? Das beginnt bereits bei den ersten Sammlungen von Orgelmusik, die wir kennen und die hier nur kurz genannt werden sollen: Robertsbridge Codex (um 1320), Codex Faenza (um 1400), Tabulatur des Adam Ileborgh von Stendal (1448), Nürnberger Orgelbuch (1452), Buxheimer Orgelbuch (1460/70). Zur Wende zum 16. Jahrhundert hin werden die Komponisten namentlich greifbarer: Paul Hofhaimer, Arnolt Schlick, Johannes Buchner, Hans Kotter, Leonhard Kleber. Weitere Komponisten im Verlauf dieses Jahrhunderts – nur stellvertretend für viele andere erwähnt – sind Hans Leo Hassler, Pierre Attaingnant, Antonio de Cabezón, Claudio Merulo, Andrea Gabrieli, John Redford. Je weiter die Zeit fortschreitet, umso mehr bilden sich regionale Unterschiede im Orgelbau aus, die die Musik stark formen. Um 1600 ist dieser Vorgang wesentlich ausdifferenzierter als noch 100 Jahre früher. In den allgemein geläufigeren Gefilden der Musik dieser Zeit angekommen, treffen wir vertraute Namen wie Michael Preatorius, Samuel Scheidt, Giovanni Gabrieli, Girolamo Frescobaldi, Jan Pieterszoon Sweelinck, William Byrd oder John Bull.

Die deutliche Positionierung des Instrumentes in Gotik und Renaissance schließt seine Verwendbarkeit für neuere und zeitgenössische Musik jedoch nicht aus. Seine singenden Prinzipale und fremdartig kombinierbaren Register, die intervallischen Reize der mitteltönigen Temperatur, die mechanischen Registerschleifen, der lebendige Wind – all dies lädt geradezu ein, die Darstellbarkeit verschiedenster zeitgenössischer Stücke auf dieser Orgel auszuprobieren und neue Musik dafür zu verfassen.[17]

Alternatim-Praxis

Die Referenzepoche der Metzler-Orgel wird auch auf Spielarten der Liturgie einwirken. So ist die überlieferte Orgelmusik um 1500 oft nicht ohne ihr liturgisches Pendant, den Gesang, denkbar. In der sogenannten Alternatim-Praxis wechseln sich Vokal- und Orgelverse miteinander ab. Diese Wechselgesänge verwendeten vocaliter entweder den puren gregorianischen Gesang oder bereits mehrstimmige Bearbeitungen desselben. Die Orgelstrophen sind ihrerseits kontrapunktische cantus-firmus-Bearbeitungen, die die Texte bildhaft und mit der Spielfreude dieser Epoche musikalisch darstellen. Ein berühmtes Beispiel für solche entfalteten vokal-instrumentalen Wechselbezüge sind die Orgelmessen, -hymnen und -sequenzen von Johannes Buchner und der »Choralis Constantinus« von Heinrich Isaac, die beide zu Beginn des 16. Jahrhunderts für das Konstanzer Münster geschrieben wurden.[18] Wenn mit der neuen Schwalbennestorgel die alte Praxis des Alternierens wieder in Leipzig Fuß fasst, wird das konzertante Veranstaltungsformen ebenso bereichern wie den Gottesdienst. Das Spannende an dieser Form ist ihre reizvolle Offenheit auch für – stilistisch gebundene wie offene – Orgelimprovisation. So können z. B. von der Gemeinde gesungene wiederkehrende Kyrie-Rufe mit impulsiven Orgelaphorismen abwechseln. Auch bei Kirchenliedern ist diese Variante mit abwechselnden Strophen denkbar.

Choralbegleitung

Die zentrale Aufgabe der Schwalbennestorgel wird allerdings die Begleitung der im Ostteil sitzenden singenden Gemeinde sein. Dabei ergibt sich die Notwendigkeit, auf schöpferische Weise den musikgeschichtlichen Anachronismus zu überbrücken, dass Orgelbegleitung des Gemeindegesangs erst im 17. Jahrhundert gebräuchlich wurde. Vorher sang die Gemeinde einstimmig und unbegleitet. Die heutige Praxis fordert an dieser Orgel zu einer kreativen Erweiterung der Spielarten liturgischer Orgelkunst auf. Den Gemeindegesang wird dies mit Sicherheit beleben. Die Kantionalsätze der postreformatorischen Meister wie Claude Goudimel / Louis Bourgeois, Hans Leo Hassler und Sethus Calvisius,[19] die hier als Vorlagen herangezogen werden können, sind von anregender Klarheit und Frische.

AUSBLICK

In der neuen Universitätskirche St. Pauli ist entfaltete Kirchenmusik im Gottesdienst einmal im Monat geplant. Die Universitätsvesper bleibt als musikalischer Termin unter der Woche bestehen und soll gegenüber ihrem Format in der Thomaskirche mehr Gewicht bekommen. In Orgelkonzerten mit namhaften internationalen Solisten sollen obligatorisch auch Improvisationen erklingen. Darüber sollen in regelmäßigen Orgelführungen die neuen Instrumente der Öffentlichkeit nahegebracht werden.

Neben der Pflege des genannten historischen Kirchenmusikrepertoires ist regelmäßig auch moderne und zeitgenössische Musik im liturgischen Rahmen vorgesehen. Werke, in denen sich klangliche Spuren der Transzendenz finden, wie z. B. von Mark Andre, John Cage, Hans-Ola Ericsson, Morton Feldman, Gérard Grisey, Bengt Hambraeus, Jörg Herchet, Christoph Herndler, Klaus Huber, György Ligeti, Olivier Messiaen, Giacinto Scelsi u. v. a., können in besondere Gottesdienstformen eingefügt und mit aktuellen, kirchenjahresbezogenen oder anderweitig spirituellen Themen kurzgeschlossen werden.[21]

Die Mehrzahl der dargestellten musikalischen Perspektiven verweist auf den Universitätsgottesdienst als Bezugspunkt. Um dieses Zentrum herum besteht die Universitätsgemeinde. Doch wer diese Gemeinde ist und vor allem in Zukunft sein wird, ist offen. Der Ort am Augustusplatz stellt die Überlegungen dazu auf neuen Grund. Was will hier, was kann hier, was wird hier wachsen?

Es ist zu hoffen, dass das Neue, das sich findet, keine musealen Züge annimmt, dass es sich nicht im Konservieren erschöpft. Fehldeutungen des Architekturentwurfs und des Interieurs könnten das nahelegen: jahrhundertealte, vor der Zerstörung gerettete Versatzstücke aus der alten Kirche haben ihren Platz in einer zeitgemäßen Gestaltung gefunden und konfrontieren sich mit heutigen Vorstellungen einer sakralen Stätte. Die oben beschriebenen musikalischen Werkzeuge verorten sich ebenfalls in weit auseinanderliegenden Epochen. Doch was in der neuen Kirche aufeinandertrifft, gehört nicht ins Feld interessanter kunsthistorischer Anordnungen. Architekt Erick van Egeraat inszeniert als Bruch, was mit Gewalt auseinandergerissen und zerstört wurde. Damit zeigt sich allzu deutlich, vor welcher Doppelherausforderung geistliches Leben an St. Pauli steht: Einerseits ist dieser Ort prädestiniert, Impulse der Vergebung zu suchen und auszusenden – besonders im Blick auf in der DDR verübtes Unrecht. Andererseits ist es notwendig, hier gezielt Gemeindebildung zu betreiben.

Können im Universitätsgottesdienst »riskante Liturgien« gestaltet werden? Der Theologe Peter Cornehl hat in einem Vortrag[22] den Einbezug des genannten Bruches in die Liturgie in St. Pauli für möglich gehalten. Wenn ein unvollständig erhaltenes Barockepitaph zwischen zwei Säulen über einem modern gestalteten Taufbecken schwebt, dann können auch Texte, Töne und Bilder kühne Kombinationen eingehen, um geistlich verbindliche Aussagen für die Menschen an diesem Ort zu artikulieren. Auf dem Weg, sich als Universitätsgemeinde zu finden, werden Wagnisse einzugehen sein. Worin diese bestehen und ob sie funktionieren, wird von jenen entschieden, die hier ihre geistliche Heimat haben, suchen oder finden. Kirchenmusik an der neuen Universitätskirche ist für folgende, bereits genannte Felder von besonderer Bedeutung: Gotteslob, Bewahrung von Traditionen, Experiment, Gemeindebildung und Umgang mit Schuld und Vergebung aus ideologisch-politischem Kontext.

Musik wandelt zwischen den Zeiten und Welten und vermag da Aussagen zu machen, wo Worte nur unzureichend gefunden werden können. Im Gotteslob wendet sie sich als große psychophysische Bewegung aus der Mitte des Menschen zu Gott hin. Im Ritus gliedert sie und öffnet unvorhersehbare Räume. Immer wandelbar, vielfältig und reich, auf der ganzen Skala, von überbordend, festlich und transzendent bis an den Rand des Schweigens, verkörpert sie in diesem einzigartigen neuen Gotteshaus das, wozu christlicher Glaube einlädt und befähigt: die Kraft der Hoffnung, des Neubeginns.

---

[1] Weiterführende Details hierzu s. Martin Petzoldt »*Musik im Universitätsgottesdienst zu Leipzig*« in: *600 Jahre Musik an der Universität Leipzig*, Wettin/Leipzig 2010, 173.

[2] Mitteldeutsche Zeitung, online-Ausgabe vom 13.02. 2014.

[3] Er war bereits seit 1987 künstlerischer Leiter des Universitätschores. 1991/92 leitete er interimsmäßig den Thomanerchor für ein Jahr.

[4] Direktor des Kirchenmusikalischen Instituts 1992–2014, Rektor der Hochschule für Musik und Theater »Felix Mendelssohn Bartholdy« 1997–2003, Präsident des Sächsischen Musikrates seit 2007. Einerseits intensiv geprägt durch die Begegnung mit Pionieren der Historischen Aufführungspraxis, andererseits Autor zahlreicher wissenschaftlicher Publikationen im kirchenmusikalisch-theologischen Bereich.

[5] Trotz der Restaurierung und Rekonstruktion des Ladegastschen Pfeifenbestandes und der mechanischen Spieltraktur, die das Instrument an sich in der mitteldeutschen Tradition des 19. Jahrhunderts verorten, prägen ihm die hinzugefügten Werke und Register (z. B. französisches Schwellwerk) sowie das fortschrittliche Spieltischdesign und die 4000-fache Setzeranlage eindeutig den Charakter einer aktuellen, wenngleich nicht avantgardistischen, Orgel auf.

[6] S. Martin Schmeding »*Ex Improviso: Zur freien Improvisation im Gottesdienst*« in: Klage-Lob-Verkündigung. Gottesdienstliche Musik in einer pluralen Kultur. Hrsg. Irene Mildenberger, Wolfgang Ratzmann, Leipzig 2004, 113–124.

[7] Inwiefern das in jedem Gottesdienst gegeben sein wird, hängt von den Gebräuchen ab, die sich am neuen Haus einstellen, denn nur bei geöffneter Glaswand macht der – durchweg wünschenswerte – Einbezug der Jehmlich-Orgel auf der Westempore für die im Ostteil sitzende Gemeinde Sinn. Bei regem Gottesdienstbesuch wird diese Beschränkung hinfällig.

[8] S. hierzu den Beitrag von Horst Hodick im vorliegenden Band.

[9] Kristian Wegscheider, 2009. Disposition: Gedackt 8', Principal 4', Flöte 4', Quinte 2⅔' (Diskant), Oktave 2', Quinte 1⅓', Superoktave 1'.

[10] Hiervon zeugt in Leipzig-Lindenau bis heute die von Paul Gerhardt (1867–1946) konzipierte Orgel der Philippuskirche (1909/10), die in den nächsten Jahren wieder spielfähig gemacht werden soll. Hier baute Jehmlich u. a. ein Patent für eine Anlage mit 30 freien Kombinationen – ihrer Zeit weit voraus!

[11] Johann Gottlob Schneider junior (1789–1864) nahm 1811 ein Jurastudium an der Leipziger Universität auf und war 1811–12 Universitätsorganist., 1812–25 Organist an der Sonnenorgel der Görlitzer Peter-und-Pauls-Kirche und 1825–1864 Organist der Katholischen Hofkirche Dresden. Er wurde geschätzt als überregional bekannter Virtuose, Improvisator, Orgelsach-

verständiger und Lehrer. Befreundet mit Robert Schumann und Felix Mendelssohn Bartholdy.

[12] S. Christoph Wolff »*Johann Sebastian Bach*« Frankfurt/Main, 2000, 339f.

[13] Die mittelalterliche Orgel kannte keine Unterteilung in Register. Das englische Wort »stop« benennt den historischen Prozess, in dem Register abstoßbar und damit einzeln anspielbar wurden. Blockwerke entsprechen in etwa mehrchörig besetzten Mixturen.

[14] Bereits seit 1993 gab es in Leipzig wieder Gemeindegesang zu Orgelspiel in ungleichstufiger Temperatur. Volker Bräutigam, damaliger Kantor der Heilandskirche Plagwitz, besorgte als Ersatz für die desolat gewordene Sauer-Orgel seiner Kirche ein gebrauchtes Instrument des niederländischen Orgelbauers Hans Kriek - Temperatur: Schlick II.

[15] Anders als bei der sog. »langen Oktave« werden die Töne Cis, Dis, Fis und Gis in der untersten Oktave nicht gebaut. Aus folgender Tonanordnung ergeben sich bequeme Griffmuster für Skalen-und Akkordspiel:

Obertasten   D E B
Untertasten   C F G A H c.

[16] Hans Klotz »*Die Orgelkunst der Gotik, der Renaissance und des Barock*«, Kassel 1975, 60–112.

[17] S. Klaus Huber »*Für einen lebendigeren Orgelklang. Simmungssysteme, Temperatur, Mikrotonalität*« in: Klaus Huber »Umgepflügte Zeit. Schriften und Gespräche« hrsg. von Max Nyffeler, Köln 1999, 83-88.

[18] S. Johannes Buchner »*Orgelwerke*« hrsg. von Jost Harro Schmidt. Edition Peters Frankfurt/New York/London, 1982, Vorwort.

[19] Sethus Calvisius (1556-1615) war 1580-82 Kantor und Organist an St. Pauli, später als Thomaskantor 1594-1615 auch Universitätsmusikdirektor. Eine neue Ausgabe seiner »Harmonia Cantionum ecclesiasticarum« (4- und 6-stimmige Choralsätze) wird vorbereitet durch Franz Ferdinand Kaern, Leipzig.

[20] Gründungsmitglieder waren am 9.12.2013 in der Thomaskirche Leipzig: Friederike Otto (Zink), Stefan Kahle (Altus), Hartmut Becker (Viola da gamba) und Daniel Beilschmidt (Orgel und Leitung).

[21] Klaus Röhring »*... die Ohren zu öffnen ...*« Neue Musik in Liturgie und Gottesdienst, in: Klage-Lob-Verkündigung. Gottesdienstliche Musik in einer pluralen Kultur. Hrsg. Irene Mildenberger, Wolfgang Ratzmann, Leipzig 2004, 125-139.

[22] Peter Cornehl »*Öffentlicher Gottesdienst? Zwanzig Jahre nach der friedlichen Revolution*« Vortrag aus Anlass der Verleihung der Ehrendoktorwürde der Theologischen Fakultät der Universität Leipzig am 28.10.2009 in: »Pastoraltheologie. Monatsschrift für Wissenschaft und Praxis in Kirche und Gesellschaft«, 99. Jg., 2010, Heft 4, 136-155.

Alexander Deeg

ZWISCHEN AULA UND KIRCHE

Kulturwissenschaftliche und theologische Perspektiven zum neu entstandenen Bindestrich-Gebäude und Konsequenzen für die Nutzung

Ein einzigartiger Raum ist in Leipzigs Mitte in den vergangenen Jahren entstanden. Einzigartig in seiner Ästhetik, einzigartig auch in seiner Fähigkeit zu provozieren. Schon jetzt ist die Geschichte dieses Gebäudes auch die exemplarische Geschichte des Diskurses über die Rolle von Religion im Kontext einer staatlichen Universität in einer zunehmend säkularen Gesellschaft im frühen 21. Jahrhundert,[1] über das Wechselspiel von Glaube und Wissenschaft angesichts einer jahrhundertelangen Geschichte der fruchtbaren Koexistenz und einer jahrzehntelangen Geschichte des Antagonismus (vor allem) in DDR-Zeiten,[2] über den Einfluss der Kirche, über Kunst und Tradition und ihre Pflege. Das neue Gebäude trägt eine Gesamtbezeichnung »Paulinum« und ganz offiziell eine Art ›Untertitel‹. In diesem ist ein Schrägstrich bzw. Bindestrich enthalten: »Aula – Universitätskirche St. Pauli«.[3] Der Bindestrich verbindet und trennt zugleich – und steht m. E. auf hervorgehobene Weise für die Einzigartigkeit des 2015 fertig gestellten Raumes.

1. DER REIZ DES BINDESTRICHS

Schrägstriche und Bindestriche sind nicht harmlos. Sie zeigen immer auch an, dass hier Dinge verbunden werden, die sich unter Umständen sperrig zueinander verhalten, die sich in jedem Fall aber gegenseitig herausfordern. Manchmal wird durch Bindestriche oder Schrägstriche bleibend Fremdes miteinander in Beziehung gebracht.

Jean-François Lyotard und Eberhard Gruber gelingt es in einem anregenden Essay, die Rolle des Bindestrichs zu charakterisieren. Die beiden Autoren gehen von der scheinbar so selbstverständlichen Rede vom »christlich-jüdischen« Abendland oder »christlich-jüdischen« Kulturkreis aus – und erkennen neu, welche Sprengkraft in dem Bindestrich steckt, wenn man einmal nicht so tut, als gebe es das, was sich konventionell so einfach aussprechen lässt (das »Christlich-Jüdische«), sondern wenn man den Bindestrich als bleibende Provokation liest.[4]

Genau in dieser Hinsicht erkenne ich das nun entstandene Gebäude mit seinem Bindestrich als bleibende Provokation und gerade dadurch als Chance, das, was der Bindestrich suggeriert, mit Leben zu füllen. Es gilt in den kommenden Jahren, das Leben eines Gebäudes zu gestalten, in dem dieser Bindestrich zwischen »Aula« und »Kirche« Realität wird und Gestalt findet (und das bedeutet keineswegs, dass es immer nur um harmonische Inbeziehungsetzungen gehen muss, sondern auch um engagierten Streit gehen kann!).

→ Paulinum

In dieser Hinsicht entspricht das, was ich hier mit der Denk- und Sprachfigur des Bindestrichs andeute, dem, was kultur- und politikwissenschaftlich seit einigen Jahrzehnten als »Hybridität« bezeichnet wird. Es geht dabei, sehr grob formuliert, um kulturelle Überschneidungen, die notwendig zu neuen Konstrukten jenseits dualer Alternativen führen, die spezifisch für die neuzeitliche Situation sind und doch für viele aufgrund ihrer Komplexität schwer erträglich scheinen.

Bindestrich-Konstruktionen sind immer bedroht; sie werden von allen ins Wanken gebracht, die mit der damit gegebenen und aufgegebenen Komplexität nicht leben wollen und lieber einfache Lösungen suchen.[5] Um der Bindestrich-Komplexität zu entgehen, kann man dann entweder eine Einheit behaupten, indem man das, was durch den Bindestrich zusammengebunden, aber nicht einfach vereint wird, begrifflich postuliert (im Fall des »Christlich-Jüdischen« etwa so, dass

›Werte‹ benannt werden, die das »Christlich-Jüdische« bestimmen). Im Fall des entstandenen Gebäudes steht der Begriff »Paulinum« für diese Einheit;[6] gleichzeitig aber zeigt sich deutlich, dass dieser zur Bezeichnung eben nicht genügt. Er ist ebenso korrekt wie leer; die Wirklichkeit bleibt die Bindestrich-Realität, die sich nicht durch den Oberbegriff erledigt, sondern erst in der Gestalt des Baus (über die ja lange und erbittert gestritten wurde) und dann durch seine Nutzung ergibt.

Die Alternative zur Lösung der Bindestrich-Problematik lautet: man reißt auseinander, was der Bindestrich zusammenhält. Gerade die letztgenannte Problematik lässt sich im Rückblick auf die Diskussionen um die Aula/Universitätskirche zur Genüge beobachten. Da wurde dann davon gesprochen, dass man eine Aula mit angegliedertem »Andachtsraum« baue – so als ließe sich ›das Religiöse‹ auf einen kleinen Bereich im Osten des Gebäudes reduzieren und sich der restliche Raum damit von seinem Einfluss freihalten. Die Glaswand zwischen Apsis und Hauptschiff wurde auch deswegen befürwortet, weil mit ihr die Trennung dieser beiden Bereiche konkret vollzogen werde. Nicht zuletzt kann auch der Versuch, die aus der alten Universitätskirche St. Pauli gerettete Kanzel aus dem Hauptschiff herauszuhalten und ihr dort keinen festen Ort zu geben, als Programm zur Reduktion der mit dem Bindestrich gegebenen Komplexität verstanden werden: Wenigstens ein Bereich des neu entstandenen Gebäudes soll so aussehen, als habe er mit Kirche oder Religion prinzipiell nichts zu tun (was allein wegen der Gesamtarchitektur völlig unmöglich ist; das Gebäude mit seiner Größe und Ausrichtung, seiner Höhe, seinen Fenstern, Säulen und seiner Decke und nicht zuletzt mit seiner Orgelempore ist eine ›Kirche‹ und wird so von denen, die es besuchen, auch wahrgenommen und identifiziert werden – mit oder ohne Kanzel!).

Sucht man nach einem aktuellen Beleg für den Versuch der Vereinfachung der Komplexität des Bindestrich-Gebäudes, so kann der derzeitige Stand des Wikipedia-Artikels »Paulinerkirche (Leipzig)« dazu dienen.[7] Dort wird eine – den Beschlüssen zur Doppelnutzung und zum Doppelcharakter des Gebäudes zuwiderlaufende, die Komplexität radikal reduzierende – Interpretation des Gebäudes geboten, die tatsächlich suggeriert, man habe zwei Gebäude geschaffen: »Das neu entstehende Paulinum ist ein universitätseigenes Gebäude und als solches mit Hochschulbaumitteln des Freistaates Sachsen finanziert. Es vereinigt unter seinem Dach sowohl wissenschaftliche Institute, die Aula der Universität als auch ihren Andachtsraum. Aula und Andachtsraum können für größere Veranstaltungen über einen variablen und transparenten Raumteiler miteinander verbunden werden. In Erinnerung an die Kirche, in der bis dahin die Universitätsgottesdienste stattfanden, wird der neue Andachtsraum im Paulinum den Namen ›Universitätskirche St. Pauli‹ tragen.«[8]

Dass es auch Versuche der Reduktion in die andere Richtung gab, darf ebenfalls nicht unerwähnt bleiben. Es gab und gibt ja auch diejenigen, die am liebsten ›nur‹ eine Kirche in dem Gebäude sehen wollen und die entsprechend verständnislos mit allen Anfragen derer umgehen, für die das Ensemble eben auch (oder primär) Aula einer Universität in einer Stadt ist, deren Bevölkerungsmehrheit keiner christlichen Konfession angehört.[9]

Gegen diese Reduktionen scheint mir gerade in dem Bindestrich der Reiz zu liegen. Einzigartig ist der Bau gerade wegen dieser Verbindung: es ist ein *Bindestrich-Gebäude*.

2. »BETWIXT AND BETWEEN« – ZUR SPEZIFISCHEN HETEROTOPIE DES NEUEN RAUMES

Ein kleiner Text von Michel Foucault (1926–1984) wurde vor etwa 20 Jahren zu einem der grundlegenden, viel gelesenen und noch mehr zitierten Werke des so genannten *spatial turn* – einer Wende in den Kulturwissenschaften, die sich plötzlich für Räume aller Art interessierte. Der Titel lautet: »Von anderen Räumen«.[10] Foucault beobachtet – wie so oft in seinen Werken – die Gesellschaft genau und erkennt: Es gibt in allen Gesellschaften »andere Orte«, Orte, an denen die übrigen Orte repräsentiert, in Frage gestellt oder sogar ins Gegenteil verkehrt werden. Etwa ein Friedhof (als ausgegrenzter Ort des Todes jenseits und doch inmitten der Gesellschaft der Lebenden) oder ein Bordell (als Ort, an dem bestimmte Regeln und Konventionen des üblichen gesellschaftlichen Lebens außer Kraft gesetzt sind) oder ein Schiff, das als eigener Kosmos und damit als Projektionsfläche für Sehnsüchte irgendwo auf dem Ozean schwimmt. Oder auch – aber von Foucault in diesem kurzen Text nicht analysiert – eine Kirche, eine Synagoge, ein Tempel. Jede Gesellschaft braucht diese Orte und stellt sich doch auch immer in Distanz zu ihnen. Sie sind generativ und erfüllen verschiedenste Funktionen, gerade weil sie sich einer unmittelbaren gesellschaftlichen Funktionalisierung weitgehend entziehen.

Auch die neue Aula/Universitätskirche ist eine Heterotopie im Foucaultschen Sinn. Ein »anderer Ort« inmitten der Universität, inmitten der Stadt. Dabei wird sie zunächst, wie jede andere Innenstadtkirche auch, als Kirchenraum wahrgenommen werden – und kann dann wie in Pascal Merciers Roman »Nachtzug nach Lissabon« Bedeutung erlangen. In diesem Roman bekennt Amadeu de Prado:

»Ich möchte nicht in einer Welt ohne Kathedralen leben. Ich brauche ihre Schönheit und Erhabenheit. Ich brauche sie gegen die Gewöhnlichkeit der Welt. [...] Ich will den rauschenden Klang der Orgel hören, diese Überschwemmung von überirdischen Tönen. Ich brauche ihn gegen die schrille Lächerlichkeit der Marschmusik. Ich liebe betende Menschen. Ich brauche ihren Anblick. Ich brauche ihn gegen das tückische Gift des Oberflächlichen und Gedankenlosen.«[11]

Ein nicht gerade gläubiger Mensch beschreibt hier, welche Bedeutung »Kathedralen« für ihn haben und dass er ohne Kirchengebäude nicht leben möchte. Dieses Zitat entspricht auf erstaunliche Weise der Situation im Osten Deutschlands, einem der säkularisiertesten Gebiete der Welt. Ausgerechnet dort lässt sich vielerorts eine neue Lust am Kirchenraum feststellen. Hunderte alter Kirchen, die in der DDR-Zeit nicht gepflegt werden konnten, sind im Osten Deutschlands vom Verfall bedroht. In Dörfern und Städten schließen sich Menschen (die wenigsten von ihnen Mitglieder einer Kirche!) in Vereinen zusammen und arbeiten für die Erhaltung der Kirchen. Seit 1997 werden sie dabei von der »Stiftung zur Bewahrung kirchlicher Baudenkmäler« (Stiftung KiBa) unterstützt, die diese Projekte gleichzeitig auch dokumentiert.[12] Menschen identifizieren sich mit dem Gebäude, halten es für die Identität in ihrem Dorf oder ihrem Stadtteil für bedeutsam, sehen in ihm einen Anker in einer zunehmend unübersichtlichen, globalisierten und enträumlichten Welt[13] und verbinden mit ihm jene Leerstelle des »Anderen«, ohne die einer Gesellschaft ›etwas fehlen‹ würde (so äußern sich Befragte manchmal reichlich unspezifisch, aber gerade so charakteristisch auf die Frage nach dem Grund ihres Engagements!). Es zeigt sich auf diesem Hintergrund, dass die Leipziger Diskussionslage aufgrund der Sprengung der alten Paulinerkirche 1968 und der Ersetzung durch einen universitären Zentralbau, eine spezifisch andere ist. Die freundlich-fröhliche Gelassenheit, mit der sich in vielen Gebieten Ostdeutschlands auch Nicht-Kirchenmitglieder oder bekennende Atheisten am Erhalt von Kirchen beteiligen, ist in der öffentlichen Leipziger Diskussion nicht/kaum anzutreffen.

Dennoch gilt auch hier: Kirchengebäude sind jene Orte, die mitten in einer funktionalen und durchorganisierten Gesellschaft das Andere offenhalten: das Nicht-Funktionale, religiöser gewendet und sicher nicht für alle gültig: die Transzendenz. Sie sind Heterotopien, andere Orte, die auf ein anderes Leben verweisen und ggf. auf ein Jenseits des Lebens. Ausgerechnet die größten ›Immobilien‹ einer Stadt oder eines Dorfes können so zu Orten der (geistigen) Mobilität und des Aufbruchs werden.

Eine 2009 abgeschlossene empirische Studie hat anhand von Untersuchungen im Norden Deutschlands ebenfalls auf die (erstaunliche) und vielschichtige Bedeutung von Kirchengebäuden gerade im Osten Deutschlands hingewiesen.[14] Auch und gerade in Zeiten »religiöser Relativierung«[15] erweisen sich Kirchengebäude als einladend für viele und regen zu unterschiedlichsten Erfahrungen und Deutungen an. Gleichzeitig erkennt Anna Körs, die Verfasserin der Studie: Es gibt keine Eigensprache der Kirchenräume, keine

Eigenwirkung des Raumes, sondern immer nur sozial-kulturell geformte Wirkungen.[16] Das, was Kirchenräume ›sagen‹, entsteht im Wechselspiel des Raumes mit individuellen Erinnerungen und Emotionen.[17] Aber es gilt eben auch: So wenig Kirchenräume sprechen oder gar predigen, sind sie doch »Teil des Hybrid-Akteurs ›Kirchenraum-Besucher‹, in dem sich Akteur und Aktant symmetrisch ergänzen«.[18]

Bis hierher habe ich in diesem zweiten Unterpunkt ganz allgemein von Kirchenräumen als Heterotopien gesprochen. Im Blick auf die neu entstandene Leipziger Heterotopie, die Aula/Universitätskirche St. Pauli, scheinen mir neben der Tatsache, dass auch dieser Raum als ein Kirchenraum (wie andere) wirken wird, drei weitere Aspekte entscheidend:

(1) Die neu entstandene Aula/Universitätskirche trägt in sich die Signatur der Zerstörung der alten Paulinerkirche. Diese ist nicht nur ein (den meisten Besucherinnen und Besuchern wahrscheinlich) bekannter Teil der Geschichte, sondern ist auch architektonisch präsent – vor allem durch die Gestalt der Ostfassade. Damit ist der Raum auch ein Erinnerungs- und Gedenkraum, und es ist die Frage zu stellen, welche weiteren Konsequenzen sich aus diesem Faktum ergeben. Braucht es im Inneren der Kirche einen spezifischen Gedenk-Ort? Gilt es, auf das Bedürfnis von Menschen Rücksicht zu nehmen, ihrem Gedenken und ihrer Trauer angesichts der Zerstörung Ausdruck zu geben (durch Einträge in ein Buch, durch Kerzen, die entzündet werden können …)? Braucht es weitere erlebbare Repräsentationen im Kirchenraum oder in dessen Umfeld (Bilddokumentationen zur Sprengung und zum Status quo ante; Audio-Dokumente mit Interviews von Augenzeugen …)?

(2) Der entstandene Raum ist aber zugleich auch die neue Aula der Universität. Im Herzen der Universität – neben Hörsälen und Seminarräumen, unweit der zentralen Verwaltung – ist ein Raum entstanden, der das übliche universitäre Leben unterbricht. Es ist ein Raum für Feiern der Universität (und damit für institutionalisierte Unterbrechungen des universitären Alltags), es ist aber auch ein Raum, in den Angehörige der Universität jederzeit eintreten können, um diesen anderen Raum zu erleben. Dort gibt es keine Tafel und keine Messinstrumente, keine Tische und kein Neonlicht, keine ECTS-Punkte und keine Evaluation! Es ist ein Raum, der inmitten der Organisation des Lernens, Lehrens und Forschens auf Anderes verweist. In dieser Hinsicht entstand ein Leerraum, ein ›weißer Raum‹ im Kontext der Universität. Dass solche ›weißen Räume‹ Orte höchster Generativität und Kreativität sind, wurde und wird in der Forschung vielfach betont.[19]

(3) Das Besondere des neuen Raumes aber liegt darin, dass er *beides* zugleich ist: Kirchenraum und Universitätsraum. Der Bindestrich-Neubau, wie ich ihn bezeichne, kann in dieser Hinsicht als *liminaler Raum* verstanden werden. Victor Turner hat in seiner Ritualtheorie den Begriff der Liminalität eingeführt[20] – und liminale Orte/Handlungen als solche bestimmt, die sich »betwixt and between« befinden, die nicht das eine sind und noch nicht das andere. In ritualtheoretischer Perspektive gesprochen: Wenn eine Hochzeit gefeiert wird, dann gibt es (idealiter) einen Zustand ›davor‹, in dem das Paar noch nicht verheiratet ist – und den Zustand ›danach‹: das verheiratete Paar. Und dazwischen steht das Ritual der Feier – »betwixt and between«, ein Tag, für den Sonderregeln gelten, ein Tag der Unterbrechung des üblichen, alltäglichen Lebens, ein Tag der besonderen Kleidung, des besonderen Essens, der besonderen Praxis. Die Aula/Universitätskirche steht »betwixt and between«, ist so der Festlegung entzogen und gerade so offen für Neues. Es ist ein *hybrider* Raum, der die Bedingungen für das erfüllt, was der Kulturwissenschaftler und Theoretiker des Postkolonialismus Homi K. Bhabha einen »Dritten Raum« nennt: nicht dieses und nicht jenes, sondern genau der Übergangsort, in dem es – nach Bhabha – zu Unterbrechungen und Aufbrüchen, zu neuem Denken und überraschenden Einsichten kommen kann.[21]

Die Hybridität des Raumes entspricht übrigens auch in besonderer Weise der Signatur individueller religiöser Existenz in der Spätmoderne – in einer Zeit, die manche auch als »post-säkular« bezeichnen. Der

Begriff stammt von Jürgen Habermas, der bereits 2001 (in seiner Rede zur Verleihung des Friedenspreises des Deutschen Buchhandels) von modernen Gesellschaften als »postsäkularen Gesellschaften« gesprochen hat.[22] Gemeint ist damit eine Situation, in der die alten und dualen Frontstellungen (Glaube versus Wissen, Religion versus Atheismus), wie sie etwa die Diskussionskultur (und leider auch die politische Praxis!) im Kontext der DDR wenigstens teilweise geprägt haben, überwunden sind.[23] Religiöses begegnet in unterschiedlichster Gestalt, in vielen Mischformen. Es ist in diesen Zeiten, um exemplarisch zu werden, für den Theologen teilweise erstaunlich, was manche fromme Christenmenschen für genuin christlich halten (die Lehre von der Wiedergeburt z. B.), und umgekehrt, was manche sich selbst als säkular bezeichnende Zeitgenossen an Religion praktizieren (Kerzen anzünden in Kirchen z. B.). Die klaren Differenzierungen fallen dahin, und die hybriden Formen nehmen zu. Ein Bau, der dies schon architektonisch und aufgrund seiner Geschichte zum Ausdruck bringt, erscheint mir auch in dieser Hinsicht besonders passend, einladend und herausfordernd.

Was dies alles für die Nutzung des neuen Raumes bedeutet, deute ich im nächsten Unterpunkt an. Zunächst allerdings noch eine dringende Forderung: Es wäre geradezu fahrlässig, wenn der neue und in den beschriebenen Hinsichten so besondere Raum nicht auch in seiner Nutzung und Wahrnehmung forschend begleitet würde. Ein zugleich soziologisch-empirisches und theologisches Projekt legt sich nahe, um zu erkunden, wie sich im Wechselspiel von Besuchern, gestaltenden Akteuren und der spezifischen Raumgestalt (Be-)Deutungen ergeben und damit Aufschlüsse über »die Rolle und Stellung von Religion in Ostdeutschland im Jahre 20 nach dem Ende der DDR zu erkunden.«[24]

3. KONSEQUENZEN FÜR DIE NUTZUNG DES RAUMES

Martina Löw hat in ihren Ansätzen zur »Raumsoziologie«[25] wiederholt darauf verwiesen, dass es Räume nicht einfach ›gibt‹, sondern dass sie durch die soziale Interaktion, die in ihnen geschieht, erst zu dem werden, was sie sind. Räume sind nicht wie »Container [...] mit bestimmtem Inhalt gefüllt, sondern [sind] zu verstehen [...] als stets neu zu konstituierende relationale (An)Ordnungen sozialer Güter und Lebewesen, wobei die Menschen in einem über Wahrnehmung und Kognition verlaufenden Syntheseprozess eingebunden werden.«[26] Diese soziale Interaktion gilt es in den kommenden Jahren zu gestalten.

Nur drei Aspekte, die mir im Blick auf die Nutzung wichtig sind, deute ich an:

(1) Das erste ist eine Selbstverständlichkeit: Natürlich muss dieser neue Raum ein offener Raum sein, an sieben Tagen der Woche und möglichst von früh bis spät. Es wäre widersinnig und nicht zu verantworten, diesen Raum geschlossen zu halten und nur für Veranstaltungen zu öffnen! Es braucht den Zugang zu dem Erinnerungsort – und für die Stadt und die Universität zu dem ›anderen Ort‹, den diese Aula/Kirche mitten in der Stadt bietet.

(2) Der besondere, der hybride bzw. liminale Raum fordert auch von den für die Gottesdienste Verantwortlichen besondere Sensibilität und gibt besondere Möglichkeiten. Die seit 1710 bestehende Tradition des regelmäßigen Universitätsgottesdienstes an jedem Sonn- und Feiertag gilt es fortzuführen. Gleichzeitig aber ist es nötig, die Gestalt dieser Gottesdienste genau zu reflektieren und dem neuen Raum und seinen Möglichkeiten anzupassen. Es ist gut, dass sich der Predigerkonvent Zeit nehmen möchte, um über die Liturgie und

→ Luftaufnahme Campus

Gottesdienstgestaltung in diesem Raum nachzudenken. Die musikalischen und dramaturgischen Herausforderungen des neuen Raumes gilt es sensibel zu erkunden, die hodologischen Codes (die Fragen nach der Bewegung im Raum) neu zu erarbeiten. Gleichzeitig ist es möglich, durch die Gottesdienste besondere Akzente zu setzen und etwa das Wechselspiel zwischen gottesdienstlichem ›Kultus‹ und umgebender ›Kultur‹ spezifisch zu gestalten.

(3) Schließlich und vor allem sollte es nun aber darum gehen, Formate für Veranstaltungen zu entwickeln, die dem ›Bindestrich-Raum‹ in besonderer Weise entsprechen.[27] Hoch problematisch wäre ein schlichtes Entweder-Oder der Nutzung: entweder als Kirche zur gottesdienstlichen Verwendung (vielleicht sogar noch abgegrenzt auf den östlichen Bereich) oder als Aula (vielleicht sogar mit geschlossener Glaswand und heruntergelassener Leinwand, damit möglichst wenig an einen Kirchenraum erinnert!). Es braucht (auch) diejenigen Nutzungsideen und Konzepte, die dem Bindestrich lebendige Gestalt geben.

Der einzigartige Raum bietet die Chance, Begegnungen von Religion und Wissenschaft, Religion und Kultur, Religion und gesellschaftlicher Praxis in denkbar großer Vielfalt zu inszenieren. Es gilt, Menschen einzuladen und mit ihnen ins Gespräch zu kommen, die für diese Verbindung exemplarisch stehen; zu denken wäre an Giorgio Agamben, der sich als Philosoph seit Jahren mit Grenzfragen zwischen Religion und Politik, Religion und Anthropologie beschäftigt und mit seinem Werk »Opus Dei« einen weiteren Baustein einer umfassenden Neujustierung der Philosophie in der Auseinandersetzung u. a. mit Heidegger vorgelegt hat.[28]

Zu denken wäre an Slavoj Žižek, der in der Spur Lacanscher Psychoanalyse über das Subjekt und das Symbolische nachgedacht hat und dabei Individualität und Sozialität auf anregende Weise verbindet. Zu denken wäre an Alain Badiou ebenso wie an George Didi-Huberman, an Jochen Hörisch, Bernhard Waldenfels und Byung-Chul Han, natürlich auch an Peter Sloterdijk und Hartmut Böhme. Zu inszenieren wären Diskurse mit Künstlern und Kulturschaffenden (es seien nur die Namen Sibylle Lewitscharoff, Martin Mosebach und Martin Walser erwähnt, um das diskursive Potential anzudeuten), mit Vertretern unterschiedlicher Religionen und Weltanschauungen.

All diese Namen und Hinweise sind nur exemplarisch. Wichtig wäre, dass jetzt die Überlegung beginnt, mit welchen Personen und in welchen Formaten das neue Zentralgebäude der Universität sein Leben als Bindestrich-Bau aufnehmen kann. Dabei sind es – und dies erscheint mir ebenfalls wichtig – nicht nur die großen Namen, die dem Gebäude in dieser Funktion dienen. Zu überlegen wäre auch, wie die Universität (die es faktisch als sichtbare Einheit ja kaum gibt!) sich versammelt – die Studierenden und Lehrenden, über die Fächergrenzen hinweg, um Diskurse anzustoßen, die gegenwärtig geboten sind, um sich mitzuteilen und auszutauschen über die großen Fragen, die Forschende und Lehrende und Lernende bewegen.[29]

Es könnte und wird dann etwas geschehen, was Hans Blumenberg in seinem Buch »Matthäuspassion« eindrucksvoll beschreibt:[30] ein neues Nachdenken mit wechselseitig anregenden Einblicken, die die Alternative von Glauben und Wissen, von Religion und Universität längst hinter sich gelassen haben.

---

[1] Vgl. dazu Wolfgang Ratzmann, Universitätsaula und Universitätskirche. Stationen und Positionen in einem spektakulären Leipziger Bauprojekt, in: PTh 98 (2009), 282–298.

[2] Vgl. zu diesem Aspekt den Beitrag von Matthias Petzoldt in diesem Band.

[3] Vgl. zur Bedeutung des Namens des Neubaus Thomas Schmidt-Lux, Kirchenkampf und Aulastreit. Die Debatten um den Wiederaufbau der Leipziger Universitätskirche, in: Gert Pickel/Kornelia Sammet (Hrsg.), Religion und Religiosität im vereinigten Deutschland. Zwanzig Jahre nach dem Umbruch,

Wiesbaden 2011, 329–342, bes. 329f, wo Schmidt-Lux die Frage nach dem Namen als »*framing*« bezeichnet. – Bereits der Ausschreibungstext für den Neubau aus dem Jahr 2003 geht von der »Nutzung als Aula und Kirche« aus.
4 Jean-François Lyotard/Eberhard Gruber, Ein Bindestrich. Zwischen ›Jüdischem‹ und ›Christlichem‹, Düsseldorf/Bonn 1995.
5 Ausführlich hat Thomas Schmidt-Lux in dem zitierten Artikel die »religiös-säkulare Konfliktlinie«, die mit dem »Paulinum« gegeben ist, analysiert, vgl. Schmidt-Lux, Aula oder Kirche, 333–338.
6 Auch die Theologische Fakultät bemüht sich in ihrer Stellungnahme »Zehn offene Worte« vom 17.10.2008 um die Wahrnehmung dieser Einheit und sucht sie in der ideellen Vorstellung eines notwendigen Miteinanders von Glaube und Wissenschaft; vgl. dazu Schmidt-Lux, a.a.O., 337.
7 Vgl. zum Folgenden: http://de.wikipedia.org/wiki/Paulinerkirche_%28Leipzig%29 [Zugriff vom 15.03.2014].
8 Interessant ist dabei auch die Verwendung des Begriffs »Andachtsraum«, der die Zurückdrängung des »Religiösen« auf einen Sonderbereich im östlichen Chorraum des Paulinums sprachlich zum Ausdruck bringt.
9 Vgl. zu dieser Position, die sich vor allem mit dem Paulinerverein verbindet, Schmidt-Lux, a.a.O., 335f.
10 Zitiert in: Raumtheorie. Grundlagentexte aus Philosophie und Kulturwissenschaften, Frankfurt/M. 2006, 317–329.
11 Pascal Mercier, Nachtzug nach Lissabon, München ¹¹2006, 198.
12 Vgl. www.stiftung-kiba.de.
13 Manuel Castell kommt im Blick auf die Frage nach Identität auf (Kirchen-)Räume zu sprechen und meint, Menschen »verankern sich [...] in Orten und rufen ihr historisches Gedächtnis auf« (Manuel Castell, Die Macht der Identität, Opladen 2002, 3).
14 Vgl. Anna Körs, Gesellschaftliche Bedeutung von Kirchenräumen. Eine raumsoziologische Studie zur Besucherperspektive, Wiesbaden 2012; vgl. dies., Zur gesellschaftlichen Bedeutung von Kirchenräumen in Zeiten religiöser Relativierung, in: PrTh 49 (2014), 29–37.
15 So der Untertitel der Studie von Körs (2014).
16 Vgl. Körs, a.a.O. (2014), bes. 34. – In dieser Hinsicht ist die (vielfach geläufige) Rede davon, dass Kirchenräume predigen würden, kritisch zu hinterfragen; vgl. etwa die Denkschrift »Heilige Räume« des Berliner Kirchenbautages 2003, wo von Kirchen gesagt wird: »Ihre Mauern und Steine predigen, mit ihren Räumen sind Kirchen ein Asyl für die letzten Dinge, ihre Altäre stiften Gemeinschaft, ihre Orgeln und Glocken loben Gott [...]« (zitiert nach Jochen Arnold, Was geschieht im Gottesdienst? Zur theologischen Bedeutung des Gottesdienstes und seiner Formen, Göttingen 2010, 39).
17 Soziologisch lässt sich dies am ehesten mit Bruno Latours Akteur-Netzwerk-Theorie greifen; vgl. ders., Eine neue Soziologie für die Gesellschaft. Einführung in die Akteur-Netzwerk-Theorie, Frankfurt/M. 2007.
18 Körs (2014), 36.
19 Vgl. die theologisch grundlegende Studie von Jörg Seip, Der weiße Raum. Prolegomena einer ästhetischen Pastoraltheologie, Praktische Theologie und Kultur 21, Freiburg 2009. Vgl. auch das anregende Buch von Jürgen Ebach, Beredtes Schweigen. Exegetisch-literarische Beobachtungen zu einer Kommunikationsform des biblischen Textes, Gütersloh 2014. Bei Ebach sind es die ›Leerstellen‹ des Schweigens im biblischen Text, die für die Gewinnung von Bedeutung entscheidend werden.
20 Vgl. vor allem Victor Turner, Das Ritual. Struktur und Anti-Struktur, Frankfurt/M. 2005 [erste dt. Ausgabe 1989].
21 Vgl. Homi K. Bhabha, Das theoretische Engagement, in: ders., Die Verortung der Kultur (=Stauffenberg Discussion 5), mit einem Vorwort v. Elisabeth Bronfen, übs. v. Michael Schiffman und Jürgen Freudl, Tübingen 2000 [engl. Original: The Location of Culture, 1993], 29–58 [zuerst 1988].
22 Vgl. Jürgen Habermas, Glauben und Wissen. Friedenspreis des Deutschen Buchhandels 2001, Frankfurt/M. 2001.
23 Freilich hat Thomas Schmidt-Lux recht, wenn er auf die »frappierend[e]« »Dauerhaftigkeit der Positionen«, die an die Auseinandersetzungen zwischen Staat und Kirche in der DDR erinnern, verweist (a.a.O., 338).
24 Schmidt-Lux, a.a.O., 329.
25 Vgl. Martina Löw, Raumsoziologie, Frankfurt/M. 2001.
26 So Körs (2014), 30 – mit Verweis auf Löw.
27 Ganz ähnlich auch Schmidt-Lux, a.a.O., 340f.
28 Vgl. Giorgio Agamben, Opus Dei. Archäologie des Amts, Frankfurt/M. 2013.
29 In der israelischen Bar-Ilan-Universität – eine Universität unter einem ›religiösen‹ Dach, an der aber ganz normale und teilweise weltweit anerkannte Spitzenforschung geleistet wird (etwa in der Nanotechnologie) – gibt es eine Veranstaltungsreihe, die »Nizozot« heißt (zu Deutsch: Funken!). Die Idee ist eigentlich schlicht: zu einem Thema (z.B. »Identität« oder »Grenzen« oder ...) werden Menschen aus unterschiedlichen Fakultäten zu kurzen Vorträgen eingeladen, die vorher nicht abgesprochen sind. Es ergeben sich dann Gespräche und Diskussionen, die zu teilweise überraschenden Erkenntnissen führen. Dass diese Veranstaltungsreihe unter dem Dach des »Bet Midrasch«, des rabbinischen Lehrhauses stattfindet, aber keineswegs als spezifisch ›religiöse‹ Veranstaltung ausgewiesen ist, scheint mir ein weiterer Aspekt zu sein, der eine Übertragung auf Leipziger Verhältnisse durchaus erwägenswert macht (vgl. zu dem Programm: http://www1.biu.ac.il/indexE.php?id=6213&pt=1&pid=6210&level=5&cPath=6213 – Zugriff vom 14.11.2016).
30 Vgl. Hans Blumenberg, Matthäuspassion, Frankfurt/M. ⁴1993.

Peter Zimmerling
DER LEIPZIGER UNIVERSITÄTSGOTTESDIENST IN GESCHICHTE, GEGENWART UND ZUKUNFT

Homiletische und liturgische Erwägungen

Die Rückkehr in das Zentrum von Universität und Stadt stellt für den Universitätsgottesdienst ein Risiko dar. Bisher konnte er – bildlich gesprochen – im Windschatten von St. Nikolai segeln, der 850 Jahre alten Bürgerkirche Leipzigs. Mit dem Umzug in die neue Universitätskirche wagt er sich auf das offene Meer hinaus. Werden die Gottesdienste und anderen Veranstaltungsangebote der Universitätsgemeinde in der neuen Kirche und Aula von universitärer und städtischer Öffentlichkeit angenommen werden? Welche Veränderungen sind nötig, damit die Universitätsgemeinde in Zukunft ihren Platz mitten in der Universität einnehmen kann? Die folgenden Überlegungen wollen dazu Vorstellungen und Impulse geben.

1. SECHS JAHRHUNDERTE UNIVERSITÄTSPREDIGER, FÜNF JAHRHUNDERTE UNIVERSITÄTSKIRCHE, DREI JAHRHUNDERTE UNIVERSITÄTSGOTTESDIENST: TRADITION MIT ZUKUNFT[1]

Sechs Jahrhunderte Universitätsprediger, fünf Jahrhunderte Universitätskirche und drei Jahrhunderte Universitätsgottesdienst zeigen: Der Leipziger Universitätsgottesdienst kann und braucht bei der Rückkehr in die eigene Kirche nicht neu erfunden zu werden. Das wird manches protestantische Gemüt vielleicht schmerzen, zumal, wenn es Protestantischsein zuerst und zuletzt, wie das Wort suggeriert, als Protestbewegung versteht. Schon die Reformatoren haben sich jedoch keineswegs primär als Protestierer verstanden. Sie wollten Kirche Jesu Christi sein, und zwar die wahre Kirche, die sie in der spätmittelalterlichen Kirche nicht mehr finden konnten. Dazu kommt die konstruktive Macht des Faktischen: Auch nach der Sprengung der alten Universitätskirche konnten – vom SED-Staat mitfinanziert – weiterhin akademische Gottesdienste in der nahen Nikolaikirche an jedem Sonn- und Feiertag gefeiert werden. Die – in Deutschland einmalige – ungebrochene Tradition des Leipziger Universitätsgottesdienstes durch drei Jahrhunderte hindurch legt nahe, dass es in der neuen Aula/Universitätskirche St. Pauli darum geht, Bestehendes fortzuführen und weiterzuentwickeln, nicht jedoch das Rad neu zu erfinden.

Diese These wird durch die Geschichte der Predigt in der Universitätskirche St. Pauli bestätigt. Verblüffenderweise blieb bei allen Verwandlungen und Veränderungen Entscheidendes durch alle Zeitläufe hindurch gleich. Bereits während der Vorgeschichte der Universitätskirche spielte die Predigt eine dominierende Rolle. Der Dominikanerorden, Erbauer und ursprünglicher Inhaber der Kirche, war *der* Predigtorden des Mittelalters und hat neben dem Franziskanerorden berühmte Prediger hervorgebracht.[2] Martin Luther war ursprünglich selbst Mitglied eines Bettelordens, der Augustinereremiten. Mit der reformatorischen Hochschätzung der Predigt knüpfte er an die Tradition an, von der er herkam, um sie zugleich zu korrigieren und weiterzuführen. Die seit der Reformation in der Universitätskirche gehaltenen Predigten zeigen, dass zwar in den Jahrhunderten danach die Veränderungen und Umbrüche nicht aufgehört haben. Genauso machen sie jedoch deutlich, dass die Gemeinsamkeiten weit größer waren als die Unterschiede.

Die gleiche Kontinuität lässt sich im Hinblick auf die liturgische Gestaltung des Gottesdienstes beobachten. Wie wenig Luther einen radikalen Bruch mit dem Vorhergehenden intendierte, zeigt sein Vorschlag in der »Deutschen Messe« von 1526 – der liturgischen Hauptschrift des Reformators –, den Gottesdienst keineswegs völlig auf das Deutsche umzustellen. Luther war der Meinung, dass er im akademischen Milieu weiterhin auf Lateinisch, ja sogar auf Griechisch und Hebräisch und zusätzlich in modernen Sprachen gefeiert werden sollte. Vielleicht am deutlichsten lässt sich das reformatorische Streben nach Kontinuität an der selbstverständlichen Weiternutzung der alten Paulinerkirche als neue evangelische Universitätskirche erkennen.

Es gab nur einen radikalen Schnitt in der Geschichte des Universitätsgottesdienstes: die Sprengung der alten Universitätskirche St. Pauli 1968. Dabei ging es um weit mehr als die Vernichtung eines Kirchengebäudes. Es sollte auch nicht bloß eine sechs Jahrhunderte währende Tradition von Universitätsprediger, Universitätskirche und Universitätsgottesdienst ein für allemal beendet werden. Es war geplant, die Theologische Fakultät von der Universität zu verbannen. Mit der Sprengung wurde die für das Abendland konstitutive Verbindung zwischen Glaube und Vernunft, Theologie und Wissenschaft sowie Kirche und Gesellschaft aufgekündigt. Rückblickend erkennen wir dankbar, dass der Versuch des SED-Regimes gescheitert ist. Die Sprengung mit ihren Folgen sollte eine Episode bleiben.

Die letzte Universitätspredigt, die der damalige Erste Universitätsprediger Heinz Wagner[3] unmittelbar vor der Zerstörung in der alten Universitätskirche St. Pauli an Himmelfahrt 1968 hielt, reflektiert den von der SED intendierten Traditions-, Kultur- und Glaubensbruch. Auch heute noch kann die Predigt Wagners nicht ohne innere Bewegung gelesen werden. Dem letzten Universitätsprediger an der alten Universitätskirche St. Pauli gelingt auf bewundernswerte Weise, die unmittelbar bevorstehende Vernichtung der Kirche ungeschönt beim Namen zu nennen – zu tiefsten DDR-Zeiten allein schon ein tapferes Unterfangen – und gleichzeitig auf einer Hoffnung zu beharren, die in diesem Augenblick wahrhaft höher ist als alle Vernunft. Die Predigt hinterlässt beim Leser den Eindruck, dass mit der Zerstörung der Kirche nicht das letzte Wort gesprochen ist. Dass dieses Wort vielmehr allein einem Höheren zusteht. Wagner sollte Recht behalten. Schade, dass die erste Predigt vom damaligen Dekan der Theologischen Fakultät, Heinz Amberg, im fortgeführten, allerdings zum »akademischen« Gottesdienst degradierten Universitätsgottesdienst in der benachbarten St. Nikolaikirche vom Oktober 1968 nicht erhalten geblieben ist.

Die beiden auf der Baustelle der neuen Aula/Universitätskirche St. Pauli 2009 bzw. 2010 – gut 40 Jahre später – gehaltenen Predigten der damaligen Universitätsprediger zeigen je auf ihre Weise, dass mit der sog. Friedlichen Revolution, die wesentlich von Leipzig ihren Ausgang nahm, sich die Situation gegenüber der DDR-Zeit wiederum radikal verändert hat.[4] Mit der erneuten gottesdienstlichen Nutzung des Neubaus ist auch rechtlich die Kontinuität zum früheren Universitätsgottesdienst gesichert worden. Gleichzeitig schickte sich der Universitätsgottesdienst an, in die Mitte von Universität und Stadt zurückzukehren – wie es nicht nur das Grundgesetz der Bundesrepublik Deutschland mit seiner privilegierten Partnerschaft von Staat und Kirche vorsieht, sondern auch der Sächsische Staatskirchenvertrag.[5]

2. HERAUSFORDERUNG: UNIVERSITÄTSKIRCHE ALS BEWUSST GESTALTETER ERINNERUNGSRAUM

Der Freistaat als Bauträger von Aula/Universitätskirche St. Pauli hat bewusst einen Neubau errichtet, der die Erinnerung an die gesprengte Paulinerkirche wach halten soll.[6] Dem dient nicht nur die äußere Baugestaltung, die jeden Betrachter sofort an eine Kirche denken lässt, sondern aufgrund der Nachahmung des gotischen Kreuzrippengewölbes und der Ausstattung mit geretteten Kunstwerken aus der alten Universitätskirche auch der Innenraum. In doppelter Weise dem Erinnerungsauftrag verpflichtet sind die Epitaphien, die den Chorraum entscheidend prägen werden. Sie hatten bereits in der alten Kirche die Funktion, an verdienstvolle Mitglieder des Lehrkörpers und Bürger der Stadt zu erinnern. Durch die besondere Form ihrer Restauration kommt nun noch das Gedenken an die mit der Sprengung verbundene Kulturbarbarei des SED-Staates hinzu. Die Restauration der einzelnen Epitaphien geschieht ja nicht in Form der einfachen Wiederherstellung, sondern in Form der deutlich sichtbaren Ergänzung des Beschädigten oder Verlorengegangenen.[7] Außerdem wird im Chorraum der ursprüngliche Paulineraltar aufgestellt und die aus der alten Kirche geborgene barocke Kanzel soll nach dem Willen von Universitätsgemeinde und Ev.-lutherischer Landeskirche im Hauptraum an zentraler Stelle ihren Platz finden.[8]

Die besondere Anmutung des Gesamtraumes hat Konsequenzen für den Universitätsgottesdienst. Auch wegen seiner Rückkehr in den als Erinnerungsraum gestalteten neuen Kirchenraum kann er nicht unter Absehung der Tradition gefeiert werden. Spätestens die Semiotik lehrte die Liturgik: Räume predigen mit – zumal wenn sie bewusst als »sprechende Räume« gestaltet sind. Nur durch bewusste Aufnahme der Sprache des Kirchenraumes wird es dem Universitätsgottesdienst gelingen, »aus Tradition Grenzen zu überschreiten«[9] und seinen Weg in die Zukunft zu finden. Ohne die bewusste Auseinandersetzung mit der Sprache des Erinnerungsraumes und speziell der Epitaphien wird diese übermächtig bleiben und den Blick in der Ver-

→ Neubau

gangenheit festhalten. Ein erster Versuch, die Tradition zu überschreiten, haben Universität und Universitätsgottesdienst mit den neuen Prinzipalstücken gemacht. Sie werden zusammen mit den Antependien in moderner Gestaltung angefertigt.

Es war für mich bewegend, beim ersten Universitätsgottesdienst auf der Baustelle der Aula/Universitätskirche St. Pauli am 2. Advent 2009 persönlich zu erfahren, wie viele Leipziger Bürgerinnen und Bürger intensive persönliche Erinnerungen mit der alten Universitätskirche verbinden, die anlässlich des Gottesdienstes auf elementare Weise wach gerufen wurden. Im Anschluss an den Gottesdienst bildete sich im hinteren Teil des Raumes spontan eine lange Schlange von Menschen, die mir von ihren Erfahrungen in der Kirche erzählen wollten. Ich hörte 1½ Stunden zu, ohne dass ich die Gelegenheit hatte, den Talar auszuziehen. Um nur zwei Zeugnisse anzuführen: Ein Ehepaar berichtete, dass sie sich bei den Proben des Universitätschors in der alten Universitätskirche kennen und lieben gelernt hätten. Ein Mann erzählte, dass er für seine Fotografien von der Sprengung der Kirche ½ Jahr in Stasi-Untersuchungshaft gesessen habe. Viele Menschen aus Leipzig verbinden mit der alten Universitätskirche gleichermaßen große Freude und großes Leid.

3. DIE CHANCE ZU VERGEBUNG UND NEUANFANG

Im Zentrum des christlichen Glaubens steht das Angebot Gottes, dem Menschen sein Versagen und seine Schuld ohne Vorleistungen zu vergeben. In der neuen Aula/Universitätskirche St. Pauli hat der Universitätsgottesdienst die Aufgabe, diese Botschaft bekannt zu machen. Meine Hoffnung ist, dass die neue Universitätskirche zu einem Ort wird, an dem Menschen Seelsorge und Beichte erfahren.[10] Die Ordnung des Gottesdienstes der Ev.-luth. Kirche Sachsens sieht vor, dass an jedem Sonntag ein gemeinsames Schuldbekenntnis gesprochen wird, auf das hin die Vergebung zugesprochen wird.

Auch säkulare Zeitgenossen des 21. Jahrhunderts wissen, dass die Welt nicht so ist, wie sie sein sollte. Ein unheilvoller Riss geht durch die persönlichen und gesellschaftlichen Verhältnisse! Gleichzeitig ist für die Geschichte der vergangenen 300 Jahre in Europa folgende Beobachtung charakteristisch: Mehr und mehr ist das Angebot des Evangeliums, dass Gott bereit ist, um Jesu Christi willen Menschen die Sünden zu vergeben, in Vergessenheit geraten oder für unzeitgemäß erklärt worden. Beides – die Erkenntnis persönlichen und gesellschaftlichen Fehlverhaltens bei gleichzeitiger Verdrängung des vergebungsbereiten Gottes aus dem öffentlichen Bewusstsein – hat nach Überzeugung des Philosophen Odo Marquard den Menschen in eine prekäre Lage gebracht. Er muss mit seiner Schuld und Schuldverflochtenheit selber fertig werden und findet sich als Konsequenz in einer »Übertribunalisierung« seiner Lebenswirklichkeit vor.[11] Der Mensch gerät »als wegen der Übel der Welt absolut Angeklagter – vor einem Dauertribunal, dessen Ankläger und Richter der Mensch selber ist – unter absoluten Rechtfertigungsdruck, unter absoluten Legitimationsdruck, unter absoluten Legitimationszwang.«[12] Weil er die Entlastung durch die göttliche Vergebung nicht mehr kennt, ist er selbst verantwortlich für alles, was im persönlichen und gesellschaftlichen Leben misslingt.

Angesichts dieser Situation bietet der Universitätsgottesdienst die Chance, neu bewusst zu machen: Schuldbekenntnis und Vergebungszusage stellen Zeichen menschlicher Würde dar, weil Schuldigwerden wesentlich zum Humanum gehört. Ich nehme mein Leben ernst, indem ich meine Schuld eingestehe. Eine Leugnung, Bagatellisierung oder Verdrängung meiner Schuld würde demgegenüber eine Missachtung meines Menschseins bedeuten. Das Sündersein darf daher – anders als eine Jahrhunderte lange Tradition es suggerierte – nicht länger als Ausdruck einer entmündigenden Erfahrung missverstanden werden. Durch die Möglichkeit, Schuld einzugestehen, gibt der christliche Glauben dem Menschen seine Verantwortlichkeit zurück. Das führt zur Stärkung des Selbstwertgefühls. In der Selbsterkenntnis liegt ein wichtiges Moment der Personwerdung. Das Bekenntnis zu eigenem schuldhaftem Handeln führt psychologisch gesprochen zur Integration verdrängter Persönlichkeitsanteile, stellt mithin einen Akt der Reife dar. Bekenntnis der Schuld und

Zusage der Vergebung vermögen Menschen »Mut zum Selbst« zu machen.[13] Indem Seelsorge und Beichte einen geschützten Raum bieten, in dem Nöte, Probleme und belastende Emotionen ausgesprochen werden können, kann sich die Persönlichkeit der Ratsuchenden entfalten und weiterentwickeln. Seelsorge und Beichte können in einer Zeit, in der soziale Kontakte und damit die Möglichkeiten zu einem »existentiellen Gespräch«[14] im Abnehmen begriffen sind, in ihrer Bedeutung für die Persönlichkeitsentwicklung gar nicht hoch genug eingeschätzt werden.

Dass das Angebot von Beichte und Vergebung zur Stärkung des menschlichen Selbstwertgefühls beiträgt, wird nicht von heute auf morgen im öffentlichen Bewusstsein Eingang finden. Theologie und Gemeinde haben beides zu lange dazu missbraucht, Menschen in Angst und Abhängigkeit zu halten. Um hier ein neues Bewusstsein zu fördern, sind im zukünftigen Universitätsgottesdienst Fantasie und Beharrlichkeit gefragt.

4. UNIVERSITÄTSGOTTESDIENST INMITTEN EINES ZU 84 % KIRCHENFERNEN UMFELDES. SEELSORGE AN DER GESELLSCHAFT

Exzeptionell in Deutschland ist am Leipziger Universitätsgottesdienst nicht nur die mehr als dreihundertjährige ununterbrochene Tradition der Gottesdienste an allen Sonn- und Feiertagen. Exzeptionell ist auch die religiöse Situation Leipzigs, in der der Universitätsgottesdienst stattfindet. Er kehrt in das Zentrum von Stadt und Universität zurück angesichts von 84 % Nichtkirchenmitgliedern unter der Gesamtbevölkerung. Auch wenn dieser Prozentsatz bei den Universitätsangehörigen etwas niedriger ausfallen dürfte, bleibt die Herausforderung eines überwiegend kirchenfernen Umfeldes. Die emotional und kontrovers geführte Auseinandersetzung um die Wiederaufstellung der Kanzel ist ein unübersehbares Indiz für das damit gegebene Spannungsfeld. In der städtischen Umgebung des Universitätsgottesdienstes – bei einem Großteil der Leipziger Bürgerinnen und Bürger – gilt der Atheismus als natürlich, die fehlende Zugehörigkeit zu einer christlichen Kirche als normal und der Szientismus als einzig wissenschaftlich begründete Weltanschauung.[15] Immerhin scheint ansatzweise Bewegung in die Gemütslage der ostdeutschen Gesellschaft zu kommen. Die Leipziger Kultursoziologin Monika Wohlrab-Sahr geht aufgrund neuerer empirischer Untersuchungen davon aus, dass es einen zunehmenden Prozentsatz unter der nachwachsenden Generation gibt, der von einer agnostischen Spiritualität im Experimentierstadium geprägt ist.[16]

Welche Konsequenzen ergeben sich aus dem Gesagten für den Universitätsgottesdienst? Eine seiner Aufgaben wird es sein, öffentliche Seelsorge zu üben. Dass eine solche Seelsorge für die Gesellschaft sinnvoll ist, lässt sich eindrucksvoll an den Friedensgebeten in der DDR im Herbst 1989 sehen.[17] Gerade die evangelische Kirche praktizierte damals eine Form von politischer Seelsorge. Staatlicherseits bespitzelt und benachteiligt, zeitweise auch bekämpft, bildete sie die einzige verbliebene Großinstitution, die im SED-Staat nicht gleichgeschaltet worden war. In den kirchlichen Räumen, gewissermaßen im Windschatten der Kirche, hatten sich in den Jahren vor der Wende gesellschaftliche Gruppen formieren können, die sich für Frieden und Abrüstung und für Umweltschutz und Reisefreiheit einsetzten. In diesen Gruppen lag eine wichtige Wurzel der ostdeutschen Demokratiebewegung. Die Kirche bewährte sich im Herbst 1989 als Raum der Freiheit inmitten gesellschaftlicher Unfreiheit. Die kirchliche Kanzel war zum einzigen Ort in der Gesellschaft geworden, an dem eine freie Rede möglich war.[18] Anders als häufig im Verlauf der Kirchengeschichte stand die Kirche auf Seiten der Freiheit.

Aber im Herbst 1989 geschah mehr. In den Leipziger Friedensgebeten fanden Menschen aus allen gesellschaftlichen Gruppen, unabhängig von ihrem Glauben, einen Freiraum, in dem sie ihre Anliegen auch vor Gott artikulieren konnten. Erstaunlicherweise sprachen die biblischen Texte während der Montagsgebete in Leipzig und anderswo unmittelbar zu den in den Kirchen Versammelten, ohne dass es dazu krampfhafter Aktualisierungsversuche oder rhetorischer Kraftakte bedurft hätte. »Die Nähe zu ihnen stellte sich wie von selbst her – bei den Informationsteilen, in den Betroffenheitserklärungen, bei der Verkündigung, in den

Gebeten.«[19] Obwohl eine Vielzahl von Texten aus dem Alten und Neuen Testament gelesen bzw. gepredigt wurde, gab es einige Texte, die mehrfach Verwendung fanden. Dazu zählte Psalm 126.[20] Man kann sich gut vorstellen, dass ein Text wie Psalm 126 half, lang unterdrückte Gefühle und Ängste, Sehnsüchte und Hoffnungen auszusprechen: »Wenn der Herr die Gefangenen Israels erlösen wird, werden wir sein wie die Träumenden.« »Die mit Tränen säen, werden mit Freuden ernten.« »Herr, bringe zurück unsere Gefangenen, wie du die Bäche wiederbringst im Südland.« In einer Kultur des Schweigens verliehen die biblischen Texte den bis dahin Stummen Sprache. In einer Situation der Unfreiheit und staatlicher Unterdrückung halfen die Bibeltexte, die Sehnsucht nach Freiheit auszusprechen. Die Bibel wurde wieder als das erkennbar, was sie schon immer war: ein Sehnsuchtsbuch der Freiheit.

Aber auch die widerständige Kraft der Bibel entfaltete sich in der damaligen Situation, nicht nur gegen die SED-Machthaber, sondern auch gegen die Demonstrierenden selbst. Sie bewahrte die Demonstranten davor, sich von Gefühlen der Vergeltung, Rache und Gewalt gefangennehmen zu lassen. Im Mittelpunkt der Friedensgebete standen die Seligpreisungen – nicht etwa die Rachepsalmen –, die zum liturgischen Grundgut der Friedensgebete gehörten: »Selig sind die Friedfertigen; denn sie werden Gottes Kinder heißen. Selig sind, die um der Gerechtigkeit willen verfolgt werden; denn ihrer ist das Himmelreich« (Mt 5, 9f). Es lässt sich leicht nachvollziehen, dass die Aggressionen beim Anblick der vielen Polizeikräfte vor den Kirchen bei den Demonstranten immer mehr hochkochten. Schwer auszudenken, was ohne die biblischen Mahnungen zur Gewaltlosigkeit geschehen wäre.

Im Herbst 1989 wurde das in den biblischen Texten steckende Potenzial der Freiheit von vielen Menschen persönlich erlebt. Während der Friedensgebete erschienen Wirklichkeit und Text unmittelbar miteinander verzahnt. Die Texte sprachen von sich aus. Die einzige Voraussetzung dafür war, dass die Prediger sich in die Wirklichkeit der Menschen hinauswagten und die biblischen Texte dorthin mitnahmen. Die alten biblischen Texte trugen wesentlich dazu bei, dass die Revolution nicht gewaltsam eskalierte, sondern ihre Menschlichkeit bewahren konnte.

Mein Wunsch ist, dass die verschiedenen Veranstaltungen der Universitätsgemeinde, allen voran die Universitätsgottesdienste, Menschen auch in Zukunft Spielräume der Freiheit eröffnen, in denen sie sich ihrer Würde bewusst werden.

5. BRÜCKENFUNKTION DES UNIVERSITÄTSGOTTESDIENSTES

Im Ausschreibungstext für den Neubau von Aula/Universitätskirche St. Pauli heißt es, dass dieser »das geistig-geistliche Zentrum« der Universität werden soll. Eine Konsequenz dieser Forderung war, dass der Neubau als Simultaneum konzipiert worden ist.[21] Dabei unterscheidet sich das Leipziger Simultaneum von dem, was man klassischerweise darunter versteht: eine Kirche bzw. ein gottesdienstlicher Raum, der von unterschiedlichen Konfessionen gemeinsam genutzt wird. Aula/Universitätskirche St. Pauli werden zwar auch gemeinsam gebraucht werden, aber – und hier liegt der Unterschied – nicht von zwei unterschiedlichen christlichen Konfessionen, sondern von Universität (bzw. verschiedenen Gastinstitutionen), Universitätsmusik und Universitätsgemeinde. Schon der Vorgängerbau stellte ein solches Simultaneum dar – allerdings mit deutlicher Betonung des sakralen Raumcharakters und der sakralen Nutzung. Der Neubau soll, so der Wille einer Reihe von Universitätsangehörigen, einen stärker säkularen als sakralen Charakter haben, auch was die geplanten Nutzungsszenarien angeht. Ich plädiere zusammen mit der Universitätsgemeinde und vielen Leipziger Bürgerinnen und Bürgern dafür, dass der Gesamtraum von Aula/Universitätskirche St. Pauli in Zukunft gleichberechtigt, sowohl sakral als auch säkular, eben als echtes Simultaneum, genutzt wird.

Gerade der Charakter als Simultaneum bietet für den Universitätsgottesdienst neue Möglichkeiten. Die Gottesdienste werden in Zukunft in einer als Kirche genutzten Aula bzw. in einer als Aula genutzten Kirche gefeiert werden. Schon der besondere Charakter des Raumes – nicht ausschließlich Kirche zu sein – eröffnet dem Universitätsgottesdienst die Chance, eine Brückenfunktion zu erfüllen: zwischen Glaube und Vernunft, zwischen Religion und Wissenschaft, zwischen Kirche und Gesellschaft, zwischen Atheismus/Agnostizismus und Christentum. Was kann der Universitätsgottesdienst zum Öffentlichkeitsauftrag von Theologie und Kirche in der spätmodernen Gesellschaft und speziell an einer weltanschaulich neutralen Universität beitragen? Kirche und Universität sind beide wahrheitssuchende Gemeinschaften. Darüber hinaus hält die Theologie stellvertretend für die anderen Wissenschaften im Bewusstsein, dass Menschsein und damit auch alle wissenschaftlichen Bemühungen ein Wagnis ins Offene darstellen.[22] Der Universitätsgottesdienst hat die Aufgabe, Wissenschaft, Technik und Gesellschaft, also den Menschen, vor Selbstabschließung und Immunisierung gegenüber Kritik zu bewahren.

Universitätsgottesdienst und Universitätsgemeinde haben auch eine hermeneutische Funktion. Aktuelle philosophische Überlegungen etwa von Jürgen Habermas fordern Theologie und Kirche heraus, die eigenen religiösen Überzeugungen in für alle verständliche säkulare Sprache zu übersetzen.[23] Umgekehrt trägt er den säkularen Teilen der Gesellschaft auf, sich in religiöser Hinsicht als hör- und lernfähig zu erweisen. Aufgabe des Universitätsgottesdienstes und seiner Predigerinnen und Prediger wird es sein, sich an dieser großen zweiseitigen Aufgabe zu beteiligen.

Als Universitätsgemeinde bejahen wir nicht nur den weltanschaulich neutralen Staat, der die Religionsfreiheit gewährleistet, sondern auch die weltanschaulich neutrale Universität.[24] Theologisch steht dahinter die mühsam errungene Erkenntnis: Ohne Freiheit *vom* Glauben, keine Freiheit *zum* Glauben. Das Grundgesetz der Bundesrepublik Deutschland sichert aber nicht nur die Freiheit *vom* Glauben. Es gewährleistet umgekehrt genauso die Freiheit zum Glauben: Jeder Mensch soll deshalb freien Zugang zur religiösen Bildung haben. Unser freiheitlich-demokratischer Staat hat dazu eine Reihe von Möglichkeiten unter seinen Schutz gestellt: die Theologischen Fakultäten an den Universitäten, den Religionsunterricht an den Schulen und die kirchlichen Sendungen im öffentlich-rechtlichen Rundfunk und Fernsehen, um nur drei Beispiele zu nennen. Im Staatskirchenvertrag zwischen dem Freistaat Sachsen und der sächsischen Ev.-luth. Landeskirche wird zudem ausdrücklich das Amt des Leipziger Universitätspredigers garantiert. In diesem Amt ist brennpunktartig der Auftrag der Universitätsgemeinde zur Verkündigung des Evangeliums an der Universität zusammengefasst. Kein Mensch darf zum Glauben gezwungen werden, aber jeder soll das Evangelium vom Kommen Gottes in die Welt hören können: Beide Voraussetzungen des Glaubens – die Freiheit vom Glauben und die Freiheit zum Glauben – gehören untrennbar zusammen und werden in unserem Land durch das Grundgesetz geschützt.

Neben den besonderen Chancen birgt der Charakter von Aula und Universitätskirche als Simultaneum auch Konfliktpotenziale. Das zeigt schon eine Jahrhunderte lange Geschichte von als Simultaneen genutzten Kirchengebäuden. Hinzu kommt erschwerend, dass inhaltlich sehr unterschiedliche Handlungen im Gesamtraum stattfinden werden: gottesdienstliche, sakrale Handlungen auf der einen und solche säkularer, profaner Natur auf der anderen Seite. Ein gedeihliches Miteinander in Aula/Universitätskirche St. Pauli wird nur möglich sein, wenn alle Nutzer lernen, respektvoll miteinander umzugehen und sich in freiwilliger Selbstzurücknahme zu üben. Eine wichtige Voraussetzung dafür wird sein: Alle Veranstaltungen sollten mit der Würde eines Kirchenraumes zu vereinbaren sein. Ein prominentes Beispiel für eine zu enge Auslegung dieser Würde stammt aus dem 18. Jahrhundert: Am 25. Juni 1740 hielt der Philosoph Johann Christoph Gottsched eine »Lob- und Gedächtnisrede auf die Erfindung der Buchdruckerkunst«, die er des zu erwartenden Andrangs wegen gerne vom philosophischen Hörsaal in die Paulinerkirche verlegt hätte, aber seine Gegner wussten das erfolgreich zu verhindern. In der »Fortgesetzten Nachricht von des Verfassers eignen Schriften, bis zum 1745sten Jahre« berichtet er darüber: »Es hieß immer: die Kirche wäre nur für Reden, die dem Hofe zu Ehren gehalten würden; und die Buchdrucker wären von der Wichtigkeit nicht, dass man dieselbige ihrem Feste, einräumen sollte. / Kurz, man ward in den philosophischen Hörsaal verwiesen [...].«[25]

Wichtig wird es sein, Veranstaltungsformate zu erfinden, die eine Brücke zwischen sakraler und säkularer Nutzung bauen. Ansatzweise geschieht das bereits in den »Universitätsvespern vor dem Paulineraltar«, die bisher im Chorraum in der Thomaskirche stattgefunden haben. Zu einem in jedem Semester wechselnden Thema (z. B. »Krieg und Frieden«, »Schuld und Vergebung«, »Schule«) sprechen vornehmlich Nicht-Theologen aus der Perspektive ihres jeweiligen Faches im Sinne einer »Ansage zur Zeit«.[26] Die Kurzansprache ist eingebettet in eine einfache Vesperliturgie (mit Psalm, Lied, Gebet und Segen) und wird umrahmt von qualitätvoller Orgelmusik, für die das Institut für Kirchenmusik der Hochschule für Musik und Theater »Felix Mendelssohn Bartholdy« verantwortlich ist.

6. ZUR ZUKUNFT VON UNIVERSITÄTSGOTTESDIENST UND UNIVERSITÄTSGEMEINDE. KONKRETIONEN

Angesichts des Umzugs in die neue Aula/Universitätskirche St. Pauli plädiere ich im Hinblick auf die zukünftige Gestaltung von Universitätsgottesdienst und Universitätsgemeinde für vorsichtige Veränderungen. Nur in Anknüpfung und Weiterführung des Bestehenden ist ihre Nachhaltigkeit gewährleistet. Wie stelle ich mir die Zukunft des Universitätsgottesdienstes in der neuen Aula/Universitätskirche St. Pauli konkret vor? Der Universitätsgottesdienst sollte weiterhin die Kriterien der Erwartbarkeit, Verlässlichkeit und Beheimatung erfüllen. Das bedeutet regelmäßige Gottesdienste an allen Sonn- und Feiertagen um 11 Uhr:[27] mit wiedererkennbarer, traditioneller sächsischer Liturgie als Basis. Das schließt ein, einzelne Stücke von Zeit zu Zeit zu variieren und modern zu interpretieren bzw. zu inszenieren. Universitätsorganist und Universitätsmusikdirektor bzw. Universitätschor bieten die Chance, unterschiedliche Musiktraditionen auf hohem Niveau in den Gottesdiensten zu pflegen: moderne Weiterentwicklungen inbegriffen.

Gleichzeitig wünsche ich mir, dass von Zeit zu Zeit Gottesdienste in anderer Gestalt gefeiert werden. Der Universitätsgottesdienst darf als liturgisches Experimentierfeld genutzt werden. Ab und zu das Experiment »riskanter Liturgien« durchzuführen, wird dem

→ Fenster Paulinum

Universitätsgottesdienst gut tun.[28] Dass Kantatengottesdienste, Predigtreihen und andere Predigtformen den traditionellen Gottesdienst beleben und deshalb für sie im Universitätsgottesdienst Raum sein muss, ist selbstverständlich. Ebenso hin und wieder die Einladung von Predigerinnen und Predigern, die keine Fachtheologen sind. All dies aber getragen von und »eingebunden in die Normalität regelmäßig wiederkehrender sonntäglicher Gottesdienste«.[29] Der frühere Hamburger Liturgiker Peter Cornehl, Ehrendoktor der Universität Leipzig, sieht einen Vorteil der Leipziger Situation darin, »dass nicht jede Woche etwas Besonderes passieren muss, sondern der vom Kirchenjahr geprägte Grundrhythmus traditionskontinuierlicher Gottesdienste das Gegenlager [zu Gottesdiensten mit Experimentalcharakter] bilden würde.«[30] Der Leipziger Universitätsgottesdienst hätte damit die große Chance, nicht vom »Virus des Besonderen« befallen zu werden.[31] Dem entspricht ein Resümee beim ersten Treffen der ev. Universitätspredigerinnen und -prediger in Deutschland am 16./17. November 2012 in Heidelberg, wonach die differentia specifica des Universitätsgottesdienstes nicht in dessen Unterscheidung von Gottesdiensten in normalen Ortsgemeinden liegt. Entscheidend ist vielmehr die Frage, was ihn gegenüber anderen universitären Kommunikationsformen auszeichnet: »Das Besondere sei, dass der universitäre Lehrer als öffentlicher *homo religiosus* auftrete,«[32] der theologische Wissenschaftler Einblick in seine religiöse Praxis gewähre. Um den Gottesdienst auch für Studierende attraktiv zu gestalten, wird es sinnvoll sein, einen parallelen Kindergottesdienst und im Anschluss ein Kirchencafé anzubieten.

Darüber hinaus sollte der Universitätsgottesdienst wie schon heute auch in Zukunft von weiteren Veranstaltungsangeboten flankiert werden. Dazu gehören zunächst die Universitätsvespern. In den »Ansagen zur Zeit« wird, so das Ziel, ein prophetischer Auftrag im Raum der Universität wahrgenommen. Ihre Besonderheit liegt darin, dass in ihnen primär Rednerinnen und Redner aus nicht-theologischen Fakultäten zu Wort kommen. Die inhaltliche Zusammenarbeit mit dem Studium universale hat in den vergangenen Jahren zu einer stärkeren Vernetzung mit der Gesamtuniversität geführt.

Im Moment findet in der Leipziger Peterskirche an jedem Donnerstag um 12.00 Uhr der sogenannte Orgel-Punkt-Zwölf vor der aus der alten Universitätskirche geretteten Jehmlich-Orgel statt. Eine geistliche Ansprach von fünf Minuten wird von Orgelstücken gerahmt, die Studierende der Hochschule für Musik und Theater vortragen. Der Orgel-Punkt-Zwölf könnte sich in der neuen Aula/Universitätskirche St. Pauli zu einem Ort entwickeln, an dem die Sehnsucht nach Unterbrechung und Atemholen von Studierenden, Lehrenden und anderen Mitarbeitenden mitten im Alltag des Universitätsbetriebs gestillt wird.

Zu den regelmäßigen Veranstaltungen in der neuen Universitätskirche werden auch die Gottesdienste des Homiletischen Seminars der Theologischen Fakultät gehören. Ich kann mir vorstellen, darüberhinaus auch ganz neue Veranstaltungsformate auszuprobieren: z. B. eine mystische Nacht zu Hildegard von Bingen, Nachtgebete u. ä. Schließlich eröffnet sich im Rahmen des angedachten »Forum Paulinum« eine weitere Palette von Veranstaltungsmöglichkeiten, vor allem von Vorträgen auf der Grenze von Religion und Wissenschaft.

Der Leipziger Universitätsgottesdienst erhält in dem besonderen Raum von Aula/Universitätskirche St. Pauli am erinnerungsträchtigen Ort eine einmalige Chance: Das Evangelium von Jesus Christus mitten in einer weltanschaulich neutralen Universität so zu verkündigen, dass auch Menschen aufhorchen, die dem Christentum und der Kirche fern stehen.

---

[1] Vgl. dazu im Einzelnen die betreffenden Abschnitte in: Geschichte der Universität Leipzig 1409–2009, Ausgabe in fünf Bänden, Leipzig 2009.

[2] Gabriel M. Löhr OP, Die Dominikaner an der Leipziger Universität, hrsg. vom Institut Pastoralhomiletik, Leipzig 1934 (Nachdruck Stuttgart 2009), bes. 9–86.

[3] Heinz Wagner, Zeugenschaft. Glaubenserfahrungen in meinem Leben, Leipzig 1992, bes. 131–133.

[4] Die Predigten wurden zum ersten Mal abgedruckt in: Rüdiger Lux/Peter Zimmerling (Hrsg.), Ich muss rumoren. 600 Jahre Universität Leipzig. Predigten und Ansprachen, Leipzig/Berlin 2010, 54–61; Rüdiger Lux, Schild Abrahams. Schrecken Isaaks. Leipziger Universitätspredigten, Leipzig 2013, 169–175.

[5] Vgl. dazu Peter Zimmerling, Privilegierte Partnerschaft zwischen Staat und Kirche: Auslauf- oder Zukunftsmodell?, in: Staat und Kirche. »Theologische Tage« zum 600-jährigen Bestehen der Universität Leipzig. Dokumentation der Tagung vom 26. bis 29. Oktober 2009, Leipziger Universitätsreden, Neue Folge 111, hrsg. von der Rektorin der Universität Leipzig, Leipzig 2011, 91-99.

[6] Vgl. z. B. Franz Häuser, Restauration oder Modernisierung. Der bauhistorische Weg zum Campus für eine 600-jährige Universität, in: Zum Gedenken an die Sprengung der Universitätskirche St. Pauli am 30. Mai 1968, hrsg. vom Rektor der Universität Leipzig, Leipzig 2008, 15.

[7] Rudolf Hiller von Gaertringen (Hrsg.), Restauro. Epitaphien aus der Universitätskirche St. Pauli. Arbeitsstand und Perspektiven, Leipzig 2013.

[8] Das Finanzministerium des Freistaats Sachsen hat im August 2013 eine Expertenkommission einberufen, die dem Rektorat der Universität Leipzig eine Empfehlung im Hinblick auf die Aufstellung der Kanzel geben soll.

[9] So das Motto der Universität Leipzig zu ihrem 600. Jubiläum im Jahr 2009.

[10] Dazu Peter Zimmerling, Beichte. Gottes vergessenes Angebot, Leipzig 2014.

[11] Odo Marquard, Abschied vom Prinzipiellen. Philosophische Studien, Stuttgart 1981, 49.

[12] A. a. O.

[13] Vgl. dazu Carl R. Rogers: Entwicklungen der Persönlichkeit, Stuttgart 1973, 167ff.

[14] Martin Nicol: Gespräch als Seelsorge. Theologische Fragmente zu einer Kultur des Gesprächs, Göttingen 1990.

[15] Dazu: Peter Zimmerling, An der Grenze des kirchlichen Christentums: Die Religion der Konfessionslosen in Ostdeutschland – Konfessionslosigkeit als Konfession?, in: Friedrich Schweitzer (Hrsg.), Kommunikation über Grenzen. Kongressband des XIII. Europäischen Kongresses für Theologie 21.-25. September 2008 in Wien (Veröffentlichungen der Wissenschaftlichen Gesellschaft für Theologie 33), Gütersloh 2009, 747-760.

[16] U. Karstein/T. Schmidt-Lux/M. Wohlrab-Sahr/M. Punken, Säkularisierung als Konflikt? Zur subjektiven Plausibilität des ostdeutschen Säkularisierungsprozesses, in: Berliner Journal für Soziologie, 2006, 441-461; M. Wohlrab-Sahr/U. Karstein/C. Schaumburg, »Ich würd' mir das offenlassen«. Agnostische Spiritualität als Annäherung an die »große Transzendenz« eines Lebens nach dem Tode, in: Zeitschrift für Religionssoziologie 13, 2005, 153-173.

[17] Günter Hanisch u. a. (Hrsg.), Dona nobis pacem. Herbst '89 in Leipzig. Friedensgebete, Predigten und Fürbitten, Leipzig 21996; Hermann Geyer, Nikolaikirche, montags um fünf. Die politischen Gottesdienste der Wendezeit in Leipzig, Darmstadt 2007.

[18] Vgl. dazu Rüdiger Lux, »Die Wissenschaft befreit uns von Gott.« Die Universitätskirche St. Pauli als ideologischer Störfaktor, in: ders./Martin Petzoldt (Hrsg.), Vernichtet, vertrieben – aber nicht ausgelöscht. Gedenken an die Sprengung der Universitätskirche St. Pauli zu Leipzig nach 40 Jahren, Leipzig/Berlin 2008, bes. 37-45.

[19] Jürgen Ziemer, Die Bibel als Sprachhilfe. Zum Bibelgebrauch in den Kirchen während der ›Wende‹ im Herbst 1989, in: Pastoraltheologie 81, 1992, 280-291, das Zitat 281.

[20] Außerdem der Text Mt 5,33-37 (»Eure Rede aber sei: Ja, ja; nein, nein«), die Geschichte von Kain und Abel mit dem Hinweis auf das Gezeichnetsein des Brudermörders Kain (Gen 4,15) und schließlich Gal 5,1f: »Zur Freiheit hat uns Christus befreit! So steht nun fest und lasst euch nicht wieder das Joch der Knechtschaft auflegen!« (Ziemer, Bibel, 281).

[21] Ausgehend von Niklas Luhmanns Systemtheorie plädierte Matthias Petzoldt gegen eine gemeinsame Nutzung: ders., Differenzen über Religion in ausdifferenzierten Gesellschaften, in: Reinhard Hempelmann (Hrsg.) Religionsdifferenzen und Religionsdialoge. Festschrift 50 Jahre EZW, EZW-Texte 210, Berlin 2010, 25-43.

[22] Gott als »Gegenstand« der Theologie impliziert die Kritik an jeder Form von Wissenschaft, die durch ihr rationales Systemdenken nur einen Ausschnitt der Wirklichkeit zu erfassen vermag, jedoch in totalitärer Weise vorgibt, das Ganze der Wirklichkeit zu kennen (vgl. dazu im Einzelnen Paul Schütz, Freiheit, Hoffnung, Prophetie. Von der Gegenwärtigkeit des Zukünftigen, Bd. 3 der Gesammelten Werke, Moers 1986, 661-671).

[23] Jürgen Habermas, Glauben und Wissen, Frankfurt a. M. 2001, bes. 20-23; vgl. dazu Martin Petzoldt, Universitätsgottesdienst an der Universität Leipzig: Christlich-spirituelle Chancen inmitten eines universitären Wissenschaftsbetriebs, in: Lux/Petzoldt, Vernichtet, bes. 73-85; Lux, Wissenschaft, in: a. a. O., 45-49.

[24] Vgl. hier und im Folgenden Peter Zimmerling, Glaube und Freiheit. Warum beides zusammengehört, in: Deutsches Pfarrblatt 113, 2013, 252-255.

[25] Das genannte Selbstzeugnis ist dem zweiten, »Praktischen Theil« der 7. Auflage von Gottscheds »Ersten Gründen der gesammten Weltweisheit« (1762) vorangestellt – ein leider unpaginierter Text; die Begebenheit wird aufgegriffen in dem jüngsten Sammelband: Johann Christoph Gottsched (1700-1766). Philosophie, Poetik und Wissenschaft, hrsg. v. Eric Achermann, Berlin 2014, 27f. (Für den Hinweis danke ich Clemens Schwaiger, Benediktbeuern.)

[26] Eine Auswahl bietet: Ansagen zur Zeit 1999-2006, Leipziger Universitätsreden, Neue Folge Heft 101, hrsg. vom Rektor der Universität Leipzig, Leipzig 2006.

[27] Wie sie in der vom Rektorat 2014 verabschiedeten Nutzungsordnung für das Paulinum. Aula/Universitätskirche St. Pauli vorgesehen sind.

[28] Vgl. Peter Cornehl, Öffentlicher Gottesdienst? – Zwanzig Jahre nach der friedlichen Revolution, Pastoraltheologie 99, 2010, 153. Der Begriff stammt wohl aus dem Titel einer Radiosendung im NDR von Klaus Eulenberger vom 15.2.2009.

[29] A. a. O., 152.

[30] A. a. O.

[31] So Hans-Jürgen Luibl im Korrespondenzblatt für Bayern 11, 2010, 185f.

[32] Tanja Martin, *Der* Universitätsgottesdienst in Deutschland? Gottesdienstliche Vielfalt im kontextuellen Spannungsfeld von »Hörsaal – Kirche – Stadt & Kultur« (Tagungsbericht), in: Liturgie und Kultur 4, 2013, 28 (Hervorhebungen im Text).

URKUNDE

ZUR GRUNDSTEINLEGUNG

FÜR DIE WIEDERAUFSTELLUNG DES PAULINERALTARS AN HISTORISCHER STELLE

HEUTE, AM DIES ACADEMICUS, AM DIENSTAG, DEM 2. DEZEMBER DES JAHRES 2014,
DEM TAG DER 605. WIEDERKEHR DER GRÜNDUNG DER UNIVERSITÄT LEIPZIG,
LEGEN IN FEIERLICHER FORM

DIE REKTORIN DER UNIVERSITÄT LEIPZIG
FRAU PROFESSOR DR. BEATE SCHÜCKING

DIE NIEDERLASSUNGSLEITERIN LEIPZIG
DES STAATSBETRIEBS SÄCHSISCHES IMMOBILIEN- UND BAUMANAGEMENT
FRAU PETRA FÖRSTER

UND DER ERSTE UNIVERSITÄTSPREDIGER DER UNIVERSITÄT LEIPZIG
HERR PROFESSOR DR. PETER ZIMMERLING

den Grundstein für die Wiederaufstellung des

PAULINERALTARS

die zugleich den Beginn der Vollendung des Neubaus des
Paulinums – Aula und Universitätskirche St. Pauli –
symbolisiert.

Seit der Säkularisierung des Paulinerklosters im Jahre 1543 besaß die Universität Leipzig wichtige Universitätsbauten an zentraler Stelle der Stadt am heutigen Augustusplatz. Teil dieses Gebäudeensembles war die Paulinerkirche, die seitdem bis zu ihrer Sprengung am 30. Mai 1968 als evangelische Universitätskirche St. Pauli diente. Während dieser Zeit war der Paulineraltar, ein kostbares Werk eines unbekannten Meisters aus dem 15. Jahrhundert, der Hauptaltar für die Gottesdienste in der Universitätskirche. Der vor der Sprengung 1968 geborgene Altar fand nach Zwischenlagerung im heutigen Bundesverwaltungsgericht und nach liebevoller Restaurierung in Zusammenarbeit mit dem Institut für Denkmalpflege Dresden in der Thomaskirche zu Leipzig eine neue Heimstatt.

Mit seiner Wiederaufstellung an historischer Stelle kehrt ein wertvolles Kunstdenkmal in ein Hauptgebäude der Universität zurück. Zugleich geht damit der Neubau des Paulinums seinem Abschluss entgegen.

Das Paulinum als geistig-geistliches Zentrum der Universität Leipzig wird künftig ein Forum sowohl für universitären Disput als auch für Gottesdienste sein. Darüber hinaus soll es mit wissenschaftlichen und kulturellen Veranstaltungen in die Öffentlichkeit von Stadt und Region wirken. Die Aula bietet der Gemeinschaft der Lehrenden und Lernenden einen Ort der Selbstvergewisserung und der Identifikation mit ihrer Alma mater, einen Ort inneruniversitärer und öffentlicher Disputationen, der Versammlung großer Gremien, festlicher Veranstaltungen und Konzerte.

Möge das Paulinum – Aula und Universitätskirche St. Pauli – eine gute Vollendung finden und dazu beitragen, Forschung und Lehre zu fördern und den Menschen zu dienen.

Am 2. Dezember 2014 im Paulinum verlesen und in den Grundstein gelegt.

Prof. Dr. Beate Schücking   Petra Förster   Prof. Dr. Peter Zimmerling

Urkunde der Theologischen Fakultät

Im Namen Gottes des Vaters und des Sohnes und des Heiligen Geistes. Amen.
In nomine Dei Patris et Filii et Spiritus Sancti. Amen.

An dieser Stelle wird christlicher Gottesdienst gefeiert
In hoc loco celebritur cultum Dei christianum

durch Dominikaner seit der Gründung ihres Klosters im Jahr 1229
und ihrer Kirche St. Pauli im Jahr 1240,
de fratribus Sancti Dominici ab monasterio condito vestro anno 1229 et aede sacra vestra anno 1240

durch Angehörige der Universität Leipzig seit der evangelischen Predigt Martin Luthers
und der Einweihung zur Universitätskirche St. Pauli 1545,
de propinquis universitatis Lipsiensis ab Martini Lutheri prima oratione sacra evangelica
et dedicatione/*consecratione* ad Ecclesiam Universitatis Sancti Pauli anno 1545

durch die Gemeinde des Universitätsgottesdienstes seit Einführung
regelmäßiger Gottesdienste an allen Sonn- und Festtagen 1710,
de congregatione Ecclesiae Universitatis Sancti Pauli ab constantum cultorum Dei introductione in
omnibus diebus Domini et feriis anno 1710

unbeeinträchtigt durch 739 Jahre trotz widriger Zeitläufe und Kriege,
non interpellatus per 739 annos in temporibus asperitatis et bellis

wegen gewaltsamer Vernichtung der Kirche am 30. Mai 1968
durch ein kommunistisches Regime jedoch an dieser Stelle unterbrochen,
utique interpellatum in hunc locum ob iniuriam potentiorum et excisionem aedis sacrae in die 30 maii
1968
per gubernationem communisticam

fortgesetzt als „Akademische Gottesdienste" in der benachbarten Kirche St. Nikolai
seit 1968, wieder als „Universitätsgottesdienste" seit 1990,
continuum sub nomine ›Sollemniae Academicae‹ in vicinam Ecclesiam Sancti Nicolai ab 1968,
denuo sub nomine ›Cultus Dei Christianus Universitatis‹ ab 1990

knüpfen wir an dieser Stelle nach 46 Jahren
feierlich an die Universitätsgottesdienste mit Heiligem Abendmahl an
in mense junii anno 2009 in hoc post plus 40 annis loco anneximus sollemniter in Cultum Dei
Christianum Universitatis
cum celebratione coenae Domini

in der festen Gewißheit,
daß die Universitätsgottesdienste hier künftig ihre Heimstatt behalten,
daß die gemeinsame Nutzung als Aula und Kirche sich als förderlich erweise,
daß wissenschaftliches Nachdenken sich durch glaubendes Vertrauen gehalten,
glaubendes Vertrauen sich durch wissenschaftliches Nachdenken herausgefordert
sehen möge.
in certa fide
in tenendum esse

Lobet Gott den Herrn, in den Versammlungen, ihr vom Brunnen Israels.
Da herrscht unter ihnen der kleine Benjamin…(Ps 68, 27-28a nach Luther)
Benedicite in excelsis Deo Domino de fontibus Israel.
Ibi Beniamin adolescentulus in mentis excessu.

Am 2. Dezember 2014 verlesen und in den Grundstein gelegt.

Prof Dr. Beate Schücking (Rektorin)
Prof. Dr. Martin Petzoldt (Erster Universitätsprediger 1998 – 2009)
Prof. Dr. Rüdiger Lux (Erster Universitätsprediger 2009 – 2012)
Prof. Dr. Peter Zimmerling (Erster Universitätsprediger ab 2012)

ABBILDUNGSVERZEICHNIS

S. 99 © Aus: »Zeitspiegel – Das gerettete Leipziger Fotoarchiv Lindner«, S. 277

S. 254 © Boris Schafgans

S. 137, 138, 139, 141 © BStU

S. 20 © Burkhard Jung

S. 176 © Carsten Heckmann/Pressestelle Universität Leipzig

S. 18 © Carsten Rentzing

S. 82 © Christian Jonas/Stiftung »Universitätskirche St. Pauli zu Leipzig«

S. 126 © Clauß LfD 17–18/278

S. 188 © (Designed by) Erick van Egeraat

S. 252 © Dr. Thomas Mauersberg/Universität Bonn

S. 152, 154 © Folkert Ihmels

S. 224 © Foto Kustodie: Herbert Zschunke

S. 226, 229, 230 unten, 231, 232, 233 © Foto Kustodie: Marion Wenzel

S. 250 © Foto: Jürgen Haacks/Uni Kiel

S. 24 rechts © Gregor Giele

S. 238, 243, 246 © Horst Hodick

S. 92 © Illustrierte Zeitung. Leipzig im Zeichen des 500jährigen Jubiläums der Universität 1909. Leipzig 1909

S. 24 links © Josef kleine Bornhorst

S. 101 © Kunstsammlung der Universität Leipzig

S. 102 © Landesamt für Denkmalpflege Sachsen

S. 26 © Martin Henker

S. 22 © Matthias Schwarz

S. 107 © Michael Lippky

S. 230 oben © Modell Arge Weimar; Foto Kustodie

S. 145 © Nikolaus Krause

S. 122 © Opitz/Wachs 17–18/820

S. 280 © Paul Trainer/Pressestelle Universität Leipzig

S. 9 © Peter Zimmerling

S. 95, 113 © Prof. Dr. Gerald Wiemers, Direktor des Universitätsarchivs

S. 182, 268, 290 © Randy Kühn/Pressestelle Universität Leipzig

S. 109, 110 © Rekonstruktionszeichnung: Michael Lippky

S. 14 © Sächsische Staatskanzlei/Jörg Lange

S. 142 © Stefan Welzk

S. 72 oben, 72 unten, 74, 76, 80, 87, 166 © Stiftung »Universitätskirche St. Pauli zu Leipzig«

S. 267, 285 © Swen Reichhold/Pressestelle Universität Leipzig

S. 163 © Sylvia Dorn/Pressestelle Universität Leipzig

S. 123 links © Universität Leipzig, KHI 06354

S. 104, 218, 219 © Universität Leipzig, Kustodie

S. 16 © Universität Leipzig, Pressestelle/Foto: Swen Reichhold

S. 123 rechts © Universität Leipzig, KHI 05699

S. 115, 116, 118–119, 175, 263, 267 © Universitätsarchiv Leipzig

S. 260 © Universitätsarchiv Leipzig, Foto von Gemälde (1746 vom Elias Gottlob Haufsmann gemalt)

S. 55 © Universitätsarchiv Leipzig, Georg Rietschel, undatiert

S. 44 © Universitätsbibliothek Leipzig, Exeg.328:3/2.

S. 128 oben und unten © Winter 1993 (Anm. 6), S. 329, Abb. 25, 26

S. 129 oben und unten © Winter 1993 (Anm. 6), S. 330, Abb. 27, 28

S. 41, 196, 198–204, 206, 207 oben, 207 unten, 208 oben, 208 unten, 209 oben, 209 unten, 210 oben, 210 unten, 211, 212, 213 oben, 213 unten, 214 oben, 214 unten: Archiv EVA

S. 47 Gemeinfrei Wikipedia

S. 228 Hängeplan: Kunstkommission und Kustodie der Universität Leipzig; Reinzeichnung als CAD: Dezernat für Planung und Technik der Universität Leipzig; Reinzeichnung der einzelnen Epitaphien: Dipl. Ing. Thomas Bolze, Potsdam)

VERZEICHNIS DER BEITRÄGERINNEN UND BEITRÄGER

Beilschmidt, Daniel, Universitätsorganist, geb. 1978, seit 2009 Universitätsorganist und Assistenzorganist an der Thomaskirche.

Beyer, Michael, Dr. theol., geb. 1952, Wissenschaftlicher Mitarbeiter am Institut für Kirchengeschichte, Abt. für Spätmittelalter und Reformation, der Theologischen Fakultät der Universität Leipzig, Pfarrer im Ehrenamt der Ev.-luth. Landeskirche Sachsens, Caspar-Borner-Medaille für Verdienste um die Erneuerung der Universität Leipzig 1994.

Deeg, Alexander, Prof. Dr., geb. 1972, lehrt Praktische Theologie und leitet das Liturgiewissenschaftliche Institut der VELKD an der Theologischen Fakultät der Universität Leipzig.

Egeraat, Erick van, Professor Ir., geb. 1956, Architect I Director.

Fitschen, Klaus, Prof. Dr., geb. 1961, lehrt Neuere und Neueste Kirchengeschichte an der Theologischen Fakultät der Universität Leipzig.

Giele, Gregor, Propst, geb. 1966, Pfarrer der Propsteigemeinde St. Trinitatis Leipzig, Dekan des Dekanats Leipzig.

Hassenrück, Helga, geb. 1948, unterrichtete von 1976-2011 am Lektorat für Alte Sprachen an der Theologischen Fakultät der Universität Leipzig.

Henker, Martin, geb. 1954, Superintendent des Ev.-Luth. Kirchenbezirk Leipzig.

Hiller von Gaertringen, Rudolf, Prof. Dr., geb. 1961, seit 2002 Kustos der Kunstsammlung der Universität Leipzig und Leiter der Kustodie, Johann David Passavant-Preis des Städelschen Kunstinstituts (2004) für Forschungen über Perugino und Raffael.

Hodick, Horst, Dr. phil., geb. 1959, Orgel- und Glockensachverständiger des Landesamts für Denkmalpflege Sachsen, Orgelsachverständiger im Auftrag der Stiftung Frauenkirche Dresden, Orgelsachverständiger der Universität Leipzig beim Bau der neuen Orgeln in der Aula/Universitätskirche St. Pauli und Orgelsachverständiger der Stadt Dresden beim Neubau der Orgel der Dresdner Philharmonie.

Jung, Burkhard, geb. 1958, seit 2006 Oberbürgermeister der Stadt Leipzig.

Krause, Nikolaus, Pfarrer i.R., geb. 1944, Seelsorger am UniversitätsPalliativCentrum Dresden, Bundesverdienstkreuz 1. Klasse.

Krummacher, Christoph, Prof. em. Dr. theol., geb. 1949, 1992-2014 Professor für Kirchenmusik und Direktor des Kirchenmusikalischen Instituts der Hochschule für Musik und Theater Leipzig, deren Rektor 1997-2003, Universitätsorganist der Universität Leipzig 2004-2009, Ordentliches Mitglied der Sächsischen Akademie der Wissenschaften zu Leipzig, Präsident des Sächsischen Musikrates.

Leonhardt, Rochus, Prof. Dr. theol., geb. 1965, lehrt Systematische Theologie unter besonderer Berücksichtigung der Ethik an der Theologischen Fakultät der Universität Leipzig.

Lippky, Michael, geb. 1973, Vikar der Ev.-Luth. Landeskirche Sachsens.

Lux, Rüdiger, Prof. em. Dr. theol., geb. 1947, lehrte von 1995-2012 Exegese und Theologie des Alten Testaments an der Theologischen Fakultät der Universität Leipzig, 2009-2012 Erster Universitätsprediger, 2011 Predigtpreis des Verlags für die Deutsche Wirtschaft AG, Ordentliches Mitglied der Sächsischen Akademie der Wissenschaften, Domherr zu Meißen.

Magirius, Heinrich, Prof. em. Dr. phil. Dr. h.c., geb. 1934, Landeskonservator i.R., Bundesverdienstkreuz, Verdienstorden des Freistaates Sachsen.

Mai, Hartmut, Prof. em. Dr. theol., geb. 1937, lehrte Christliche Archäologie und Kirchliche Kunst an der Theologischen Fakultät der Universität Leipzig, Mitglied der Kunstkommission der Universität Leipzig, Mitglied der Kommission Kunstgeschichte Mitteldeutschlands der Sächsischen Akademie der Wissenschaften, Vorstandsmitglied der Arbeitsgemeinschaft für Sächsische Kirchengeschichte.

Pater Josef kleine Bornhorst OP, geb. 1953, Diplomsozialpädagoge und katholischer Diplomtheologe, seit Dezember 2014 Prior des Dominikanerklosters St. Albert in Leipzig-Wahren.

Petzoldt, Martin, Prof. em. Dr. theol., 1946–2015, lehrte Systematische Theologie an der Theologischen Fakultät der Universität Leipzig, Caspar-Borner-Medaille für Verdienste um die Erneuerung der Universität Leipzig 1994, Bundesverdienstkreuz am Bande des Verdienstordens der Bundesrepublik 1998, Kronenkreuz des Diakonischen Werkes der Evangelischen Kirche in Deutschland 2011.

Petzoldt, Matthias, Prof. em. Dr. theol., geb. 1948, lehrte Fundamentaltheologie und Hermeneutik an der Theologischen Fakultät der Universität Leipzig sowie von 2006 bis 2013 Systematische Theologie unter besonderer Berücksichtigung der Dogmatik.

Ratzmann, Wolfgang, Prof. em. Dr. theol., geb. 1947, Pfarrer der Ev.-luth. Landeskirche Sachsens, seit 1987 Dozent, seit 1990 Prof. für Praktische Theologie am Theologischen Seminar/Kirchliche Hochschule Leipzig, lehrte von 1992–2010 Praktische Theologie an der Theologischen Fakultät der Universität Leipzig, zugleich von 1994–2002 Leiter des Liturgiewissenschaftlichen Instituts der VELKD in Leipzig, ehemaliger Erster Universitätsprediger, Domherr zu Wurzen.

Rentzing, Carsten, Dr. theol., geb. 1967, Landesbischof der Ev.-luth. Landeskirche Sachsens.

Schmidt-Rost, Reinhard, Prof. Dr. theol., geb. 1949, Prof. für Praktische Theologie und Universitätsprediger (seit 1999 in Bonn, zuvor Kiel).

Schücking, Beate A., Prof. Dr. med., geb. 1956, seit 1. März 2011 Rektorin der Universität Leipzig.

Schwarz, Matthias, Prof. Dr. sc. math., geb. 1967, lehrt Mathematik in den Naturwissenschaften mit den Schwerpunkten Dynamische Systeme und Geometrie an der Fakultät für Mathematik und Informatik der Universität Leipzig, von 2011 bis 2017 Prorektor für Forschung und Nachwuchsförderung, ordentliches Mitglied der Sächsischen Akademie der Wissenschaften seit 2015

Stötzner, Ulrich, Dr. rer. nat., geb. 1937, Dipl.-Geophysiker, 1990–2001 Geschäftsführer Geophysik GmbH/GGD in Leipzig, seit 2004 Vorsitzender des Paulinervereins, Kurator der Stiftung Universitätskirche St. Pauli.

Tillich, Stanislaw, geb. 1959, Ministerpräsident des Freistaates Sachsen.

Welzk, Stefan, Dr. phil. Dr. rer. pol., geb. 1942, zuletzt (seit 1991) Ministerialreferent in Schleswig-Holstein, daneben freier Journalist für WDR, SFB, RBB und div. Zeitschriften.

Winter, Christian, Dr., geb. 1965, Generalsekretär der Sächsischen Akademie der Wissenschaften zu Leipzig.

Zimmerling, Peter, Prof. Dr. theol., geb. 1958, lehrt Praktische Theologie mit den Schwerpunkten Seelsorge und Spiritualität an der Theologischen Fakultät der Universität Leipzig, Domherr zu Meißen, seit 2012 Erster Universitätsprediger, Badischer Akademiepreis 2014.

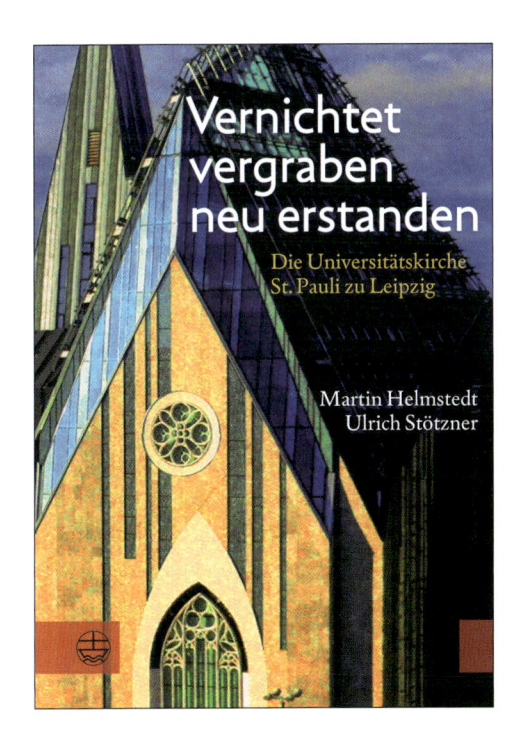

Martin Helmstedt | Ulrich Stötzner
Vernichtet, vergraben, neu erstanden
Die Universitätskirche St. Pauli zu Leipzig

248 Seiten | 13,5 x 19 cm
mit zahlr Abb. | Paperback
ISBN 978-3-374-04040-7
EUR 14,80 [D]

Die Zerstörung der Universitätskirche St. Pauli im Jahr 1968 war ein traumatisches Erlebnis für die Leipziger, das sie trotz vieler Proteste nicht verhindern konnten. Die Autoren Martin Helmstedt und Ulrich Stötzner entwerfen, ausgehend von den geschichtlichen Ereignissen, ein fesselndes Bild des vielschichtigen christlichen Lebens rund um diese Kirche, das Musik- und Kunstgeschichte einschließt. Berichte von Augenzeugen lassen die Ereignisse um die Sprengung lebendig werden und münden in eine ausführliche Dokumentation der über zwei Jahrzehnte währenden Bemühungen und Auseinandersetzungen um den Neubau als Kirche und Aula der Universität Leipzig. Gegner und Befürworter des Wiederaufbaus kommen dabei zu Wort. Dennoch erscheint es fast wie ein Wunder, dass heute trotz aller Widerstände an historischer Stelle eine neue Universitätskirche steht.

EVANGELISCHE VERLAGSANSTALT
Leipzig   www.eva-leipzig.de

Tel +49 (0) 341/ 7 11 41-55   shop@eva-leipzig.de

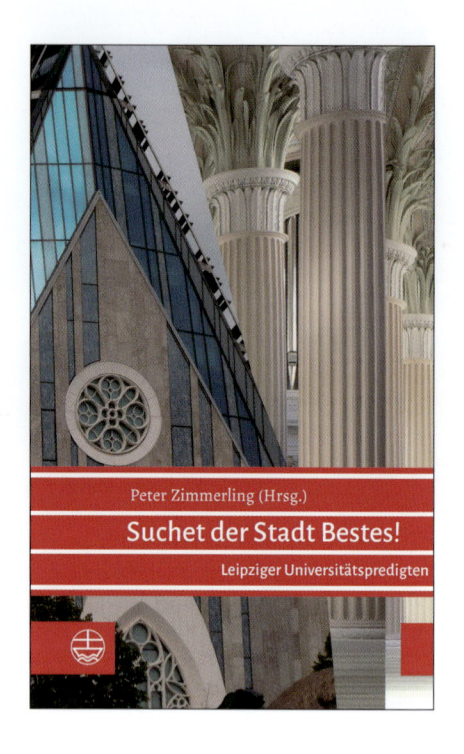

Peter Zimmerling (Hrsg.)
Suchet der Stadt Bestes!
Leipziger Universitätspredigten

96 Seiten | 12 x 19 cm
Paperback
ISBN 978-3-374-04120-6
EUR 9,90 [D]

Im Rahmen des Leipziger Universitätsgottesdienstes fand 2014 eine Predigtreihe zum Öffentlichkeitsauftrag von Theologie und Kirche statt. Dass dazu neben dem Ratsvorsitzenden der EKD Bischöfinnen und Bischöfe aus insgesamt acht evangelischen Landeskirchen eigens in die Messestadt kamen, war ein wichtiges Zeichen der Unterstützung der Leipziger Universitätsgemeinde durch den deutschen Protestantismus. Universitätsgottesdienste gibt es an der Universität Leipzig seit ihrer Gründung 1409. Ein Universitätsprediger ist seit 1419 belegt. Die Predigtreihe stellt einen Meilenstein auf dem Weg zur Indienstnahme der neuen Aula/Universitätskirche St. Pauli dar, die seit einigen Jahren anstelle der von der DDR-Regierung 1968 gesprengten alten Universitätskirche gebaut wird und das geistig-geistliche Zentrum der Universität werden soll.

EVANGELISCHE VERLAGSANSTALT
Leipzig   www.eva-leipzig.de

Tel +49 (0) 341/ 7 11 41-55   shop@eva-leipzig.de

Sebastian Pflugbeil (Hrsg.)
Aufrecht im Gegenwind
Kinder von 89ern erinnern sich

Schriftenreihe des Sächsischen Landesbeauftragten für die Unterlagen des Staatssicherheitsdienstes der ehemaligen DDR | 9

400 Seiten | 12 x 19 cm
mit zahlr Abb. | Paperback
ISBN 978-3-374-02802-3
EUR 14,80 [D]

Es gibt sehr unterschiedliche Darstellungen über die Ereignisse vom Herbst 1989. Einen von heutigen Interpretationen recht unabhängigen Zugang zu dieser turbulenten Zeit bietet die Befragung von Menschen, die damals Schulkinder oder Jugendliche waren. Für die 1989 politisch aktiven Eltern war schon der Druck der DDR-Obrigkeit auf die Kinder ein wesentliches Motiv, auf die Straße zu gehen. Gleichzeitig führten die Aktivitäten der Eltern zu einem beträchtlichen Risiko für ihre Kinder. Das vorliegende Buch eröffnet die Möglichkeit, den Kindern der 89er-Bewegung zuzuhören. Wie sind sie mit dem politischen Druck in der Schule umgegangen, haben sie verstanden, weshalb ihre Eltern sich dem politischen Anpassungsdruck entzogen und im Herbst 89 in die Öffentlichkeit gingen? Wie erlebten sie als Kinder den Umbruch, die Treffen der Bürgerrechtler in ihren Wohnungen, die Vorbereitungen von Demonstrationen? Was haben sie von den Aktivitäten der Stasi mitbekommen? Die 25 sehr individuellen Portraits eröffnen eine überraschend neue Perspektive auf die Wendezeit von 1989 und ihre Vorgeschichte.

EVANGELISCHE VERLAGSANSTALT
Leipzig   www.eva-leipzig.de

Tel +49 (0) 341/ 7 11 41-55   shop@eva-leipzig.de

Stefan Welzk

Leipzig 1968

Unser Protest gegen die Kirchensprengung und seine Folgen

Schriftenreihe des Sächsischen Landesbeauftragten für die Unterlagen des Staatssicherheitsdienstes der ehemaligen DDR | 11

232 Seiten | 12 x 19 cm
mit zahlr Abb. | Paperback
ISBN 978-3-374-02849-8
EUR 9,80 [D]

Drei Wochen nach Sprengung der Leipziger Universitätskirche 1968 entrollt sich in der Kongresshalle vor Ministern und Westmedien ein Transparent mit dem Umriss der Kirche und den Worten »WIR FORDERN WIEDERAUFBAU!«. Zwei der Akteure flüchten kurz darauf mit dem Faltboot übers Schwarze Meer. Erst 1970 gerät ein Beteiligter der Aktion durch Verrat ins Fadenkreuz der Stasi, die ein DDR-weites Netzwerk des Widerstandes vermutet. Es folgen mehrjährige Ermittlungen, neue Verhaftungen und Zuchthausstrafen von bis zu sechs Jahren. Der Maler des Transparentes bleibt bis zu seiner Flucht 1978 unentdeckt.

Stefan Welzk blickt auf die Protestaktion und ihre Geschichte zurück. Er erzählt von der Entstehung einer »subversiven« Subkultur unter Leipziger Studenten, von Idee und Ablauf dieser Aktion und vom Schicksal der Verhafteten und Geflüchteten.

EVANGELISCHE VERLAGSANSTALT
Leipzig   www.eva-leipzig.de

Tel +49 (0) 341/ 7 11 41-55   shop@eva-leipzig.de

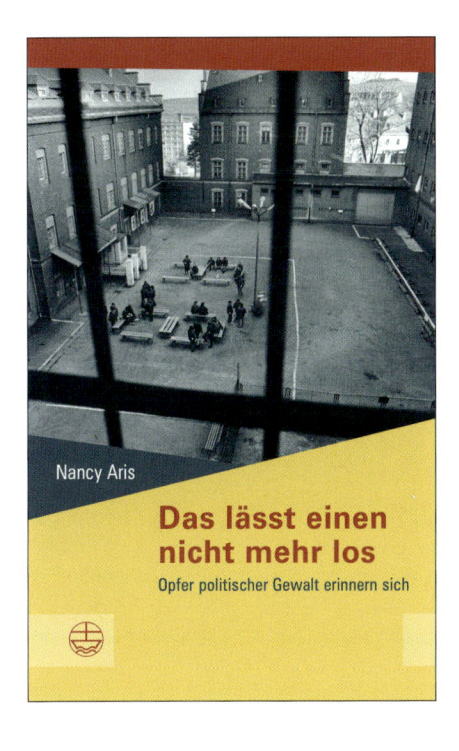

Nancy Aris
Das lässt einen nicht mehr los
Opfer politischer Gewalt erinnern sich

Schriftenreihe des Sächsischen Landesbeauftragten für die Unterlagen des Staatssicherheitsdienstes der ehemaligen DDR | 17

464 Seiten | 12 x 19 cm
mit zahlr Abb. | Paperback
ISBN 978-3-374-04935-6
EUR 14,00 [D]

»Ich wollte keine Glatze haben. Schon aus dieser Angst heraus haben wir jeden Tag gelaust. Kleiderläuse, Haarläuse, alles.« An die Lagerhaft erinnert sich Else Thomas noch heute. Mit Papierrollen drehen die Frauen sich Locken. Auch im Lager wollen sie schön sein. Geschichten wie diese gibt es viele. Mitarbeiter des Sächsischen Landesbeauftragten haben sie in Interviews gesammelt. Sie sprachen mit Menschen, die Opfer politischer Gewalt wurden, die in sowjetischen Lagern saßen, aus ihrer Heimat an der innerdeutschen Grenze vertrieben wurden, wegen Protestaktionen oder Fluchtversuchen hinter Gitter kamen. Nancy Aris hat eine Vielzahl solcher Lebensgeschichten durchgesehen, fesselnde Passagen ausgewählt und erneut mit den Frauen und Männern hinter diesen Geschichten gesprochen. Entstanden sind 32 packende Porträts, die, so erschütternd sie sind, auch von hoffnungsfroh stimmenden Zeichen der Mitmenschlichkeit berichten.
Zahlreiche Fotos und Dokumente illustrieren die Berichte.

EVANGELISCHE VERLAGSANSTALT
Leipzig   www.eva-leipzig.de

Tel +49 (0) 341/ 7 11 41-55   shop@eva-leipzig.de